# 戦略思考で読み解く
# 経営分析入門
FINANCIAL STATEMENT ANALYSIS WITH STRATEGIC THINKING
## 12の重要指標をケーススタディで理解する
## 大津広一

ダイヤモンド社

● まえがき

**本書の目的**

　前著『企業価値を創造する会計指標入門』（2005年9月、ダイヤモンド社刊）を出版してちょうど4年となる。前著では、企業が中期計画などで経営目標として掲げる10の会計指標を取り上げ、企業ケースを用いて解説した。幸いにして2009年3月には6刷まで版を重ねることができた。何より著者として光栄だったのは、複数の大学の経営学部や大学院ビジネススクールなどの教科書として採用されたことだ。企業活動と決算書を有機的に関連付けて学ぶための素材として活用されたのであれば、著者の所期の目的は少なからず達成できたのではないかと思える。

　4年たった今、再び経営戦略と会計を融合してとらえるために筆を執った。ただし、前著が経営目標という視点から会計指標をとらえたのに対して、本書の目的は経営分析にある。決算書というパワフルな企業情報の宝庫から、いかにして経営環境を読み取るかに主眼を置いている。対象企業の外部環境、経営戦略、強みと弱み、今後の経営課題を、あくまで決算書から明らかにすることが本書の目的である。執筆に際しては、①分かりやすさ、②事例の活用、③双方向形式、の3つを意識しながら、会計の基本用語を理解している一般のビジネスパーソンがストレスなく読み進められる水準となるように心がけた。よって、企業経営者や財務・経理担当の方々のみならず、営業・マーケティング、製造、技術、研究開発、企画、人事など、あらゆる部署やバックグラウンドの方でも、十分読みこなすことのできる内容と考えている。

**なぜ戦略思考なのか**

　著者は経営戦略を「企業が勝ち続けるための仕組み」と定義している。ますます競争が厳しくなっている昨今、競合に勝てなくては企業の存続が危ぶまれ

ていく。また、今日の勝者であっても、明日は敗者になるかもしれない。景気環境や顧客の嗜好は日々変化しているのだから、企業には持続的な競争優位性を創り出すための打ち手が望まれていく。「仕組み」と記したが、これには研究開発から始まって、製造、物流、マーケティング、販売、コーポレート機能など、企業のあらゆる部門がその目的遂行のための仕組みとして関連してくる。もちろん机上だけの仕組みではなく、実際に機能して結果を出すまでの仕組みを意味している。

　企業には経営戦略が存在している。そしてこれを実行した結果が決算書の数値となって表れてくる。この順番は決して逆にはならない。すなわち、経営戦略あっての決算書であり、決算書あっての経営戦略ではないのだ。必然的に、企業が目指す経営戦略を常に念頭に置いて、決算書を読み解かなくてはならない。もしその企業の戦略と決算書が合致しているとすれば、評価すべきは「戦略は正しいのか」「戦略に持続性はあるのか」となる。逆に戦略と決算書が合致していないとすれば、「戦略遂行を妨げたのは外部環境の変化か、それとも経営の失敗か」「戦略の軌道修正は必要なのか、その場合どう修正するのか」が次の問いかけとなろう。つまり経営分析もあくまで目的は経営戦略の評価であり、今後の戦略のあるべき姿を意思決定するためのプロセスなのだ。分析のための分析であってはならない。意思決定のための経営分析である。

**本書の構成**
　序章では、財務3表（損益計算書、貸借対照表、キャッシュフロー計算書）を読む上での基本アプローチに関する解説からスタートしている。会計の初学者であっても、決算書の基本から読み進めることができるだろう。決算書の基本的な構造について一定の理解がある読者は、この部分を飛ばして読んでも良い。ただし、「PLはマトリクスで読む」「BSを読むための3つの基本法則」「CFは時系列で読む」というそれぞれの視点は、これまで6年間にわたって1万名を超える社会人学生に会計を指導してきた著者が、最も大切と考えるアプローチである。基本的な構造が分かっている方でも、経営分析のための新たな着眼点を得る機会となるかもしれない。また、序章の最後には、会計指標を用いた経営分析の意義と注意点をまとめている。12章を読み進める上で、ここはす

べての読者に一読されることを勧めたい。

　第1章から第12章までは、構成を統一している。章の前半は会計指標に焦点を当て、指標の算出方法、業界別平均値、そして指標の読み方を解説している。指標の読み方については、会計数値や会計指標を「分解」することを一貫したアプローチとしている。分解することによって、企業の特徴が具体的にどこにあるのか、何が優れていて何が問題なのかが解明できる。

　章の後半では、各指標を用いたケーススタディを行っている。指標の推移、指標の分解を進めた上で、ケース企業の経営戦略と会計指標の融合性に関してまとめている。その企業の経営戦略は何なのか、そして戦略遂行の結果が会計指標にどのように表れていったのかを考察してほしい。これらのケーススタディは公開情報のみからの分解なので限界はあるものの、ロジカルに考え、できる限り仮説を導くことを念頭に置いて考察を進めた。また、読者がある企業の経営分析を行う際に同じアプローチを活用できるように、可能な限り汎用的なアプローチになることを心がけた。

　なお、第1章から第12章の企業ケースの後には、アサヒビールの考察を一言ずつ加えることとした。各章ではそれぞれの会計指標を理解する上で最適と考える企業をケースとして採用しているが、その一方、1つの企業に焦点を絞って各指標を一貫して分析していくことにも意義がある。読者が自社、競合、顧客など、特定企業の経営分析を行う際には、アサヒビールのケースを12章通して読むことによって体系的な流れを確認することができるだろう。

　終章では、第12章までの視点を逆の立場からとらえている。すなわち、企業の経営分析に読者が直面した際、どの会計指標に優先順位を置いて分析を行えば良いのかという視点だ。分析のスタート地点としてROE（自己資本利益率）から始まり、ROEを分解するアプローチによって会計指標の優先順位を解説している。読者が実際にある企業の経営分析を始める際には、この終章を参照しながら指標の優先順位を見きわめてほしい。

　12の指標は、終章で詳しく述べるように、ROEを収益性、資産効率性、安全性の3つに分解し、それぞれに関してさらに分解を進める上での代表的な指標を選択している。非常に多くの指標が会計の世界には存在しているが、その多くは12の指標の派生形としてとらえることができる。よって、これら12の

指標を必要に応じて使い分けることにより、対象企業の実態を把握できるはずである。

　本書のすべての章は独立した構成となっている。時折前章までの解説に言及することもあるので、冒頭から順に読み進めることが望ましい。しかし、自社の顧客企業や競合企業、あるいはその業界など、優先して読みたいケースがある場合などは、どの章から読まれても特に問題はない構成となっている。また、各章の最後には、著者が有益と考えるケースを用いた簡単なQUIZを用意している。紙面の制約上、本書には答えを掲載していないが、理解度を確認するためにも、興味のあるQUIZにチャレンジされることを期待したい。

**なぜ業界平均値と比較するのか**

　本書では主に、業界平均値との比較による評価に基づいて解説している。好むと好まざるとによらず、どうしても企業は業界平均や競合と比較され、収益性や安全性などが評価される。同じ経営環境で経営しているのだから、他社より優れた数値であれば、優れた経営がされており、そうでなければ何か問題を抱えていると評価するためだ。外部の目が業界内での企業の位置付けという視座で評価を行う以上、企業側も業界の水準と、その中での自社の位置付けを意識した経営を行うことは避けられない。

　一方、業界平均との比較には限界も伴う。同じ業界であっても各社経営戦略が異なるため、数値が異なるのも当然だ。そうした戦略の違いの考察なくして、単に業界平均より高いから良いとか、低いから駄目だとの結論付けはできない。こうした限界があるからこそ、各社が採る経営戦略を常に念頭に置きながら、業界平均との比較分析を進めていくこととする。

　なお、本書では業界平均の値として2007年4月から2008年3月までに決算期を迎えた企業の決算書から算出される会計指標を用いている。これは、2008年9月に端を発した世界的金融危機による急速な不況の進行によって、2008年4月から2009年3月までの決算期の数値を用いた指標には、やや特異値とも言えるものが多いためだ。参考情報として後者（2008年4月～2009年3月）の業界平均値の一覧を巻末376ページに掲載したので、必要に応じて参照してほしい。

## 謝　辞

　本書には、これまで私が1万名を超えるビジネスパーソンに対して行なってきたクラスでの経験が大きく活きている。幸いにして様々な業界の様々な社会人学生に触れる機会を通して、活きた経営活動での戦略の遂行について分析し、議論し、そして意思決定する機会を得ている。この場を借りて、これまでクラスという場で出会い、議論を重ねたすべての方々に対して、深く感謝の意を表したい。

　そうした貴重な議論の機会を与えてくださるビジネススクールや、パートナー企業にもお礼を申し上げたい。

　執筆に当たっては、前著同様にダイヤモンド社の小川敦行氏に編集をお願いした。原稿に対する読者の目線からの率直な意見は、執筆を進める上で大変有益なものとなった。2度目の共同作業となったが、最後まで無事併走いただいたことに感謝の意を表したい。

　本書は今年1月16日に永眠された樫村安一氏に捧げたい。本書をお持ちすれば、きっと大きな笑顔で喜んでくださったことと思う。天国でご一読いただければ、本当にうれしい。

　最後に、私の活動をいつも支えてくれる家族と両親にこの場を借りて深く感謝したい。

　　2009年8月　軽井沢にて

　　　　　　　　　　　　　　　　　　　　　　　　　　　　　　　大津 広一

戦略思考で読み解く経営分析入門──目次

◉まえがき　i

# 戦略思考と経営分析

**財務3表と会計指標への分析アプローチ**

## 1◉損益計算書(PL)の読み方　2
### 1…損益計算書から業界を読む　2
### 2…損益計算書はマトリクスで読む　3

## 2◉貸借対照表(BS)の読み方　7
### 1…貸借対照表から業界を読む　7
### 2…貸借対照表を読み解く3つの基本法則　8

## 3◉キャッシュフロー計算書の読み方　16
### 1…キャッシュフロー計算書から経営環境を読む　16
### 2…キャッシュフロー計算書は時系列で読む　18

## 4◉会計指標分析のメリットと注意点　20
### 1…会計指標分析のメリット　20
### 2…キーとなる問いかけは「Why?」「So What?」「How?」　23
### 3…会計指標分析の注意点　26

# 売上高総利益率

**業界特性と経営戦略を映し出す収益性の指標**

## 1◉売上高総利益率の読み方　30
### 1…売上高総利益率の算出方法　30

**2**…売上高総利益率の業界別平均値　31
　　**3**…売上高総利益率を分解する　33

## 2●ケーススタディ——任天堂　36
　　製品ポートフォリオと価格戦略が創り出す売上高総利益率
　　**1**…任天堂における売上高総利益率の推移　36
　　**2**…任天堂の売上高総利益率を分解する　38
　　　　（1）売上高と売上原価への分解　38
　　　　（2）製品構成への分解　42
　　　　（3）顧客構成への分解　46
　　　　（4）事業構成への分解　49
　　**3**…任天堂の経営戦略と会計指標　52

## 3●アサヒビールの経営分析　55
　　（1）売上高総利益率

# 売上高販管費率　57
販管費への資本投下から読む収益性の指標

## 1●売上高販管費率の読み方　58
　　**1**…売上高販管費率の算出方法　58
　　**2**…売上高販管費率の業界別平均値　59
　　**3**…売上高販管費率を分解する　64

## 2●ケーススタディ——資生堂　68
　　販管費細目の規模と推移から読む販売戦略
　　**1**…資生堂における売上高販管費率の推移　68
　　**2**…資生堂の売上高販管費率を分解する　69
　　　　（1）給与・賞与への分解　71
　　　　（2）売出費への分解　74
　　　　（3）広告費への分解　76

　　　　　（4）研究開発費への分解　77
　　　　**3**…資生堂の経営戦略と会計指標　78
　**3**◉アサヒビールの経営分析　81
　　　　（2）売上高販管費率

# 損益分岐点比率

**経営の安全余裕度を測る究極の収益性指標**

83

## 1◉損益分岐点比率の読み方　84
　　**1**…損益分岐点比率の算出方法　84
　　**2**…損益分岐点比率の業界別平均値　85
　　**3**…損益分岐点比率を分解する　89
## 2◉ケーススタディ——ソニー　92
　　損益分岐点比率の改善で判断される復活への道
　　**1**…ソニーにおける損益分岐点比率の推移　92
　　**2**…ソニーの損益分岐点比率を分解する　99
　　　　（1）売値への分解　102
　　　　（2）販売数量への分解　104
　　　　（3）変動費への分解　106
　　　　（4）固定費への分解　106
　　**3**…ソニーの経営戦略と会計指標　109
## 3◉アサヒビールの経営分析　112
　　　　（3）損益分岐点比率

# EBITDAマージン
### M&Aや設備投資の影響を除いたCFに基づく収益性の指標

115

## 1 ● EBITDAマージンの読み方　116
　**1** … EBITDAマージンの算出方法　116
　**2** … EBITDAマージンの業界別平均値　118
　**3** … EBITDAマージンを分解する　120

## 2 ● ケーススタディ──日本たばこ産業　123
　　　EBITDAマージンの推移から読む、海外M&Aによる成長戦略
　**1** … 日本たばこ産業におけるEBITDAマージンの推移　123
　**2** … 日本たばこ産業のEBITDAマージンを分解する　124
　　（1）売上高への分解　124
　　（2）EBITDAへの分解　128
　　（3）国内たばこ事業への分解　130
　　（4）海外たばこ事業への分解　133
　**3** … 日本たばこ産業の経営戦略と会計指標　138

## 3 ● アサヒビールの経営分析　143
　　（4）EBITDAマージン

# 総資産回転率
### 薄利な企業のROAを牽引する資産効率性の指標

145

## 1 ● 総資産回転率の読み方　146
　**1** … 総資産回転率の算出方法　146
　**2** … 総資産回転率の業界別平均値　147
　**3** … 総資産回転率を分解する　151

## 2 ケーススタディ——東日本旅客鉄道 152
事業の多角化がもたらす総資産回転率の変遷

**1**…東日本旅客鉄道における総資産回転率の推移 152
**2**…東日本旅客鉄道の総資産回転率を分解する 154
　　（1）売上高と総資産への分解 154
　　（2）運輸事業への分解 156
　　（3）駅スペース活用事業への分解 160
　　（4）ショッピング・オフィス事業への分解 163
　　（5）その他事業への分解 164
**3**…東日本旅客鉄道の経営戦略と会計指標 168

## 3 アサヒビールの経営分析 171
　　（5）総資産回転率

# キャッシュ・コンバージョン・サイクル 173
現金回収までの日数を見る資産効率性の指標

## 1 キャッシュ・コンバージョン・サイクルの読み方 174
**1**…CCCの算出方法 174
**2**…CCCの業界別平均値 176
**3**…CCCを分解する 180

## 2 ケーススタディ——メディパルホールディングス 184
薄利な卸売業は回転で勝負する、CCCによる資金調達

**1**…メディパルホールディングスにおけるCCCの推移 184
**2**…メディパルホールディングスのCCCを分解する 185
　　（1）売上債権への分解 186
　　（2）棚卸資産への分解 190
　　（3）仕入債務への分解 190
**3**…メディパルホールディングスの経営戦略と会計指標 194

### 3●アサヒビールの経営分析　196
（6）キャッシュ・コンバージョン・サイクル

## 棚卸資産回転期間　201
在庫の適正度を評価する資産効率性の指標

### 1●棚卸資産回転期間の読み方　202
**1**…棚卸資産回転期間の算出方法　202
**2**…棚卸資産回転期間の業界平均値　203
**3**…棚卸資産回転期間を分解する　205

### 2●ケーススタディ──キヤノン　207
高利益率創出のエンジンとなる棚卸資産回転期間
**1**…キヤノンにおける棚卸資産回転期間の推移　207
**2**…キヤノンの棚卸資産回転期間を分解する　208
　（1）原材料への分解　208
　（2）仕掛品への分解　210
　（3）製品への分解　213
**3**…キヤノンの経営戦略と会計指標　217

### 3●アサヒビールの経営分析　221
（7）棚卸資産回転期間

## 有形固定資産回転率　223
保有設備の売上貢献度をつかむ資産効率性の指標

### 1●有形固定資産回転率の読み方　224
**1**…有形固定資産回転率の算出方法　224

**2**…有形固定資産回転率の業界別平均値　225
　　　**3**…有形固定資産回転率を分解する　228
　**2●ケーススタディ——オリエンタルランド**　233
　　　永遠に未完な設備投資を続けるOLCの有形固定資産回転率
　　　**1**…オリエンタルランドにおける有形固定資産回転率の推移　233
　　　**2**…オリエンタルランドの有形固定資産回転率を分解する　234
　　　　（1）売上高への分解　234
　　　　（2）建設仮勘定への分解　236
　　　　（3）建物及び構築物への分解　239
　　　　（4）機械装置及び運搬具への分解　240
　　　　（5）土地への分解　242
　　　**3**…オリエンタルランドの経営戦略と会計指標　243
　**3●アサヒビールの経営分析**　247
　　　（8）有形固定資産回転率

# 固定長期適合率
249
**投資と資金調達の期間のバランスを探る安全性の指標**

　**1●固定長期適合率の読み方**　250
　　　**1**…固定長期適合率の算出方法　250
　　　**2**…固定長期適合率の業界別平均値　252
　　　**3**…固定長期適合率を分解する　254
　**2●ケーススタディ——イオン**　255
　　　設備・M&Aへの積極投資と資金調達のバランスを探る固定長期適合率
　　　**1**…イオンにおける固定長期適合率の推移　255
　　　**2**…イオンの固定長期適合率を分解する　256
　　　　（1）固定資産への分解　256
　　　　（2）固定負債への分解　259

　　　　（3）純資産への分解　262
　　　**3**…イオンの経営戦略と会計指標　264
　**3**◉アサヒビールの経営分析　270
　　　（9）固定長期適合率

# 第10章 DEレシオ　273
**有利子負債額の妥当性を評価する安全性の指標**

## **1**◉DEレシオの読み方　274
　　**1**…DEレシオの算出方法　274
　　**2**…DEレシオの業界別平均値　275
　　**3**…DEレシオを分解する　277
## **2**◉ケーススタディ──キリンホールディングス　282
　　成長する海外市場にM&Aの勝機を狙う、DEレシオ増大による資金調達
　　**1**…キリンホールディングスにおけるDEレシオの推移　282
　　**2**…キリンホールディングスのDEレシオを分解する　283
　　　　（1）有利子負債への分解　286
　　　　（2）自己資本への分解　292
　　**3**…キリンホールディングスの経営戦略と会計指標　294
## **3**◉アサヒビールの経営分析　297
　　　（10）DEレシオ

目次 xv

# インタレスト・カバレッジ・レシオ 299
**身の丈に合った有利子負債かを判断する安全性の指標**

## 1 ● インタレスト・カバレッジ・レシオの読み方 300
- **1** … ICRの算出方法 300
- **2** … ICRの業界別平均値 301
- **3** … ICRを分解する 304

## 2 ● ケーススタディ──新日本製鐵 304
**景気環境、原材料価格、海外買収脅威と事業提携策に連動するICR**
- **1** … 新日本製鐵におけるICRの推移 304
- **2** … 新日本製鐵のICRを分解する 306
  - （1）売上高への分解 306
  - （2）営業費用への分解 309
  - （3）金融収益（受取利息と受取配当金）への分解 310
  - （4）支払利息への分解 316
- **3** … 新日本製鐵の経営戦略と会計指標 318

## 3 ● アサヒビールの経営分析 321
（11）インタレスト・カバレッジ・レシオ

# フリー・キャッシュフロー成長率 323
**企業価値を高めるための源となるCF指標**

## 1 ● フリー・キャッシュフロー成長率の読み方 324
- **1** … FCF成長率の算出方法 324
- **2** … FCFが大きい企業上位30社の特性 325
- **3** … FCFを分解する 327

## 2 ● ケーススタディ――ヤフー 329
ネット広告市場No.1企業が生み出すFCF成長率とその使い道
### 1 … ヤフーにおけるFCFの推移 329
### 2 … ヤフーのFCFを分解する 330
（1）営業キャッシュフローへの分解 331
（2）投資キャッシュフローへの分解 337
### 3 … ヤフーの経営戦略と会計指標 342

## 3 ● アサヒビールの経営分析 344
（12）フリー・キャッシュフロー成長率

---

## 終章
# 会計指標の選択手法 347
**ROEから分解して進める優先順位のとらえ方**

## 1 ● ROE活用による指標選択 348
### 1 … ROEは株主のための指標 348
### 2 … ROEを活用して企業特性の大局観をつかむ 350

## 2 ● アサヒビールの分解アプローチ 354
### 1 … ROEとその構成要素への分解 354
### 2 … アサヒビールの分析結果一覧 355

その他の会計指標一覧 363

会計指標の業界別平均値（2008年4月～2009年3月） 376

索引 378

序 章

# 戦略思考と経営分析

財務3表と会計指標への分析アプローチ

# 1● 損益計算書(PL)の読み方

## 1…損益計算書から業界を読む

　以下に、実在する製造業、小売業、サービス業の連結損益計算書の主要数値を、売上高を100%として表した。A社、B社、C社はそれぞれ、製造業、小売業、サービス業のどれに相当するだろうか？

| Quiz | A社 | B社 | C社 |
|---|---|---|---|
| 売上高 | 100% | 100% | 100% |
| 売上原価（△） | 25 | 50 | 74 |
| 売上総利益（粗利） | 75 | 50 | 26 |
| 販売費及び一般管理費（△） | 68 | 35 | 16 |
| 営業利益 | 7% | 15% | 10% |

　3社の売上高営業利益率は、おおむね10%前後の水準にある。しかし、そこに至るまでの売上原価と販売費及び一般管理費（販管費）の数値が異なっている。簡単に言えば、原価が小さく販管費が大きいA社、原価と販管費が比較的近いB社、そして原価が大きく販管費が小さいC社である。

　もしあなたの解答が、A社はサービス業、B社は製造業、そしてC社は小売業というものであれば、あなたの損益計算書を読む力は決して悪くない。

　そう答えたあなたの考えはおそらく、サービス業はモノを製造したり、商品を仕入れたりすることがないので、原価が低く粗利が高い、すなわちA社がサービス業。小売業は「薄利多売」という言葉が相応しいように、メーカーが製造した商品を仕入れて、それを販売するのが商売だから、粗利が最も薄いC社が小売業。消去法からB社が製造業となる。自社で工場を抱えて製品を製造しているのだから、これくらいの粗利はあっても良いだろうというところか。

残念ながら答えはすべて誤っている。A社は化粧品業界最大手の資生堂（2009年3月期）、すなわち製造業である。B社はアパレル小売業界最大手のファーストリテイリング（2008年8月期）、すなわち小売業だ。そして、C社はテーマパーク業界最大手のオリエンタルランド（2009年3月期）、すなわちサービス業となる。

　この簡単なケースから分かるように、サービス業だから粗利が高いとか、小売業だから粗利が低いというのは、的を射た考え方ではない。サービス業でも粗利が高い企業もあれば、粗利が低い企業もある。製造業でも小売業でも同様だ。つまり、損益計算書を見る際には、製造業や小売業、サービス業といった大きな括りでとらえるのではなく、業界や各企業の特性をよく踏まえて、その企業はなぜ原価が高い（低い）のか、なぜ販管費が多い（少ない）のかを考えることが望まれる。そして分析する側にとって最も大事なことは、それがその企業にとって好ましいことなのか、改善すべき課題なのかを見きわめることだ。

　第1章以降で取り上げる損益計算書に関する各指標を分析する際には、業界や企業がそれぞれ固有に持つ性質について、強く意識しながら当たっていくことが重要となる。

## 2…損益計算書はマトリクスで読む

　次ページの図表序-1に損益計算書の構造を示す。損益計算書はその名の通り、特定期間（年度決算では1年間、四半期決算では3ヵ月間など）の損益を明らかにするために、必要な収益と費用を並べたものだ。日本語でも「PL」と略されて呼ばれることが多いが、まさに「Profit（利益）」なのか「Loss（損失）」なのかを明らかにするための表である。多くの収益と費用が平然と一列に並んでいるので、直感的にはとらえにくい。一方これら収益と費用の並び方にはルールがある。そのルールを分かりやすく示したのが、図表序-2だ。

　大きく2つの軸によって、PLはマトリクス構造に分解できる。横軸は「本業」か「本業以外」か、縦軸は毎年行っている「経常的な活動」なのか、そうではない「特別な活動」なのかという2つの軸だ。売上高から始まり、売上原価と販売費及び一般管理費を引いた営業利益までが、「本業」であり「経常的

## 図表序-1 損益計算書の構造

**損益計算書**
自2008年4月1日 至2009年3月31日

売上高
売上原価（△）
**売上総利益**
販売費及び一般管理費（△）
**営業利益**
営業外収益
営業外費用（△）
**経常利益**
特別利益
特別損失（△）
**税引前当期純利益**
法人税、住民税及び事業税（△）
**当期純利益**

## 図表序-2 損益計算書のマトリクス

**損益計算書**
自2008年4月1日 至2009年3月31日

|  | **本業** | **本業以外** |
|---|---|---|
| **経常的な活動** | 売上高<br>売上原価（△）<br>**売上総利益**<br>販売費及び一般管理費（△）<br>**営業利益**<br>※本業であり、経常的な活動 | ※本業でないが、経常的な活動<br>営業外収益<br>営業外費用（△）<br>**経常利益** |
| **特別な活動** | ※本業、本業以外にかかわらず、今年限りの特別な活動 | 特別利益<br>特別損失（△）<br>**税引前当期純利益** |

法人税、住民税及び事業税（△）
**当期純利益**

な活動」となる。企業は本業があるから存在し、それを経常的に毎年行うわけだから、売上高から営業利益までが、会社にとって最も重要な根幹となる。

冒頭の3社のケースは、実はこの部分だけを取り上げたものだ。売上高から営業利益までが「本業」で「経常的な活動」なので、業界ごとの特性や企業間の経営戦略の違いは、この部分の構造に最も端的に表れてくる。

「本業」で「経常的な活動」が終わると、横軸の右側に移り、「本業以外」で「経常的な活動」となる。そうした活動から入ってくるものが営業外収益、出ていくものが営業外費用だ。営業外は実際のところ、大部分が財務活動から発生するものと考えて良い。具体的には、銀行にお金を預けたことから発生する受取利息、株式を保有することから得る受取配当金、あるいは借入から発生する支払利息など。なお、本業か本業でないかの切り分けは、企業の定款において自社の事業として定めているか否かに従う。

さて、縦軸の上方にある「経常的な活動」が終わると、残りは下方の「特別な活動」となる。ここは本業であろうがなかろうが関係ない。特別な活動、つまり今年限りの臨時的・偶発的なものと判断されれば、そこから得た利益は特別利益、失った損失は特別損失となる。たとえば、ある企業が工場を売却するとする。工場は本業を行うために所有していたわけだが、それを売却するという行為は特別な活動だ。売却の結果、帳簿上の金額より高く売れればその分が特別利益、安くしか売れなければその分が特別損失となる。

ここまでで税金（法人税、住民税、事業税）以外の項目は終了した。だから、税金を引く前の純粋な利益、すなわち税引前当期純利益と呼ばれる。いよいよ税金を差し引けばもう引くものはない。当期の純粋な利益だから、これを当期純利益と呼ぶ。なお、連結PLの場合には、当期純利益の直前に少数株主利益の調整が入る。連結PLは子会社の売上高から始まってすべての収益と費用をPL上で合算する。しかし、最後の純利益を計算する直前において、議決権の100％を保有しない子会社については、残りの株主（少数株主と呼ぶ）に帰属する利益を控除するというものだ。

次ページの図表序-3は、アサヒビールの連結PLである。各章末でアサヒビールの指標分析を行っているので、後に掲載する同社の貸借対照表やキャッシュフロー計算書とともに、随時参照してほしい。

**図表序-3** アサヒビールの連結損益計算書

| 区分 | | 金額（百万円）(自 2007年1月1日 至 2007年12月31日) | | 百分比(%) | 金額（百万円）(自 2008年1月1日 至 2008年12月31日) | | 百分比(%) |
|---|---|---|---|---|---|---|---|
| I | 売上高 | | 1,464,071 | 100.0 | | 1,462,747 | 100.0 |
| II | 売上原価 | | 961,181 | 65.7 | | 953,486 | 65.2 |
|  | 売上総利益 | | 502,890 | 34.3 | | 509,261 | 34.8 |
| III | 販売費及び一般管理費 | | | | | | |
|  | 販売奨励金及び手数料 | 156,872 | | | 152,317 | | |
|  | 広告宣伝費 | 51,210 | | | 47,480 | | |
|  | 運搬費 | 37,016 | | | 36,167 | | |
|  | 貸倒引当金繰入額 | 260 | | | 250 | | |
|  | 従業員給料手当及び賞与 | 60,106 | | | 61,256 | | |
|  | 退職給付費用 | 2,659 | | | 3,391 | | |
|  | 減価償却費 | 7,937 | | | 8,340 | | |
|  | のれん償却額 | 2,486 | | | 3,994 | | |
|  | その他 | 97,385 | 415,934 | 28.4 | 101,543 | 414,741 | 28.3 |
|  | 営業利益 | | 86,955 | 5.9 | | 94,520 | 6.5 |
| IV | 営業外収益 | | | | | | |
|  | 受取利息 | 678 | | | 312 | | |
|  | 受取配当金 | 1,369 | | | 1,485 | | |
|  | 持分法による投資利益 | 9,010 | | | 9,105 | | |
|  | その他 | 2,659 | 13,718 | 1.0 | 3,020 | 13,923 | 0.9 |
| V | 営業外費用 | | | | | | |
|  | 支払利息 | 5,020 | | | 5,193 | | |
|  | 為替差損 | — | | | 1,244 | | |
|  | 棚卸資産売却廃棄損 | 3,400 | | | 2,240 | | |
|  | その他 | 2,035 | 10,457 | 0.7 | 3,289 | 11,969 | 0.8 |
|  | 経常利益 | | 90,217 | 6.2 | | 96,474 | 6.6 |
| VI | 特別利益 | | | | | | |
|  | 固定資産売却益 | 1,248 | | | 130 | | |
|  | 投資有価証券売却益 | 102 | | | 69 | | |
|  | 貸倒引当金戻入益 | 1,081 | | | 571 | | |
|  | 移転補償金 | — | | | 758 | | |
|  | 商品回収関連補償金 | — | 2,432 | 0.2 | 1,385 | 2,915 | 0.2 |
| VII | 特別損失 | | | | | | |
|  | 固定資産売却除却損 | 6,689 | | | 4,343 | | |
|  | 役員退職慰労金 | 137 | | | 50 | | |
|  | 投資有価証券売却損 | 804 | | | 37 | | |
|  | 投資有価証券評価損 | 343 | | | 3,598 | | |
|  | 減損損失 | 1,387 | | | 2,196 | | |
|  | 事業構造改善費用 | — | | | 1,064 | | |
|  | 前期販売促進費 | — | | | 3,113 | | |
|  | 商品回収関連損失 | — | | | 1,407 | | |
|  | 償却済ギフト券回収損 | 1,545 | | | — | | |
|  | その他 | — | 10,908 | 0.8 | 639 | 16,452 | 1.1 |
|  | 税金等調整前当期純利益 | | 81,741 | 5.6 | | 82,938 | 5.7 |
|  | 法人税、住民税及び事業税 | 31,227 | | | 39,574 | | |
|  | 法人税等調整額 | 5,543 | 36,770 | 2.5 | 1,548 | 41,122 | 2.8 |
|  | 少数株主利益又は少数株主損失(△) | | 173 | 0.0 | | △3,198 | △0.2 |
|  | 当期純利益 | | 44,797 | 3.1 | | 45,014 | 3.1 |

出所：アサヒビール2008年12月期有価証券報告書

# 2●貸借対照表(BS)の読み方

## 1…貸借対照表から業界を読む

　以下に、実在する企業のケースとして、連結売上高を100とした場合の保有設備（有形固定資産）の相対的大きさを表す。A社、B社、C社はそれぞれ、製造業、小売業、サービス業のどれに相当するだろうか？

**Quiz**

|  | A社 | B社 | C社 |
|---|---|---|---|
| 売上高 | 100 | 100 | 100 |
| 有形固定資産 | 72 | 36 | 4 |

　有形固定資産の規模感だけで業界を類推するのはいささか乱暴な問いかけだが、あなたはどのように考え、仮説を組み立てただろうか。たとえば設備が最も多いA社は製造業、真ん中のB社は設備の多くを賃借して（保有しないで）行う小売業、そして人を中心としたサービスそのものにお金を使うサービス業は、設備にはお金を使わないのでC社といったところだろうか。

　実は、本ケースは少々意地悪なことをした。答えは、A、B、C社すべて製造業である。A社は売上の7割に及ぶ巨額の設備を抱える製造業、C社は売上の5％にも満たない設備しか保有していない製造業、そしてB社はその中間ということだが、それぞれどのような製造業か、想像がつくだろうか。

　A社はパルプ・紙業界最大手の王子製紙（2009年3月期）、B社は自動車業界最大手のトヨタ自動車（2009年3月期）、そして、C社はゲーム業界最大手の任天堂（2009年3月期）である。

　同じ製造業であってもパルプ・紙業界と自動車業界のように、保有設備と売上高の関係性には大きな違いが見られる。また、同じ製造業でも製造そのものの多くを外注することで、研究開発やマーケティングに経営資源を集中する戦

略をとる任天堂のような企業もある。そうした企業の設備の規模は、必然的に極小となる。

こうした業界の特性や企業の戦略を考えることなしに、「製造業の貸借対照表上で最も大きな資産は有形固定資産」と結論付けるのは、いささか乱暴な考え方だ。同様の話が小売業でもサービス業でも言える。イオングループのように、自ら設備を保有してショッピングモール事業を行う小売企業は、賃借した建物による店舗展開のみを行っている小売企業に比べて、相対的な設備規模は大きい。サービス業の代表として不動産業界を考えれば、分譲・仲介事業が主体の不動産会社の保有設備は少ないが、自社所有のオフィスビルやマンションをテナントや居住者に賃貸している不動産会社の保有設備は大きい。

設備1つとっても、こうした具合に数多くのことを考察しなくては経営分析にはならない。よって、貸借対照表に表れる現預金、売上債権、棚卸資産、無形固定資産、投資有価証券などなど、1つ1つの資産を見きわめていくには、相応の努力と考察が求められる。

本書で取り上げていく貸借対照表に関する各指標を分析する際には、こうした意識を常に持ちながら当たっていくことが重要となる。

## 2…貸借対照表を読み解く3つの基本法則

私は常日頃から貸借対照表（BS）を効率的かつ効果的に読むために、3つの基本法則をビジネススクールの場で伝えている。この3つを守ると、BSが生きた企業活動と結び付いた、血の通った表であることを実感できるはずだ。この読み方がなぜ優れているかを明確にするため、ダメな見方と対比してみよう。

**図表序-4　貸借対照表のあるべき読み方とダメな見方**

|  | あるべき読み方 | ダメな見方 |
|---|---|---|
| 法則1 | 『大局観を持つ』⇨BSは固まりで読む | いきなり各論に入る |
| 法則2 | 『優先順位をつける』⇨BSは大きな数値から読む | 上から順番に眺める |
| 法則3 | 『仮説思考を貫く』⇨BSは考えてから読む | 見てから考える |

## ●法則1『大局観を持つ』⇨ BSは固まりで読む

「木を見て森を見ず」という言葉がある。細かいこと、つまり各論ばかりに目が行ってしまい、全体像がなかなかつかめない見方のことだ。細かいことに目が行くのは決して悪い話ではない。ただし、それが大事なことだと確認できてからの話である。全体からすれば必ずしも重要性の高くはないことに多くの時間を費やすのは、決して有益ではない。

できるだけ固まりで見る、つまり森をとらえ、徐々に林に見入り、最後にそれが大事だと思えば、細かな木々、幹、そして枝葉を見ていくべきということ。これはBSを読む上でもまったく同様である。

幸いにしてBSは、大項目、中項目、小項目と分かれている。細かな勘定科目に相当する小項目から見るのではなく、総資産、負債や純資産といった大項目から大局的にとらえていくことが望まれる。

「BSは固まりで読む」、これがまず第1に大切な法則となる。このアプローチを意識しながら、BSの全体像を見ていこう。

BSをまずは右側から大きく見ていく。右側の資金の調達先は、大きな2つ

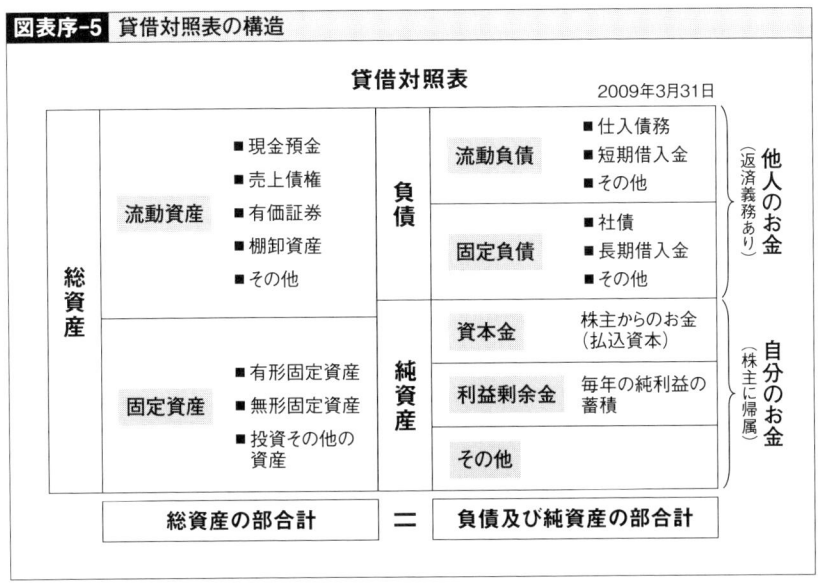

図表序-5　貸借対照表の構造

の固まりに分かれている。これは一言で、「自分のお金か、他人のお金か」という切り口だ。自分のお金を純資産、他人のお金を負債と呼ぶ。負債は他人のお金だから返済義務があるのに対して、純資産は自分のお金だから返済義務はない。自分に帰属するお金の出し分を書き出しているに過ぎない。

　ここで言う「自分」とは、あくまで株主だ。「企業は誰のものか」という議論が昨今盛んに行われているが、法律上、つまりBS上ではあくまで企業は株主のものである。

　よって、他人のお金である負債とは、具体的には株主以外のお金を意味する。金融機関、取引先、経営者や従業員など、株主以外からの資金は、すべて負債として計上される。破たん企業に関する新聞・雑誌の記事では、一般に負債総額を示すことが多い。負債とは他人のお金であり、返済義務があるもの。それを抱えたまま破たんしたのだから、非常に無責任なことであるし、最悪その金額の損失を誰かが被ることとなる。破たんのインパクトの影響度を測る上でも、破たん企業の負債総額を語るのは妥当な指標と言える。

　左側に目を転じると、これも大きな2つの固まりに分かれている。左側全体を総資産と呼び、その区分けは流動資産と固定資産となる。これら呼称から容易に想像がつくが、流動的なものと固定的なものという区分けだ。具体的には1年間という切り分けで、1年以内に動くものは流動資産、1年超動かないものは固定資産となる。たとえば企業が保有する債券でも、1年以内に満期の訪れるものは有価証券として流動資産に計上されるが、1年超満期の訪れないものは投資有価証券として固定資産に計上される。

　再び右側に目を戻すと、負債は資産と同様に、流動と固定という表記で区分けされている。同じ銀行から借入を行っても、1年以内に満期の訪れるものは短期借入金として流動負債に計上され、1年超満期の訪れないものは長期借入金として固定負債に計上される。

　最後に純資産だ。左側の総資産から返済義務のある負債を差し引いた純粋な資産なので、純資産と呼ぶ。前述のように純資産の所有者は株主だ。純資産は図表序-5に示したよりも実際は非常に細かく表記されるが、これについては第10章のDEレシオで自己資本の中身を考察する際に見ていきたい。

　純資産で最初に確認してほしいところは、資本金ではなく利益剰余金である。

利益剰余金は企業が稼いだ毎年の純利益が蓄積されていくところ。いわゆる内部留保とは、一般にここを指すことが多い。ここから配当が支払われるなど、純利益のすべてが利益剰余金に積み上がっていくばかりではない。しかし、過去にしっかりと利益を稼いできた企業は、この利益剰余金を潤沢に保有しているのが通常だ。過去の利益の蓄積という、企業活動の歴史を利益剰余金から垣間見ることができる。PLとBSは、この利益剰余金を通してリアルタイムにつながっている。

### ●法則2『優先順位をつける』⇨ BSは大きな数値から読む

　BSを見る際に最も多いアプローチは、左の上、つまり現預金から順番に眺めていくことだ。しかし、上から順番に眺めるのは、裏を返せば分析の目的意識が明確でないことの表れと言える。分析したい項目が明らかであれば、その勘定科目から始めるのが良い。しかしそうでない場合、あるいはまずは全体像を把握したい場合には、どうしたら良いだろうか。企業の特徴は、大きな数値に表れている。よって、まずは大きな数値に着目し、その意味を読み解くことから企業の実態をとらえていくのが最適だ。幸い数値なので、どの勘定が1ケタ大きいかは、すぐに分かる。「BSは大きな数値から読む」、これが2つ目に大切な法則である。

### ●法則3『仮説思考を貫く』⇨ BSは考えてから読む

　ある企業の分析を行うからには、その企業に関する一定の知識は持っているはずだ。何らかの利害があって決算書を見ようとしている企業なのだから、その企業や業界について何も知らないということはまずない。であれば、それらを言葉にして、そしてそれが実際に決算書に数値として表れているかを確認するように読み解いていく。

　数値を見てから考えるのではなく、事前にその姿を想像した上で、これを確認するプロセスとして数値を読む。これが決算書の分析においては理想的な姿だと考える。「BSは考えてから読む」、これが3つ目に大切な法則である。

　ここでアサヒビールの連結BSを示すが、その前に「考えてから読む」をさっそく試してみてほしい。ペンを持ってアサヒビールに関して知りうることを

走り書きし、その上で、それが連結BSやPLの勘定にどのように表れるかを想像してみることだ。

例に倣って、アサヒビールに関する10の事象のイメージを行い、そこから想定されるBS上の仮説を構築してください。論理的に考えながら、間違いを恐れず、できるだけ多くの仮説を設定してみましょう。

| | アサヒビールに関する想像 | | BS上の仮説 |
|---|---|---|---|
| 1 【例】 | 製造業だし、「鮮度が命」と言うくらいだから、鮮度を保つためにたくさんの工場を国内に分散して保有している | ⇨ | 有形固定資産の中で、建物、機械、土地が多いはず。特に製造業であるから、製造するための機械設備が多いはず |

| | アサヒビールに関する想像 | | BS上の仮説 |
|---|---|---|---|
| 2 | 同じく鮮度が命と言うならば、鮮度が失われない程度の在庫しか保有しない | ⇨ | 棚卸資産が少ない。特に製造してからできるだけ早く販売する仕組みがあれば、製品在庫(原材料や仕掛品在庫ではなく)が少ないはず |
| 3 | 個人が直接アサヒビールからビールを買うことはない。つまりアサヒが販売している相手はスーパー、コンビニ、量販店や飲食店 | ⇨ | 法人相手の商売である以上、ある程度の売上債権(受取手形及び売掛金)が発生するはず |
| 4 | 最近の大手ビール会社は、国内の成熟感から海外企業の買収に触手を伸ばしていると聞く | ⇨ | 買収した企業の株式を多く保有しているはず。あるいは、すでに連結対象子会社として、アサヒの連結決算に合算されているはず |
| 5 | 海外企業の買収に積極的なぐらいだから、足元の資金繰りには相当な余裕があるのだろう | ⇨ | 手元の現預金及び同等物(有価証券など)を多く保有しているはず |
| 6 | ビールやソフトドリンク飲料という特性上、あらゆる顧客や原材料メーカーとの取引がある。日本の慣例上、持ち合い株が多くなる | ⇨ | 多額の投資有価証券を保有しているはず |

| | アサヒビールに関する想像 | | BS上の仮説 |
|---|---|---|---|
| 7 | 『スーパードライ』が発売されるまでは「夕日ビール」と揶揄されるくらいシェアが低く、結果として財務体質も悪かったと聞く | ⇨ | 当時の名残で、まだ相応の有利子負債を抱えているはず。また、困難な時期を乗り越えるために株主からの資本調達も多額に行っていたとすれば、資本金がある程度大きくなっているはず |
| 8 | 麦芽やホップといった原材料の購買規模も大きい | ⇨ | 売上債権で法人相手にゆっくりと回収しているのならば、仕入債務（支払手形及び買掛金）も法人相手だから支払いはゆっくりしている。よって仕入債務が多いはず |
| 9 | 『スーパードライ』のヒット以降は目覚ましい成長を遂げ、今やビール系アルコール飲料では国内シェアトップクラスを誇っている | ⇨ | 成長期に入り、利益を確実に計上してきたため、利益剰余金もある程度大きくなっているはず |
| 10 | 一方、国内のビール市場は年々縮小傾向にあると聞く。シェアトップクラスであっても市場が縮小しているのなら、当社の勢いや規模も徐々に縮小している | ⇨ | 売上高、利益ともに、成長率は徐々に鈍化、あるいはマイナスに転じているはず（PL上の仮説） |

　アサヒビールを想像し、BSに関する10の仮説を構築した。読者の皆さんはいくつくらいの仮説を立てることができただろうか。14～15ページにアサヒビールの2007年と2008年12月期の連結BSを示す。上記の仮説には事実に反するものもいくつか入っているが、論理的に考えて設定した仮説であれば現時点では問題ない。実際の数値を見て正しければOKだし、誤っていれば「なぜ誤ってしまったのか」という一段上の思考へと発展していく。仮説の検証につながるアサヒの具体的な分析は各章末で行うため、ここでは行わない。

　しかし、せっかく構築した仮説なのだから、読者の皆さんはこの場で大いに仮説の検証を行ってほしい。すなわち仮説は正しかったと言えるのか。もし誤りがあったとすれば、どのような視点が足りなかったのか。さらに仮説構築の段階で見落としてしまったアサヒの重要な資産や負債勘定は何か、など。この場で一歩立ち止まって、分析を掘り下げることをお勧めしたい。

**図表序-6 アサヒビールの連結貸借対照表**

| 区分 | (2007年12月31日) 金額(百万円) | | 構成比(%) | (2008年12月31日) 金額(百万円) | | 構成比(%) |
|---|---|---|---|---|---|---|
| (資産の部) | | | | | | |
| Ⅰ 流動資産 | | | | | | |
| 　現金及び預金 | | 11,627 | | | 12,771 | |
| 　受取手形及び売掛金 | | 278,238 | | | 265,048 | |
| 　有価証券 | | 52 | | | 301 | |
| 　棚卸資産 | | 90,436 | | | 97,039 | |
| 　繰延税金資産 | | 6,930 | | | 9,009 | |
| 　その他 | | 30,502 | | | 34,218 | |
| 　貸倒引当金 | | △6,576 | | | △6,044 | |
| 　　流動資産合計 | | 411,211 | 31.1 | | 412,344 | 31.7 |
| Ⅱ 固定資産 | | | | | | |
| 　有形固定資産 | | | | | | |
| 　　建物及び構築物 | 413,710 | | | 413,983 | | |
| 　　　減価償却累計額 | △207,715 | 205,995 | | △217,921 | 196,061 | |
| 　　機械装置及び運搬具 | 514,169 | | | 521,651 | | |
| 　　　減価償却累計額 | △329,280 | 184,888 | | △347,613 | 174,038 | |
| 　　工具器具備品 | 117,972 | | | 112,343 | | |
| 　　　減価償却累計額 | △70,345 | 47,626 | | △66,944 | 45,398 | |
| 　　土地 | | 180,760 | | | 185,201 | |
| 　　建設仮勘定 | | 3,447 | | | 6,090 | |
| 　　　有形固定資産合計 | | 622,718 | 47.0 | | 606,791 | 46.7 |
| 　無形固定資産 | | | | | | |
| 　　のれん | | 65,325 | | | 60,675 | |
| 　　その他 | | 15,696 | | | 15,696 | |
| 　　　無形固定資産合計 | | 81,022 | 6.1 | | 76,371 | 5.9 |
| 　投資その他の資産 | | | | | | |
| 　　投資有価証券 | | 158,037 | | | 142,731 | |
| 　　長期貸付金 | | 5,759 | | | 6,034 | |
| 　　長期前払費用 | | 11,319 | | | 12,109 | |
| 　　繰延税金資産 | | 18,983 | | | 24,212 | |
| 　　その他 | | 22,492 | | | 25,109 | |
| 　　貸倒引当金 | | △7,154 | | | △6,645 | |
| 　　　投資その他の資産合計 | | 209,438 | 15.8 | | 203,551 | 15.7 |
| 　　固定資産合計 | | 913,179 | 68.9 | | 886,714 | 68.3 |
| 　資産合計 | | 1,324,391 | 100.0 | | 1,299,058 | 100.0 |

出所:アサヒビール2008年12月期有価証券報告書

| 区分 | (2007年12月31日) 金額（百万円） | 構成比（%） | (2008年12月31日) 金額（百万円） | 構成比（%） |
|---|---|---|---|---|
| （負債の部） | | | | |
| I　流動負債 | | | | |
| 　支払手形及び買掛金 | 100,720 | | 99,674 | |
| 　短期借入金 | 103,908 | | 76,828 | |
| 　1年以内に返済する長期借入金 | 37,071 | | 18,728 | |
| 　1年以内償還予定の社債 | 10,000 | | 20,000 | |
| 　未払酒税 | 134,358 | | 128,379 | |
| 　未払消費税等 | 8,352 | | 8,636 | |
| 　未払法人税等 | 14,003 | | 22,653 | |
| 　未払金 | 57,196 | | 53,362 | |
| 　未払費用 | 48,025 | | 51,823 | |
| 　預り金 | 25,662 | | 22,863 | |
| 　コマーシャルペーパー | 52,000 | | 7,000 | |
| 　その他 | 5,496 | | 6,111 | |
| 　　流動負債合計 | 596,796 | 45.1 | 516,061 | 39.7 |
| II　固定負債 | | | | |
| 　社債 | 70,000 | | 120,168 | |
| 　長期借入金 | 59,477 | | 59,535 | |
| 　退職給付引当金 | 23,819 | | 23,515 | |
| 　役員退職慰労引当金 | 449 | | 633 | |
| 　繰延税金負債 | 5,018 | | 6,112 | |
| 　その他 | 39,048 | | 38,404 | |
| 　　固定負債合計 | 197,813 | 14.9 | 248,369 | 19.1 |
| 　　負債合計 | 794,609 | 60.0 | 764,430 | 58.8 |
| （純資産の部） | | | | |
| I　株主資本 | | | | |
| 　資本金 | 182,531 | 13.8 | 182,531 | 14.1 |
| 　資本剰余金 | 151,259 | 11.4 | 151,147 | 11.6 |
| 　利益剰余金 | 178,079 | 13.4 | 214,189 | 16.5 |
| 　自己株式 | △14,674 | △1.1 | △29,579 | △2.2 |
| 　　株主資本合計 | 497,195 | 37.5 | 518,288 | 40.0 |
| II　評価・換算差額等 | | | | |
| 　その他有価証券評価差額金 | 13,037 | 1.0 | 1,111 | 0.1 |
| 　再評価剰余金 | — | — | 1,751 | 0.1 |
| 　繰延ヘッジ損益 | △43 | △0.0 | △3 | △0.0 |
| 　為替換算調整勘定 | 4,477 | 0.4 | 446 | 0.0 |
| 　　評価・換算差額等合計 | 17,471 | 1.4 | 3,305 | 0.2 |
| III　少数株主持分 | 15,115 | 1.1 | 13,033 | 1.0 |
| 　　純資産合計 | 529,782 | 40.0 | 534,627 | 41.2 |
| 　　負債純資産合計 | 1,324,391 | 100.0 | 1,299,058 | 100.0 |

# 3●キャッシュフロー計算書の読み方

## 1…キャッシュフロー計算書から経営環境を読む

　以下に、実在する企業の連結キャッシュフロー計算書を、営業キャッシュフローを＋100として表す。A社、B社、C社の中で、あなたが株式投資先として最も魅力的に感じる企業はどれだろうか。

| Quiz | A社 | B社 | C社 |
|---|---|---|---|
| 営業活動によるキャッシュフロー | ＋100 | ＋100 | ＋100 |
| 投資活動によるキャッシュフロー | △52 | ＋70 | △1,151 |
| 財務活動によるキャッシュフロー | △72 | △29 | ＋358 |

　キャッシュフロー（CF）とはその言葉の通り、1年間の企業活動におけるお金の流れ（出入り）を表している。上記のプラスの数値は企業にお金が入ってきたこと、マイナスの数値は企業からお金が出て行ったことを意味する。

　端的に言えば、営業キャッシュフローは研究開発、仕入や製造、販売・マーケティング、コーポレート活動といった本業の活動に関わるお金の流れ、投資キャッシュフローは設備投資やM&Aといった投資活動に関わるお金の流れ、そして財務キャッシュフローは株主や金融債権者との財務活動に関わるお金の流れを表す。

　3社ともに営業活動からはしっかりとキャッシュを生み出しているが、投資活動と財務活動に3社の間で違いが見られる。

　A社は、営業活動で稼いだお金を使って、投資活動と財務活動にフルに資金を振り向けている。「営業CF ＜ 投資CF＋財務CF」なので、この1年間は手元の現金を崩してまでお金を使ったこととなる。特に財務CFへの支出が大きい。返済要求が強まった銀行借入を一気に返したためだろうか、それとも配当

や自社株買いといった株主還元を拡大した結果だろうか。株主還元が今後も拡大することが期待される企業であれば、株式取得の絶好のタイミングかもしれない。

　B社は営業活動に匹敵するほどの現金収入が、投資活動にも見られる。これら2つの活動から潤沢なキャッシュを生み出しているようだが、それと比べると財務活動への支出は小さく見える。相当程度のお金が手元に蓄積されてはいないだろうか。配当や自社株買いといった株主還元は多くはないのかもしれないが、裏を返せば株価の上昇できちんと投資家に応えている企業なのかもしれない。また、お金が蓄積されているのであれば、M&Aや新規事業など次の投資の拡大が期待できるかもしれない。そう考えると、株式取得の絶好のタイミングかもしれない。

　C社は営業活動の収入の11倍超に相当する大きな投資を行っている。足りないお金は財務活動からも調達しているが、「営業CF＋財務CF＜投資CF」なので、手元のお金も崩して投資活動に振り向けたこととなる。元来お金を多く所有していた企業が、一気に投資拡大に入ったということだろうか。将来の成長が期待できる投資内容であれば、株式取得の絶好のタイミングかもしれない。

　A社はカメラ・事務機業界最大手のキヤノン（2007年12月期）、B社はゲーム業界最大手の任天堂（2008年3月期）、そして、C社はたばこ・食品業界最大手の日本たばこ産業（2008年3月期）となる。

　キヤノンは自社株買いに4,500億円を投下した結果、財務キャッシュフローでの支出が膨らんでいる。任天堂は有価証券の売却・償還による収入が大きかったため、投資キャッシュフローに大きなプラスの数値が表れている。そしてJTは、英国Gallaher社の買収に伴う支出1兆6,000億円相当によって投資活動に大きな支出が表れ、またその原資の一部として、借入と社債発行を行ったことから財務キャッシュフローがプラスになっている。

　3社の実名が判明し、1年間のキャッシュフローの動きを知った今、あなたはどの企業の株式取得が望ましいと考えるだろうか。

## 2…キャッシュフロー計算書は時系列で読む

　キャッシュフロー計算書は、PL、BSに比べると、業界としての特性が表れにくい。言い換えると、企業の固有性が強い。

　これは先に挙げたケースを見れば自明なことだ。すなわち、キヤノンはたまたま同期に自社株買いを大量に行ったために支出が収入を上回っているが、その前年までは常に収入が支出を上回っていた。JTもたまたま同期に大型M&Aを行ったからであり、キヤノンと同様にその前年までは常に収入が支出を上回っていた。任天堂は業績絶好調であるがゆえに収入が支出を遥かに上回ってはいるが、ゲーム業界が皆そうというわけではない。また、任天堂は他のゲーム業界の企業と比較して著しく設備投資金額が少ないことも大きく影響している。

　したがって、キャッシュフローに関しては何らかの指標を業界他社と比べるよりも、1つの企業を時系列で表すほうが有益なメッセージが出てくることが多い。もちろんPLやBSの数値を時系列にして読むことも多々あるが、それは数ある分析アプローチの1つとしての位置付けだ。しかし、キャッシュフロー計算書の場合には、その名の通り、まさにキャッシュの流れをフローで見ることが、最も意義のある分析アプローチとなる。

　先のケースで取り上げたキヤノンを用いて、2001年12月期からの8年度のキャッシュフロー計算書を時系列で表してみよう。

　キヤノンの過去8年度のキャッシュフローの推移を見ると、2001年から2006年12月期までは3つのキャッシュフローが非常に安定的に推移していたことが分かる。また、2007年12月期以降は投資キャッシュフローを除いて、それまでとは異なる動きを始めたことが読み取れる。

　2006年12月期までは、3つのキャッシュフローと現預金残高のグラフのどれもが、一定的な動きをしている。営業キャッシュフロー、すなわち本業からの稼ぎはきれいな右肩上がりである。キヤノンの本業が絶好調であり、事業が順調に拡大していたことを示している。

　投資キャッシュフロー、すなわち将来のための投資活動は緩やかな右肩下がりを示している。本業の好調さを背景に、積極的な投資活動の拡大を行っていることが分かる。キヤノンはそれほど大きなM&Aはこの間に行ってはいない

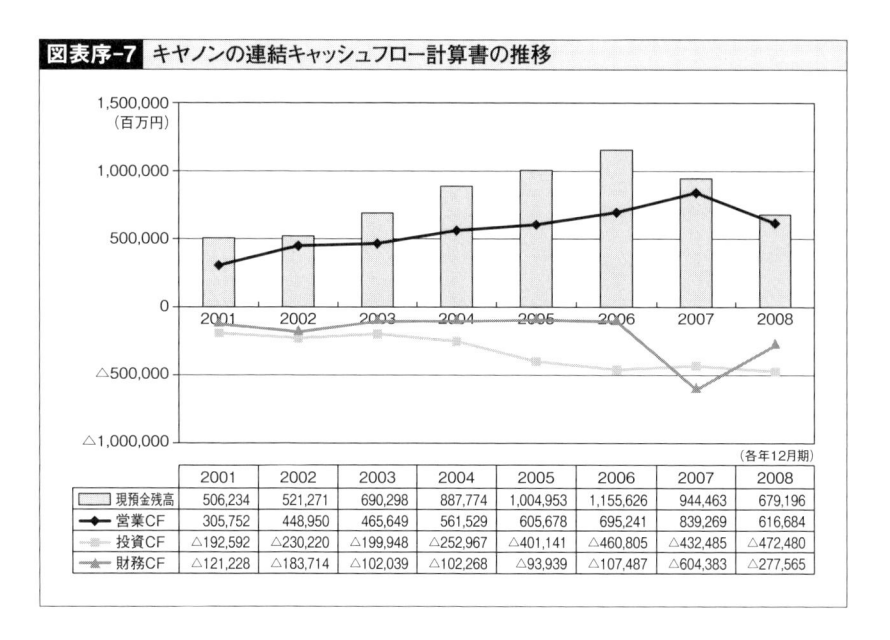

### 図表序-7　キヤノンの連結キャッシュフロー計算書の推移

|  | 2001 | 2002 | 2003 | 2004 | 2005 | 2006 | 2007 | 2008 |
|---|---|---|---|---|---|---|---|---|
| 現預金残高 | 506,234 | 521,271 | 690,298 | 887,774 | 1,004,953 | 1,155,626 | 944,463 | 679,196 |
| 営業CF | 305,752 | 448,950 | 465,649 | 561,529 | 605,678 | 695,241 | 839,269 | 616,684 |
| 投資CF | △192,592 | △230,220 | △199,948 | △252,967 | △401,141 | △460,805 | △432,485 | △472,480 |
| 財務CF | △121,228 | △183,714 | △102,039 | △102,268 | △93,939 | △107,487 | △604,383 | △277,565 |

(各年12月期)

ので、投資の大部分は設備投資に基づくものである。

　財務キャッシュフローは1,000億円前後で、他の2つのキャッシュフローと比べると、ほぼ横ばいの推移を示している。キヤノンは返済すべき借入もない実質無借金会社なので、この大部分は配当に相当する。一見、株主還元が弱かった会社にも思えるが、この期間のキヤノンの株価は右肩上がりで推移していた。株主はキャピタルゲインとして十分な利益を享受していたはずである。

　結果として、「稼いだキャッシュフロー ＞ 使ったキャッシュフロー」なのだから、手元の現預金は右肩上がりで上昇を続け、2006年12月期にはついに1兆1,500億円に達した。

　2007年12月期に入り株価が低迷したことや、新規事業候補のSEDテレビ事業が中断して、直近の大きな投資ニーズがなくなったことなどから、4,500億円という国内史上を振り返っても2番目に大きな規模に相当する自社株買いに踏み切った。

　そして2008年12月期は9月から始まった未曾有の世界的金融危機と急速な円高によって、本業の営業キャッシュフローが悪化した分、手元の現預金残高

も縮小したことが分かる。加えて、2007年12月期ほどの株主還元は行わなかったことも読み取れる。

　キャッシュフローは、各業界が保有する特性もさることながら、個別企業の固有の事情が如実に反映されている。各社の経営環境を十分に踏まえた上で、キャッシュフローそのものや、そこから計算される会計指標をとらえていくことが重要となる。

　アサヒビールの2007年、2008年12月期の連結キャッシュフロー計算書を次ページに示す。プラスの営業キャッシュフロー、マイナスの投資キャッシュフロー、マイナスの財務キャッシュフローという大きな符号は、キヤノンと同一である。本業でしっかりと稼ぎ、その中から設備投資やM&Aへと資金を回した上で、株主や有利子負債の債権者に資金を還元・返済するという、一般的に最もよく見られる形状である。

# 4・会計指標分析のメリットと注意点

## 1…会計指標分析のメリット

　飛行機のコックピットの様子を想像してみてほしい。パイロットの面前には、たくさんの計測器が並んでいる。われわれ素人からすれば、とてもそのすべてに目が行き届くような数には思えない。しかしパイロットは、これらを巧みに読み解き、瞬時の判断のもと、安全飛行という目的を遂行していく。

　計測器が示す様々な数値は、それ自体が目的ではないが、それがなければ安全飛行という目的は決して達成できない存在のはずだ。後はそれをどのタイミングでどのように使うのか、その手腕はパイロット次第である。

　経営分析を行おうとする者にとっての会計指標は、まさにパイロットにとっての計測器に相当する。会計指標の数値計算や指標の比較自体が目的なのではない。しかし、その情報がなければ、経営分析の目的、すなわち「企業を正確に理解し、適切な意思決定をする」という目的が達成できないのも事実である。

### 図表序-8 アサヒビールの連結キャッシュフロー計算書

| 区分 | (自 2007年1月1日<br>至 2007年12月31日)<br>金額（百万円） | (自 2008年1月1日<br>至 2008年12月31日)<br>金額（百万円） |
|---|---:|---:|
| I 営業活動によるキャッシュフロー | | |
| 　税金等調整前当期純利益 | 81,741 | 82,938 |
| 　減価償却費 | 45,250 | 47,353 |
| 　減損損失 | 1,387 | 2,196 |
| 　のれん償却額 | 2,486 | 3,994 |
| 　退職給付引当金の増減額 | △3,908 | △3,271 |
| 　貸倒引当金の増減額 | △3,480 | △529 |
| 　受取利息及び配当金 | △2,048 | △1,797 |
| 　支払利息 | 5,020 | 5,193 |
| 　持分法による投資損益 | △9,010 | △9,105 |
| 　投資有価証券売却損益 | 701 | △32 |
| 　投資有価証券評価損 | 343 | 3,598 |
| 　固定資産売却益 | △1,248 | △130 |
| 　固定資産売却除却損 | 6,689 | 4,343 |
| 　償却済ギフト券回収損 | 1,545 | — |
| 　売上債権の増減額 | △2,049 | 15,576 |
| 　棚卸資産の増減額 | 1,343 | △6,956 |
| 　仕入債務の増減額 | △2,716 | △4,104 |
| 　未払酒税の増減額 | 1,833 | △5,970 |
| 　未払消費税等の増減額 | △132 | 422 |
| 　役員賞与の支払額 | △149 | △279 |
| 　その他 | △8,784 | 8,321 |
| 　　小計 | 114,814 | 141,758 |
| 　利息及び配当金の受取額 | 6,478 | 2,066 |
| 　利息の支払額 | △5,200 | △5,191 |
| 　法人税等の支払額 | △46,519 | △32,538 |
| 　　営業活動によるキャッシュフロー | 69,573 | 106,094 |
| II 投資活動によるキャッシュフロー | | |
| 　定期預金の預入による支出 | △715 | △651 |
| 　定期預金の払戻による収入 | 34 | 1,295 |
| 　有価証券の売却による収入 | 5,120 | 4 |
| 　有形固定資産の取得による支出 | △35,434 | △36,192 |
| 　有形固定資産の売却による収入 | 2,909 | 742 |
| 　無形固定資産の取得による支出 | △5,969 | △4,524 |
| 　無形固定資産の売却による収入 | 126 | 0 |
| 　投資有価証券の取得による支出 | △28,648 | △8,559 |
| 　投資有価証券の売却による収入 | 333 | 1,167 |
| 　子会社株式の取得による支出 | △52,090 | △2,928 |
| 　連結範囲の変更を伴う子会社株式の取得による支出 | — | △5,420 |
| 　連結範囲の変更を伴う子会社株式の取得による収入 | — | 2,154 |
| 　連結範囲の変更を伴う子会社株式の売却による支出 | △850 | △173 |
| 　貸付金の貸付による支出 | △3,209 | △3,233 |
| 　貸付金の回収による収入 | 2,923 | 3,584 |
| 　その他 | △2,357 | △5,500 |
| 　　投資活動によるキャッシュフロー | △117,828 | △58,235 |
| III 財務活動によるキャッシュフロー | | |
| 　短期借入金の増減額 | 66,104 | △72,095 |
| 　長期借入れによる収入 | 18,209 | 24,148 |
| 　長期借入金の返済による支出 | △24,772 | △34,376 |
| 　社債の発行による収入 | 25,000 | 70,175 |
| 　社債の償還による支出 | △40,000 | △10,000 |
| 　自己株式の取得による支出 | △230 | △15,348 |
| 　配当金の支払額 | △9,428 | △8,904 |
| 　少数株主への配当金の支払額 | △435 | △97 |
| 　少数株主からの払込 | 321 | — |
| 　その他 | 1,357 | 134 |
| 　　財務活動によるキャッシュフロー | 36,126 | △46,365 |
| IV 現金及び現金同等物に係る換算差額 | △182 | △536 |
| V 現金及び現金同等物の増減額 | △12,311 | 956 |
| VI 現金及び現金同等物の期首残高 | 23,778 | 11,741 |
| VII 連結範囲の変更による現金及び現金同等物の増減額 | 274 | — |
| VIII 現金及び現金同等物の期末残高 | 11,741 | 12,697 |

出所：アサヒビール2008年12月期有価証券報告書

パイロットにとって、すべての計測器が常時必要なわけではないだろう。陸路走行時、離陸時、安定飛行時、着陸時など、それぞれの局面で計測器の重要性は変わるはずだ。急な天候の変化に対しては、普段とは異なるアプローチで計測器を読むことも要求されよう。会計指標もこれと同じで、すべての指標を常に計算し、見続けなければならないというものではない。対象となる業界や企業、あるいは経営環境の急速な変化によって、その重要度を適宜判断し、調整しながら読み解くことが望まれる。

会計指標を用いる最大のメリットは、その扱いが非常に容易であることに尽きる。計算のほとんどは掛け算や割り算で済む。『Microsoft Excel』などの表計算ソフトがあれば、複数年度にわたる指標計算は、さっとコピーするだけで自動的に計算してくれる。

容易なのは計算だけではない。企業を分析する上では、どうしても「比較」の作業が必要となってくる。1つの企業の数値だけを見ていても、それが良いことか、悪いことかの判断はつきにくい。たとえば売上高営業利益率が10%の医薬品会社があったとする。2ケタの利益率もあれば、かなり良い数値に聞こえるだろう。しかし、国内医薬品業界の同比率の平均値が20%程度だと聞けば、「この会社はなぜこんなに利益率が良くないのか？」という質問に対する分析から始めることが必要だと分かる。

企業の規模がそれぞれ異なるため、決算書上の数値をそのまま比較するだけでは、どうしても限界が生じる。そこで利益率（％）や日数（日）などに平準化された、様々な会計指標を活用する有用性が生まれるわけだ。

比較対照として使われる数値には、こうした業界平均や同業他社のものの他、企業が目標として掲げている数値、何らかのベンチマーク、あるいは当該企業の過去の数値など、様々な切り口が挙げられる。

きっとパイロットも、コックピット内にある様々な計測器が提示する数値を、安全飛行を保証する標準数値や過去の経験値と比較しながら読み解いているはずだ。

このように、会計指標は、計算の容易性、比較の容易性から、経営分析を行う上でのスタート地点として位置付けることができる。ある企業を分析しようとする際に、100ページ超におよぶ有価証券報告書を渡され、「さあ分析して

ください」と言われたら誰もが面食らってしまうだろう。さながら飛行機1機の前に立たされたパイロットに向かって、「機体のどこかに異常がないか調べてください」と突き付けるようなイメージだ。しかし主要な計測器の前に立ったパイロットであれば、どこが正常でどこが要検査箇所かが、瞬時に分かるはずだ。実際の検査にはそれから入る。まさに会計指標を分析のスタート地点とするゆえんだ。

### 2…キーとなる問いかけは「Why?」「So What?」「How?」

　会計指標は経営分析のスタート地点として優れている。指標数値の水準や比較対照数値との大小関係から、分析対象企業に突出して見られる特徴を見つけ出す。まずはそこに焦点を当て、なぜそのような数値の特徴が同社に見られるのかを掘り下げていくわけだ。
　その際のキーとなる問いかけは、次のように流れていく。

　STEP1【本質的な理由を解明する】
　　　Why?（なぜそうなのか？）
　　　　⇩
　STEP2【分析者や分析企業にとっての意味合いを考察する】
　　　So What?（そこから何が言えるのか？）
　　　　⇩
　STEP3【問題解決のためのアクションへと結び付ける】
　　　How?（どのように解決していくのか？）

　STEP1の「Why?」は本質的な理由を解明するための問いかけだ。本質的な理由が分からないまま、ある問題を正しく解決していくことは不可能だ。本質的な理由が分からないまま、あるいは誤った判断に基づいた解決策の立案では、望むべき改善は期待できない。その結果として、仮に指標は改善しても、その他の部分に大きなひずみを来しかねない。
　たとえば、ある企業の売上高総利益率が業界や競合に比較して低かったとする。その理由を、競合に比較して価格が安いという事象に見出したとする。これは、即解決すべき問題と言えるだろうか。答えは否、そうはならない。少な

くとも競合に比較して価格が安いというのはある事象（Fact）に過ぎず、本質的な理由の分析までには至っていない。英語で言うならば「What?」（何があるのか？）は語っていても、「Why?」（なぜそうなのか？）までの掘り下げができていないということだ。

仮に、同社の経営戦略がEDLP（エブリデー・ロー・プライス）、すなわち低価格戦略にあったとしよう。競合よりも価格が安いことが戦略なのだから、戦略が想定通りに機能していれば、当社の価格は競合より安く、結果として総利益率は低めになるはずだ。

実際にEDLPを基本戦略とする米アマゾン・ドット・コム社は、自らの決算説明資料の中で「利益率を追求するのではなく、利益の額を追求する」と明言している。同社の戦略がうまく機能しているからこそ、リアルな店舗を持った競合の書店より、アマゾンの総利益率は低いのだ。

そこから分析を掘り下げるべきは、アマゾンのEDLP戦略が今後も競争優位性を同社にもたらし続けるか否かにある。リアルな店舗を主体とした競合の総利益率にいかに追いつき、追い越すための施策を考えることにはない。少なくともそれを考えるのは、アマゾンがEDLPの戦略を捨てたときだろう。

「Why?」の具体的な質問として、以下のような問いかけが挙げられる。

●Why?の質問項目
比較の視点：　なぜ当社の指標は、業界平均や競合と比べて異なるのか？
絶対値の視点：なぜ当社の指標は、突出して大きい（小さい）のか？
トレンドの視点：なぜ当社の指標は、ここ数年拡大（縮小）傾向にあるのか？
　　　　　　　なぜ当社の指標は、一貫せずに上下にばらつくのか？

各会計指標に関して具体的な「Why?」の問いかけを行い、本質的な理由を導き出すSTEP1が終わると、次にSTEP2の「So What?」（そこから何が言えるのか？）の問いかけとなる。先のアマゾンの例では、総利益率が低い最大の要因をEDLPに見出した。となれば、このEDLPが中長期的に同社に競争優位性をもたらし続けるものかを判断するための問いかけが「So What?」の中身となる。具体的には、たとえば次のような問いが考えられる。

「アマゾンは今後もEDLPを基本戦略として、競争優位性を発揮し続けるこ

とができるのか。顧客が小売店に求めているものは価格しかないのか」
　「アマゾン自らが言うように、利益率を犠牲にするからには規模を獲得しなくてはならない。規模の拡大によって、商品の大量購買による仕入コストの低減が実現することで、同社の総利益率は徐々に改善する傾向は見られないのか」
　「不況下で顧客の価格志向が強まると力を発揮するEDLPだが、好況期には過度な価格訴求によって、自社の財務体質悪化などの危惧を招かないのか。同社の財務リスクはどうか」
　「規模拡大のため商品ラインアップも全包囲で拡大し続けるアマゾンだが、在庫リスクは高まっていないか。在庫の廃棄率が上昇傾向にあったり、売れないから早期の値引きを行ったりすることによって、必要以上の利益率の悪化は起きていないだろうか」
　「日本のGMS（総合スーパー）が『何でもある＝魅力的なものが少ない』といった悪循環に陥り、アパレル、家具や家電の専門店に比べて業績を悪化させている中で、アマゾンはネット上で同じような傾向に陥らないのか」　など。
　上記のような1つ1つの問いかけに対して、答えを見つけていく作業は容易ではない。しかし、アマゾンやその競合の社員であれば、自社が今後も勝ち残っていけるかを判断するために、これを行わないわけにはいかない。
　そもそも同じやり方で、これから先も永遠に勝ち続けることのできる企業など存在しえない。「So What?」の問いかけに対する自社の解を懸命に突き詰めることで、自社にとっての各指標の数値の意味合いを導き出さなくてはならない。
　ここまでくれば、最後はSTEP3の「How?」（どのように解決していくのか？）となる。いかなる経営分析でも、最後は何らかのアクションに結び付いて初めて意義を成す。分析のための分析であってはならない。ここまでの問いかけによって、本質的な理由が解明され、自社にとっての意味合いが導かれていれば、後はいかに必要なアクションをとっていくのか、つまり「How?」の世界となる。
　アマゾンの例で言えば、顧客が欲しているのは決して低価格だけではない。品揃え、操作容易性、提案力、品質、アフターサービス、アベイラビリティ（可用性）、スピード、セキュリティ等など、そのどれもが著しく犠牲になった

上での低価格であれば、いずれ顧客は離れていくだろう。これらすべてを100％の状況で顧客に提供することは不可能だろうが、一定の顧客満足の水準を保ちながら、企業を前進させていくことが要求されている。

時代背景によっては、時にセキュリティが、時にアフターサービスが、また時には品揃えや価格に対する優先順位が高まるだろう。そうした市場環境の変化を敏感に感じとり絶妙な調整を行いながらも、基本戦略であるEDLPを推し進めていくことが「How?」の答えとして導かれていく。

ここまでの議論から、会計指標分析のメリットをまとめておこう。

●会計指標分析のメリット
(1) 計算が容易である
(2) 比較が容易である。比較対照には、業界平均値、同業他社、企業の目標数値、何らかのベンチマーク、過去の数値などが挙げられる
(3) 経営分析のスタート地点として位置付けられる
(4) 分析のための問いかけとして、会計指標に対して、Why?(なぜそうなのか?)、So What?(そこから何が言えるのか?)、How?(どのように解決していくのか?)の順に進めることで、分析からアクションへと結び付けることができる

### 3…会計指標分析の注意点

一方、会計指標を用いた経営分析はすべてにおいて万能ではない。個別の指標については、これから12の指標を見る際に触れることとする。

ここではすべての指標に共通する論点として、会計指標はあくまで指標に過ぎないということを挙げておきたい。要は％や日数に平準化したものであって、金額の情報がまったくないということだ。

結果として、会計指標ばかりを見て経営分析を進めると、縮小均衡の考え方に陥りやすい。たとえば、2つの企業の売上債権の回収期間が5日間の違いだったとする。5日程度は誤差、としてしまって良いだろうか。

仮に売上高1兆円の企業であれば、売上債権を回収する期間の5日間の短縮は、137億円（売上高1兆円×5日÷365日）の資金繰りの良化に相当する。

これがなければ、その分のお金を銀行から借りてこなくてはならない。5日間の売上債権の回収期間の短縮が、当社の資金繰りの良化と有利子負債の削減に少なからず寄与していることが分かる。

また、企業が会計指標だけを良く見せるのは、実はとても簡単なことだ。要は目標指標の数値を達成している事業のみを残して、他はすべて撤退してしまえば、目標はすぐに達成できる。ただし、企業の規模は当初の10分の1になっているかもしれない。

企業の究極の目標は会計指標を良くすることではない。これはいみじくも、先のアマゾンが自社の経営戦略について、「利益率を追求するのではなく、利益の額を追求する」と語っていることとも通じるものだ。

企業の戦略によっては、利益率を追求することが結果として利益の額の最大化につながることもあろう。しかし利益率の追求が利益額の最大化の必要十分条件にはならない。当面の利益率は度外視して、まずは規模を獲得することで市場シェアを取る。その結果として圧倒的な競争優位性から固定費や調達コストを低減して、最後は利益率も利益額も高めるというやり方もあるはずだ。アマゾンの目指しているところはこれに近い。

このように、会計指標を用いた経営分析では、指標ばかりではなく、実際の決算書の数値も照らし合わせながら行うこと。「率」と「規模」を同時に意識して分析を進めることを、すべての指標に共通する注意点としてここで挙げておきたい。

### ●会計指標分析の注意点
指標が示す「率」や「日数」のみではなく、決算書にある実際の「金額」を同時に意識して分析する

では、いよいよ次章からは、12の会計指標とそれらを用いた経営分析を進めていこう。経営分析において大切なことは、ここまで述べてきたように、論理的に考え、間違えを恐れずに、経営上の仮説を構築することにある。見たままの「大きい」「小さい」といった事実を表記するだけでは、分析とは言えない。このため、本書では可能な限り数値から経営上の仮説を構築することを試みている。

第 **1** 章

# 売上高総利益率

**業界特性と経営戦略を映し出す収益性の指標**

売上高総利益率はPL上で最初に表れる利益率で、売値と原価の差額を表す。業界特性と経営戦略の違いが明確に表れる指標だ。売上高と原価、製品構成、顧客構成、そして事業構成の4つのステップを経た分析が有効となる。製品ポートフォリオと価格戦略が創り出す任天堂の売上高総利益率を読む。

# 1●売上高総利益率の読み方

## 1…売上高総利益率の算出方法

　売上高総利益率は、売上総利益を売上高で割って算出する。売上総利益は売上高から売上原価を差し引いたもので、「粗利」と呼ばれることが多い。

$$売上高総利益率（\%） = \frac{売上総利益}{売上高}$$

売上総利益 ＝ 売上高 － 売上原価

　売上原価とは、今の売上高に直接的に対応するものだ。つまり、計上された売上の直接的な源泉になっていると判断できるもののみが、その期の売上原価に含まれる。このため、まだ販売できていないもの、すなわち今の売上に直接結び付かないコストは、棚卸資産としてBSに計上される。また広告宣伝費や営業員の人件費などは、直接的に売上に対応させることが困難なため、原価ではなく、販管費に期間の費用として計上される。

　売上原価の中身を考える際には、企業を大きく3つの業態に分けてとらえると分かりやすい。自らモノづくりをする製造業（メーカー）、メーカーが製造したものを仕入れて販売する商社、小売や卸売業、そしてこれら2つのどちらにも当てはまらない広い意味でのサービス業である。

　製造業における原価は、製造原価となる。製造原価の中には、製品を作るための原材料費、製造に係わる人員の労務費、そして減価償却費や光熱費などが含まれる製造経費の、大きく3つがある。有価証券報告書を作成している企業であれば、単体ベースの製造原価明細書を開示しているので、それら3つの構成比をおおまかにつかむことができる。

　商社、小売や卸売業のように、メーカーが製造したものを仕入れて販売する業界では、仕入が原価、すなわち仕入原価となる。仕入原価の中には物流経費

なども含めるのが一般的だが、金額からすればあくまで仕入そのものの購買コストが大部分を占めるはずだ。

それ以外の広くサービス業では、サービスに付随して発生する様々な費用がサービス原価となる。飲食店や英会話学校など、場を提供するサービス業であれば、サービスの現場で目に入るものすべてがサービス原価と考えて差し支えない。したがって、食材などの原材料費、サービスを提供する人員の労務費、場に付随する家賃や減価償却費などが多くなる。サービス原価明細書も有価証券報告書の中で見ることが可能だが、中身を見れば製造原価明細書の項目と似ている勘定が多いことに気付く。

こうした売上原価を売上高から差し引いて計算される売上総利益が、売上に対してどの程度の比率かを計算するのが売上高総利益率だ。よって、基本的には高いほうが望ましいと判断される。ただし序章で取り上げたように、たとえばEDLP（エブリデー・ロー・プライス）を経営戦略に置く企業であれば、同比率は競合より低いのが当然とも言える。したがって売上高総利益率の最終的な評価は、あくまで業界特性や経営戦略と照らし合わせた上で判断すべきだ。

## 2…売上高総利益率の業界別平均値

次ページの図表1-1に国内の製造業と商社、小売業の売上高総利益率の業界平均値を示した。それ以外の不動産、鉄道・バス、通信などの業界は、原価の概念がそれぞれかなり異なるため、グラフからは外している。グラフから、売上高総利益率はおおむね20～30％の範囲にあることが分かる。ある企業を分析する際の1つのベンチマークと考えても差し支えないだろう。

そんな中、医薬品業界は68.0％という、突出して高い平均値を誇っている。これだけ高い総利益率の根拠を考える上では、「なぜこれほど売値が高いのか」と「なぜ売値に対して原価がこれほど低いのか」の両方が説明できなければならない。

売値については、国内であれば厚生労働省によって薬価が高い値で設定されていることと、一定期間は特許に守られるため価格競争に陥りにくいことが主として挙げられる。

一方の原価については、メーカーだから製造原価として原材料費、労務費、製造経費がすべて含まれている。しかし、医薬品という製品の特性上、原材料や工場に極端に多額のコストを投下しなくても良いことを意味している。こうした大きなギャップがなければ、68.0％という総利益率をメーカーが生み出すことは考えられない。

　では、「なぜ薬価は高く設定され、かつ特許で守られるのか？」。これが分析を進める上では次の質問となろう。この解を見つけるために販管費の中身を見ることによって、多額の研究開発費を必要とする業界であり、そのために総利益の段階ではある程度の研究開発原資を確保しなければならないことが分かる。それゆえ、国が薬価を高めに設定し、かつ一定期間は特許で守るという仕組みがあることに結び付く。

　一方、同じメーカーでも、石油メーカーのように総利益率が6.0％という低い水準にある業界もある。製品の差別化が難しく、また供給過剰の状況にあって価格競争が激しい石油業界では、総利益率の水準がメーカーというより商社に近い。また特殊要因として、石油業界では売上と原価の中にガソリン税など

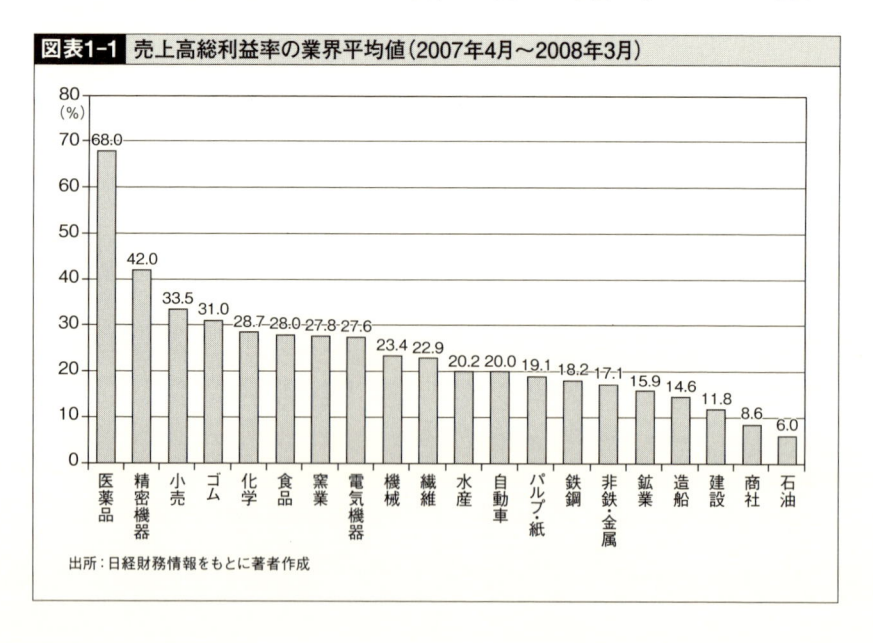

**図表1-1　売上高総利益率の業界平均値（2007年4月〜2008年3月）**

| 業界 | 総利益率(%) |
|---|---|
| 医薬品 | 68.0 |
| 精密機器 | 42.0 |
| 小売 | 33.5 |
| ゴム | 31.0 |
| 化学 | 28.7 |
| 食品 | 28.0 |
| 窯業 | 27.8 |
| 電気機器 | 27.6 |
| 機械 | 23.4 |
| 繊維 | 22.9 |
| 水産 | 20.2 |
| 自動車 | 20.0 |
| パルプ・紙 | 19.1 |
| 鉄鋼 | 18.2 |
| 非鉄・金属 | 17.1 |
| 鉱業 | 15.9 |
| 造船 | 14.6 |
| 建設 | 11.8 |
| 商社 | 8.6 |
| 石油 | 6.0 |

出所：日経財務情報をもとに著者作成

の税金が含まれるため、必要以上に総利益率が悪く見えてしまうという背景もある。

　もちろん、企業の最終的な目的は売上高総利益率を最大化することではない。仮に売上高総利益率が低くても、次の販管費を抑えることができていれば、営業利益の段階では満足できる数値が実現されているはずだ。次の第2章では、販管費の考察を進めながら、同時に売上高総利益率との関係性を掘り下げていきたい。

## 3…売上高総利益率を分解する

### (1)売上高と売上原価への分解

　分析の王道は分解することにある。分解することで指標の水準の高低、あるいは増加や減少に関して、より詳細な仮説を構築することができる。まずは1つの製品のみをイメージして、売上総利益を分解したのが図表1-2だ。

　ある企業の売上高総利益率が競合に比べて高い場合、それは売値が高いから

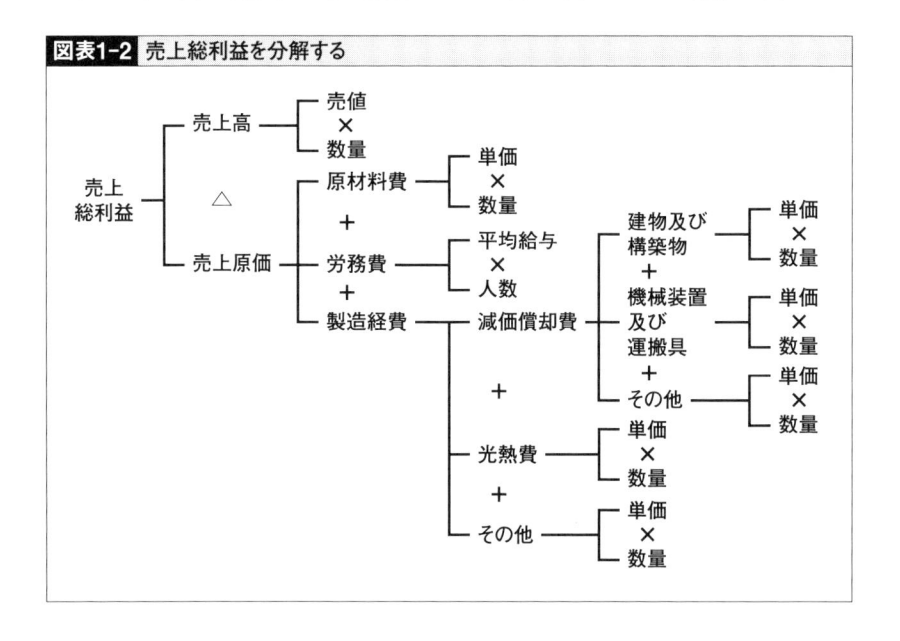

**図表1-2　売上総利益を分解する**

```
                  ┌─ 売値
         ┌─ 売上高 ─┤  ×
         │        └─ 数量
         │                        ┌─ 単価
         │              ┌─ 原材料費 ─┤  ×
         │              │          └─ 数量
売上      │              │                                      ┌─ 単価
総利益 ─△─┤              │          ┌─ 平均給与              ┌─ 建物及び ─┤  ×
         │              ├─ 労務費 ─┤  ×                    │  構築物     └─ 数量
         │              │          └─ 人数                   │    ＋
         └─ 売上原価 ─┤                                      │  機械装置     ┌─ 単価
                        │                     ┌─ 減価償却費 ─┤  及び   ─┤  ×
                        └─ 製造経費 ─┤           │             │  運搬具     └─ 数量
                                     │           │             │    ＋
                                     │           │             │  その他 ─┤  単価
                                     │           │             │           │  ×
                                     │           │             └─          └─ 数量
                                     │           ＋
                                     │                        ┌─ 単価
                                     ├─ 光熱費 ─┤  ×
                                     │                        └─ 数量
                                     │           ＋
                                     │                        ┌─ 単価
                                     └─ その他 ─┤  ×
                                                              └─ 数量
```

だろうか。それとも原価が低いからだろうか。売値が高いとすれば、なぜ売値が高いのか。原価が低いとすれば、原材料費、労務費、製造経費のどれが競合に比べて低減できているのだろうか。そしてその理由は単価に起因するのか、それとも数量に起因するのか。

仮に製造経費、中でも減価償却費が主な理由だとすれば、それは保有設備の単価（簿価）が安いからだろうか。それとも数量が少ないからだろうか。この際、単価が安いのは設備が古いので、償却がほぼ終わってしまったためだろうか。それとも購入時期が景気の悪い時期であり、実際に安く購買できたからだろうか。また、数量が少なく見えるとすれば、実際に保有設備の量が少ないためだろうか。それとも企業規模が大きく、単位当たりの設備負担が少なく見えているからだろうか。

このように「Why?」の質問を問い続けながら分解を進めることによって、どこが売上高総利益率の違いに最も影響を与えているかを解明することが可能となっていく。他社の分析ともなれば、仮に上場企業であっても、公開情報によってすべてを明らかにできるわけではない。しかし、そこで諦めてしまっては分析にならない。

「Why?」の質問を問い続け、複眼的に考えながら、妥当と思われる仮説を構築する。このあくなき探究心を持ち続けることが、分析をする人間にとってまず備えなくてはならないマインドであり、スキルとなる。

### (2)製品（商品またはサービス）構成への分解

先ほどの図表1-2は1つの製品（商品またはサービス）のみを保有する企業のイメージの分解だった。しかし、実際には1つの製品のみで成立している企業はきわめて稀だ。よって、次に考えるのは製品構成の違いとなる。まずは1つ1つの製品について、（1）で挙げた売上高と売上原価への分解に基づいた分析を行う。次にその構成比率を考えるのだ。

たとえば製品Aは総利益率が60％に達する、利益率の高い製品とする。製品Bは総利益率が30％と、通常よく見られる水準の総利益率とする。仮に競合の2社がどちらも2つの製品を製造・販売しているとしよう。しかし、X社はAとBの売上構成比率が5:5なのに対して、Y社は3:7の割合だとする。こ

の場合、X社の総利益率は45％となるが、Y社の総利益率は39％と算出される。

もちろん、これをもってX社とY社のどちらが優れているかは判断できない。製品Aの総利益率が高いのだから、Aがより魅力的な製品であり、これの比重が高いX社のほうが優良企業かもしれない。一方、製品Bの市場がこれから飛躍的に拡大するとしたら、その構成比率が高いY社のほうが長期的に見れば優良企業と定義できるかもしれない。

### (3) 顧客構成への分解

仮に同じ製品を同じ構成比率で販売していても、総利益率が異なる場合がある。これは販売している相手、すなわち顧客が異なる場合だ。顧客構成の違いは、(1) の分解における売値の違いに特に影響を与える。

法人顧客か個人顧客か、同じ法人でも直接販売か、卸や商社を介した間接販売か、国内顧客か海外顧客か、などが問いかけの切り口となる。個人よりも法人顧客、国内よりも海外顧客のほうが、売値は高く設定できる傾向が強く、一般的に総利益率は高いと考えがちだ。しかし、これは業界や企業によって千差万別であり、一概には言いきれない。個別企業のケースにおいて、売値への影響を個別に考察すべきだ。

### (4) 事業構成への分解

ここまでで売値、原価の中身に加えて、製品構成の違いと顧客構成の違いを考察した。それでも解決できない売上高総利益率の違いとなれば、それはもはや事業そのものが異なるということに他ならない。

多くの企業は事業の多角化を行っている。「選択と集中」という言葉があるように、1990年代前半の資産バブルの崩壊以降、日本企業はどちらかと言えば事業の集中化を図ってきた。しかしそれでも、上場企業ともなれば、1つの事業のみを行っている（その中で複数の製品を持っている場合も含めて）ことは稀だ。これは、有価証券報告書の中で、事業セグメント情報を開示しているか否かでおおよそ判断することができる。

たとえば鉄道業界であれば、鉄道事業・バス事業の他に、不動産事業（賃貸業、分譲業）、小売事業（販売業、商業施設運営業）、レジャー事業（球団経営

やゴルフ場）など、実に様々な性格の異なる事業への多角化を図っている。

図表1-1で見たように、業界が異なれば、総利益率の水準は大きく異なる。よって、多角化された事業の全社に占める構成比率を正確に判断した上で、ある企業の総利益率の高さがどの事業からもたらされたものかを判断する必要が生まれてくる。

● 売上高総利益率を分解するステップ
(1) 売上高と売上原価への分解
  ⇩
(2) 製品（商品またはサービス）構成への分解
  ⇩
(3) 顧客構成への分解
  ⇩
(4) 事業構成への分解

## 2 ● ケーススタディ——任天堂
### 製品ポートフォリオと価格戦略が創り出す売上高総利益率

### 1…任天堂における売上高総利益率の推移

図表1-3は、過去6年度24四半期の任天堂の売上高総利益率の推移を追ったものだ。下は31.6％（2004年度第4四半期）から、上は48.6％（2004年度第1四半期）まで、かなり上下にぶれていることが読み取れる。任天堂がこの間、一貫して右肩上がりの成長をしてきた事実と照らし合わせると、若干の違和感すら覚える。全6年度24四半期の総利益率の単純平均値は41.4％と算出される。

31.6％から48.6％という水準そのものについては、どうだろうか。先に述べたように、売上高総利益率の1つのベンチマークは20〜30％であった。それと比較すれば、「なぜ任天堂の総利益率は高いのだろうか？」という問いかけが生まれてくる。一方、任天堂の製品特性を考えれば、序章で紹介した資生

**図表1-3　任天堂の売上高総利益率の推移**

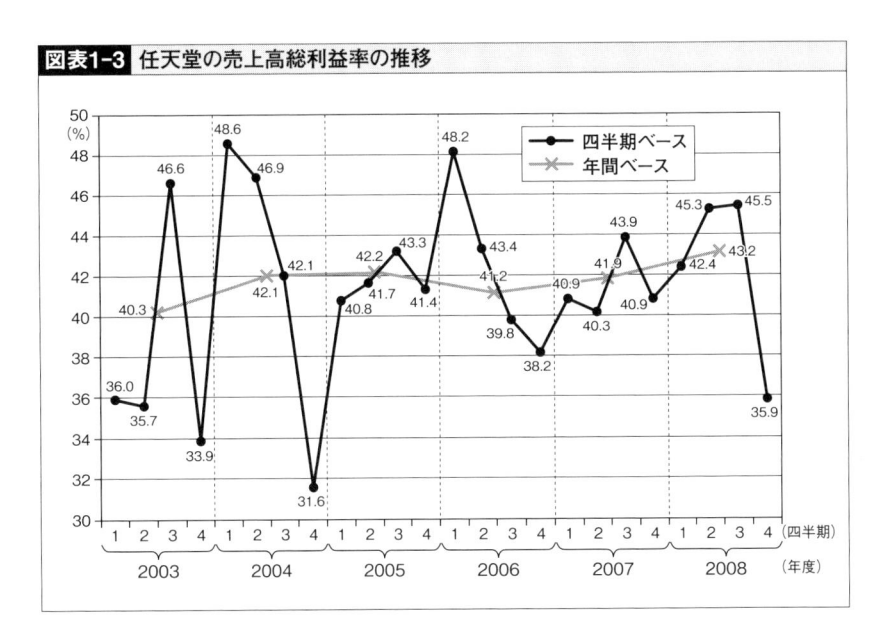

堂（化粧品業界）や、本章冒頭で触れた医薬品業界のように、総利益率70％程度を想像してもおかしくない。その場合にはむしろ、「なぜ任天堂の総利益率は低いのだろうか？」という問いかけになるはずだ。

　ゲームはその製品特性上、クリスマス商戦を迎える第3四半期に売上金額が最も膨らむという季節性の非常に高いビジネスだ。たとえば2008年度（2009年3月期）においても、年間売上高の4割程度は第3四半期に計上されている。よって、第3四半期には製造業としての量産効果による原価低減が実現するはずだが、過去6年間を見る限り、第3四半期がその年度において総利益率が最も高い年度（2003、2005、2007、2008）もあれば、下落傾向に相当する年度（2004、2006）もある。同社の事業が保有する季節性は、総利益率の動向には直接影響を与えていないのだろうか。

　次ページの図表1-4には過去6年度の任天堂の売上高の推移を示した。2006年度以降、任天堂の売上高は目覚ましい成長を遂げた。5,000億円程度だった売上高が、わずか3年で4倍近い2兆円の水準にまで達している。一般に企業規模が大きくなれば、価格決定権の獲得による値上げや値崩れの防止、原材料

の大量購買による調達コストの低減、および量産効果による単位当たり固定費の低減が実現され、総利益率は継続的に上昇してもおかしくない。

確かに任天堂にも2007年度以降はそうした傾向が若干感じられるものの、総じて見ると不規則かつ激しい上下の動きを示しているように思える。この背景には何が潜んでいるのだろうか。

## 2…任天堂の売上高総利益率を分解する

前節で解説した指標を分解する4つのステップに沿って、任天堂の売上高総利益率の水準とトレンドに関する解明を試みていこう。

### (1) 売上高と売上原価への分解

図表1-5に任天堂の単体ベースの製造原価明細書を示した。

2008年度の任天堂の売上高は、連結で1兆8,386億円、単体で1兆6,725億円であった。いわゆる連単倍率は1.1倍と計算される。残念ながら連結ベース

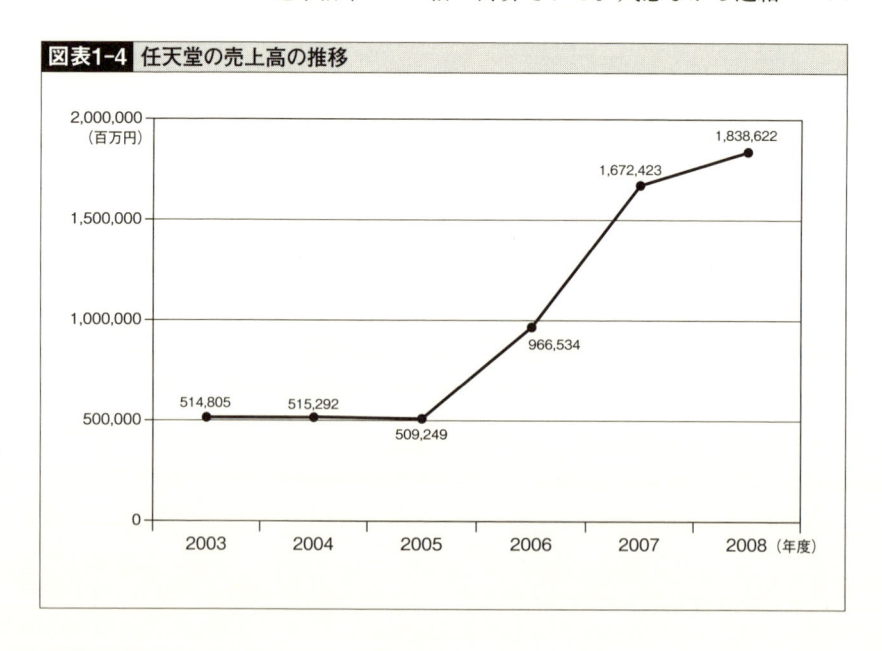

**図表1-4 任天堂の売上高の推移**

| 年度 | 売上高(百万円) |
|---|---|
| 2003 | 514,805 |
| 2004 | 515,292 |
| 2005 | 509,249 |
| 2006 | 966,534 |
| 2007 | 1,672,423 |
| 2008 | 1,838,622 |

の製造原価明細書は一般に開示されていないが、任天堂の場合は連結イコール単体と考えても、ほぼ差し支えない範囲にある。

製造原価明細書の中身を見ると、原価の実に98.1％が材料費となっていることが特徴的だ。いろいろな企業の原価明細書を見ることでその水準のレベル感をつかむことは可能になる。たとえば同じ2009年3月期のトヨタ自動車（単体ベース、以下同様）は81.1％、ソニーは85.0％、新日本製鐵は74.7％となっている。これらの企業の数値と比較すると、任天堂は他の企業に比べてより高価な材料を購入して製造しているように見えるが、任天堂の製品を見れば、それは正しくないことは明らかだ。あくまで原価の中に占める構成比の数値であることから、むしろ労務費や減価償却費が極端に少ないため、相対的に材料費が重く見えているととらえるべきだ。

任天堂はファブレス、すなわち自らは製造工場をほとんど保有せずに、製造や部品の大部分を外注する企業として有名だ。実際に任天堂の有価証券報告書上でも、事業活動に伴うリスク情報の中で次のように語っている。

**図表1-5　任天堂の製造原価明細書（単体ベース）**

| 区分 | | 2007年度 | | 2008年度 | |
|---|---|---|---|---|---|
| | | 金額（百万円） | 構成比（％） | 金額（百万円） | 構成比（％） |
| I | 材料費 | 877,248 | 96.3 | 1,001,051 | 98.1 |
| II | 労務費 | 3,734 | 0.4 | 4,217 | 0.4 |
| III | 経費 | 30,244 | 3.3 | 15,107 | 1.5 |
| | 当期総製造費用 | 911,227 | 100.0 | 1,020,375 | 100.0 |
| | 期首仕掛品たな卸高 | 267 | | 97 | |
| | 合計 | 911,495 | | 1,020,472 | |
| | 期末仕掛品たな卸高 | 97 | | 269 | |
| | 他勘定振替高 | 22 | | 14 | |
| | 当期製品製造原価 | 911,376 | | 1,020,188 | |

経費には次のものが含まれています。

| 項目 | 2007年度 | 2008年度 |
|---|---|---|
| 外注加工費 | 9,026百万円 | 9,559百万円 |
| 減価償却費 | 3,331百万円 | 3,545百万円 |

出所：任天堂2009年3月期有価証券報告書

> **外部企業への製造依存**
> 当社グループは、主要な部品の製造や製品への組立てを複数のグループ外企業に委託しています。グループ外企業の倒産等により重要部品の調達及び製造に支障が生じる可能性があります。また、部品の製造業者が当社グループの必要とする数量を予定通りに供給出来ない可能性もあります。重要部品が不足すると、部品の価格高騰による利益率の低下に止まらず、製品の供給不足や品質管理等で問題が発生し、顧客との関係悪化をも引き起こす可能性があります。
> また、製造委託先の生産拠点が海外に多く、現地で暴動や災害等が起こり生産が妨げられれば、業績に悪影響を及ぼします。

自らはほとんど製造しないため労務費や減価償却費が極小であることと、その結果として原価の98.1％が材料費という特異な数値となっていることが判明する。材料費と呼んでいるものも、製造委託によって外部企業が製造した、ほぼ完成品に近いものが大部分を占めているのだろう。

任天堂の単体ベースでの2008年度の総利益率は36.7％であった。連結ベー

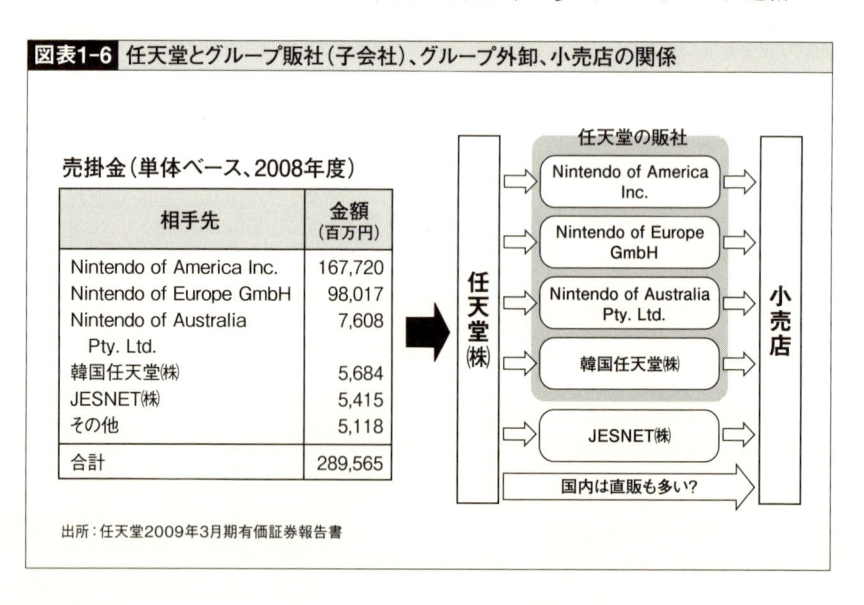

**図表1-6　任天堂とグループ販社（子会社）、グループ外卸、小売店の関係**

売掛金（単体ベース、2008年度）

| 相手先 | 金額<br>(百万円) |
|---|---|
| Nintendo of America Inc. | 167,720 |
| Nintendo of Europe GmbH | 98,017 |
| Nintendo of Australia Pty. Ltd. | 7,608 |
| 韓国任天堂㈱ | 5,684 |
| JESNET㈱ | 5,415 |
| その他 | 5,118 |
| 合計 | 289,565 |

出所：任天堂2009年3月期有価証券報告書

スの同比率43.2%とは6.5%もの差がある。任天堂は連結イコール単体に近いにもかかわらず、なぜ総利益率にこれほど差が生じているのだろうか。

連結と単体で売っている相手が異なることに着眼すれば、この理由が解明できる。有価証券報告書上にある売掛金の相手先を見てみよう。この情報も一般には単体ベースでのみ開示されている。

図表1-6から、任天堂単体の販売先の大部分は、子会社の海外販社（商社）であることが判明する。連結決算書では任天堂本体とこれら販社との間にある親子取引をすべて除いた上で連結されるため、ほとんどの売上や費用は相殺されてなくなる。任天堂、任天堂のグループ販社（子会社）、グループ外の卸、小売店の関係をイメージで表したものが図表1-6の右図だ。

任天堂連結の2008年度の売上高原価率56.8%（総利益率は43.2%）と、単体の売上高原価率63.3%（総利益率は36.7%）から、任天堂販社の総利益率の構造を類推することが可能となる。

図表1-7より、任天堂販社の総利益率は10.3%と算出される。為替や売買のタイミング、あるいは国によるマージン設定の違いなど、様々な要因が存在するため、実際の総利益率とは若干のズレがあるだろう。ただし、販売会社とし

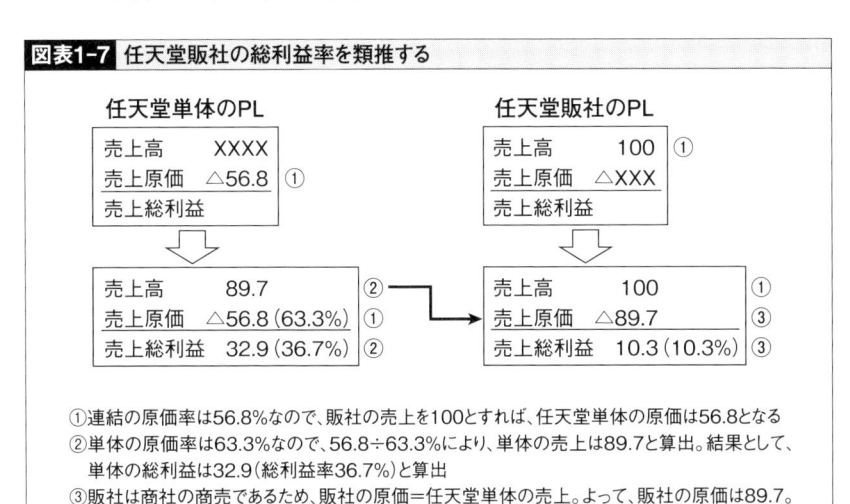

### 図表1-7　任天堂販社の総利益率を類推する

**任天堂単体のPL**

| 売上高 | XXXX |
| 売上原価 | △56.8 | ① |
| 売上総利益 | |

↓

| 売上高 | 89.7 | ② |
| 売上原価 | △56.8 (63.3%) | ① |
| 売上総利益 | 32.9 (36.7%) | ② |

**任天堂販社のPL**

| 売上高 | 100 | ① |
| 売上原価 | △XXX |
| 売上総利益 | |

↓

| 売上高 | 100 | ① |
| 売上原価 | △89.7 | ③ |
| 売上総利益 | 10.3 (10.3%) | ③ |

①連結の原価率は56.8%なので、販社の売上を100とすれば、任天堂単体の原価は56.8となる
②単体の原価率は63.3%なので、56.8÷63.3%により、単体の売上は89.7と算出。結果として、単体の総利益は32.9（総利益率36.7%）と算出
③販社は商社の商売であるため、販社の原価＝任天堂単体の売上。よって、販社の原価は89.7。これにより、販社の総利益率は10.3%と導かれる

て仕入値に10％程度のマージンを乗せて販売しているという計算結果は、実際の契約形態とそれほどかけ離れていないのではないかと思われる。

　ここまで、単体ベースの製造原価明細書を分析することによって、材料費が多いこと、そのほとんどは部品や製造の外部委託によって調達したものであること、販社を使った販売なので単体ベースと連結ベースには10％程度の総利益率の差が生まれることなどが判明した。

　これで原価の中身については見えてきたが、40％強という水準の判断に関しては、未だ確たる答えが見えていない。一般のメーカーより高く、また任天堂のイメージからすれば低いとも言える40％の総利益率は、どのような背景から生まれているのだろうか。原価が高いと言うべきなのか、あるいは売値が安いと言うべきなのか。また、総利益率が激しく上下にぶれている背景も解明できていない。そこで2つ目の分解のステップに進むこととする。

### (2)製品構成への分解

　任天堂の決算資料を見れば、あるいは資料を見なくとも任天堂製品のユーザーであれば、任天堂には大きくソフトウェアとハードウェアという2つの製品構成が存在していることに気が付く。この2つの総利益率が異なるとした場合、製品構成比率の変化に伴って総利益率がぶれるのではないかという仮説が生まれてくる。

　任天堂のソフトとハードの構成比率を、全体を100％として、過去6年度24四半期にわたって描いたものが図表1-8だ。ソフトの構成比率は33.9％（2007年度第1四半期）～56.9％（2003年度第4四半期）にわたって20％超の範囲でかなりぶれている。

　この中で、ソフトの構成比率が直前の四半期に比較して、正味2ケタ以上の下落率を示した四半期が2回ある。2004年度第3四半期（構成比率の下落率18.8％）と、2006年度第4四半期（同下落率11.5％）である。

　グラフに描いた6年間において、まったく新しい2つの大型ハードが任天堂から発売されている。2004年度第3四半期の携帯型ゲーム機『ニンテンドーDS』と、2006年度第3四半期の『Wii』だ。つまり、大型ハードが発売されると、ハードの構成比率が一気に高まり、同時にソフトの構成比率を一気に下

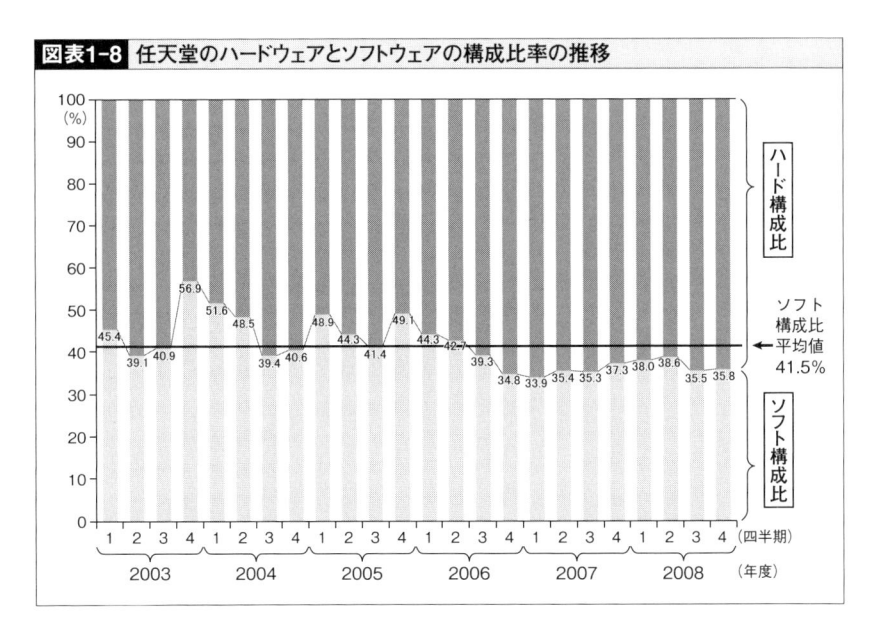

**図表1-8 任天堂のハードウェアとソフトウェアの構成比率の推移**

グラフデータ(四半期別、2003年度～2008年度):
- 2003年度: 1Q ハード45.4/ソフト、2Q 39.1、3Q 56.9/40.9、4Q 51.6
- 2004年度: 1Q 48.5/39.4、2Q 40.6、3Q 48.9、4Q 44.3/41.4
- 2005年度: 49.1/44.3
- 2006年度: 42.7/39.3、34.8、33.9
- 2007年度: 35.4、35.3、37.3、38.0
- 2008年度: 38.6、35.5、35.8

ソフト構成比平均値 41.5%

げるというわけだ。

　大型ハードが発売され、好調な販売推移をたどることで、ハードの構成比率は急激に高まる。その後、ハードを購買したユーザーが拡大するにつれて、ソフトの購買が進む中で、ソフトの構成比率が徐々に上昇するという構図が見えてくる。

　こうした製品構成の変化のイメージを持って再び図表1-3の総利益率の推移を見てほしい。2004年度第4四半期は総利益率が10.5%という大きな下落幅を見せている。2006年度も第3四半期と第4四半期を合わせて、5.2%の総利益率の下落が見られる。よってこのことから、次のような仮説が構築できる。

- ハードの総利益率は低く、ソフトの総利益率は高い
- ハードとソフトの構成比率が、新規大型ハード発売のタイミングで急激にハードに傾くため、総利益率は急速に下降している

　全6年度24四半期の総利益率の単純平均値は41.4%になる。また同期間の

ソフトの構成比率の平均値は41.5％、ハードは58.5％だ。これらの数値から、ソフトの総利益率とハードの総利益率の組み合わせをグラフにしたものが、図表1-9だ。たとえばハードの総利益率が20％とすれば、ソフトの総利益率は71.8％と算出される。ハードの総利益率が30％であれば、ソフトの総利益率は57.7％になる。

　さらに視点を変えて図表1-3を見ると、大型ハードの発売がなかった2003、2005、2007、2008年度は、いずれも第3四半期の総利益率が年度内で最も高く、その後第4四半期に同比率が急降下するという特徴が見出せる。

　図表1-10は任天堂の四半期別売上高の推移を示したものだ。ゲームという製品特性上、クリスマス商戦のある第3四半期の売上高は、年度の中でも突出して高い。販売の拡張に伴って量産するため、製品1単位当たりの原価低減が実現される。任天堂の場合は製造委託が主であるため、むしろ仕入コストの低減と表現したほうが正しいかもしれない。いずれにしても、この数量拡大の結果として、第3四半期の総利益率は上昇するのだろう。拡販期なので、特にソフトについては売値設定も他の期より高めであることも寄与していよう。

　第4四半期は総利益率が急降下するというより、第3四半期の特殊事情が終わって、元に戻ると考えるほうがむしろ健全だ。加えて、第4四半期はクリスマス商戦が終わった直後なので、販売数量は最も落ち込む時期でもある。製品1単位当たりの原価負担が重くなることも要因になる。また、拡販期直後のソフトの値引きセールも行われる時期だろう。

　ただし、任天堂の場合には製造の大部分が外注されている。任天堂にはピークのクリスマス商戦に合わせて生産設備を自社で丸抱えする必要はない。よって、一般的なメーカーに比べれば、販売数量の急落による総利益率のブレを低く抑えることができていよう。ゲームのような季節性の激しいビジネスは、保有設備の水準と先行して生産を始めるタイミングに悩まされるが、任天堂のファブレス生産は、そのリスクの低減に寄与している。

　先ほどの図表1-8から、2003年度を除いた第3四半期は、いずれもハードの構成比率が第2四半期より上昇していることが分かる。それでも総利益率が上昇するのだから、クリスマス商戦の販売数量の拡張による原価低減や高価格設定の正のインパクトが、総利益率の低いハードの構成比率上昇による負のイ

## 図表1-9 任天堂のハードウェアとソフトウェアの総利益率の組み合わせ（仮説ベース）

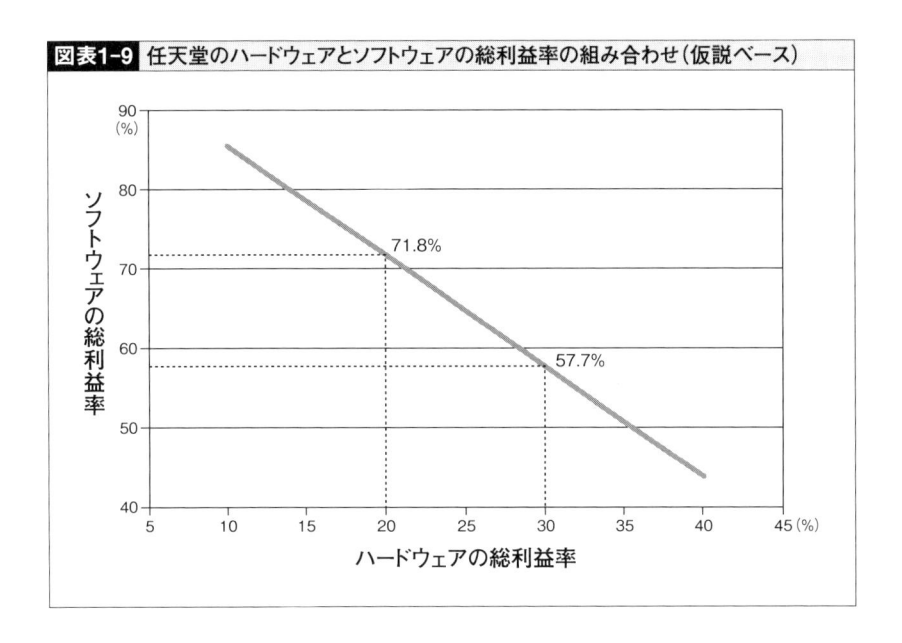

縦軸：ソフトウェアの総利益率（％）
横軸：ハードウェアの総利益率（％）

主要点：
- ハードウェア20％ → ソフトウェア71.8％
- ハードウェア30％ → ソフトウェア57.7％

## 図表1-10 任天堂の四半期別売上高の推移

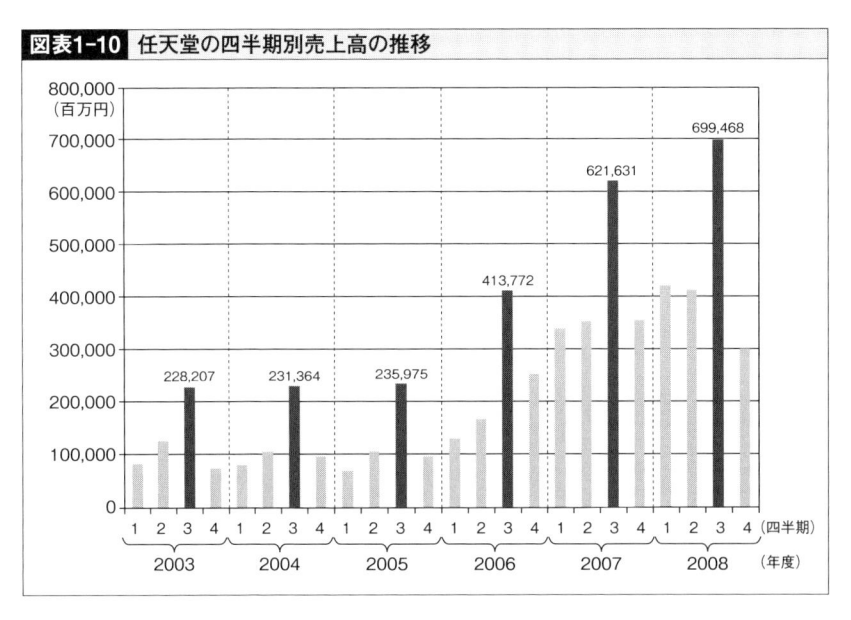

（単位：百万円）

| 年度 | 1Q | 2Q | 3Q | 4Q |
|---|---|---|---|---|
| 2003 | | | 228,207 | |
| 2004 | | | 231,364 | |
| 2005 | | | 235,975 | |
| 2006 | | | 413,772 | |
| 2007 | | | 621,631 | |
| 2008 | | | 699,468 | |

ンパクトを上回ると結論付けることができる。それだけ第3四半期の販売量は、突出して高いということになる。

### (3)顧客構成への分解

図表1-6に示した単体ベースの売掛金の相手先を見ることで、任天堂本体が海外に向けて製品の多くを販売していることが分かった。そこで、顧客構成については、グローバルという視点で掘り下げていきたい。有価証券報告書上には、2つのグローバル販売に関する情報がある。

図表1-11の所在地別セグメント情報を見ると、連結売上高1兆8,386億円の約9割に相当する1兆6,728億円は日本での売上となっている。しかし売上高の中身を見れば、その9割近くがセグメント間の内部売上高であることが分かる。すなわち、日本の任天堂が欧米やアジアの自社販社に向けて輸出販売しているほうが、国内での販売よりも圧倒的に大きいことが判明する。この事実

**図表1-11 任天堂の所在地別セグメント情報と海外売上高(2008年度)**

**任天堂の所在地別セグメント情報** (百万円)

| | 日本 | 南北アメリカ | 欧州 | その他の地域 | 計 | 消去又は全社 | 連結 |
|---|---|---|---|---|---|---|---|
| I 売上高及び営業損益 | | | | | | | |
| 売上高 | | | | | | | |
| (1)外部顧客に対する売上高 | 237,688 | 793,562 | 726,362 | 81,009 | 1,838,622 | ― | 1,838,622 |
| (2)セグメント間の内部売上高又は振替高 | 1,435,135 | 2,196 | 36 | 327 | 1,437,696 | (1,437,696) | ― |
| 計 | 1,672,824 | 795,758 | 726,399 | 81,336 | 3,276,319 | (1,437,696) | 1,838,622 |
| 営業費用 | 1,163,053 | 755,474 | 692,450 | 79,015 | 2,689,993 | (1,406,633) | 1,283,359 |
| 営業利益 | 509,770 | 40,284 | 33,949 | 2,321 | 586,326 | (31,063) | 555,263 |
| II 資産 | 1,493,668 | 356,140 | 201,013 | 28,185 | 2,079,007 | (268,240) | 1,810,767 |

**任天堂の海外売上高** (百万円)

| | 南北アメリカ | 欧州 | その他の地域 | 計 |
|---|---|---|---|---|
| I 海外売上高 | 795,677 | 726,376 | 87,571 | 1,609,625 |
| II 連結売上高 | | | | 1,838,622 |
| III 連結売上高に占める海外売上高の割合(%) | 43.3 | 39.5 | 4.7 | 87.5 |

注:南北アメリカは米国、カナダ。欧州はドイツ、フランス、イギリス、オランダ、スペイン、イタリア。
　　その他の地域はオーストラリア、韓国、中国、台湾
出所:任天堂2009年3月期有価証券報告書

は、図表1-6において、主たる売掛金の相手先のほとんどが海外の販社であった事実と合致している。

　つまり所在地セグメントの所在地とは、最終消費者が購買した場所ではなく、販売した企業の所在地ということである。日本の企業が海外顧客のために輸出販売したものの売上は、あくまで日本の売上高として計上されている。セグメント間の内部売上高を見ることで、その規模をおおよそつかむことは可能だ。

　最終消費者の購買する場所を直接見たい場合には、図表1-11の海外売上高を見る。これによって、2008年度の海外売上高は、南北アメリカ43.3％、欧州39.5％、その他の地域（オーストラリア、韓国、中国、台湾）4.7％の計87.5％に達していることが分かる。国内売上は12.5％に相当する2,300億円程度となる。この数値は、所在地別セグメント情報の日本セグメントでの外部顧客に対する売上高にほぼ等しいことも確認できる。

　2009年8月5日現在、『ニンテンドーDSi』のメーカー希望小売価格（税込）は18,900円、『Wii』は25,000円である。同日の米アマゾン・ドット・コム上では、『ニンテンドーDSi』は170ドル、『Wii』は250ドル程度で、それぞ

**図表1-12　ドル円為替レートの推移**

れ販売されている。為替レートが1ドル＝100円であれば、『DSi』は日本が若干高めだが、『Wii』は日米互角と言うことになる。いずれにしても両国間で顕著な価格設定の違いは見られない。

むしろ、これだけ多くの輸出を日本から海外に向けて行っているのだから、為替リスクにさらされるほうが影響は大きい。そこで2003年度から2008年度までの為替の動向と総利益率の関係を考察してみよう。

2008年9月に始まった世界的金融危機と並行して、105円から90円まで、たった3ヵ月で15円の円高が進んだ。大型ハードの発売のない年度は、クリスマス商戦の販売拡大によって、第2四半期に比べて第3四半期の総利益率が急上昇することは先に述べた。

2008年度も第3四半期の総利益率は年度の中で最も高いが、第2四半期に比べてわずか0.2%の上昇にとどまっており、急上昇といった姿は見られない。輸出による海外売上比率の高い企業の特徴として、円高時には円ベースに換算した売上高が縮小し、結果として総利益率が伸びない現象となる。任天堂もまた、この円高による総利益率の減少の影響を大きく受けている。

先に任天堂が自らのリスク情報の1つとして、外部企業への製造依存について語っている文章を示した。その中で任天堂は、「製造委託先の生産拠点が海外に多く」と語っている。

為替リスクを緩和するため、多くのメーカーは生産拠点を販売現地に移している。しかし任天堂の場合は製造そのものを外注しているため、あくまで海外にある生産拠点とは自社の工場ではなく、製造委託先の生産拠点ということだ。しかも、おそらくそれら拠点の大部分は製造コスト低減のためのアジアを中心とするものであって、任天堂の売上比率の8割超を占める欧米での拠点ではないだろう。

外部委託先企業については、単体ベースの買掛金の相手先を見ることで、ある程度想像することはできる。

図表1-13より、有価証券報告書上から買掛金の大口相手先はすべて日本企業であることが分かる。これらの企業の生産拠点が海外、特にアジアに多いということだろうが、それはあくまでこうした製造委託先のコスト削減のための施策であって、任天堂の為替リスク排除のための施策ではない。製造をほぼ全

**図表1-13　任天堂の買掛金の相手先（単体ベース、2008年度）**

| 相手先 | 金額（百万円） |
|---|---|
| ホシデン㈱ | 77,957 |
| ピーケーエム㈱ | 65,265 |
| パナソニック㈱ | 51,824 |
| ミツミ電機㈱ | 45,027 |
| 八洲電機㈱ | 20,158 |
| その他 | 79,854 |
| 合計 | 340,087 |

出所：任天堂2009年3月期有価証券報告書

面的に外部委託する任天堂は、結果として為替リスクの排除が比較的行いにくい構造にあると言うこともできよう。

　もちろん任天堂の製品特性上、生産現地化しなければならないほどに、多額の物流コストが発生するものでもない。為替リスクを上回るだけの製造コストの低減や管理上のメリットから、国内企業への生産委託が中心に行われていると考えられよう。

　一方、2003～2004年度は円高、2005～2006年度は円安、そして2007～2008年度は再び円高といった大きなトレンドがあるものの、これに並行するような総利益率の動きは見られないことも事実である。唯一、2008年度第4四半期は、急速に不況と円高が進んだ反動もあって、恒常的に起きる第4四半期の総利益率の下降を加速させたと言える。

　ここまで述べてきたように、任天堂の場合は、ハードとソフトの総利益率の違いによる構成比率の変化の影響と、第3四半期のクリスマス商戦の販売拡張による原価低減と高価格設定の効果のほうが、総利益率に与えるインパクトとしては圧倒的に大きい。言い換えれば、今後の規模拡張に限界が見られたり、大型ハードの投入がなくなったりすれば、より為替の動向にリンクした総利益率の動きとなることも予測されてくる。

### (4)事業構成への分解

　最後に、任天堂の事業構成比率を考える。任天堂と言えばゲームのハードとソフトを製造・販売する企業であって、事業の分散は行っていないということは想像に難くない。実際に任天堂の有価証券報告書上では、事業セグメントに

関して以下のように述べている。

> **事業の種類別セグメント情報**
> 
> 当社グループ（当社及び連結子会社）の取扱製品をその種類、性質、製造方法、販売市場等の類似性にて判別したところ、全セグメントの売上高の合計、営業損益及び全セグメントの資産の金額の合計に占める「レジャー機器」の割合がいずれも90％を超えていて、また、当該セグメント以外で、開示基準に該当するセグメントがありません。従って、事業の種類別セグメント情報の記載を省略しています。

事業セグメント情報の詳細なものは存在しないが、図表1-14に示した売上情報のみは開示されている。レジャー機器のソフトの中に「ロイヤリティ収入・コンテンツ収入他」が2008年度は149億円あること、その他の事業として「トランプ・かるた他」が32億円あることが分かる。ロイヤリティ収入・コンテンツ収入については、売上がほぼそのまま総利益となって算入されている可能性が高いので、総利益率上昇への多少のインパクトはあるだろう。トラ

**図表1-14 任天堂の事業の種類別セグメント情報**

(百万円)

| 事業の種類別セグメント | 主要製品 | 2007年度 | 2008年度 | 増減比(％) |
|---|---|---|---|---|
| レジャー機器 | ハードウェア | | | |
| | 携帯型ゲーム機本体 | 467,226 | 426,151 | △8.8 |
| | 据置型ゲーム機本体 | 499,346 | 617,326 | +23.6 |
| | その他 | 110,140 | 116,270 | +5.6 |
| | ハードウェア計 | 1,076,713 | 1,159,748 | +7.7 |
| | ソフトウェア | | | |
| | 携帯型ゲーム機用ソフトウェア | 332,756 | 260,288 | △21.8 |
| | 据置型ゲーム機用ソフトウェア | 247,803 | 400,398 | +61.6 |
| | ロイヤリティ収入・コンテンツ収入他 | 11,520 | 14,909 | +29.4 |
| | ソフトウェア計 | 592,079 | 675,596 | +14.1 |
| | レジャー機器計 | 1,668,793 | 1,835,344 | +10.0 |
| その他 | トランプ・かるた他 | 3,629 | 3,277 | △9.7 |
| 合計 | | 1,672,423 | 1,838,622 | +9.9 |

出所：任天堂有価証券報告書（2008年3月期、2009年3月期）

ンプ・かるたは、一般的な総利益率の水準、あるいはそれ以下だろうか。

ただし、任天堂の売上高が1兆8,000億円を超えている現在にあっては、いずれも金額は小さいので、影響は限定的と考えて差し支えなかろう。

ここまでの任天堂の総利益率の分解プロセスと、各分解における結論をまとめておこう。

## (1) 売上高と売上原価への分解
- ファブレス企業のため、原価の中身に占める労務費や減価償却費が極端に少なく、相対的に材料費が製造原価明細書に占める大きな費用となっている
- 簡易な試算によって、任天堂販社の総利益率は10.3％程度と想定される
- 40％強という連結ベースの総利益率の水準は、一般的な製造業の平均値である20〜30％に比べれば高いものの、任天堂の製品イメージからすれば、逆に低いとも言える水準と思われる

## (2) 製品(商品またはサービス)構成への分解
- ハードの総利益率は低く、ソフトの総利益率は高いため、その構成比の変化によって、総利益率は激しくぶれる特性がある
- 特に大型ハードが発売された直後は、急激なハード比率の上昇、ソフト比率の低下をもたらすため、総利益率は一気に下落する
- クリスマス商戦のある第3四半期は、ハードが大量に販売されるため、ハード比率が高まる傾向にあるものの、総利益率の下落は見られない。これは大量販売の規模拡張によって、原価低減と高価格設定が図られるためと考えられる

## (3) 顧客構成への分解
- 連結売上高に占める海外比率は9割近くに達しており、為替の影響を受けやすい
- 2008年度までの急成長段階においては、円高や円安のトレンドが総利益率の動きに顕著には結び付いていない。これは、為替の影響を覆すだけの販売数量の拡大を裏付けるものである

### (4) 事業構成への分解

- 経営資源をゲームに集中した企業であり、有価証券報告書上での開示基準である10％の割合を占める事業セグメントが、ゲーム機器（ソフト、ハードを含む）以外には存在しない
- 売上高イコール総利益に近いと思われる「ロイヤリティ収入・コンテンツ収入他」（連結売上高の0.8％）、および一般的な総利益率の水準と思われる「トランプ・かるた他」（連結売上高の0.2％）などの売上も存在しているが、全社の総利益率の水準に大きな影響を与える規模にはない

よって、任天堂の総利益率を解読するには、（2）製品構成への分解、（3）顧客構成への分解、が特にキーとなる要素と結論付けることができる。また、今後の販売動向が鈍化した場合には、（3）顧客構成への分解、具体的には為替の動向に、より連動した総利益率となっていくだろう。

## 3…任天堂の経営戦略と会計指標

任天堂の岩田聡社長は、2006年9月14日のWii Preview終了後に行われた合同記者会見の席で、『Wii』のハードウェアの価格設定について以下のように述べている（出所：任天堂ホームページ）。

値段については、ま、いろんなことを考えています。そして、また自分たちが作りあげて最終的に総合的にできあがった魅力であったり、かかったコストであったり、様々なことを考えて、そして付けるわけです。2万5千円は当然大赤字ではありません。が、2万5千円だと、ものすごく儲かるのかといわれると、いや、やっぱり新しいゲーム機のハードというのは、ソフトを入れれば採算は取れますが、ソフトを入れないと最初は結構厳しいものですよ、というのが、現実です。もちろん、ハード単体が赤字なのか、赤字じゃないのか、赤字の幅はいくらなのか、というような話になっていくと、それは競争上の理由で申しあげられませんとしか言えないんですが、私たちがこの値段でかつ、私たち自身がソフトメーカーでもあるということを加えて考えると、これで十分収益に

寄与できるだろうということで、この値段づけをいたしました。
　ちなみに、「ハードは最初は赤字で出すのが当たり前」というのはなんか変な議論ではありまして、そういうことを繰り返している業界は本当に健全でありうるのかというようにも思いますので、そのハードが赤字であるかどうかよりも、それは、あるべきペースでちゃんと普及するのかどうかということが重要だと思うんですね。ですから、私たちはあるべきペースで、普及するのに自分たちとしてベストだと思う値段、そしてプロモーションにものすごくコストが恐らくかかるであろう、それはだってゲームに興味のない人に最終的に届かなくてはいけないプロモーションをこれから任天堂はやらないといけないわけですね。無関心と闘うために。それを考えると、その予算も多く取らなくてはならない。いろんなことを考えて、この値段にいたしました。

　上記は『Wii』が発売される直前の岩田社長の発言である。すでに携帯型ゲーム機『ニンテンドーDS』の大ヒットによって、消費者は必ずしも技術や性能の追求のみをゲーム機に欲しているのではないことが実証された。この事実を、今度は新たな据置型ゲーム機の普及によって再度実証しようとするものだ。
　『ニンテンドーDS』が発売される前までは、任天堂、ソニー、マイクロソフトなどの間で激しい製品開発競争が展開され、ゲームの大容量化、複雑化が急速に進行していた。その結果、複雑化するゲームについていけないユーザーのゲーム離れを起こし、ゲーム市場全体が縮小を始めるという事態に直面していた。
　こうした環境変化の下、任天堂は「間口が広くて奥が深いゲーム」「誰もが同じスタートラインに立てるゲーム」をコンセプトとして製品開発を進めていった。ゲームから離れてしまった人たちを呼び戻すこと、今までゲームをしていなかった人を呼び込むこと、ゲーム熟練者もゲーム初心者も楽しめる新しい製品を提供すること、の3つの柱を掲げて開発を進めた。
　見方によっては相反するとも思える3つの柱を同時に成立させるためには、価格設定が非常に重要な位置付けとなってくる。間口が広いゲームであるためには、最初の敷居があまりに高いものだと、特にゲーム初心者を呼び込むことは難しい。

そこで、間口となるハードウェアは、製造原価や販売コストに比較して敢えて低価格を設定する。今までゲームをしていなかった人でも、試しに買ってみようと思えるような水準でなくてはならない。そして、ゲームに慣れ親しんだところでリピート購買が期待できるソフトウェアは、その製造原価や販売コストに比較して、相対的に高価格を設定する。岩田社長の言葉にあるように、決して損をしてまで得を取っているわけではないだろう。しかし、少なくとも初期の得はかなり犠牲にした上で、後の得を最大化しようとする事業モデルが出来上がっていく。

　3つの顧客（ゲーム初心者、ゲームから離れた人、ゲーム熟練者）を同時に呼び込むという壮大なビジョンに基づいて、任天堂の経営戦略が確立されてくる。そしてこの戦略に基づいた上での研究（製品コンセプト）であり、製造の外注化であり、ハードとソフトの製品構成の推移であり、あるいは価格設定といった、バリューチェーン（価値連鎖）につながっていく。

　その価値の連鎖が見事に実現されたとき、任天堂の総利益率は40％というやや違和感を持たせる水準となり、また非常にぶれの激しい推移をするという特徴を示したのである。

　携帯型と据置型の2つの新規大型ハードが出揃った今、近い将来、任天堂から第3の大型ハードが発売される可能性は低い。3つの顧客へのハードのさらなる浸透を図りながら、ソフトウェアや関連グッズを中心とした売上拡大と、ハードの新たな用途の開拓など、地道なマーケティング活動が望まれていく。不安定な為替の動向と合わせながら、任天堂の成長戦略の成否を、総利益率の推移とともに見つめていくこととしよう。

　業界には業界ごとの特性がある。また、同じゲーム業界でも任天堂、ソニー、マイクロソフトがそうであるように、各社の経営戦略は異なっている。こうした違いが総利益をはじめとしたあらゆる会計の数値や指標に如実に表れてくるのである。この事実は、こうした定性的な経営環境の分析と、会計数値や指標の分析を常に同時に進めなくてはならないことを示唆している。決して楽なプロセスではないが、経営活動があっての会計数値である以上、両者を同時にとらえることは、経営分析を行う者にとっては避けて通れない道である。

# 3 ● アサヒビールの経営分析
【1】売上高総利益率

　アサヒビールの売上高総利益率は、2007年12月期は34.3％、2008年12月期は34.8％と、安定的な推移を示している（PLは6ページ参照）。本章の図表1-1から、メーカーの同比率の一般的なベンチマークは20～30％であることが分かっている。食品業界の平均値も28.0％なので、大きなずれは見られない。特段議論の余地はなく、平均的と言いたくなるところだが、そう簡単には終わらない。

　冒頭に紹介した石油業界同様に、ビール会社の売上高と売上原価には酒税が含まれている。アサヒビールの単体PLを見ると、2008年12月期の単体売上高1兆196億円の43％に相当する4,406億円もの酒税が原価に含まれていることが分かる。単体以外のアサヒビールの連結売上高は、子会社のニッカウヰスキーなど一部を除いて、ほとんどは飲料や食品、外食など酒税が発生しない事業から生じている。そこで単純に2008年12月期連結売上高の1兆4,627億円から酒税の4,406億円を控除した上で、メーカーとしての真の売上高総利益率を計算してみよう。下記の計算式から、アサヒビールの真の売上高総利益率は約50％と算定される。

$$売上高総利益率 = 売上総利益 \div 売上高$$
$$= 5{,}092億円 \div (1兆4{,}627億円 - 4{,}406億円) = 49.8\%$$

　では、なぜアサヒビールの売上高総利益率は、食品業界の平均値28.0％をおよそ20％も上回っているのだろうか。食品業界に含まれる企業の大部分は、食品の原料や、原料のための原料を作ったり、あるいは業務用食品メーカーであったりするなど、世間一般には知られていない企業である。これら企業は、BtoBが主体のビジネスなので、広告宣伝や販売促進などの販管費がかさむことはない一方、ブランド力などによる差別化によって、高い価格設定ができる

企業というものでもない。アサヒビールをはじめとして、我々がCMを見るような食品企業はBtoCを主体としたものだが、食品業界に占めるこうした企業の比率は少数派ということだ。必然的にアサヒビールは、販管費には食品業界の平均よりも大きな金額を使うこととなる。これは第2章の売上高販管費率で確認しよう。

### QUIZ[1]

　ファーストリテイリングの2008年8月期の売上高総利益率は、50.1%という非常に高い値を示しています。図表1-1から小売業の平均値は33.5%ですが、なぜ同社はそれより約20%も高い値を実現できているのでしょうか。

　一方、2002年8月期の同社の売上高総利益率は、直前期の47.7%から43.7%へと4%の急落、2005年8月期は直前期の48.0%から44.3%へと3.7%急落するなど、ぶれが激しいのも特徴です。その背景について、本章で解説した4つの分解のプロセスに沿って考察してください。

　以上の分析を踏まえて、ファーストリテイリングの経営戦略、強み、弱み、今後の経営課題を考察してください。

# 第2章

# 売上高販管費率

### 販管費への資本投下から読む収益性の指標

販売活動と一般管理活動への費用を売上比でとらえるのが売上高販管費率だ。総利益率同様に、業界特性と経営戦略の違いが明確に表れる。人件費や広告宣伝費などの各販管費目への分解と、費用の単価×数量への分解が行われる。販管費細目の規模と推移を追いながら、資生堂の販売戦略とその変遷を読む。

# 1●売上高販管費率の読み方

## 1…売上高販管費率の算出方法

　売上高販管費率は、販売費及び一般管理費を売上高で割って算出される。販売費及び一般管理費は、略して「販管費」と呼ばれることが多いので、本書でもそのように記す。

$$売上高販管費率(\%) = \frac{販売費及び一般管理費}{売上高}$$

　販管費とはその名前の通り、企業の販売及び一般管理活動に伴って発生する費用だ。具体的には、販売手数料、荷造費、運搬費、広告宣伝費、見本費、保管費、納入試験費、販売及び一般管理業務に従事する役員・従業員の給料・賃金・手当・賞与、福利厚生費並びに販売及び一般管理部門関係の交際費、旅費、交通費、通信費、光熱費、消耗品費、租税公課、減価償却費、修繕費、保険料、不動産賃貸料などがある。
　売上原価が、売上高に直接的に対応するか否かで定められることは前章で述べた。よって、売上高に直接対応しない費用は、販売活動、あるいは一般管理活動に伴う費用として、販管費に含まれる。
　販管費は費用なので、基本的には売上高販管費率は低いほうが望ましいと判断される。しかし、費用の使い方は、売上原価と同様に業界特性や経営戦略に従うものなので、一概に少なければ良いというものでもない。販管費の中身、その時系列での推移、そして販管費への資本投下が販売価格や売上総利益にどう結び付いているかなどを踏まえながら、総合的に判断するべきだ。

## 2…売上高販管費率の業界別平均値

図表2-1に国内の製造業と商社、小売業の、売上高販管費率の業界平均値を示した。横軸の業界の順番は、敢えて前章の売上高総利益率の大きい順番をそのまま用いている。にもかかわらず、グラフは右肩下がりとなっているので、売上高販管費率の大きい順番とほぼ合致していることが読み取れる。すなわち、総利益率の高い業界の販管費率は高く、総利益率の低い業界の販管費率は低いということが言える。

グラフから、売上高販管費率の平均値は、おおむね10～25％の範囲にあることが分かる。ある企業を分析する際の1つのベンチマークとして考えても差し支えないだろう。

その中で、販管費率が突出して高い業界は順に、医薬品（48.9％）、精密機器（31.1％）、そして小売業（30.7％）となっている。この順番は第1章で見た総利益率の高い業界と一致している。総利益率が高いからこそ、販管費に潤沢な資本を投下できる。あるいは、販管費に多額の資本を投下することで、他

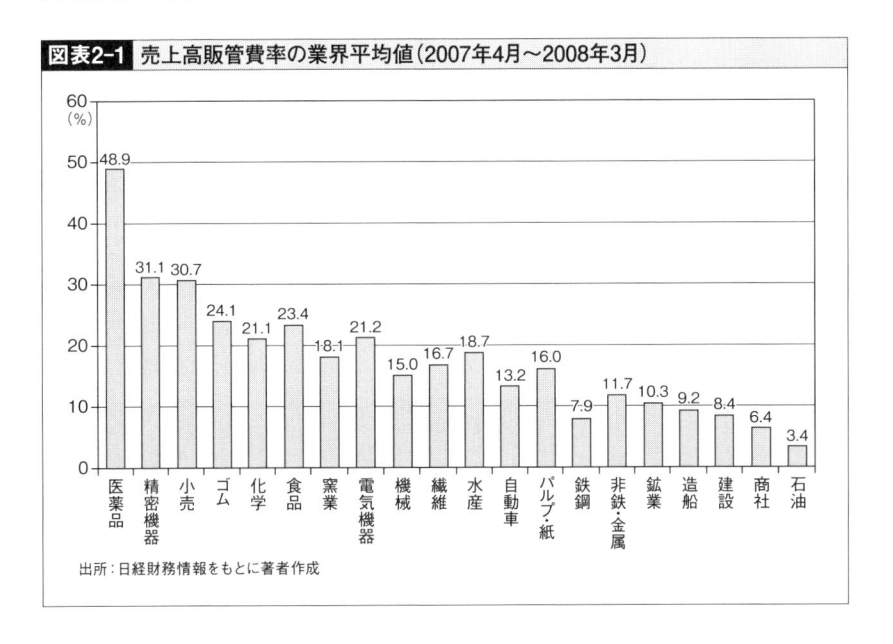

**図表2-1　売上高販管費率の業界平均値（2007年4月～2008年3月）**

| 業界 | 販管費率(%) |
|---|---|
| 医薬品 | 48.9 |
| 精密機器 | 31.1 |
| 小売 | 30.7 |
| ゴム | 24.1 |
| 化学 | 21.1 |
| 食品 | 23.4 |
| 窯業 | 18.1 |
| 電気機器 | 21.2 |
| 機械 | 15.0 |
| 繊維 | 16.7 |
| 水産 | 18.7 |
| 自動車 | 13.2 |
| パルプ・紙 | 16.0 |
| 鉄鋼 | 7.9 |
| 非鉄・金属 | 11.7 |
| 鉱業 | 10.3 |
| 造船 | 9.2 |
| 建設 | 8.4 |
| 商社 | 6.4 |
| 石油 | 3.4 |

出所：日経財務情報をもとに著者作成

の業界より高い総利益率を実現できているとも表現できるだろう。

　医薬品と精密機器業界に共通するのは、販管費の中でも研究開発費が大きなウェイトを占めることだ。金額で見れば日本で研究開発に多額な投資をしているのは、トヨタ自動車（2009年3月期実績で9,040億円）や本田技研工業（同5,631億円）などの自動車業界、あるいはパナソニック（同5,179億円）やソニー（同4,973億円）などの電気機器業界だ。しかしこれらの企業は売上高も大きいため、売上比で見れば、たとえばトヨタの研究開発費も4％強に過ぎない。

　医薬品業界や精密機器業界は、その市場規模や製品の価格水準からして、自動車や電気機器大手に比べると、売上高が5兆円を超えるような規模には至っていない。ソニーやパナソニックの売上高が8兆円程度なのに対して、医薬品業界最大手の武田薬品工業は1兆5,383億円、精密機器業界大手のリコーは2兆916億円である（ともに2009年3月期）。結果として、売上高研究開発費率は高い数値となって表れてくる。

　これ以外にも、医薬品業界ではMR（Medical Representative）と呼ばれる営業担当の人材を多数抱えるため、販管費の人件費が大きくなる。一方の精密機器業界も、法人向けの直販セールスを行ったり、納入後のサポート人員も多数抱えたりすることから、販管費における人件費が膨らむ。

　もちろん、こうした研究開発への投資や手厚い営業、顧客サポートの甲斐があって高い価格設定が実現され、結果として他の製造業と比べても高い総利益率が達成できていることを忘れてはならない。販管費と総利益は常にリンクするものだ。言い換えれば、総利益の向上に寄与しない販管費の消費であれば、

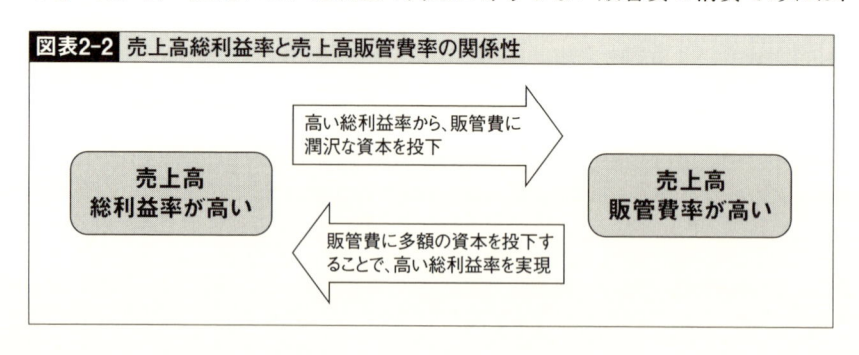

**図表2-2　売上高総利益率と売上高販管費率の関係性**

売上高総利益率が高い　→（高い総利益率から、販管費に潤沢な資本を投下）→　売上高販管費率が高い

売上高販管費率が高い　→（販管費に多額の資本を投下することで、高い総利益率を実現）→　売上高総利益率が高い

削減すべき対象と考えてよいだろう。

　小売業については、食品や衣料など扱う商品によって総利益率はかなり異なるので注意が必要だ。食品が中心であれば総利益率が30％を超えるのは一般に困難だが、衣料であれば40％程度あっても不思議ではない。前章末の設問で挙げたように、ファーストリテイリングは50％程度を誇っている。

　これに対して、小売業は販売員の人件費、CMやチラシなどの広告宣伝費、店舗の家賃や減価償却費、商品を運ぶ運搬費など、販管費の中で多額となる項目が実に多い。製造業と異なり、小売業の売上原価には商品の仕入しか入らないので、それ以外はすべて販管費に入るという背景もある。

　一方、販管費率が低い業界にはどのような特性があるだろうか。販管費率が10％を切っている製造業として、石油（3.4％）、建設（8.4％）、造船（9.2％）、鉄鋼（7.9％）の4つが挙げられる。

　石油を除く3業界については、その製品特性上、販売先がある程度限られていることが挙げられる。そうであれば、営業担当者を多人数抱えて、あらゆる顧客に日参するということもない。加えて法人顧客が中心であることも挙げられよう。顧客はディベロッパーであり、船主であり、自動車・ゼネコンである。広告宣伝や何らかのプロモーションを多数行って販売促進しようというものでもない。総じて販管費に使うべき大きな項目が見当たらず、結果として販管費率が低いという業界特性に至っている。

　石油業界は、大手であれば上流の資源開発、中流の精製、下流の販売（ガソリンスタンド）のすべてを行っているのが一般的だ。特にガソリンスタンドは個人相手の商売なので、販売員の人件費や、広告宣伝、プロモーションなどの多額の費用が販管費に発生するはずだ。実際にガソリンスタンドを運営する企業は、各社趣向を凝らしたテレビCMも流している。石油業界の販管費が売上のわずか3.4％という事実は、若干の違和感すら覚える。

　ここで、石油メーカーの売上には巨額のガソリン税が含まれていることに着眼すると、この謎が解けてくる。石油メーカーの売上高は、ガソリン税によって実態のおおむね2倍に膨らんでいる。私たち消費者がスタンドで仮に1リットル100円でガソリンを購入しても、その半分程度はガソリン税などの税金であり、スタンドや石油メーカーのものにはならない。

この点を勘案すると、ガソリン税込の売上比では3.4％に過ぎない売上高販管費率も、実際は7％程度に達しているとみることができる。それでもガソリンスタンドのイメージからすれば、まだ販管費は少ないように思える。しかし、ガソリンスタンドの多くは地域の資本家などが特約店として運営しており、石油メーカーがすべて所有するわけではないことに気付けば、スタンドの従業員の多くは石油メーカーの販管費には乗ってこないこととなる。そうした特約店を統括し管理する人員が販管費に乗ってくる程度なので、それほど極端には膨らまない。

＊　　　　　＊　　　　　＊

　第1章と合わせて、売上原価と販管費について触れてきた。そこでこれら2つの費用を売上から引いて計算される営業利益について、売上に対する比率（売上高営業利益率）の業界平均値を図表2-3に示しておこう。

　なお、第1章の売上高総利益率と本章の売上高販管費率は、不動産、鉄道・バス、通信などの業界は、グラフから外して描いてきた。こうした非製造業は原価の考え方がそれぞれ大きく異なるので、原価と販管費で分けて議論する必然性が低いと考えるためだ。しかし、これら2つの費用が差し引かれた営業利益率の段階では、これら業界も含めて比較することに一定の意義がある。そこで図表2-3では30の業界の売上高営業利益率の平均値をすべて記している。2007年4月から2008年3月の間に迎えた決算期における売上高営業利益率について、左から右に大きい順に並べている。

　国内企業、特に製造業が売上高営業利益率10％の達成を経営目標に掲げることがよく見られる。業界によって経営環境は異なるため、単純な比較はできない。しかしグラフから、確かに製造業で同比率10％に達していれば、国内では高利益率企業として評価される可能性が高いことが分かる。

　10％を超えているのは、不動産、鉄道・バス、通信、海運などの非製造業が多い。これら業界の売上高はそれぞれ、家賃、運賃、通信料、運搬料などが主である。言わば手数料的な金額が売上高になっているため、金額は比較的小さくなりやすい。その代わり、売上が営業利益により近い数値となって表れている。

　これに対して製造業や商社、小売業は、取扱高イコール売上高なので、売上

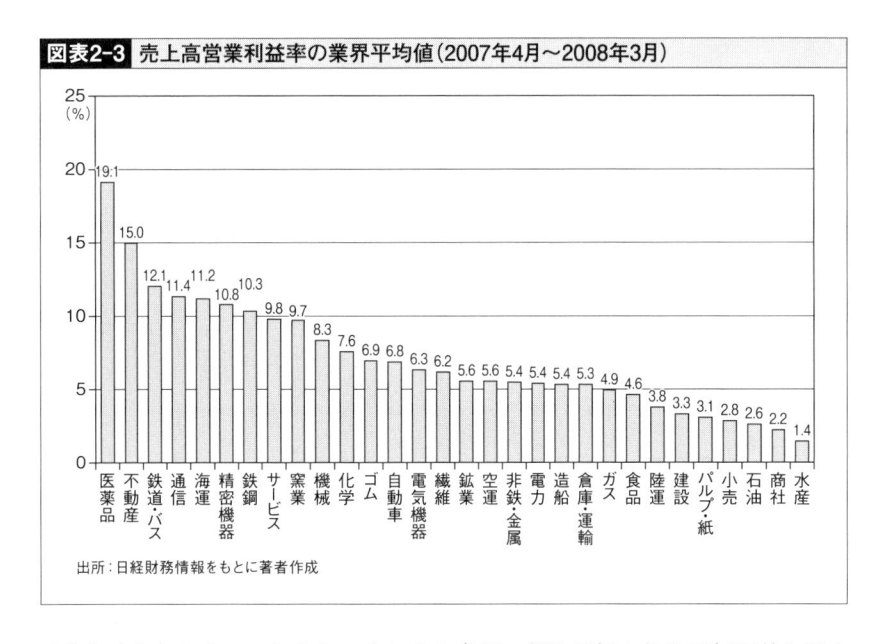

**図表2-3** 売上高営業利益率の業界平均値（2007年4月～2008年3月）

| 業界 | % |
|---|---|
| 医薬品 | 19.1 |
| 不動産 | 15.0 |
| 鉄道・バス | 12.1 |
| 通信 | 11.4 |
| 海運 | 11.2 |
| 精密機器 | 10.8 |
| 鉄鋼 | 10.3 |
| サービス | 9.8 |
| 窯業 | 9.7 |
| 機械 | 8.3 |
| 化学 | 7.6 |
| ゴム | 6.9 |
| 自動車 | 6.8 |
| 電気機器 | 6.3 |
| 繊維 | 6.2 |
| 鉱業 | 5.6 |
| 空運 | 5.6 |
| 非鉄・金属 | 5.4 |
| 電力 | 5.4 |
| 造船 | 5.4 |
| 倉庫・運輸 | 5.3 |
| ガス | 4.9 |
| 食品 | 4.6 |
| 陸運 | 3.8 |
| 建設 | 3.3 |
| パルプ・紙 | 3.1 |
| 小売 | 2.8 |
| 石油 | 2.6 |
| 商社 | 2.2 |
| 水産 | 1.4 |

出所：日経財務情報をもとに著者作成

は大きくなりやすい。しかし、そこから多額の製造原価や仕入原価が差し引かれるため、売上から営業利益に到達するまでにはかなりの落差が発生しやすい。

売上高営業利益率はあくまで売上に対する営業利益の比率なので、こうした売上高の概念の違いが同比率の水準に多分に影響している。そうした意味では、図表2-3で製造業と非製造業を一緒に描いて議論すること自体、実は多くの限界を含んでいることを念頭に置く必要があるだろう。

このように、売上高営業利益率が非製造業に比べて小さくなりやすい製造業でありながら、10％を超えている精密機器と鉄鋼業界は、やはり好業績な優良企業が多いと評価して良いだろう。鉄鋼業界の総利益率は必ずしも高くないが、販管費の低減によって、高い営業利益率を実現している。一方の精密機器業界はその逆で、販管費に多くの資本を投下するが、その恩恵として高い総利益率を実現できている。

業界が異なれば、同じ高い営業利益率であっても、その創出の姿がまったく異なるのは当然だ。こうした大局観を常に持って、それぞれの業界特性とその中での各社の競争優位性について考察する際に、総利益率と販管費率に分解し

ながら分析を深めることは、非常に有益なアプローチとなる。

## 3…売上高販管費率を分解する

　第1章では任天堂の単体ベースの製造原価明細書を見た。原価明細書は上場企業でも単体ベースのみの開示が一般的だ。連結になると、様々な製品、様々な事業が混在するため、原価の明細を1つの表で示すのは実質不可能なことが背景にある。よって、売上高総利益率を分析する際の原価の中身については、ある程度は想像しながら進めざるをえない。

　これに対して、販管費の明細は連結ベースの開示が通常行われている。もちろん連結であるがゆえに様々な混在する事業のための販売活動や、一般管理活動であることは念頭に置く必要がある。事業が異なれば、こうした活動の内容や規模は自ずと異なってくる。

　販管費の分解は、1つ1つの勘定科目への分解がスタートとなる。幸いにして、人件費、広告宣伝費、運搬費など、個別の費目は直感的に分かりやすいものが多い。これら1つ1つの費目に対して、なぜ多い（少ない）のか？（Why?）、そこから何が言えるのか？（So What?）、今後どうあるべきか？（How?）と問い続けていくことだ。

　各費目については、2つの要素への分解を行うことで、当該費用がなぜ多い（少ない）のかの分析を掘り下げていくことができる。

> 費用 ＝ 単価 × 数量
> たとえば給与の場合は、人件費 ＝ 平均給与 × 人数

　仮にA社の売上高人件費率が競合のB社よりも高く、その理由は平均給与の水準が高いからだとしよう。では、給与水準の違いはどこに由来するのか？業績動向、過去の利益の蓄積、社員の平均年齢、中途採用社員の比率、派遣やパート社員の比率、特殊なスキルを要する社員の比率、親子会社間の水準の違いなどが、分析のポイント例として挙げられる。こうした1つ1つのポイントについて「Why?」の質問を繰り返しながら、平均給与の水準が高くなってい

る本質的な理由を見きわめることが望まれる。

　本質的な理由を解明したら、次の質問は「So What?」となる。たとえば給与水準の高い理由が、正社員比率の高さによるものだとしよう。では、なぜ当社は派遣やパート社員の活用を抑えて、正社員比率を競合よりも高くしているのだろうか。

　専門知識を要する提案型営業が求められるためだろうか。顧客との関係構築が重要な製品のため、正社員化することで取引の安定化を図っているためだろうか。また、派遣やパート社員比率の高い企業と比べて、高い人件費を補って余りあるだけの売値の設定や事業の拡大へと結び付け、結果として最終的な利益の向上に結び付いているのだろうか。もしそうでなければ、平均給与水準を競合並みに引き下げることが、当社の課題、すなわち「So What?」の結論として浮上してくる。

　以下に、販管費の代表的な費目となる人件費、広告宣伝費、販売促進費、運搬費、研究開発費、減価償却費の6つの費用について、分解の要素（単価と数量）と、各要素に影響を与える要因をまとめた。これら1つ1つの水準と経年分析から見るトレンドによって、当該費用が妥当な水準とされるかどうかを判断することが求められる。

　ここで注意したいのは、単価と数量の分解要素が相互に影響し合うという点だ。たとえば、人件費を下げるためにスキルの低い人を採用すれば、平均給与は引き下げることができるだろう。しかし、その結果、1人当たりの生産性が低下し、より多くの人数を採用しなくてはいけなくなる。そうなれば、トータルの人件費は増大し、やはり人件費の大きな企業となってしまう。したがって、両者の関係性も考慮しながら、分解要素ごとの分析を行うことが肝要となる。

| 分解要素 | 単価 | 数量 |
| --- | --- | --- |
| 人件費 | 平均給与： 業績動向、過去の利益の蓄積、平均年齢、中途採用社員の比率、派遣やパート社員の比率、特殊なスキルを要する社員の比率、親子会社間の水準の違いなどが影響 | 人数： 職種別（営業、マーケティング、サービス、コーポレートなど）に考察。また、直間販売比率、子会社の数、アフターサービス要員の大小、社員のスキルレベルなどが影響 |

| 分解要素 | 単価 | 数量 |
|---|---|---|
| 広告宣伝費 | 平均単価：　広告の制作コストと、実際に顧客向けに流すコストの両者を考察。テレビCMやチラシなどの種類、メディア自体の価格高低、広告の打ち方（テレビCMにおける番組提供タイム広告とスポット広告の違いなど）、著名タレント使用度、広告発注の規模、景気動向などが影響 | 数量：　頻度がなぜ多いのか、少ないのかを、広告別に考察。その際、広告そのものが持つ特性（たとえばチラシは毎週末継続するなどの持続性が必要なため、頻度が多い）を考慮 |
| 販売促進費 | 平均単価：　販売促進費の種類、取引相手の規模や販売力、取引数量、代替する取引相手の有無、自社業界内の競争環境などが影響 | 数量：　販売促進費は言葉通り販売促進の費用。変動費的色合いが強く、販売数量が伸長すれば増加するのが一般的。よって数量の分析では、販売数量に応じた投下となっているかの見きわめが大切 |
| 運搬費 | 平均単価：　運搬費の種類（国内と海外、陸・海・空の構成など）、取引数量、代替する運搬業者の有無、製品・商品の物理的な大きさの違い | 数量：　販売促進費と同様に、変動費的色合いが強い費用。よって数量の分析では、販売数量に応じた投下となっているかの見きわめが大切 |
| 研究開発費 | 平均単価：　研究の種類（事業セグメントごとに内容を精査）、費用の種類（研究者の人件費、研究所の減価償却費、研究資材費など） | 数量：　研究の規模がなぜ大きいのか、小さいのかを、事業別に、かつ研究項目別に考察 |
| 減価償却費 | 平均単価：　償却対象資産の目的（本社、営業、研究開発）と項目（建物及び構築物、機械及び装置、工具器具備品、ソフトウェアなど無形固定資産）ごとに分析。償却対象資産の購入年度（償却進捗度）、減価償却方法、減損処理の有無 | 数量：　当該償却対象資産別に、なぜ保有が多いのか、少ないのかを考察。また、のれんや商標権などM&Aに伴って発生する無形固定資産の償却が含まれていないかも要確認 |

医薬品や精密機器業界がそうであるように、販管費に多額の費用を投下する業界には、総利益率が高い傾向が多く見られる。したがって、販管費を分析する際には、第1章で解説した売上総利益、あるいはそれを確定する売値と売上原価との対比で考えることが望まれてくる。そして、両者が密接に影響し合った結果、価値の創出、すなわち利益の向上に結び付いたかどうかの判断が求められるのである。

この関係性を、企業のバリューチェーンに沿って示したのが図表2-4だ。バリューチェーンの各要素ごとに、自社の戦略が売上原価（結果としての売上総利益）と販管費にどのような影響をもたらし、かつそれらが相互に影響し合った結果、どういう価値の創出に結び付いたかを表している。

このバリューチェーンの構造は1つの例に過ぎない。業界が異なればバリューチェーンは異なる。また、企業が異なれば戦略が異なるので、バリューチェーンの中身は異なる。対象企業の事業モデルから適切なバリューチェーンを描

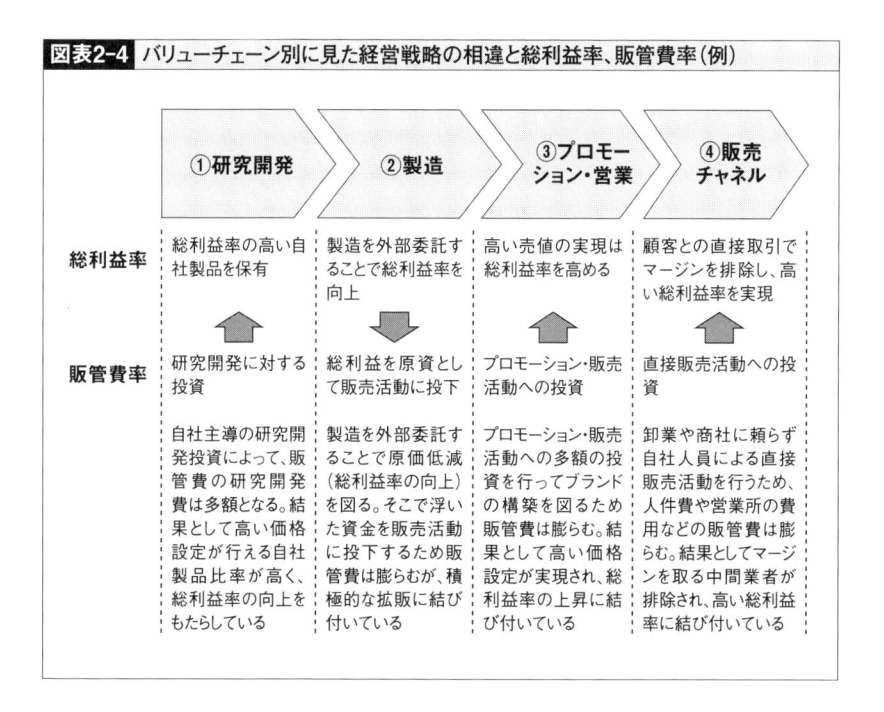

**図表2-4　バリューチェーン別に見た経営戦略の相違と総利益率、販管費率（例）**

| | ①研究開発 | ②製造 | ③プロモーション・営業 | ④販売チャネル |
|---|---|---|---|---|
| 総利益率 | 総利益率の高い自社製品を保有 | 製造を外部委託することで総利益率を向上 | 高い売値の実現は総利益率を高める | 顧客との直接取引でマージンを排除し、高い総利益率を実現 |
| 販管費率 | 研究開発に対する投資 | 総利益を原資として販売活動に投下 | プロモーション・販売活動への投資 | 直接販売活動への投資 |
| | 自社主導の研究開発投資によって、販管費の研究開発費は多額となる。結果として高い価格設定が行える自社製品比率が高く、総利益率の向上をもたらしている | 製造を外部委託することで原価低減（総利益率の向上）を図る。そこで浮いた資金を販売活動に投下するため販管費は膨らむが、積極的な拡販に結び付いている | プロモーション・販売活動への多額の投資を行ってブランドの構築を図るため販管費は膨らむ。結果として高い価格設定が実現され、総利益率の上昇に結び付いている | 卸業や商社に頼らず自社人員による直接販売活動を行うため、人件費や営業所の費用などの販管費は膨らむ。結果としてマージンを取る中間業者が排除され、高い総利益率に結び付いている |

いた上で、総利益率と販管費率の関係性に根差した考察が求められる。

◉売上高販管費率を分解するステップ
(1) 販管費目（人件費、広告宣伝費、販売促進費、運搬費、研究開発費、減価償却費など）への分解
　　⇩
(2) 費用＝単価×数量　への分解

## 2● ケーススタディ――資生堂
### 販管費細目の規模と推移から読む販売戦略

### 1…資生堂における売上高販管費率の推移

　図表2-5は、資生堂の過去6年度の売上高原価率、売上高販管費率、売上高営業利益率の推移を表したものだ。言うまでもないが、これら3つの率を足すと100％となる。2005年3月期をボトムとして、営業利益率は右肩上がりの傾向にあったことが分かる。同時に2009年3月期は不況による深刻な消費の低迷もあって資生堂は減収減益に陥り、利益率も減少した。当年度に国内化粧品市場は2～3％程度縮小したが、資生堂の国内市場の不振はそれ以上だった。高級化粧品会社であるほど不況の影響は受けやすいだろうが、資生堂は高級化粧品のカウンセリング販売だけでなく、セルフやトイレタリーも軒並み不振であった。

　一方、さらにさかのぼって原価率と販管費率の推移を見ると、2006年3月期に売上高原価率が6.7％も下落し、逆に販管費率が5.3％も上昇していることが読み取れる。資生堂の費用構造に、何か大きな変革があったのだろうか。

　実はこの年、資生堂は新たな連結経営管理の仕組みを導入し、事業損益計算の枠組みを見直している。その結果、売上高に対応する原価の把握をより適切に行うため、従来売上原価に含めて計上していた物流費や研究開発費等について、その性格を見直した部分を販管費として計上する方法に変更している。

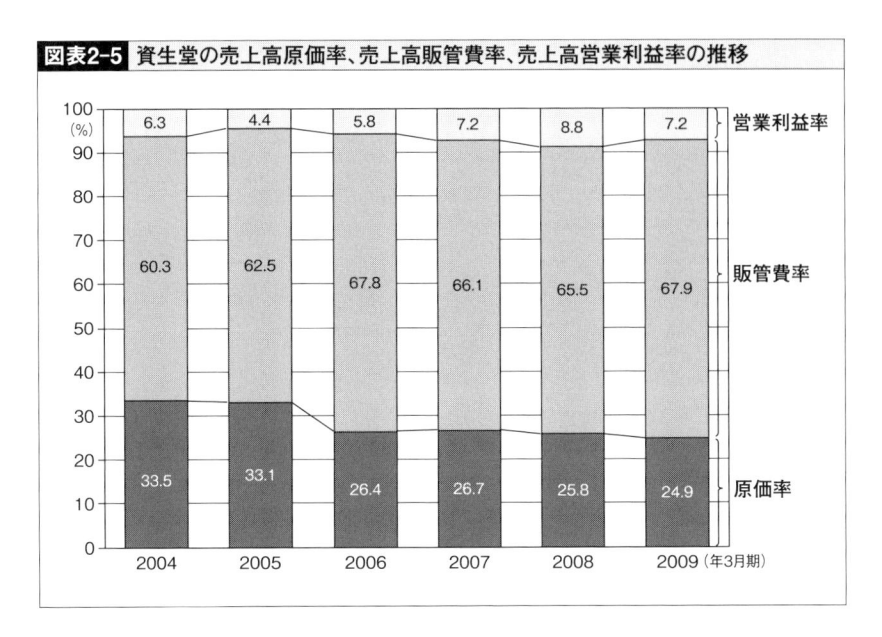

**図表2-5 資生堂の売上高原価率、売上高販管費率、売上高営業利益率の推移**

| 年(3月期) | 原価率 | 販管費率 | 営業利益率 |
|---|---|---|---|
| 2004 | 33.5 | 60.3 | 6.3 |
| 2005 | 33.1 | 62.5 | 4.4 |
| 2006 | 26.4 | 67.8 | 5.8 |
| 2007 | 26.7 | 66.1 | 7.2 |
| 2008 | 25.8 | 65.5 | 8.8 |
| 2009 | 24.9 | 67.9 | 7.2 |

このため400億円程度（当時の売上比で6％程度）の費用が売上原価から販管費に移っており、その影響が表れたのだ。このように原価と販管費の中でも、物流費や研究開発費の一部など、実際にどちらに入れるかは企業の考え方によって若干変わってくることがある。外部からは詳細な内訳まではつかめないが、そうした各社の考え方の違いや変更が決算書の見え方に少なからぬ影響を与えることがあるという事実は、念頭に置いておくべきだろう。

### 2…資生堂の売上高販管費率を分解する

　2009年3月期の資生堂の売上高総利益率75.1％（原価率24.9％）は、医薬品業界の平均値に匹敵する高さである。資生堂は化学業界に区分されているが、化学業界の企業とはかなり性格が異なるため、同業界の平均値28.7％との比較は意味がない。むしろ医薬品業界と類似して、その製品特性から高い売値設定と製造原価の低減が同時に実現されているとしたほうが分かりやすい。
　一方、医薬品業界と異なるのは、総利益にも匹敵するような、莫大な販管費

への投資を行っていることにある。結果として資生堂の売上高営業利益率は7.2％にとどまっており、医薬品業界に比べると、やや見劣りする。しかし先に見たように、売上高営業利益率10％を製造業の優良水準とすれば、過去には4.4％まで低迷した同比率を2008年3月期は8.8％、2009年3月期は7.2％まで高めてきた企業努力は評価に値する。資生堂は今後10年のロードマップとして、売上高営業利益率12％以上をコンスタントに確保できる会社になると明言している。では、これまでどのような努力によって同比率を高めてきたのだろうか。

　資生堂の莫大な販管費の中で多くを占めるものは一体何だろうか。こう問われれば、多くの読者は広告宣伝費を真っ先に挙げるかもしれない。大手化粧品会社のコマーシャルは著名なタレントを使ったものがほとんどで、インパクトも強く印象に残りやすい。化粧品ではなくシャンプーだが、著名女性タレントを1つのCMで一斉に起用した『TSUBAKI』のCMは有名だ。

　次に想像される費用は研究開発費だろうか。先の医薬品や精密機器業界がそうであったように、製造業にとって研究開発費は大きなウェイトを占める。資

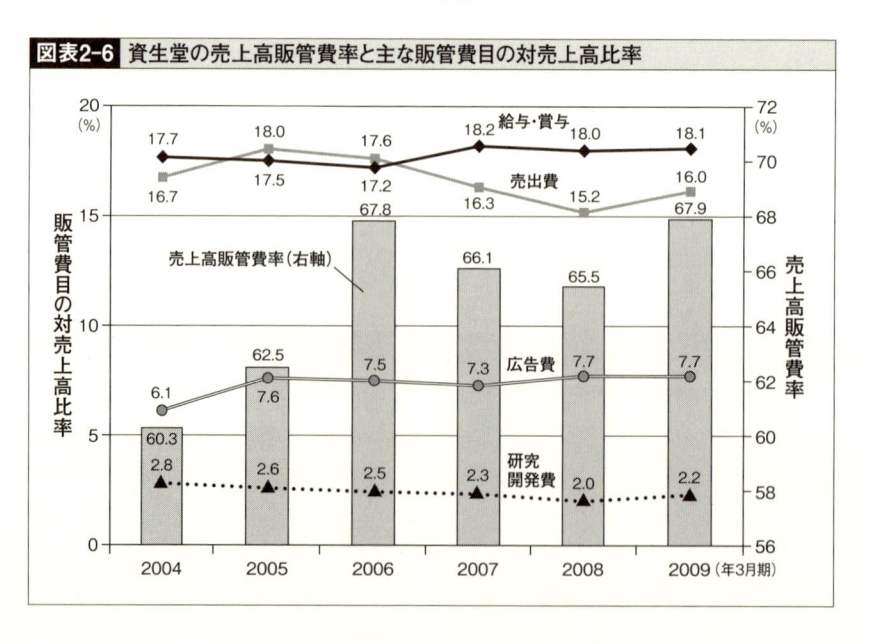

**図表2-6　資生堂の売上高販管費率と主な販管費目の対売上高比率**

| 年（3月期） | 給与・賞与 | 売出費 | 売上高販管費率 | 広告費 | 研究開発費 | 販管費目の対売上高比率（左軸・棒） |
|---|---|---|---|---|---|---|
| 2004 | 17.7 | 16.7 | 60.3 | 6.1 | 2.8 | |
| 2005 | 18.0 | 17.5 | 62.5 | 7.6 | 2.6 | |
| 2006 | 17.6 | 17.2 | 67.8 | 7.5 | 2.5 | |
| 2007 | 18.2 | 16.3 | 66.1 | 7.3 | 2.3 | |
| 2008 | 18.0 | 15.2 | 65.5 | 7.7 | 2.0 | |
| 2009 | 18.1 | 16.0 | 67.9 | 7.7 | 2.2 | |

生堂も様々な新製品の開発のために、相当な費用を投下しているのだろう。

図表2-6は、資生堂の売上高販管費率と主な4つの販管費目（広告費、売出費、給与・賞与、研究開発費）の推移を表したものだ。なお、2006年3月期決算まで同社では、研究開発費の一部は売上原価にも計上していた。しかし、同年度までの原価と販管費の中に占める研究開発費の内訳は開示されていないこと、また当時原価に含まれた研究開発費はわずかな金額と想定されることから、グラフではすべての研究開発費を販管費として計上している。

広告費と研究開発費は、主な4つの販管費目の中で、実は少ないほうの2つであることが分かる。逆に、給与・賞与、および売出費が2大販管費目となっている。しかも10%程度の差をつけて、前者の2つより後者の2つのほうが大きい。そこで大きい順に優先順位をつけて、販管費を4つの販管費目に分解しながら分析を掘り下げていこう。

図表2-7は、販管費の金額の推移を6年度にわたって示したものである。

### （1）給与・賞与への分解

資生堂の販管費で最も多い費用は、広告費や研究開発費ではなく、人件費である。資生堂は製造業なので、製造に直接携わる工場従業員の人件費は売上原価に計上される。よって、ここでの人件費はあくまで販売活動及び一般管理活動に従事する従業員の人件費だ。一般管理活動には人事や経理といったコーポレート活動に携わる人員が含まれるが、販管費全体の中に占める割合はそれほ

**図表2-7　資生堂の販管費の推移**

（各年3月期　単位：百万円）

| | | 2004年 | 2005年 | 2006年 | 2007年 | 2008年 | 2009年 |
|---|---|---|---|---|---|---|---|
| Ⅰ | 売上高 | 624,248 | 639,828 | 670,957 | 694,594 | 723,484 | 690,256 |
| Ⅱ | 売上原価 | 209,043 | 211,794 | 176,883 | 185,532 | 186,466 | 171,752 |
| | 売上総利益 | 415,204 | 428,034 | 494,073 | 509,061 | 537,018 | 518,503 |
| Ⅲ | 販売費及び一般管理費 | 376,152 | 399,815 | 455,194 | 459,056 | 473,553 | 468,589 |
| | 広告費 | 38,218 | 48,796 | 50,314 | 50,753 | 55,902 | 53,475 |
| | 売出費 | 104,364 | 115,457 | 118,264 | 113,377 | 109,824 | 110,195 |
| | 給与・賞与 | 110,226 | 111,679 | 115,407 | 126,332 | 129,937 | 124,885 |
| | 研究開発費 | 17,594 | 16,762 | 16,451 | 16,132 | 14,565 | 15,242 |
| | その他 | 105,750 | 107,121 | 154,758 | 152,462 | 163,325 | 164,792 |
| | 営業利益 | 39,052 | 28,219 | 38,879 | 50,005 | 63,465 | 49,914 |

出所：資生堂2009年3月期有価証券報告書

ど高くはない。そこでここからの議論は営業、マーケティング、物流などの販売活動に焦点を絞ったものとしていく。

　ここで化粧品業界の構造について簡単に触れておこう。化粧品業界にはいくつかの流通システムが存在している。資生堂やカネボウ化粧品、コーセーといった大手化粧品メーカーが、対面でカウンセリング販売する製品を制度品と呼ぶ。これは、化粧品メーカーが個別に契約した化粧品専門店や百貨店に対して、グループの販売会社などを通じて製品を直接販売する方式だ。資生堂では連結売上高のうち、3割程度が国内でのこうしたカウンセリング販売である。

　メーカーはそうした専門店に対して、商品の他にも什器類や販促物、試供品を提供することに加え、対面カウンセリング販売を行うための販売員を派遣する。店舗への定期的な巡回も行われるし、新製品や販売に関するノウハウを学んでもらうための教育機会も提供している。こうした仕事に従事するすべての人員の人件費は、販管費の人件費として表れる。

　資生堂の有価証券報告書から、従業員の状況を参照してみよう。

　資生堂は2007年3月期より、それまでは「化粧品事業」「トイレタリー事業」「その他の事業」の3事業区分にしていたものを、下記のような「国内化粧品事業」「海外化粧品事業」「その他の事業」の3事業区分に変更している。これについて資生堂は、化粧品事業と周辺事業の融合、海外化粧品事業の業績明確化、内部組織体制の変更に対応し、事業区分の方法を見直した結果だと説明している。蛇足だが、このように事業セグメントの切り方には、会社の事業に関する考え方や将来の事業展開への思いが多分に含まれていることが多い。事業

**図表2-8　資生堂の従業員数の状況**

（2009年3月31日現在）

| 事業の種類別セグメントの名称 | 従業員数（名） | | |
|---|---|---|---|
| | 従業員 | 臨時従業員 | 合計 |
| 国内化粧品事業 | 12,106 | 10,158 | 22,264 |
| 海外化粧品事業 | 15,958 | 584 | 16,542 |
| その他の事業 | 746 | 532 | 1,278 |
| 合計 | 28,810 | 11,274 | 40,084 |

出所：資生堂2009年3月期有価証券報告書

の切り方を見ながら会社が目指している姿を考察するのも有益な着眼点だ。

2009年3月期の連結資生堂の国内化粧品事業には、従業員と臨時従業員（パートタイマー及び嘱託契約の従業員を含み、派遣社員を除く。平均人員）をそれぞれ1万名超抱えている。同期の資生堂単体での社員が、従業員は3,500名、臨時従業員は1,780名なので、いかに子会社の人員が多いかが窺える。

ここで、任天堂と同じように、売掛金の相手先を確認することで、主たる販売相手を考察してみよう（図表2-9）。

資生堂販売、資生堂インターナショナル、資生堂フィティットは、資生堂にとっての主に化粧品の販売先、エフティ資生堂は主にトイレタリー製品の販売先、そして資生堂薬品は医薬品の販売先だ。これらはすべて販売会社なので、販管費の中に販売担当者の人件費が相当に膨らんでいるはずである。

中でも資生堂販売は、売上高が3,000億円を超える企業で、2008年3月末現在、8,346名（男性1,146名、女性7,200名、パートを除く）の従業員を保有している。同社の人件費のおそらくすべてが、販管費として計上されているだろう。仮に1人当たりの平均給与を400万円とすれば、それだけで人件費は300億円を超える。2009年3月期の資生堂の販管費の中の給与・賞与のうち、4分の1程度を1つの販売子会社が占めていることとなる。

化粧品という製品の特性上、個々人の嗜好や肌質などによって、製品の選択肢は無限に広がっている。また、どの製品を使うか（Which?）だけではなく、どのように化粧をするのか（How?）まで、プロからの助言に対する顧客の要望は強い。

**図表2-9 資生堂の売掛金の相手先（単体ベース、2009年3月期）**

| 相手先 | 金額（百万円） |
|---|---|
| 資生堂販売㈱ | 53,030 |
| ㈱資生堂インターナショナル | 12,441 |
| ㈱エフティ資生堂 | 11,234 |
| 資生堂フィティット㈱ | 3,552 |
| 資生堂薬品㈱ | 1,834 |
| その他 | 11,760 |
| 合計 | 93,854 |

出所：資生堂2009年3月期有価証券報告書

せっかく顧客が販売員や美容員（資生堂ではビューティーコンサルタントと呼ぶ）と接することを望んでいるのだから、それをメーカー自ら提供しない手はない。顧客との接点を築き、信用を構築し、長期的な関係へと発展させていく。そのためには販管費に莫大な人員を抱える必要は生じるが、結果として高い売値の設定と、その長期的な継続によって、総利益率の高い水準での安定的な維持・向上へとつながっていく。

売上高原価率が約25％ということは、単純に考えて製造コストの4倍の売値設定がされているということを意味している。しかし顧客は、実は目に見える製品だけではなく、カウンセリングというサービスに対しても実質的な対価を支払っているわけだ。そう考えれば、「製造原価＋販管費の人件費の大部分＝顧客にとっての本来の原価」と考えることも、実態的にはむしろ正しいとも言える。この場合には売上高総利益率は60％程度まで下降することになる。

分解要素のもう一方の給与水準についてはどうだろうか。残念ながら、平均給与のデータは資生堂単独のものしか開示されていない。しかし、資生堂に限らないことだが、メーカーの販売機能を別会社化することによって、給与水準の調整を比較的行いやすい環境を保有しているのは事実だろう。

## (2) 売出費への分解

売出費は「うりだしひ」と読む。一般の企業では「販売促進費」と呼ばれることが多く、売出費という呼び方は資生堂固有の言葉であろう。英語では「リベート」が相応しい表現だが、資生堂の売出費はその金額の大きさからして、おそらくリベート以上の様々なものが含まれていると思われる。まさに「売って出す」ためのあらゆる費用ということだ。

ここまで述べてきたように、制度品メーカーである資生堂及び資生堂グループは、個別に契約した化粧品専門店に対して製品を直接卸して販売する。しかし、そうした専門店に対して供給するのは製品だけではない。什器類や販促物、あるいは様々な試供品を提供することも多く、そうしたものはこの売出費に含まれていると思われる。

資生堂が製造しているものは一般個人が最終消費者となるが、資生堂というメーカーから化粧品を直接購入する個人はいない。これは資生堂に限らず一般

的なメーカーの姿だが、あくまで個人顧客に直接販売するのは、全国の化粧品専門店や小売店である。そして、これらの小売店のほとんどは、資生堂との資本関係は一切ないはずだ。あくまで販売することに対する手数料、すなわち販売促進のための費用が、資生堂から販売店に支払われるということだ。

　また、資生堂もすべての製品が制度品メーカーとしてのものではなく、ドラッグストアなどのセルフ販売を主体とした製品ラインも数多く保有している。この背景には1997年に化粧品の再販制度（卸や小売店に対して、メーカーが設定した売値に厳格に従わせるもの）が撤廃されたことによって、量販店でも高価な化粧品を販売できるようになったことに端を発している。その後はドラッグストアの台頭もあって、化粧品会社も多様化する販売チャネルに的確に対応していく必然性が生まれていった。こうした販売においては、卸業者を介在した取引もあり、そうした卸やドラッグストアなどに対する売出費の支払いも多額に含まれていよう。

　あいにく売出費の中身に関する情報開示は一切ないので、分解して分析することはできない。そこで、ここでは売出費全体の時系列の推移について考察したい。図表2-7より、2006年3月期から2008年3月期の売上成長期にあって、売出費の金額が減少していることが分かる。必然的に、売上高に対する売出費は2005年3月期のピークの18.0％から、2008年3月期は15.2％にまで下がっている。

　一般論からすれば、売出費は販売促進のための費用だから、売上が伸長すれば並行して増加せざるをえない費用と考えられる。つまり、どちらかと言えば固定費というより変動費の性質だ。ところが、売上が成長しても横ばいからむしろ減少傾向にある事実からすると、資生堂にとってはむしろ固定費的な費用に思われてくる。

　資生堂は2006年4月付で、化粧品事業とトイレタリー事業の融合・再編、ヘルス＆ビューティーケア領域の組織再編を実施した。先述のように化粧品事業とトイレタリー事業を合わせた事業セグメントに切り替えたのは、その2007年3月期だった。「ブランド戦略の革新」と銘打って、ブランドの統合やマーケティング費用の重点配分を通じて、カテゴリーNo.1を狙う「メガブランド」の育成に踏み出した。商品のカテゴリーごとに開発からマーケティング

全般までを統括するブランドマネージャーを配置し、カテゴリー別マネジメント体制の強化を図った。『TSUBAKI』が発売されたのも、その直前の2006年3月である。

　これらの施策から、売出費のより集中的かつ効率的な投下が実現され、ヒット製品の創出による売上成長の下、売出費は総額で削減されるまでに至ったものである。

### (3)広告費への分解

　広告費は2009年3月期で534億円計上されている。売上比でも7.7％に相当するので、決して少なくはない。しかし、おそらく多くの読者はそれ以上の規模、あるいは販管費の中での高い優先順位を予想したのではないだろうか。

　広告費の多い企業の一例を挙げてみよう。扱っている製品群は化粧品会社とは異なるが、化粧品会社のCM同様にインパクトがあり、実際にCMをよく見る企業に小林製薬がある。どちらもドラッグストアが主要な販売チャネルの1つなのは共通点だ。『ブルーレット』『ナイシトール』『タフデント』など、そのユニークなネーミングと機能性に優れた製品で有名な企業だ。同社の2009年3月期の広告宣伝費は138億円で、これは売上高1,256億円の11％に相当している。

　資生堂と同様にインパクトのある小林製薬のCMは、製品イメージや機能を訴求するものが多い。もちろん売上規模が小さいため相対的に広告費が大きく映るという事情もある。しかし、資生堂と小林製薬との間で決定的に異なるのは、顧客との接点である。

　すなわち資生堂はカウンセリング型の販売に根差しているため、販売員のための人件費も相応に発生する。広告はブランド構築のために重要なツールではあるが、それで販売が完了するわけではない。

　一方の小林製薬は、ドラッグストアやスーパーが主要なチャネルとなる家庭用品が中心だ。化粧品のようなカウンセリングしながら販売するというものではない。結果として、より多くの認知活動が広告によって必要となるし、また資生堂ほどには人件費を必要としないため、広告を強化するだけの余裕も生まれている。

メディアとしてのインターネットの台頭や、コンテンツ価値の下落から、メディア媒体としてのテレビの位置付けが年々下がっている昨今、国内企業全体に広告宣伝費を抑制する傾向が見られる。資生堂からすれば、より多くの販管費を、得意とするカウンセリング型販売のための人件費や売出費に割けることを意味してくる。一方、不況が長引けば、高価格のカウンセリング販売より、低価格のセルフ販売へのシフトが続くため、マスに向けた広告宣伝費への資本投下が必要とされてくる。同時に固定費としての人件費の負担が増す。今後の資生堂の広告宣伝費に対して、人件費や売出費の相関性を追っていくことは、同社の事業推移を分析する上で、重要な着眼点となるだろう。

## (4) 研究開発費への分解

　研究開発費も、資生堂が莫大な費用を使っていると錯覚しがちな費用だ。しかし、2009年3月期は金額にして152億円、売上比で2.2%となっている。多くの読者の予想よりは、おそらく少ない費用と映るのではないだろうか。販管費全体に占める割合としても3.3%に過ぎない。

　研究開発活動については、上場企業であれば、どのような活動を行っており、おおむねどの程度の金額をそれぞれ使っているかについて開示されている。ある意味、企業の将来性について投資家に対してアピールする場でもあるので、企業秘密に抵触しない範囲で各社は詳しく記述している。

　下記は、資生堂の2009年3月期の有価証券報告書上にある、研究開発に関する主要な点である。詳細は有価証券報告書を参照してほしい。

- 神奈川県横浜市の2ヵ所のリサーチセンター、東京都品川区のビューティーソリューション開発センターをはじめ、アメリカ（米国）、欧州（フランス）、アジア（中国、タイ）の世界5拠点にて、研究開発活動を推進している
- グループ全体の研究開発費は15,242百万円（売上高比2.2%）であり、各事業別の研究の目的、主要課題、研究成果及び研究開発費は、以下のとおり。ただし、基礎研究などの各事業に配賦できない費用5,206百万円が含まれている
- 国内化粧品事業は、基礎的な皮膚・界面科学の研究から化粧品原料素材の開

発、製品の開発・評価、美容法の開発に至るまで幅広い領域にまたがる研究開発を推進。当事業に関わる研究開発費は7,816百万円
- 海外化粧品事業は、「ハイ・クオリティ」「ハイ・イメージ」「ハイ・サービス」を追求する海外化粧品に対応するために、高品質・高機能の素材の特徴を十分に引き出すような製品の開発を推進。当事業に関わる研究開発費は2,017百万円
- その他の事業は、フロンティアサイエンス事業では、医療用医薬品、化粧品原料、クロマトグラフィー、美容皮膚医療などの研究開発を進めている。当事業に関わる研究開発費は202百万円

研究開発費率の高かった医薬や精密機器業界と根本的に異なるのは、製品の技術に圧倒的な革新性や差別性はないということだろう。化粧品業界の中では確かに、技術や品質の優劣の違いは小さくないはずだ。しかし、医薬や精密機器業界と比べれば、化粧品業界の技術は、日進月歩で進化するといったレベルにはない。必然的に研究者や研究所の負担は、メーカーとしてはかなり少ないものとして抑えることが可能となっている。

### 3…資生堂の経営戦略と会計指標

図表2-4で示した、バリューチェーン別の経営戦略の相違と総利益率、販管費率の関係を再度参照してほしい。資生堂はプロモーション・販売活動への投資を拡大することで、高い売値の設定へと結び付け、その結果として高い総利益率を実現するという③のパターンに該当する。

化粧品という製品特性上、他のメーカーと比較して相対的に研究開発費は少なくて済む。広告宣伝費は大切だが、セルフ主体の販売が主ではないため、そこに販管費の大部分を投下するものではない。比較にならないほど大きな販管費は、人件費であり、売出費であった。この4つの販管費と、売上原価及び営業利益の関係を、その規模を大きさで表現して、資生堂のバリューチェーンの流れで示したのが図表2-10だ。

対売上比で最も大きな費用はやはり製造原価である。しかし、製造業の原価

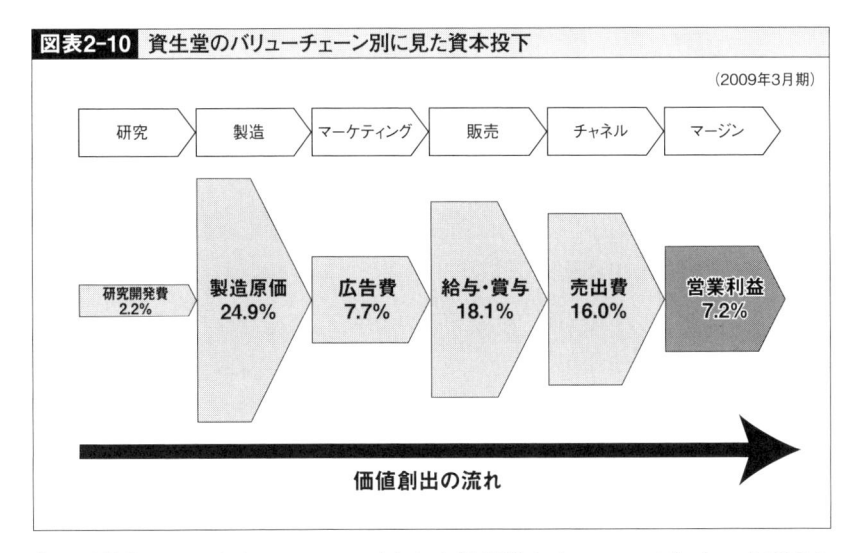

### 図表2-10　資生堂のバリューチェーン別に見た資本投下

(2009年3月期)

研究 → 製造 → マーケティング → 販売 → チャネル → マージン

- 研究開発費 2.2%
- 製造原価 24.9%
- 広告費 7.7%
- 給与・賞与 18.1%
- 売出費 16.0%
- 営業利益 7.2%

価値創出の流れ →

率の平均値がおおむね70〜80%（売上高総利益率は20〜30%）という事実と照らし合わせれば、当社の25%程度の規模が製造業としていかに小さいかが分かる。同じく一般的な製造業と異なり、販管費の中では研究開発費の規模が小さい。

化粧品という製品特性によって、これら2つの費用を抑えることで、広告以降の3つの販管費への資本投下が拡大する。中でも人件費と売出費の2つだけで、売上の3分の1超の費用を投下するという構造が出来上がっていく。

一般的な製造業の2大費用とも言える製造コストと研究開発費が少ないため、化粧品会社が販売活動に回すことのできるバッファーは大きい。後はそれを販売活動にフルに投下して高い価格設定へと結び付けるのか、あるいは逆にその原資を値段のさらなる引き下げに回して薄利多売型の戦略を目指すのかだ。

資生堂やカネボウ化粧品などの大手メーカーであればいざ知らず、無名のメーカーが資生堂と同じ土俵で勝負しても勝ち目はない。幸い総利益のバッファーが大きいため、戦略の選択肢は他の業界に比較しても多数存在するはずだ。もちろんそれだけ競争は激しく、勝ち残ることは容易でない。

企業経営の最終的な目的が利益の最大化であることは共通しているが、そのための手段は、たとえ同じ業界にあっても決して唯一無二ではない。戦略が異

なればお金の使い方は異なる。化粧品業界の場合は売上原価と販管費の配分、さらには販管費の中での各費目への配分に数値となって表れていた。

　化粧品業界以外で働く読者も、資生堂をブランドとカウンセリングによる究極の価値訴求型の企業として、1つのベンチマークとしてとらえてみてはどうだろうか。そして、自社はそこからどの程度、研究や製造、あるいは販売活動に軸足を移す戦略を目指していくのかということだ。

　競争のルールは決して1つではない。勝つための事業戦略とバリューチェーンでの各戦略を想定しながら、各費用への資本投下の度合いと、結果としてどの程度の利益の実現を目指すのかについて、定性面、定量面双方からの考察が望まれる。

　そして資生堂自身もまた、景気と顧客志向の継続的な変化に対して、常に柔軟に対処することが求められていこう。先述のように2009年3月期の資生堂は化粧品業界全体の不振以上に不振であった。これに対して資生堂の前田新造社長は決算説明会の席で、急速に悪化する市場環境の中、新たなビジネスモデルが、新しさがゆえに、市場変化に対応しきれなかったと説明している。具体的な課題としては、ブランド育成方法、基本の営業力、情報開発・応対の3つの課題を挙げている。詳細については同社のIRサイトのプレゼンテーション資料を参照してほしい。非常に論理的で分かりやすく自社を説明した構成となっている。

　社長自らが公の場で語ったこうした自社の課題に対して、2010年3月期以降の資生堂は解決のための施策を打っていくことだろう。消費の低迷は当面継続するだろうが、そうした施策が奏功した結果にはまた、販管費の中身や売上に対する比率も上下に変動していこう。経営環境、資生堂の戦略、経営環境の変化に伴う資生堂の戦術の変化を念頭に置きながら、今後の資生堂の販管費とその構成要素の動きを注視したい。

# 3●アサヒビールの経営分析
【2】売上高販管費率

　アサヒビールの売上高販管費率は、2007年12月期は28.4％、2008年12月期は28.3％と、前章の売上高総利益率同様に安定的な推移を示している（PLは6ページ参照）。化粧品業界最大手の資生堂の同比率が同じ2年度の間でかなりぶれていた事実と比較すると、食品、しかもビールという安定的な業績推移の製品の特徴と見ることもできる。

　図表2-1から、食品業界の販管費の平均値は23.4％であった。酒税を考慮する前の段階で、すでにアサヒビールの販管費率が食品業界の平均を上回っていることが分かる。これは第1章で解説したように、食品業界の多くはBtoBが主体の原料メーカーや業務用食品メーカーであるため、広告宣伝や販売促進に特段大きな費用を使う必要がないためである。

　さらに第1章と同様に酒税を除いたアサヒビールの実質的売上高をもとに販管費率を計算すると、約40％となる。原価で50％を使い、販管費で40％を使うことになるので、酒税を除外したアサヒビールの実質的売上高営業利益率は、ほぼ10％と見ることもできる。食品業界で10％を達成している企業はそう多くはなく、改めて同社の優良な利益体質を感じることができる。

　販管費の中で大きい費用項目を、酒税を除いた実質的売上高に対する比率で表記すると、販売奨励金及び手数料15％、従業員給料手当及び賞与6％、広告宣伝費5％、運搬費4％の順となっている。アサヒビールの販売奨励金及び手数料は、資生堂の売出費とほぼ同じ対売上高比率15％となっている。卸や小売店、あるいは資生堂の化粧品専門店に相当する飲食店などを介して自社製品を販売する、消費財メーカーの特徴的な数値として判断できる。

　人件費が資生堂ほど大きくないのは、ビールは対面営業でカウンセリングしながら売るものではないという製品特性だ。広告宣伝費は毎日見るビールや飲料のCMのイメージからすると、若干少ない印象もあるが、『スーパードライ』という1つの強い製品を抱えることで、競合企業よりも広告への資本投下が効

率化できていることは間違いないだろう。

　なお、「その他」の数値が販売奨励金及び手数料に次いで大きい事実に違和感を覚える読者もあろうが、これは一般的によく見られる姿である。まさにその他すべての費用の集合なので、どうしても金額が大きく出やすい。その他の中に想定される費目については、本章冒頭で示した販管費の項目を参照されたい。

**QUIZ[2]**

　ベネッセコーポレーション（2009年10月よりベネッセホールディングス）の2009年3月期の売上高販管費率は、41.1％という高い水準にあります。100億円を超える主な5つの販管費項目（給料及び手当、ダイレクトメール費、運賃通信費、広告宣伝費、顧客管理費）について、その水準と時系列のトレンドを分析してください。また、こうした多額の販管費への資本投下が、どのようにして同社の50.5％という高い売上高総利益率に結び付いているかを考察してください。

　以上の分析を踏まえて、ベネッセコーポレーションの経営戦略、強み、弱み、今後の経営課題を考察してください。

第 ③ 章

# 損益分岐点比率

**経営の安全余裕度を測る究極の収益性指標**

損益分岐点比率は損益分岐点売上高を現在の売上で割って算出する。100％より低ければ企業は黒字で、低いほど利益が大きいことを意味している。売値、販売数量、変動費、固定費への分解が行われる。損益分岐点比率の改善で判断されるソニー復活への道を読む。

# 1 • 損益分岐点比率の読み方

## 1…損益分岐点比率の算出方法

損益分岐点比率は、損益分岐点売上高を、実際の売上高で割って算出する。

$$損益分岐点比率（\%） = \frac{損益分岐点売上高}{売上高}$$

分子の損益分岐点売上高とは、その言葉の通り、損失と利益が分岐する売上高を意味する。すなわち利益がゼロとなる売上高だ。企業には正社員の人件費や、工場の設備から発生する減価償却費など、多額の固定費が存在する。利益を出すためには、この固定費を回収するだけの販売を実現しなくてはならない。一方、製品を販売すればそれに付随して追加で発生する費用がある。たとえば製品の原材料費や、販売代理店に対する販売手数料などがそれに相当する。こうした費用を変動費と呼ぶ。

1個の製品を新たに販売するごとに、企業に追加で貢献する利益は、売値から変動費を差し引いた金額だ。これを限界利益と呼ぶ。

$$限界利益（1個当たり） = 売値_{/個} - 変動費_{/個}$$

あとは販売を拡大することで、限界利益を稼ぎ出し、これをもって固定費を回収すれば良いわけだ。固定費を回収した瞬間は利益がゼロとなる点、すなわち損益分岐点売上高（個数）となる。

$$損益分岐点売上高（個数） = \frac{固定費}{限界利益（1個当たり）}$$

第1章と第2章の指標は、すべて公開された決算書からそのまま計算できる指標だった。この後に続く9つの指標も実はそうである。公開情報である決算書から誰でも計算できる、つまり財務会計の世界にある。これに対して損益分岐点比率は、分子の損益分岐点売上高を計算するために、固定費と変動費の情報が必要となる。固定費と変動費への費用の区分は、外部に詳細にわたって開示される情報ではない。よって、それを用いた損益分岐点比率は、むしろ企業内の管理会計の世界の指標と言うことができる。

## 2…損益分岐点比率の業界別平均値

　損益分岐点比率は管理会計の指標なので、客観的な業界平均値を描くことは困難である。ここでは、2008年9月10日付の「日本経済新聞」に掲載された製造業の損益分岐点比率のグラフを示すこととしよう。

　細かな計算ロジックは記事上で触れていないものの、このグラフでは各社の単体ベースのPLを用いて、原材料費などを変動費とし、残りの費用は固定費

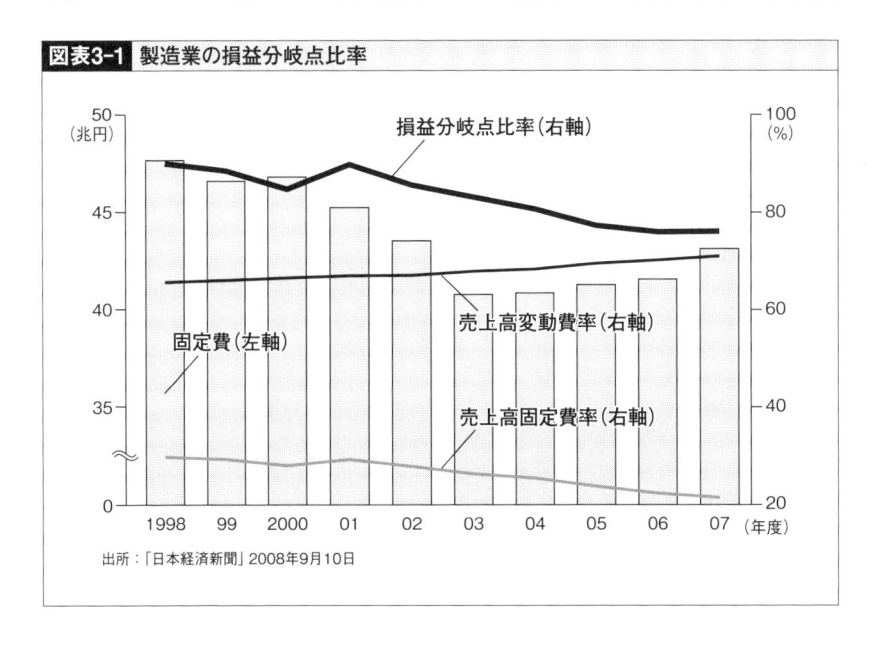

**図表3-1　製造業の損益分岐点比率**

出所:「日本経済新聞」2008年9月10日

ととらえて損益分岐点比率を計算していると思われる。変動費と固定費に関する情報開示が企業からないので仕方ないことだが、計算の簡略化が行われたグラフであることは念頭に置いておきたい。ただし、10年度にわたって同じ計算ロジックを用いているため、トレンドについては十分信用することができる。

ところで、損益分岐点比率は高いほうが良いのだろうか、それとも低いほうが良いのだろうか。一瞬分かりにくい算式かもしれないが、分母と分子に分けて考えれば良い。損益分岐点比率の分母は売上高だ。売上は単純に考えて大きいほうが良い。

一方、分子の損益分岐点売上高は、損失から利益に分岐するために越えなくてはならないハードルを指す。ハードルは低いほうが余裕を持って越えることができるので、低いほうが良いことになる。損益分岐点売上高の式は、固定費を限界利益で割るものだ。分子の固定費は小さいほうが良いし、分母の限界利益の構成要素である売値は高いほうが良い、変動費は低いほうが良い。3つの良い方向の動きはすべて損益分岐点売上高を下げる方向と合致している。一連の構造を理解するため、損益分岐点比率の式を展開しておこう。

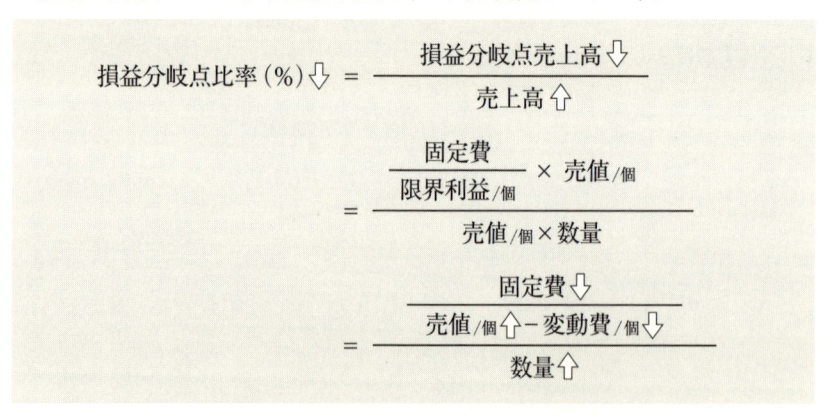

$$損益分岐点比率(\%)\downarrow = \frac{損益分岐点売上高\downarrow}{売上高\uparrow}$$

$$= \frac{\dfrac{固定費}{限界利益_{/個}} \times 売値_{/個}}{売値_{/個} \times 数量}$$

$$= \frac{固定費\downarrow}{売値_{/個}\uparrow - 変動費_{/個}\downarrow}$$
$$\phantom{=\frac{固定費}{}}数量\uparrow$$

また、この一連の動きをグラフで表すと図表3-2のようになる。

このように、損益分岐点比率の分母は大きいほうが望ましく、分子は小さいほうが望ましいのだから、損益分岐点比率は低いほうが良いこととなる。同比率が100%を上回っていれば赤字であり、100%を下回っていれば黒字を意味する。同じ売上高であれば、同比率が低ければ低いほど、利益が大きいことを

意味している。

図表3-1より、日本の製造業の損益分岐点比率（4つのグラフのうちの1番上）は、1998年度から2007年度まで、2001年度を除いて一貫した右肩下がりを示していることが分かる。よって、日本の製造業全体の利益が増加し、良い方向に向かっていることを示している。2001年度は米国同時多発テロによる景気停滞の影響が大きい。

売上高変動費率は継続して上昇している。デフレの進行による売値の下落と、どの業界でも資源価格が高騰を続けた事象の表れだろう。一部の業界では値上げの実施も図ったが、それを上回る変動費の増加だったことを示している。

次の売上高固定費率も、おおむね継続的な下降を示している。2001年度が若干上昇しているので、これが損益分岐点比率の一時的な上昇の要因になったと判断できる。ここまでの3つのグラフを見る限り、10年間は一貫したストーリーに思えてくる。

しかし最後に固定費の金額そのものの動きを見ることで、そのストーリーは成立しなくなる。実は、一貫しているように見えた損益分岐点比率のグラフの

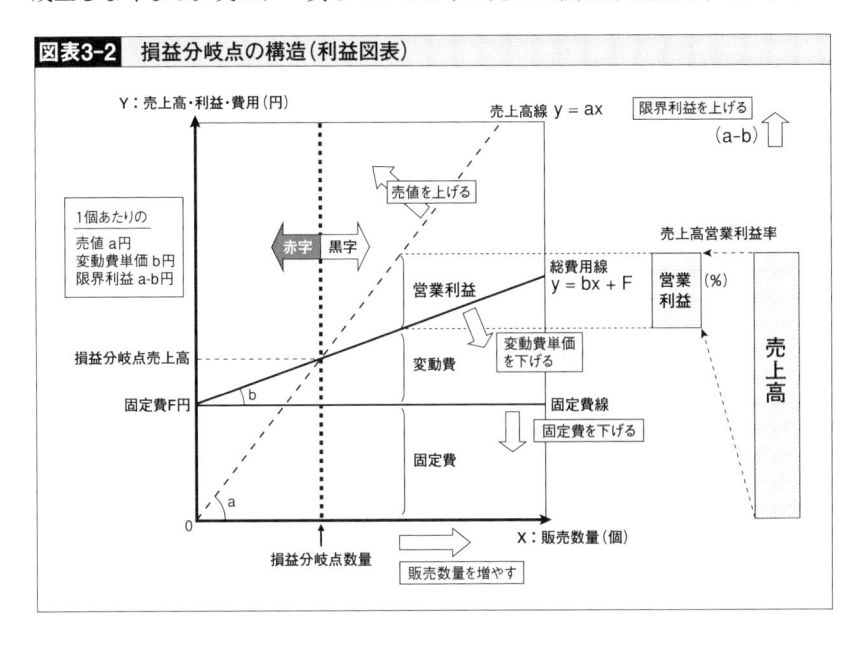

**図表3-2　損益分岐点の構造（利益図表）**

- Y：売上高・利益・費用（円）
- 売上高線 $y = ax$
- 限界利益を上げる $(a-b)$
- 1個あたりの 売値 $a$円 変動費単価 $b$円 限界利益 $a-b$円
- 売値を上げる
- 赤字　黒字
- 営業利益
- 総費用線 $y = bx + F$
- 売上高営業利益率（％）
- 営業利益
- 損益分岐点売上高
- 変動費
- 変動費単価を下げる
- 固定費F円
- $b$
- 固定費線
- 固定費を下げる
- 固定費
- 売上高
- $a$
- 0
- 損益分岐点数量
- X：販売数量（個）
- 販売数量を増やす

裏側で、2つのストーリーが存在していることに気付かされる。

　1998年度から2003年度までは固定費の額が下降している。この時期は、たとえば日産自動車が1999年にルノーの傘下に入り、カルロス・ゴーン社長の下で「日産リバイバル・プラン」と銘打った徹底的なリストラが行われた時期だ。3つの工場の閉鎖は、減価償却費や従業員給与といった固定費の大幅な削減をもたらした。営業拠点の統合や閉鎖は、同じく従業員給与、家賃、減価償却費などの固定費の削減に結び付く。

　パナソニック（当時は松下電器産業）もまた、2000年初頭に社長に就任した中村邦夫社長（現会長）の下、2001年度以降、「破壊と創造」を掲げた大胆なリストラを断行した。流通、雇用、工場、グループ会社運営など、聖域なき破壊の推進によって、固定費の大幅な削減を実現した。

　このように、1998年度から2003年度までの損益分岐点比率の下降は、固定費そのものの圧縮によって実現された損益分岐点売上高の減少が主因である。つまり、損益分岐点比率の分子の努力と言うことができる。この時期は、1997年からのアジア通貨危機、2000年の米国ネットバブル崩壊、そして2001年の米国同時多発テロなどの出来事が重なり、国内景気も低迷期とあって、トップラインの売上成長が期待できる時期にはなかった。3つの過剰と言われた「設備、雇用、負債」の圧縮が、企業存続のために大胆に行われた時期である。

　これに対して2003年度から2007年度までの固定費は、緩やかではあるものの、一転して増加を続けている。損益分岐点売上高の式でこれをとらえれば、分子の固定費の上昇に相当する。変動費も上昇していたのだから、この時期の損益分岐点売上高は多くの企業で上昇していたと結論付けて良いだろう。

　にもかかわらず損益分岐点比率が下降を続けたとあれば、残るは分母の拡張しかない。この時期は世界的好景気の訪れによって、トップライン、すなわち分母の売上高の拡張が継続した。損益分岐点比率の分子の損益分岐点売上高が上昇しても、分母の売上がそれ以上に上昇すれば、損益分岐点比率は下降する。

　損益分岐点比率は一般に80％またはそれ以下が望ましいと言われている。80％という数値は単純に、販売数量が仮に20％落ちても赤字にはならないことを意味している。20％超落ちれば赤字になるということだ。よって、損益分

岐点比率は80％以下が望ましいというのは、販売数量は最悪でも20％は下がらないだろうということを言っているに過ぎない。なお、「1－損益分岐点比率」の値を経営安全率と言う。

ここまでをまとめると、「企業が目指すべき究極の経営指標は、損益分岐点売上高を下げることではなく、損益分岐点比率を下げること」と表現できるだろう。景気後退期は分子の損益分岐点売上高の引き下げによって、また景気拡大期は分母の売上高の拡張によってと、その手段は180度異なっている。しかし、損益分岐点比率がいついかなる時も1つの究極の経営指標であることには変わらない。それは同比率が低ければ低いほど利益が増加していることを理解すれば、当然の結論とも言えるだろう。

### 3…損益分岐点比率を分解する

2008年後半に始まった世界的金融危機以降、多くの国内企業が赤字に陥った。しかし、これはもはや一過性のものにはならないだろう。むしろこれまで言われてきた日本企業の構造的な問題が、世界的金融危機という1つの出来事によって、いよいよ顕在化したととらえるべきではないだろうか。

具体的な構造的問題とは、日本市場の成熟・縮小による販売数量の低迷、海外市場への進出が成長のための大きな突破口であるが、そのための礎の脆弱さ、成熟する市場に対して国内企業同士の合従連衡により競争力を高めるべきだが、遅々として進まぬ停滞感、不採算事業でありながら様々なしがらみによって抱え続ける非効率さ、あるいは右肩上がりを前提として構築されたレガシーコストの負担顕在化等など。これら諸問題が解決しない限り、国内企業は景気の循環に合わせて黒字と赤字を行ったり来たりしながら、徐々に弱体化していくことが避けられない。

こうした事態に陥らないためにも自社の損益分岐点比率、すなわち自社や自社の特定事業が赤字になってしまう位置から、どれくらい離れた場所に自社が立っており、その距離が縮まるあらゆるリスクについて、いつでも正確に把握しておくことが不可欠だ。損益分岐点比率の各構成要素（売値、販売数量、変動費、固定費）に分解して、経営環境の変化に対していつでも対応できる状況

をつかんでおかなくてはならない。

　4つの分解要素は、当然ながら個別の製品によって異なっている。実際の企業分析の際には、各製品ごとに分解する必要があるし、また製品の組み合わせ比率（一般にプロダクト・ミックスと呼ぶ）によって、全社の数値が異なってくることに十分な留意が必要だ。

### (1)売値への分解

　売値の水準は、原則的には顧客との関係性によって決まるものだ。顧客に対して価値あるものを提供していれば高い売値設定が可能だし、そうでなければ売値は下がっていく。

| 高い売値設定が可能となる要因 | 売値が値崩れしやすい要因 |
|---|---|
| ・売り手のほうが買い手（顧客）よりも企業規模が大きい<br>・売り手の業界で少数企業による寡占化が進んでいる<br>・売り手の製品の独自性（ブランド、機能、品質など）が強い<br>・売り手の競合へのスイッチングコストが買い手にとって高い<br>・売り手が買い手の業界まで川下統合する可能性が高い<br>・売り手にとって買い手の重要性が低い | ・左に挙げた要因の妥当性が低い場合 |

　売値設定の決定要因は、何も売り手と買い手の力関係だけではないはずだ。たとえば、新製品の導入期などに、敢えて製造コスト並み、あるいはそれ以下の売値を設定することで、市場への浸透を一気に図ろうとする「ペネトレーション・プライシング」と呼ばれるものがある。またその逆で、同じ導入期でもかなり高めの価格を設定して、早期の投資回収を図ろうとする「スキミング・プライシング」などがある。各社の各製品におけるプライシング（売値の設定）の背景がどこにあるかの見きわめが大切となる。

### (2)販売数量への分解

　販売数量については、景気環境が最も重要な要因として影響するのが一般的

だ。また、販売数量は売値水準とも密接に関連する。顧客の売値に対する感応度、すなわち価格弾力性が高ければ、売値が少し上昇しただけで需要はすぐに減退するし、逆に売値が少しでも下がれば、需要が上昇する可能性が高い。反対に価格弾力性が低ければ、売値が多少高めでも顧客にとって必要なものであれば、販売数量にはそれほど影響を与えない。反対に顧客にとっての必要性が高くないものならば、たとえ売値が大きく下がったとしても、顧客の需要が急に増えることはない。

### (3)変動費への分解

売上原価の中の典型的な変動費としては、原材料費が挙げられる。販売数量分の原材料は必要だから、売上に応じて変動する費用として直感的に最も分かりやすい。自社で内製せずに外注を活用した場合、契約形態にもよるが、販売数量に応じる形で柔軟に生産委託できる形式であれば、この外注加工費も変動費と考えて良いだろう。その他にも、原材料の運搬費など、販売数量に応じて増減すると判断できれば、それは変動費として扱うべきだ。変動費、中でも原材料調達コストの高低を決める要因を以下に整理しておく。

| 原材料コストが<br>高くなりやすい要因 | 原材料コストの低減が可能となる要因 |
| --- | --- |
| ● 右に挙げた要因の妥当性が低い場合 | ● 買い手のほうが売り手よりも企業規模が大きい<br>● 買い手の業界で少数企業による寡占化が進んでいる<br>● 売り手の製品の独自性が弱い<br>● 買い手にとって製品の独自性が重要でない<br>● 買い手にとって売り手のスイッチングコストが低い<br>● 買い手が売り手の業界まで川上統合する可能性が高い<br>● 買い手にとって、売り手や売り手製品の重要性が低い |

販管費の中の典型的な変動費としては、販売数量に応じて販売チャネルに支払う販売手数料や、販売に応じて運搬が生じる運搬費などが挙げられる。これらの価格決定も、基本的には原価の中の変動費と同様に、自社と相手企業（小売、卸売、商社などの販売チャネル、物流会社など）との力関係によって決まってくる。

### (4)固定費への分解

　売上原価の中の典型的な固定費としては、工場勤務者の人件費や生産設備の減価償却費が挙げられる。極端に言えば、まったくモノを売らなくても、必ず発生すると想定して妥当な費用は固定費だ。販管費の中の典型的な固定費には、営業・マーケティング担当者や、コーポレート部門の社員の人件費、広告宣伝費、研究開発費などが挙げられよう。

　広告宣伝費は厳密に固定費と断定できるものでもないが、原材料や販売手数料のように、販売動向に応じて決まっていくものでもない。むしろ、販売する前に予算として決定しておくのが通常だ。つまり、実際の販売動向とは別の理由によって、ある程度事前に決まるものである。固定費と断言することはできないが、少なくとも変動費と定義できるものではない。実際には各社の予算決定のロジックに沿って、固変分解していけば良いだろう。

●損益分岐点比率を分解するステップ

（1）売値への分解
　　　⇩
（2）販売数量への分解
　　　⇩
（3）変動費への分解
　　　⇩
（4）固定費への分解

## 2● ケーススタディ──ソニー
### 損益分岐点比率の改善で判断される復活への道

#### 1…ソニーにおける損益分岐点比率の推移

　エレクトロニクス事業（以降、エレキ）にとどまらず、ゲームや映画、金融など広範な事業領域へ多角化の進んだソニーである。その実態をつかむために、まずはソニーの連結事業セグメント情報を確認することから始めてみよう。

図表3-3から、2009年3月期のソニーのエレキの売上高は、全社の7割近く（セグメント間取引消去前ベース）を占めていることが分かる。これに対して同事業は1,681億円の営業赤字に陥っており、全社の営業赤字の大半を占めている状況にある。「エレクトロニクスの復活なくしてソニーの復活なし」と言われるゆえんは、まさにここにある。

　売上高6兆円前後のエレキは、営業利益率が1％のマイナスになっただけで600億円の損失を意味する。この場合、今後もトップラインの売上高が横ばいに推移するならば、600億円のコスト削減を行わない限り黒字には戻らないことになる。事業の規模が大きい分、努力を要する金額は並大抵のものではない。

　本章ではソニーの屋台骨となる、このエレキに焦点を当てた損益分岐点比率の考察を行いたい。これまでの会計指標と異なり、管理会計の数値となること、また同じエレキでも、テレビとビデオの利益構造、すなわち損益分岐点比率は異なることから、外部からの数値分析には限界も伴う。よって、必要に応じて仮説を置きながら考察を進めていきたい。

　損益分岐点比率とは、簡単に言えばどのくらいの利益が出ているかを示すことであった。そこでまずは、過去10年度にわたるソニーのエレキの営業利益

**図表3-3　ソニーの連結事業セグメント情報（2009年3月期）**

（億円）

| 連結セグメント | | 2008年3月期 | 2009年3月期 | 前年度比（％） | 前年度比（LC）（％） |
|---|---|---|---|---|---|
| エレクトロニクス | 売上高 | 66,138 | 54,880 | △17.0 | △6 |
| | 営業利益 | 4,418 | △1,681 | — | △82 |
| ゲーム | 売上高 | 12,842 | 10,531 | △18.0 | △8 |
| | 営業利益 | △1,245 | △585 | — | — |
| 映画 | 売上高 | 8,579 | 7,175 | △16.4 | △5 |
| | 営業利益 | 585 | 299 | △48.9 | △43 |
| 金融 | 金融ビジネス収入 | 5,811 | 5,382 | △7.4 | — |
| | 営業利益 | 226 | △312 | — | — |
| その他 | 売上高 | 3,822 | 5,396 | 41.2 | — |
| | 営業利益 | 608 | 304 | △50.1 | — |

注：LCベースは、円と現地通貨との間に為替変動がなかったと仮定した試算ベース（Local Currency Basis）、映画については米ドルベース。2009年3月期の「その他」には10月1日付でソニーの100％連結子会社になったソニーBMGの業績が含まれている。また、2008年9月30日までは、ソニーBMGの投資損益が「その他」に含まれていた

出所：ソニー2009年3月期決算説明会資料

と売上高営業利益率の推移を見ることから始めてみよう。

　ここで経常利益や純利益を用いない理由は、主に2つある。1つは、事業セグメント情報では営業利益までしか開示されていないこと。そしてもう1つは、営業利益以降にある営業外収支や特別損益は、必ずしも売上に連動して発生するものではないということにある。変動費と固定費の概念はあくまで「売上に対して」である。実際には営業利益より下の収支については、その概念に当てはまるか否かと、分析の狙いに応じて、個々の勘定ごとに算入の可否を考えるべきだろう。

　図表3-4が示すように、2002年3月期から2006年3月期という長い期間にわたって、エレキの売上高営業利益率は0～1%前後という非常に低い水準で推移していたことが分かる。10年間の単純平均値はわずか2.0%に過ぎない。第2章で見た電気機器業界の平均値6.3%と比べると、業界大手のソニーの同比率がここまで低いことには、驚きとともに若干の違和感を覚える。

　ここで注意点として、ソニーは米国会計基準を採用していることに言及しておきたい。昨今の電気機器業界では、多くの企業が事業構造の改革のための工

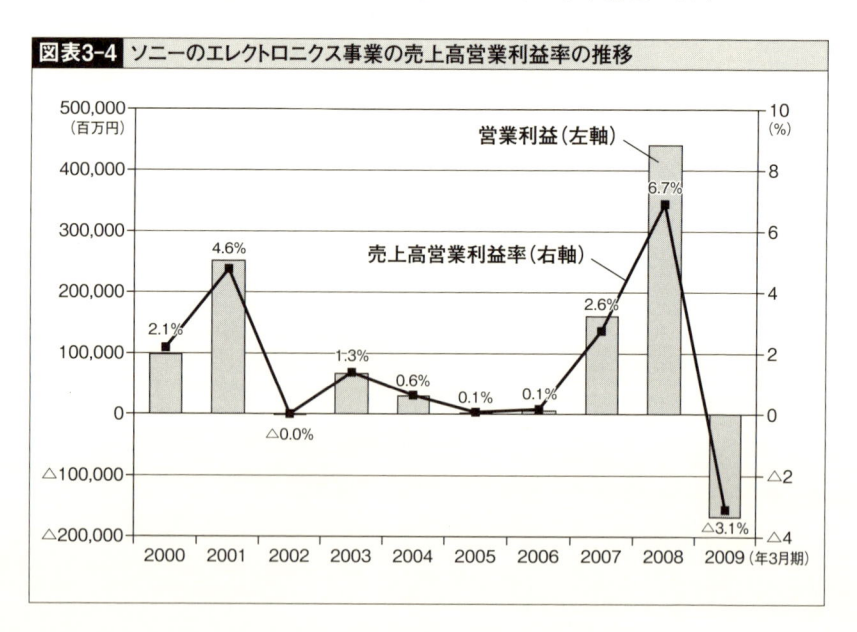

**図表3-4　ソニーのエレクトロニクス事業の売上高営業利益率の推移**

場閉鎖や、早期退職制度などを用いた従業員の削減を進めている。こうした意思決定に伴う莫大な費用の発生は、良く言えば今後の企業存続に向けた事業構造改革のための費用、悪く言うとリストラ費用ということになる。重要なのは、こうした費用をPL上で計上する位置が、日本会計基準と米国会計基準、あるいは同じ米国会計基準であっても企業間で異なることがある点だ。

　日本ではリストラという事象自体が特別な活動であるとの認識から、こうした費用を特別損失に計上するのが一般的だ。そのため、閉鎖が決定した工場で発生する減価償却費や、リストラ対象となった人員の人件費などが、意思決定直後に原価や販管費から消えることが多い。閉鎖に伴う除却損や、割増退職金などはすべて特別損失に直行する。このことから、日本会計基準では、リストラを行っても営業黒字を保ちやすい特性がある。

　これに対して米国会計基準には、そもそも特別損失という概念がない。企業が事業を継続する以上、固定資産の除却や従業員削減などのリストラは、経常的に発生する活動の一部という考え方が強いのだ。よって、日本会計基準であれば特別損失に計上するような事業構造改革費用も、米国会計基準ではその費用をPL上のより上のほうに計上することになる。

　ただし、企業によってこれを営業費用すなわち販管費の一部として算入するのか、あるいは営業外費用として計上するかの判断は、国内では分かれている。数百億円〜数千億円に及ぶ事業構造改革費用の大きな金額を計上する場所の企業間の違いの議論がないまま、営業黒字だ、営業赤字だという議論がされること自体、あまり的を射たものでないことに留意したい。

　また、ソニーは2009年3月期より、すべての持分法投資損益を営業利益の計算の段階に含めて報告する方法を取っている。一般には米国会計基準でも見ない計上方法だが、これについてソニーは、ソニー事業と密接不可分であることを理由として挙げている。特に影響の大きい企業は、ソニー・エリクソンと、韓国サムスン電子との製造合弁社S-LCDの2社だ。このうち、ソニー・エリクソンは2009年3月期に大幅な赤字に陥っている。そこでソニーは、他の日本企業同様に日本会計基準を採用した場合の営業赤字はそれほど大きくない事実を、97ページの図表3-5のように示している。

　エレキのみではなく、全社連結の数値ではあるが、2つのマイナス要因を取

り除くことで、会社の営業赤字は2,278億円から1,273億円まで半分程度に縮小する。持分法投資損失も構造改革費用もエレキが中心なので、この1,000億円程度の改善はそのままエレキのセグメント利益の改善に適用することができよう。この場合、エレキの営業赤字は700億円程度に改善され、営業利益率も△1.2％程度まで縮小する。

　一方、先述の電気機器業界の平均値は、ほとんどが日本会計基準を採用している企業の平均値であることには留意が必要だ。こうした場合には、むしろ両者の数値が最後に一致する売上高純利益率で比較するのがより妥当だろう。

　さて、米国会計基準を採用するソニーでは、早くから四半期ベースによって事業セグメント別の情報を開示していた。この情報をもとにして、同じ10年度を四半期ベースの売上高営業利益率で描いたのが図表3-6だ。

　図表3-6から、ソニーの売上高営業利益率は、第1章で考察した任天堂の売上高総利益率と同様に、四半期ベースでかなり激しいブレがあることが分かる。第3四半期の利益率が最も高く、第4四半期はその反動もあって最も低いというのも任天堂と似た構図だ。第4四半期は10年度すべてにおいて赤字に陥るほど、任天堂に比べてもその傾向はより顕著である。10年度の単純平均値を計算すると、第1四半期2.4％、第2四半期2.8％、第3四半期5.7％、第4四半期△7.8％となっている。

　2008年3月期のソニーは過去最高益を達成し、エレキの年間営業利益率も6.7％まで高まっていた。しかし、2009年3月期は肝心の第3四半期に世界的金融危機に直面した。よって、過去10年度でも初めて、第3四半期のみで営業赤字に陥っている。

　さて、損益分岐点比率の推移だが、ソニーの変動費と固定費の構図や推移が分からないため、正確に描くことはできない。また、そもそも製品ごとに変動費と固定費の構造は異なるため、本来であれば製品ごとの損益分岐点比率を描かなくてはならない。しかしこれらは、外部で入手するのは実質的に不可能な情報だ。そこで、業界の平均値的な数値から、ソニーの変動費と固定費の仮定を置いていくことにする。

　98ページの図表3-7は、2008年9月10日の「日本経済新聞」に掲載された、業界別の損益分岐点比率である。2007年度の電気機器業界の損益分岐点比率

第3章●損益分岐点比率　97

**図表3-5　ソニーの全社連結営業利益に関する2つの調整**

(億円)

|  | 2008年3月期 | 2009年3月期 | 前年度比 | 前年度比(LC) |
|---|---|---|---|---|
| 売上高および営業収入 | 88,714 | 77,300 | △12.9% | △2% |
| 営業利益 | 4,753 | △2,278 | ー | △89% |
| 税引前利益 | 5,671 | △1,750 | ー | |
| 当期純利益 | 3,694 | △989 | ー | |
| 1株当り当期純利益(希薄化後) | 351.10円 | △98.59円 | ー | |

ソニーのマネジメントは営業損益に加え、持分法による投資損益および構造改革費用を除いた営業損益を用いて業績を評価しています。この開示は、米国会計原則に則っていませんが、投資家の皆様にソニーの営業概況の現状および見通しを理解いただくための有益な情報を提供することによって、ソニーの営業損益に関する理解を深めていただくために表示しているものです。ソニーのマネジメントはこの表示を営業状況の評価、比較分析、および費用削減が計画通り進捗しているかどうかの検証のために使用しています。

|  |  |  |  |  |
|---|---|---|---|---|
| 営業利益 | 4,753 | △2,278 | ー | △89% |
| 控除：持分法による投資利益 | 1,008 | △251 | | |
| 戻し入れ：構造改革費用 | 473 | 754 | +59.3% | |
| 上記調整後営業利益 | 4,218 | △1,273 | ー | |

出所：ソニー2009年3月期決算説明会資料

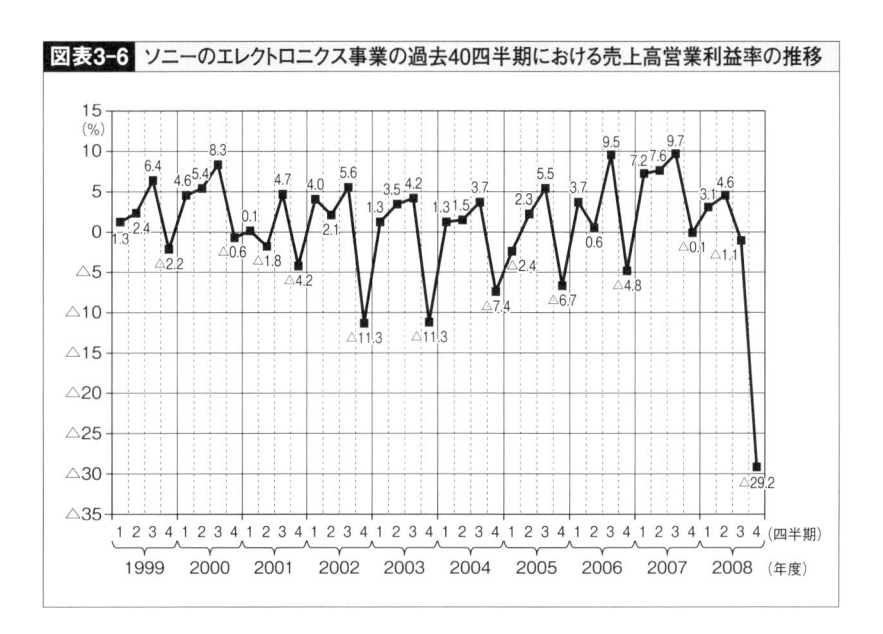

**図表3-6　ソニーのエレクトロニクス事業の過去40四半期における売上高営業利益率の推移**

### 図表3-7　製造業の業種別損益分岐点比率(2007年度)

(%)

| | 損益分岐点比率 | 前年度比増減率 | | 損益分岐点比率 | 前年度比増減率 |
|---|---|---|---|---|---|
| 製造業全体 | 76.19 | △0.07 | 鉄鋼 | 60.47 | 4.47 |
| 食品 | 87.61 | 1.37 | 非鉄金属製品 | 73.3 | 1.21 |
| 繊維 | 77.69 | 3.99 | 機械 | 80.08 | 2.18 |
| パルプ・紙 | 90.74 | 0.32 | 電気機器 | 79.11 | △1.55 |
| 化学 | 74.75 | 1.2 | 造船 | 89.64 | 2.74 |
| 医薬品 | 67.95 | 0.34 | 自動車 | 72.36 | △2.4 |
| 石油 | 75.96 | 7.9 | 輸送用機器 | 75.91 | △7.3 |
| ゴム | 76.11 | △3.03 | 精密機器 | 67.33 | △1.81 |
| 窯業 | 73.96 | 1.06 | その他製造 | 86.74 | 1.94 |

出所：「日本経済新聞」2008年9月10日

は79.11％とある。また、先に見たように同期の電気機器業界の売上高営業利益率の平均値は6.3％であった。数値を丸めて損益分岐点比率を80％、営業利益率は6％としてみよう。売上高を100とし、変動費をxと置けば、PLの構造は以下のように表現できる。

| 売上高 | 100 |
|---|---|
| 変動費 | △x |
| 限界利益 | 100 − x |
| 固定費 | △(94 − x) |
| 営業利益 | 6 (6％) |

これらの数値を損益分岐点比率の式に算入すれば、次のようになる。

$$損益分岐点比率(\%) = \frac{固定費}{限界利益率(=限界利益/売上高)}{売上高}$$

$$= \frac{\frac{94-x}{(100-x)/100}}{100} = 80\%$$

これをxについて解くと、70と計算される。つまり、売上高変動費率が70％（限界利益率は30％）ということだ。この数値を業界的な平均値ととらえ、これを用いてソニーの過去10年間の損益分岐点比率のグラフを描いてみよう。

図表3-8から、ソニーのエレキの損益分岐点比率は、2009年3月期の大幅悪化を除いて、おおよそ80〜100％の間で推移していること、2007年と2008年3月期は損益分岐点比率の引き下げに成功していること、そして2009年3月期は大幅赤字に陥った背景から、同比率が110.2％まで一気に悪化したことなどが読み取れる。なお、2009年3月期は、持分法適用会社であるものの営業損益に反映されているソニー・エリクソンの大幅赤字転落の影響も大きいことを再度言及しておきたい。

## 2…ソニーの損益分岐点比率を分解する

ソニーのエレキの損益分岐点比率は、2009年3月期を除いておおよそ80〜100％のレンジにあった。まずはその背景を解明するため、過去10年間の分

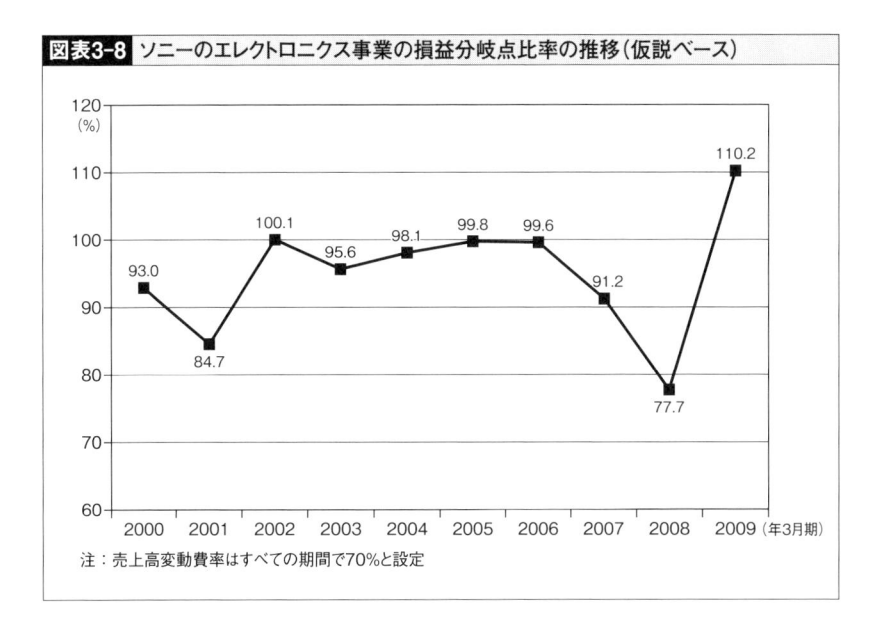

**図表3-8** ソニーのエレクトロニクス事業の損益分岐点比率の推移（仮説ベース）

| 年3月期 | 2000 | 2001 | 2002 | 2003 | 2004 | 2005 | 2006 | 2007 | 2008 | 2009 |
|---|---|---|---|---|---|---|---|---|---|---|
| （％） | 93.0 | 84.7 | 100.1 | 95.6 | 98.1 | 99.8 | 99.6 | 91.2 | 77.7 | 110.2 |

注：売上高変動費率はすべての期間で70％と設定

母の売上高、分子の損益分岐点売上高、および固定費の推移を図表3-9に示す。

このグラフを見る際に注意しておきたいのは、10年間にわたって変動費率を70％と一定化している点だ。実際はどうだろう。売値と変動費単価の変化によって、変動費率自体が変動している。ましてや競争が激しい環境下にあれば、尚更だ。この点については、この後にソニーの売値、販売数量、変動費に関する一通りの考察が終わった時点で再度触れることとしたい。いずれにしても、こうした簡略化が行われていることを念頭に置いて、図表3-9を読み進めていこう。

ソニーのエレキの売上高も損益分岐点売上高も、おおむね右肩上がりのトレンドを示している。損益分岐点比率の式に照らせば、売上の上昇はプラス要因だが、損益分岐点売上高の上昇はマイナス要因だ。図表3-8と3-9を合わせて見ることで、ソニーの損益分岐点比率の動きが、2003年3月期を除いて、売上高の動きと正反対の動きをしていることが見えてくる。つまり、分子の損益分岐点売上高より、分母の売上高の推移の影響を直接的に反映しているということだ。また、損益分岐点売上高は、2003年3月期と2008年3月期を除いて、

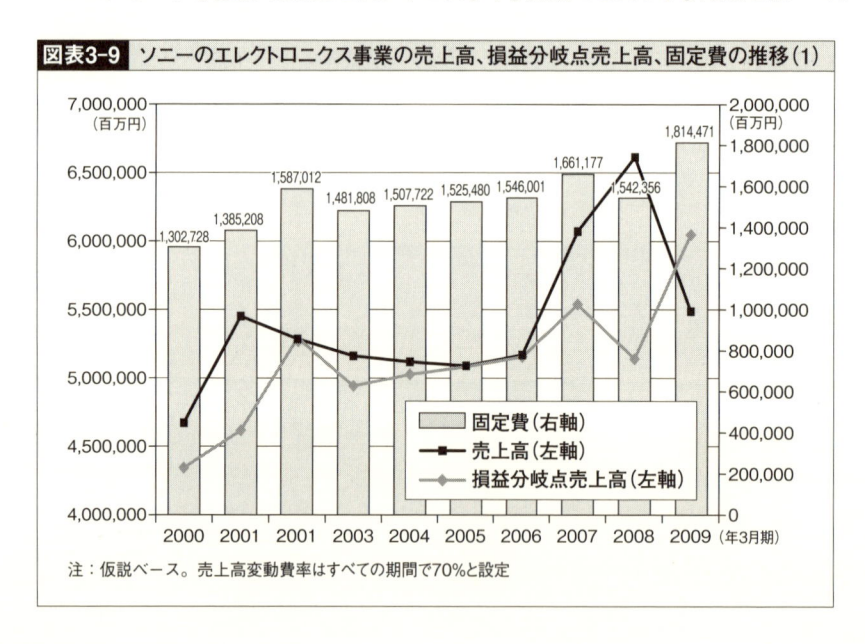

**図表3-9** ソニーのエレクトロニクス事業の売上高、損益分岐点売上高、固定費の推移(1)

注：仮説ベース。売上高変動費率はすべての期間で70％と設定

常に上昇基調にある。この2年度は、固定費の前年度比減少によって、それが実現されていることも分かる。

こうした大局観を持った上で、指標を分解する4つのステップに沿って、ソニーの損益分岐点比率の水準とトレンドに関する解明を試みる。また、ソニーのエレキといっても製品の領域は非常に広いため、以降はさらに焦点を絞った議論を進めていきたい。

図表3-10はソニーのエレキの製品分野別売上高だ。売上高が最も大きい製品はテレビで、エレキ全体の25％を占めている。次はビデオ（同21％）、PCや放送用・業務用オーディオなどが含まれる情報・通信（同19％）、コンポーネント（同13％）と続く。売上高で見れば各製品群に分散しているように見えるが、営業利益についてはテレビの営業赤字が1,270億円存在（105ページの図表3-12に経年表記）するため、エレキ全体の赤字の8割弱という巨額に及んでいる。

先に、「エレクトロニクスの復活なくしてソニーの復活なし」と述べたが、さらに踏み込めば、「テレビの復活なくしてソニーの復活なし」と言うことができる。この言葉は実際に2009年4月にソニーのテレビ事業本部長が語った言葉でもある。そこでここからは、テレビ事業に焦点を当てて、4つの分解の考察を進める。ソニーのエレキ全体を評価するのであれば、以降同様の作業を製品ごとに行う必要がある。

**図表3-10** ソニーのエレクトロニクス事業の製品分野別売上高（2009年3月期）

(百万円)

| 項目 | 2008年3月期 | 2009年3月期 | 増減率（％） |
|---|---|---|---|
| オーディオ | 558,624 | 453,976 | △18.7 |
| ビデオ | 1,279,225 | 1,042,014 | △18.5 |
| テレビ | 1,367,078 | 1,275,810 | △6.7 |
| 情報・通信 | 1,103,212 | 942,517 | △14.6 |
| 半導体 | 237,870 | 205,062 | △13.8 |
| コンポーネント | 833,334 | 662,453 | △20.5 |
| その他 | 552,365 | 451,088 | △18.3 |
| 合計 | 5,931,708 | 5,032,920 | △15.2 |

注：売上高は外部顧客に対するもの
出所：ソニー2009年3月期有価証券報告書

## (1) 売値への分解

　前節で取り上げた売値に影響を及ぼす要因の1つ1つに関する考察を行うことが、売値の分析の王道だ。しかし、ここでは先に結論を述べて、その背景の考察を図ることに留めたい。ソニーに限らず、薄型テレビの価格は、世界的に一貫して下がり続けている。米ディスプレイサーチ社の調査によると、2006年から2009年までの3年間で、32インチ液晶テレビの価格は、1,135ドルから405ドルまで、実に6割強下落したという。

　この背景には、薄型テレビ業界の過当な競争環境と、その恩恵を受けた顧客（販売店、エンドユーザー）側への価格主導権の移行という2つの要因が挙げられる。また日本企業にはこれに輪をかけて、円高という3つ目のマイナス要因が寄与している。

　薄型テレビと言えば、日本の量販店に行けばソニーをはじめ、シャープ、パナソニック、日立製作所、東芝などの製品が所狭しと並んでいる。日本の量販店だけを見ている限り、テレビ業界は日本製が世界を席巻しているように思えてくる。

　しかし海外に目を転じれば、ソニーの2008年の薄型テレビ世界シェア12.4％（米ディスプレイサーチ社調査）に対して、韓国サムスン電子はその2倍近い20.3％（同調査）に達している。他にもLG電子、フィリップスなどの海外大手企業が競合として存在する。成長市場の中国には多数の国産メーカーも存在している。また、ビジオ（VIZIO）という米国新興企業で低価格高品質のテレビを柱に、急成長している企業の台頭もすでに見られる。

　多くの競合がひしめいていても、市場全体が成長しているなら、業界全体が潤うだろう。しかし、薄型テレビも黎明期における急成長の時代は終わりつつある。景気後退もあって、新興市場までもが冷え込んだ2008年は、特に価格競争による消耗戦が一気に進んだ。

　価格競争が進んだのは、景気後退だけが理由ではない。それだけならば、景気回復すればいずれ価格は元に戻る。しかしもっと切実な背景には、薄型テレビの技術や性能といった面で、もはや大きな差別性は見出しにくくなった点が挙げられる。これは、日本メーカーのように高技術、高品質、高ブランドの対価として高価格を継続していきたい企業にとって、死活問題だ。

2005年に米国で設立されたビジオがその典型例と言える。ビジオは製造に必要な液晶パネルなどの部材はすべて外部から調達し、製造そのものまでも外注する、いわゆるファブレス企業だ。薄型テレビの技術や性能には、もはや大きな差別性が見出しにくく、消費者の購買行動は価格ありきに移ってきている。「いかに良いものを作るか」ではなく「いかに安く作れるか」が、すでに薄型テレビの競争の源泉となりつつある。つまり、コスト構造をどのように築くかが、より重要となっている。コストについては、この後の変動費と固定費で考察する。

　顧客（販売店、エンドユーザー）側への主導権の移行としては、日本ではヤマダ電機、米国ではウォルマートなどに見られる、量販店の巨大化、集約化が挙げられる。ヤマダ電機は2009年3月期にテレビだけで3,436億円販売している。市場が成熟すればするほど、量販店側に価格交渉の主導権は移り、メーカーにとっては販売数量確保のための価格面での妥協といった消耗戦が加速してしまう。

　2008年後半からの景気後退期では、ブランドや性能、ディスプレイの大きさなどより、価格に対する選別性がより厳しくなった。米ディスプレイサーチ社の調べによると、景気後退とクリスマス商戦直後の2009年1〜3月期には、北米の薄型テレビの出荷台数において、サムスン電子とソニーを抜いて、再びビジオがシェア18.9％を獲得してトップになったという。

　好況期が戻れば、多少高価でも良いものを志向する意識は再び高まりはするだろう。ただし、メーカー側がブランドや性能での差別性を、顧客に実感させるに十分な、魅力的な新製品を打ち出すことができればの話だ。すでにビジオのような新興メーカーが米国で堂々とシェア1位になる現象が起きている。一流メーカー側が願うほど、実は消費者はブランドや性能の違いを、テレビメーカーに対してもはや感じていないのかもしれない。

　日本メーカーには、これに輪をかけたのが円高だ。テレビだけではなく、ソニー全体の数値だが、ソニーは1円円高になると、対米ドルで年間40億円、対ユーロで年間75億円の利益が減少すると言われている。実際に2009年3月期の決算発表では、前年度からのエレキの減益要因として、円高によるものを約2,500億円と発表している。2009年3月期は、米ドルは約14円の円高

(2008年3月期平均113.3円から、2009年3月期平均99.5円)、ユーロは約18円の円高(同じく160.0円から142.0円)であった。2つの通貨で円高要因の8割程度は説明できるので、残りは他の通貨(ソニーの決算資料によると、他の通貨は平均17％の円高)によるものだろう。

こうした3つの背景から、売値は下がり続けており、損益分岐点比率上昇の大きな原因となっている。高付加価値が提供できる製品比率を少しでも高めることで、価格競争にさらされない事業構造を各社模索しているが、すでに差別化の要素が価格以外には難しくなってきているのは事実である。

## (2)販売数量への分解

2008年第3四半期(10〜12月)の米国液晶テレビ市場で、薄型テレビの出荷台数が前年同期比1％減少するという事象が初めて起きた。9月以降の世界的金融危機による影響が大ではあるが、それまで常に拡大を続けてきた液晶テレビ市場が初めて見せた成長の陰りである。

図表3-11に示すように、ソニーの液晶テレビの販売台数は2009年3月期を含めても、目覚ましい成長を示している。ソニーはブラウン管テレビの成功体験から抜けきれず、液晶テレビへの参入に出遅れた。本格的参入のための液晶パネル調達先として、サムスン電子との製造合弁会社S-LCD社が稼働に入ったのは2005年4月からだ。2006年3月期からソニーの液晶テレビの販売台数が一気に増えていることがこれを裏付ける。

また、2007年に米ビジオ社のような低価格高品質の新興メーカーが台頭してきたこともあり、ソニーやサムスン電子などブランド力に優位性のある企業も低価格帯の製品によって巻き返しを図った。こうした背景と、液晶テレビ市場全体の成長にも乗って、販売台数は伸び続けるという結果を生んだ。金融危機が起きた2009年3月期も、販売台数だけで見れば、前期比43％増の1,520万台を達成している。

販売数量は43％の成長を遂げたソニーの薄型テレビ事業だが、図表3-12から分かるように、2009年3月期の売上高は前年度比6.7％減少している。つまり販売数量の伸び以上に売値の減少が進んだことを意味する。売れないから値段を下げたとも言えるだろうし、値段を下げたから販売数量が伸びたとも言え

**図表3-11** ソニーの液晶テレビ『BRAVIA』販売台数の推移

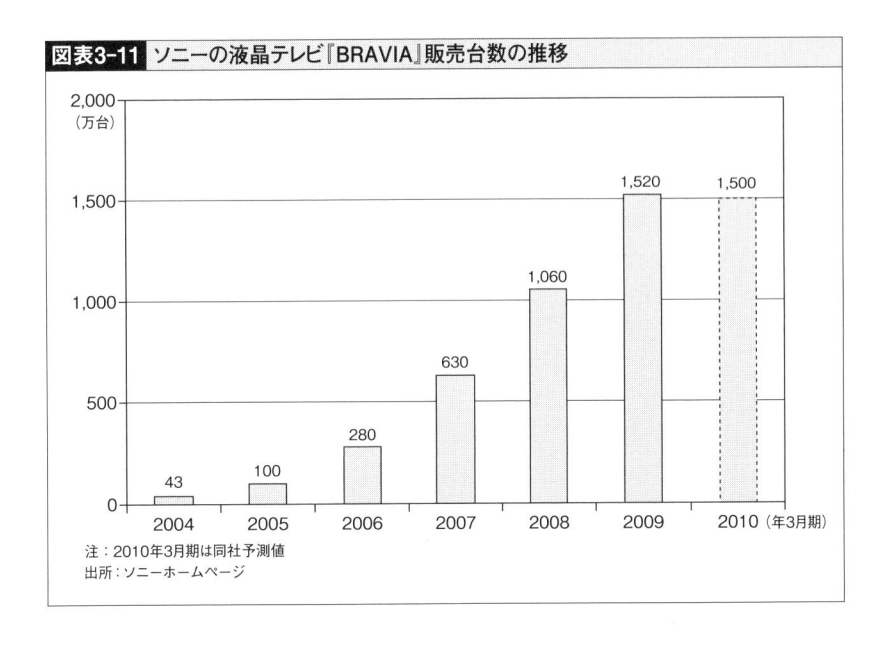

(万台)

| 年(年3月期) | 販売台数 |
|---|---|
| 2004 | 43 |
| 2005 | 100 |
| 2006 | 280 |
| 2007 | 630 |
| 2008 | 1,060 |
| 2009 | 1,520 |
| 2010 | 1,500 |

注：2010年3月期は同社予測値
出所：ソニーホームページ

**図表3-12** ソニーのテレビ事業の売上高と営業利益の推移

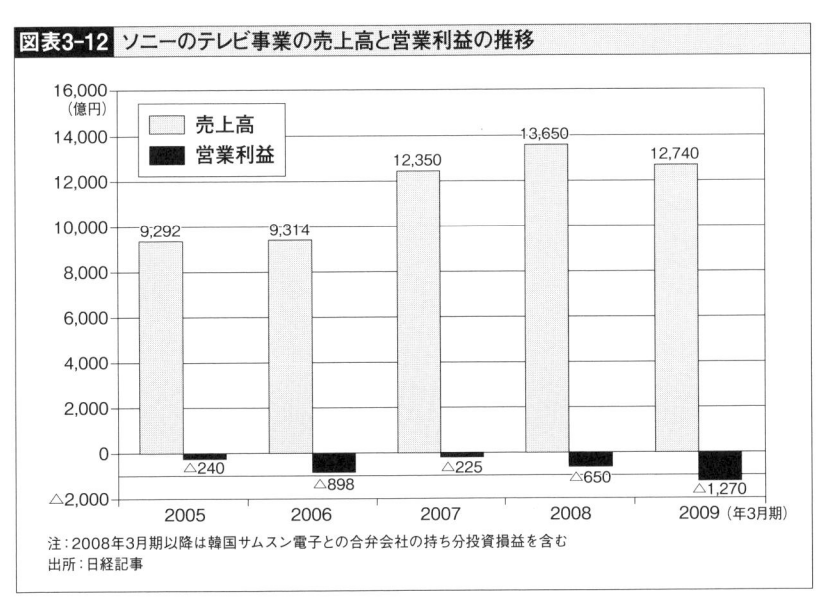

(億円)

| 年(年3月期) | 売上高 | 営業利益 |
|---|---|---|
| 2005 | 9,292 | △240 |
| 2006 | 9,314 | △898 |
| 2007 | 12,350 | △225 |
| 2008 | 13,650 | △650 |
| 2009 | 12,740 | △1,270 |

注：2008年3月期以降は韓国サムスン電子との合弁会社の持ち分投資損益を含む
出所：日経記事

るだろう。いずれにしても変わらない事実は、2008年も2009年3月期もテレビ事業だけで1,000億円前後の営業赤字を計上していることである。すなわち、販売数量の増加が損益分岐点比率の引き下げに寄与していないことが分かる。

### (3) 変動費への分解

変動費と固定費の配分は外部からは入手困難な情報なため、図表3-8の損益分岐点比率のグラフを描くにあたっては、変動費率を一律70％として仮定を置いた。よってここで変動費や変動費率の推移をグラフにすること自体は意味を成さない。ここでは、ひとまずソニーが変動費低減のためにどのような努力を行っているかを書き留めておきたい。

2009年3月期のテレビ事業の大幅赤字転落を受けて、ソニーが表明した変動費削減のための主な施策には以下がある（出所：ソニーホームページなど）。ソニーは下記の施策の実現によって、年間2兆5,000億円規模の調達コストを、2010年3月期までに2兆円前後に圧縮することを計画している。5,000億円のコスト削減は、8兆円の売上を前提とすれば、営業利益率6.3％の大幅改善を意味する。

- パネルやシャーシなどの共通化による部品点数の削減
- 部品や素材の調達先を2,500社から、2010年末までに1,200社へと半分に削減
- 調達先が減ることで1社当たりの発注量が増えるため、結果として単位当たりのコストダウンも実現
- 子会社のソニー・コンピュータ・エンタテインメントや、日米欧に分散していた調達機能を集約することで、グループの窓口を一本化し、発注量の増加と調達先の絞り込みをさらに加速
- ソフトウェア開発の一部領域をインドなど海外の外部リソースへ委託

### (4) 固定費への分解

固定費の変動費化という言葉がある。損益分岐点売上高の式で言えば、分子の固定費を減らす一方、分母の変動費が増えることを意味している。たとえば、

これまでは内部の社員が行っていた作業を外部委託することによって、これは実現できる。ソニーがソフトウェア開発の一部領域を、インドなど海外の外部リソースへ委託しようとしているのがまさに一例となる。ソニーでは自社拠点の集約と併せて、外部生産の委託比率を2009年3月期の約1割から、2010年3月期には2割程度まで増やす見込みだ。

　むろん、内部で固定費として抱えていたものを単に外部に出すだけでは、損益分岐点売上高はすぐには変わらない。しかしソニーが行おうとしているように、インドのような変動費単価（外注価格）が低いであろう相手に発注することが実現すれば、損益分岐点売上高の引き下げが実現する。これは、損益分岐点比率の引き下げも意味するし、また今後仮に売上高がさらに低迷することがあっても、すぐに赤字には陥らない、すなわち損益分岐点比率を100％以下に保つことのできる体制構築を意味している。

　固定費の変動費化については、すでにソニーは以前から進めていた。この事象だけをとれば、テレビ事業の変動費単価は少しずつ上昇していることを意味する。また、この間資源価格の高騰が様々な業界で起きていたように、ソニーもまたその影響を受けているはずだ。さらに、売値は下落の一途を辿っていることをここまで見てきた。売値が下がり、変動費が上がる事態がほぼ一貫して続いていたのならば、ソニーのテレビ事業の変動費率は、ほぼ一貫して上昇し続けたこととなる。図表3-9を描く際に、変動費率を70％で一定化することへの留意を示したのはまさにこの点にある。

　そこで、ソニーのエレキの2000年3月期の変動費率を70％とし、その後仮に毎年1％ずつ同比率が上昇を続けたと仮定してみる。2009年3月期の変動費率は79％（限界利益率は21％）まで上昇する。この前提を置いて再度図表3-9を描いたものが次ページの図表3-13だ。

　図表3-9に比べると、固定費は実は2002年3月期以降、一貫して下がり続けていたことになる。ソニーが業績の急速な悪化を表明し、株価がその後数日間にわたって暴落した2003年4月のいわゆるソニーショック以降、ソニーは工場や拠点の閉鎖・統合、人員圧縮などの固定費の削減を一貫して進めてきた。それでも黒字にならないことにソニーの構造的な問題が未だ存在している。しかし、固定費の大幅圧縮を行っていなければ、事態はさらに惨憺たるものとな

っていたはずだ。この事実と照らせば、ソニーの損益構造は、図表3-9より図表3-13のほうが実態に近いと言えるだろう。

参考までに、2008年6月に行われたソニーの新中期経営計画発表の場で、2005年発表の再生プランの実績レビューとしてソニーが開示した費用削減の結果は以下である。

- 商品カテゴリー削減等（15カテゴリー）
- 人員削減（10,000人）
- 資産売却（1,200億円）
- 製造拠点統廃合（11拠点）
- コスト削減（2,000億円）

2009年3月期は固定費が大きく上昇しているが、世界的金融危機による販売不振から薄型テレビの価格が急速に下落した時期である。実際には2008年3月期と2009年3月期の間の売値の急速な下落から、変動費率は急上昇してい

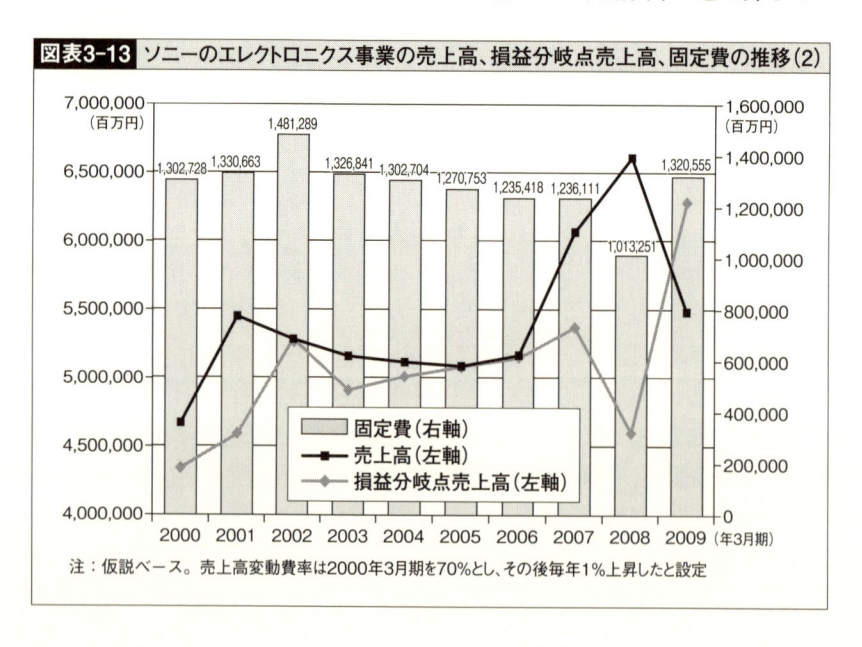

**図表3-13** ソニーのエレクトロニクス事業の売上高、損益分岐点売上高、固定費の推移(2)

注：仮説ベース。売上高変動費率は2000年3月期を70%とし、その後毎年1%上昇したと設定

るはずだ。仮に2009年3月期の固定費が前年度と同じ1兆132億円水準であったとした場合の変動費率はどの程度だろうか。『Excel』のゴールシーク機能を使って確認すると、85％と算出される。不況、円高、競争激化の3つが同時にかつ大規模に起こったことを考えれば、現実にこの程度、あるいはそれ以上の変動費率に陥っていたとしても、疑いの余地はない。

　最後に、変動費と同様に、ソニーが表明した固定費削減のための主な施策を挙げておく。先の変動費削減とは別に、下記の施策によってソニーは2010年3月期に3,000億円超のコスト削減を実施する計画を立てている。これは8兆円の売上を前提とすれば、営業利益率3.8％の改善を意味する。

- 事業所の統廃合：エレキの製造事業所の削減。57拠点から49拠点へと2009年度中に削減（液晶テレビについては、米ピッツバーグのソニーテクノロジーセンター、ソニーイーエムシーエスの一宮テック、メキシコのソニーバハカリフォルニア メヒカリでの生産終了）
- 人員の削減：エレキ分野の全世界の従業員16万人（2008年9月末時点）から8,000人、派遣社員等外部リソース人員も8,000人以上の合計16,000人を2009年度中に削減
- ソフトウェアや電源基板などの基本設計の共通化
- 新興国市場の成長による普及価格モデルの比率増加を見据え、中長期的にOEM/ODM展開を促進

### 3…ソニーの経営戦略と会計指標

　ソニーは2011年3月期に薄型テレビ事業の黒字化を実現する意思を表明している。そのための施策には、ここまで記述した変動費と固定費の削減や、固定費の変動費化といったコストの話だけでなく、成長期待の高い新興国市場のさらなる開拓、国ごとのニーズに合わせた機能面での差別化による高価格設定の実現も当然ある。

　ソニーが隆盛を謳歌したブラウン管テレビの時代には、その技術特性から、競争優位の源泉は設備を自社で抱え、技術力とブランド力によって差別化され

た製品を打ち出すことにあった。ソニーをはじめとして、多くの国内テレビメーカーが得意とするところである。

しかし、液晶テレビの時代になり、少なくとも設備に関してはコモディティになった。ソニーが多くの自社テレビ工場を閉鎖している事実をとらえれば、コモディティの域はすでに超えて、むしろ負の遺産になったと言っても過言ではないだろう。繰り返しになるが、2009年第1四半期で米国内販売シェア1位になったビジオは、自社の工場設備をまったく持っていないのである。

液晶テレビの急拡大期にあっては、超過需要のもたらすひっ迫感から、液晶パネルの安定調達が第一の優先事項であった。部品から完成品までを一貫して自社で製造する、いわゆる垂直統合モデルの推進である。先行して液晶テレビ事業を拡大してきたサムスン電子やシャープなどは、自社の液晶パネル工場への投資を拡大し、これによって急成長する市場に高価格で安定的な製品供給をすることができた。そこに出遅れたソニーは他社からの調達に頼らざるをえず、割高なコスト構造によって、世界シェアトップクラスでありながら黒字にならない事態に陥っていた。

しかし、台湾、トルコ、ブラジルなどの新興国から、液晶パネルに専業で特化することで、より低コストで製造・販売するOEM（相手先ブランドによる製造）、ODM（相手先ブランドによる設計・製造）メーカーが数多く台頭してきた。これまでは数百億〜数千億円規模の設備投資ができる企業でない限り、テレビ事業を行うことは実質的に不可能だった。しかし、部品も製造もすべて外部から、しかも安価で調達することができる時代になったのだ。自社はデザインや販売・マーケティングといった得意なところに集中し、製品の開発、設計、製造などはそれぞれを得意とするメーカーに委託してしまう。いわゆる水平分業モデルの台頭である。

そこに来ての景気低迷による市場の停滞だ。こうなると、今度は設備を保有していることが大きな足かせとなってくる。自社で処理しきれないパネルは外販を目指すが、競合も同じ状況であれば、そう簡単に外販経路を拡販できるものでない。無理な契約を急げば、価格面で足元を見られることとなる。

こうした環境変化をソニーの視点からとらえると、何が言えるだろうか。これまで設備を持たないことで、シェアがトップクラスでありながら、コスト面、

利益面での優位性を発揮できなかったソニーである。2005年4月から始まったサムスン電子との製造合弁会社S-LCDは、子会社ではないがソニー自身がその業績を営業利益に反映させているように、確かに実質的に自社生産によるパネル調達と言うことができる。2009年6月には、S-LCDで第8世代と呼ぶパネルの新ラインの稼働・出荷が発表されている。
　しかし、自社生産の液晶パネルで100％内部調達しているシャープなどと比較すると、ソニーは自社が完全に100％所有するパネル工場からの調達はない。S-LCDや、台湾などの他のパネルメーカーとの契約形態にもよるが、ソニーは固定費の変動費化を実現しやすい位置に立っていると言うこともできる。水平分業モデルの時代となり、これまでソニーの弱みと考えられていた自社100％所有のパネルが存在しない事実が、今後は逆に強みともなる可能性が出てきたわけだ。
　実際に、2009年7月30日に発表されたソニーとシャープの液晶パネルの合弁契約では、ソニーがシャープの生産子会社（シャープディスプレイプロダクト株式会社）に段階的に出資し、2011年4月末までに出資比率を最大34％へ引き上げるものとなっている。ソニーは世界のテレビ販売市場や自社の動向を踏まえながら出資比率を増やしていく契約とすることによって、生産を抱え込むことのリスクを軽減している。
　「企業が目指すべき究極の経営指標は、損益分岐点売上高を下げることではなく、損益分岐点比率を下げること」にある。激動する環境変化の中にあっても、ゴーイング・コンサーンとして、これを持続的に実現していかなくてはならない。ここ当面は分母の売上高が大きくは期待できない以上、分子の損益分岐点売上高を下げるしかない。その際のキーワードは水平分業であり、これを推し進めることとなれば、固定費の変動費化が加速化することになるだろう。
　そしていずれ景気の回復と好景気が訪れれば、同比率の分母が拡大していく。一方、3Dや有機ELテレビなど、次世代のテレビ開発も同時進行している。そうした次のステージでは、再びソニーがブランド力と技術力をてこにした、往年のソニーらしい市場の牽引が実現されるのか。市場は常に変化し、顧客の要望はいつも移り気だ。昨日の勝者が今日の敗者になることは、ソニーが自ら体験してきた大きな教訓である。現在の不況に過度に引っ張られた事業のかじ取

りは、ややもすれば5年後には誤った意思決定との烙印を押されることとなりかねない。短期と長期のバランスを取りながら、ソニーのエレキ復活のための損益分岐点比率改善の難しいかじ取りは続いている。

## 3●アサヒビールの経営分析
【3】損益分岐点比率

アサヒビールの有価証券報告書から、単体ベースの製造原価明細書を確認すると、酒税を除いた製造原価の中に占める原材料費は70％弱となっている。先に見たように酒税を除いたアサヒの実質的な売上高総利益率は50％なので、売上高原価率も50％となる。製造原価における変動費を原材料費だけと仮定すれば、アサヒの製造原価ベースでの売上高変動費率は「50％（原価率）×70％（変動費率）＝35％」となる。

販管費の中では販売奨励金及び販売手数料と、運搬費を変動費と考えてみよう。酒税を除いたアサヒの実質的売上高を約1兆円と設定すれば、これら2つの費用の対売上高比率は約20％と算定される。

よって、売上高変動費率は「35％＋20％＝55％」となるため、実質的売上高1兆円に対して変動費は5,500億円、限界利益は4,500億円となる。営業利益は約950億円なので、限界利益との差額である固定費は、3,550億円と逆算されてくる。これら数値を使って損益分岐点売上高を算出すると、

$$\text{損益分岐点売上高} = \frac{\text{固定費}}{\text{限界利益率}} = \frac{3{,}550\text{億円}}{45\%} = 7{,}889\text{億円}$$

となる。これを用いた損益分岐点比率は、以下のようになる。

$$\text{損益分岐点比率} = \frac{\text{損益分岐点売上高}}{\text{売上高}} = \frac{7{,}889\text{億円}}{1\text{兆円}} = 78.9\%$$

図表3-7に示した日経新聞記事の中の食品業界の損益分岐点比率は87.61%だったので、アサヒが約9%優れている。この事実も、食品業界の売上高営業利益率の平均が4.6%である中、酒税を除いたアサヒの実質的な同比率が10%程度である事実と照らせば、納得のいく結果と言えよう。
　実際にはアサヒの変動費率は、ビール、発泡酒、新ジャンルといった製品間で異なっているはずだ。また酒類以外の事業である飲料、食品、飲食など、事業間での変動費率も大きく異なっている。さらに言えば、今回は原材料費と2つの販管費のみをそのまま変動費としたが、特に後者はそれらの全額が変動費というわけではないだろう。また、この3つ以外にも変動費的要素が高い費用も存在しているはずだ。
　企業内部であればそうした細かな情報はすべて得られるのだから、それらを用いて製品ごとの損益分岐点比率を正確に計算した上で考察することが望まれる。

## QUIZ[3]

　本章で取り上げたソニーと同じく、トヨタ自動車も2009年3月期に4,610億円という大幅な営業赤字を計上しました。当期の決算発表時には、2010年3月期はさらに8,500億円の営業赤字に拡大すると表明しており、業績の改善は早くても2011年3月期以降となる状況です。
　トヨタの場合、全社連結は、自動車販売とこれに伴う販売金融事業にほぼ集約されています。よって、事業と製品多角化が進んだソニーではエレクトロニクス事業、さらにはテレビ事業に焦点を絞って分析を進めましたが、トヨタでは全社の数値をそのまま使って行うこととします。
　トヨタの決算説明会資料を見ると、2009年3月期は2008年3月期に比較して、連結販売台数が15%減に相当する134万台（891万台から757万台）の減少とあります。この台数には、連結子会社である日野自動車のトラックや、ダイハツの軽自動車も含まれています。
　また同じ資料の中で、販売面での減益要因は1兆4,800億円とされています。この数値には為替変動や諸経費の増加を含めていないので、販売数量減による限界利益の喪失分と考えても差し支えないでしょう。よって、

1台当たりの限界利益の平均値は「1兆4,800億円÷134万台=110万円」と計算できます。

これら数値も参考にして、トヨタ自動車の損益分岐点売上高と損益分岐点比率を過去5年度にわたって計算してください。当面は成熟感が強い世界の自動車市場において、変動費と固定費に関して、トヨタが打ち出した世界の方針とその妥当性を評価してください。

第 4 章

# EBITDAマージン

**M&Aや設備投資の影響を除いたCFに基づく収益性の指標**

EBITDAは営業利益に有形固定資産やのれんなど無形固定資産の償却額を足し戻して算出される。その売上比率を示すEBITDAマージンは、設備投資の大きな業界や、M&Aに積極的な企業の収益性を評価する指標だ。本章ではEBITDAマージンを、事業セグメントごとの売上とEBITDAへ分解する。EBITDAマージンの推移に見るJTの海外M&Aによる成長戦略を読む。

# 1●EBITDAマージンの読み方

## 1…EBITDAマージンの算出方法

　EBITDAという会計用語に、新聞・雑誌や、企業の中期計画で触れる機会が多くなってきた。もともとは設備投資の大きな企業を評価する際に多く用いられていたが、最近はそれに加えて、M&Aを積極的に行う企業の評価に用いられるケースが増えている。本章では、EBITDAを売上高で割って算出するEBITDAマージンについて解説していきたい。

$$\text{EBITDAマージン(\%)} = \frac{\text{EBITDA}}{\text{売上高}}$$

　EBITDAは「イービット・ディーエー」または「イービット・ダー」と読む。これは支払利息控除前・税金控除前・減価償却費控除前の利益（Earnings Before Interest, Taxes, Depreciation and Amortization）の略だ。Depreciationは有形固定資産、Amortizationはのれんや商標権など無形固定資産の償却を指す。こうした償却費を足し戻すので、企業が本業の事業活動から生み出す税引前キャッシュフローと定義することができる。EBITDAは、営業利益に減価償却費を足し戻すことで簡易に算出できる。
　営業利益に減価償却費を足し戻すものの、あくまで売上に対する本業の収益力を評価していることには変わりなく、同比率は高いほうが望ましいと判断される。減価償却費を足し戻す分だけ、通常目にする売上高営業利益率などと比べると、大きい値が算出されることには留意したい。
　営業利益ではなく、減価償却費を足し戻すEBITDAを用いて分析を行うべき企業は、必然的に減価償却費の大きな企業だ。1つは設備投資の大きな企業、そしてもう1つは無形固定資産、中でも金額的なインパクトの大きいのれんを

多額に保有する企業である。

本章では設備投資ではなく、M&Aに伴って発生するのれんや無形固定資産の償却を意識したEBITDAに着目していきたい。有形固定資産の減価償却についても、考え方はまったく同じである。仮にM&Aはほとんど行っていないためのれんの額が僅少な企業であれば、のれんを建物や機械といった有形固定資産の減価償却に置き換えながら、分析の切り口を押さえていってほしい。なお、有形固定資産の事例を用いたEBITDAマージンについては、拙著『企業価値を創造する会計指標入門』(ダイヤモンド社)で、NTTドコモの事例を用いて解説しているので、そちらも参照してほしい。

最近は、国内でもM&Aが金額的にも件数的にも急増してきている。今やM&Aは経営戦略遂行の重要な手段の1つとして、多くの企業で優先順位の高い位置付けにある。そして、M&Aを行うと、BSの無形固定資産に通常発生するのがのれんである。のれんは国内では償却対象なので、PL上の利益をその分だけ毎年減少させる。しかし、キャッシュフロー上は何ら毎年流出するものはない。キャッシュフロー・ベースで企業をとらえる場合には、のれんの償却額を足し戻すべきとなる。すなわちEBITDAへの着眼が必要とされてくる。

ここで、のれんについて簡単に解説しておこう。のれんは有形固定資産と同様に、BS上の固定資産の一部、具体的にはソフトウェアなどと一緒に無形固定資産に計上される。のれんはM&Aの際に発生する超過収益力を意味する。図表4-1と合わせて読み進めてほしい。

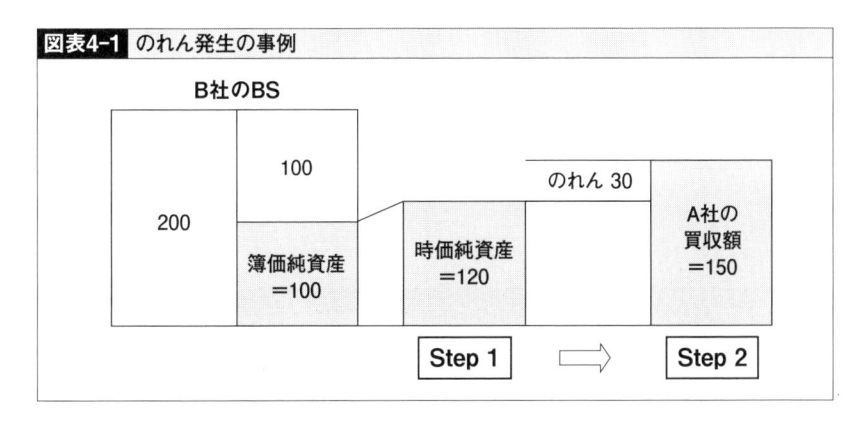

**図表4-1　のれん発生の事例**

B社のBS

200 / 100 / 簿価純資産=100 → 時価純資産=120 / のれん30 / A社の買収額=150

Step 1 ⇒ Step 2

ある企業A社が、B社の買収を行うとする。買収とはあくまで被買収企業（この場合はB社）の株式を購入する行為に他ならない。よって、会計上は株主価値に相当する、B社のBS上の純資産に対する対価を支払うことを意味する。

　では、仮にB社の純資産価値が100億円とした場合、A社がB社を100％買収するには、合計100億円をB社の株主に払い込めば良いのだろうか。話はそう簡単ではない。大きく次の2つのステップを踏む。

　まずは可能な範囲でB社の資産と負債の時価評価を試みる。たとえば土地は購入した時点の古い価額で計上されているはずだが、これを現在の市場価格に換算する。歴史の古い企業ほど、その上振れの差額は小さくないはずだ。

　こうして計算された時価ベースの資産と時価ベースの負債の差額として、時価ベースの純資産価値が算出される。このように純資産とは、そもそも資産と負債の差額の概念である。これを「時価純資産価値」と呼ぶ。

　仮にB社の時価純資産価値が120億円と算出されたとしよう（Step1）。ではA社はB社の株主に120億円支払えば良いのだろうか。そうはならない。あくまでA社がB社の株主に支払う金額は、両者の交渉によって決まるものだ。B社が上場企業であれば、公開買い付け（TOB）という手段を用いて、A社はB社の株主に買い取り価格を提示し、その価格に納得したB社の株主だけが売却に応じるという手順を踏む。

　今後のシナジー効果などによる企業価値の向上も見込んで、A社は総額150億円でB社を100％買収したとする（Step2）。この場合、BS上の資産と負債を時価評価して計算されたB社の時価純資産価値120億円を30億円超過している。この30億円はもはやB社が保有する資産や負債では説明できない、超過した収益力に相当する。よって、これを「超過収益力」と呼び、B社が100％子会社として連結されるA社の連結BS上に、のれんとして30億円計上することとなる。

## 2…EBITDAマージンの業界別平均値

　図表4-2のEBITDAマージンは、日経財務情報から得られる30業界の売上高営業利益率と売上高減価償却費率を足して計算したものだ。減価償却費はキ

第4章●EBITDAマージン　119

ャッシュフロー計算書の営業キャッシュフローの中で、利益に足し戻される減価償却費を用いて算出している。よって、グラフのEBITDAマージンは、のれんの償却額を足し戻す作業は行われていない。つまり、設備投資に関わる減価償却費控除前の税引前キャッシュフローと捉えた上で、考察を進めていこう。

　EBITDAマージンが20％以上に達する業界は3つ挙げられる。大きい順に、通信（27.8％）、医薬品（22.9％）、そして鉄道・バス（21.0％）だ。医薬品を除いてどちらも非製造業である。しかも、どちらも大きな設備を保有して行うビジネスなので、EBITDAマージンの計算で足し戻す減価償却費が大きいことも確認できる。

　また分母の売上は、通信料、運賃などの手数料に相当するものなので、製造業や商社のような取扱高が大きく売上高として表れてくる業界に比べると、比較的小さくなる傾向が強い（もっとも、通信や鉄道・バスは寡占化されているので、業界大手であれば、売上は大きくなるのも事実である）。

　たとえば通信業界を例にとれば、売上高営業利益率11.4％と、売上高減価償却費率16.5％の和によって、EBITDAマージン27.8％は算出される。こう

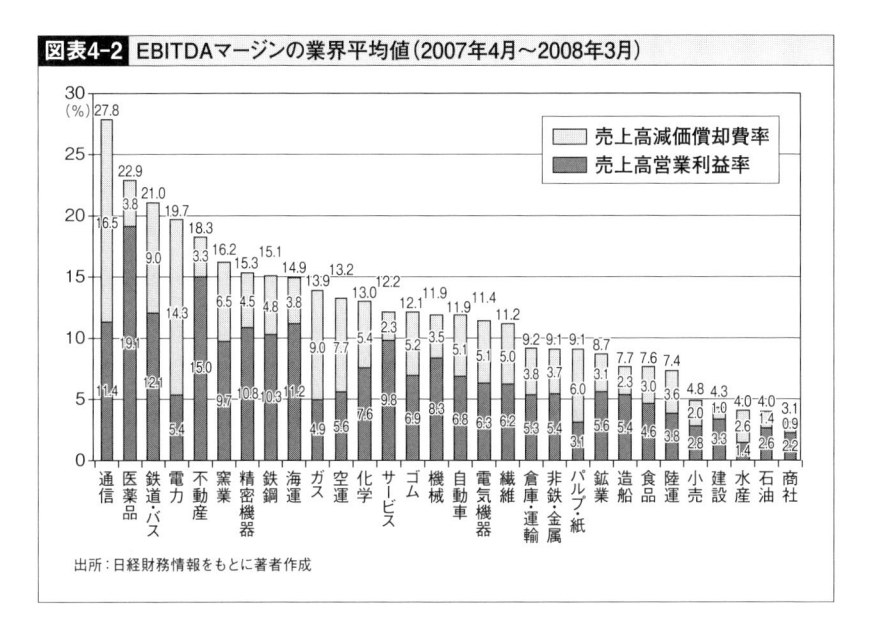

**図表4-2　EBITDAマージンの業界平均値（2007年4月～2008年3月）**

（グラフ：売上高減価償却費率と売上高営業利益率の積み上げ棒グラフ。業界順に、通信27.8、医薬品22.9、鉄道・バス21.0、電力19.7、不動産18.3、窯業16.2、精密機器15.3、鉄鋼15.1、海運14.9、ガス13.9、空運13.0、化学12.2、サービス12.1、ゴム11.9、機械11.9、自動車11.4、電気機器11.2、繊維9.2、倉庫・運輸9.1、非鉄・金属9.1、パルプ・紙8.7、鉱業7.7、造船7.6、食品7.4、陸運4.8、小売4.3、建設4.0、水産4.0、石油3.1、商社）

出所：日経財務情報をもとに著者作成

した業界はまさに営業利益だけではなく、毎年のキャッシュ創出力という観点から、EBITDAも用いて企業を評価することが重要となる。

　これに対して医薬品業界は、製造業としてもちろん工場や研究所を保有しているが、自動車や鉄鋼、電機などと比べると、それほど莫大な設備投資の規模にはない。EBITDAマージン22.9%のうち、19.1%は売上高営業利益率から来ている。よって、医薬品業界に関しては、少なくとも設備投資の観点からは、EBITDAマージンで議論する意義は低いと言えよう。蛇足だが、2008年に入り、医薬品大手企業は大型M&Aを行い始めている。そのため、設備投資ではなく、むしろM&Aという観点から、大手医薬品企業のEBITDAマージンを計算する意義が高まりつつある。

　逆に、EBITDAマージンが5%を割り込む業界は、小さい順に商社（3.1%）、石油（4.0%）、水産（4.0%）、建設（4.3%）、小売（4.8%）である。これら業界の売上高営業利益率は薄利だし、設備投資の規模も売上に比較するとそれほど大きくないということになる。石油に対しては違和感を覚えるかもしれないが、すでに触れたように石油業界の売上高の半分程度はガソリン税に相当する。ガソリン税を除いて考えると、実質的なEBITDAマージンは8%に達していることになり、見た目ほど低くはないことが想定できる。

　最後に、製造業の中で唯一、売上高営業利益率よりも売上高減価償却費率が大きいのがパルプ・紙業界であることを指摘しておこう。実は業界首位の王子製紙は2009年3月期に、業界2位の日本製紙グループ本社は2008年3月期に、それぞれ減価償却方法の一部を定率法から定額法に変更している。こうした動きも、負担の重い減価償却費の計上を、PL上で少しでも和らげるための苦肉の策に見えてくる。

## 3…EBITDAマージンを分解する

　EBITDAマージンは、売上高とEBITDAに分解することから始められる。さらにEBITDAは、営業利益と減価償却費に分解される。営業利益に関しては、売上高総利益から販管費を控除したものに相当するため、分解のアプローチには、第1章、第2章を用いることが可能だ。また、第3章では費用を変動

費と固定費に分けて、損益分岐点の角度から営業利益の考察を行った。原価と販管費の中身をさらに固変分解することで、営業利益を詳細に分解するアプローチが活用できる。これらはすでに扱ってきたアプローチであるため、本章では、EBITDAマージンの分解要素の中でも、特に減価償却費の分解に重点を置いて考察していきたい。

本章のここまでの議論は、主に設備投資、すなわち有形固定資産の保有から生じる減価償却費であった。どのような設備投資を行って事業を営むのか、そしてその規模や金額は、おおよそ業界特性によって決まってくる。よって、図表4-2のようなグラフを描いて業界特性を考察することは意義がある。

一方、もう1つの大きな償却額であるのれんは、M&Aによって生じるものなので、業界特性というより、個別の会社のM&Aに対する姿勢の違いが表れる。たとえば、オーナー系企業が多く、独自路線を志向してM&Aをあまり行わない業界に、食品業界が挙げられる。むしろスティール・ファンドなどに、敵対的買収行為をかけられることが多かった。こうした企業にはM&Aによって発生するのれんは非常に少ない。

しかし、同じ食品業界の中でも、日本たばこ産業、キリンホールディングス、アサヒビール、サントリーなどの大手企業は、海外企業を中心に積極的なM&Aに打って出ている。必然的に多額ののれんを抱えることとなる。先述のように、本章ではのれんの償却を意識したEBITDAマージンの分析を行っていく。

ここで、のれんをなぜ償却するのかについて、簡単に記述しておこう。のれんは国内では償却対象の資産である。有形固定資産に例えるならば、土地ではなく建物と一緒だということ。すなわち時間の経過によって、資産価値が下落していくという考えに基づく。償却年数は20年以内と設定されている。

一方、国際会計基準や米国会計基準では、のれんは償却しない。同じく有形固定資産に例えれば、土地と一緒だということ。すなわち時間の経過が資産価値下落の理由にならないという考えに基づく。読者はどちらが正しいと考えるだろうか、あるいは企業経営者としてどちらが好ましいと考えるだろうか。

この問いかけに正解はない。しかし、1つ方向性が決まっているのは、日本の会計基準が早ければ2015年から国際会計基準に準じたものになるというこ

とである。よって、2015年頃から国内企業ものれんを償却しなくなる可能性がある。

　償却しなければ、PL上に費用が表れないため、毎年の利益はその分増大する。しかし、のれんは有形固定資産と同様に、減損対象の資産でもある。つまり、将来の収益力に見合わないと判断されれば、強制的にその分の固定資産を減額させて、特別損失に減損損失を計上しなくてはならない。

　毎年少しずつでも償却をしておけば、万一減損処理をする境遇になっても、その額は低く抑えることができる。減価償却をしないでおいて、突然減損するとなれば、巨額の特別損失によって大幅赤字に陥る企業も続出するかもしれない。こうした背景もあってか、のれんの償却を日本で行うのは、産業界からの強い要望があったことも一因と言われている。

　さて、PL上に発生するのれんの償却額は、あくまでBS上に計上されるのれんによって発生している。よって、まずは個別ののれんをM&Aごとに分解することから分析を始めるべきだ。

> A社が保有するのれん ＝ B企業のM&Aによるのれん
> 　　　　　　　　　　＋ C企業のM&Aによるのれん
> 　　　　　　　　　　＋ D企業のM&Aによるのれん ＋ ………

　各々ののれんについては、単価の妥当性の評価が行われる。その際に気をつけたいのは、のれんはあくまで、被買収企業の時価純資産価値に対する超過収益力であるという点だ。つまりどんなに価値の高い企業のM&Aでも、もともとの純資産価値が大きい企業であれば、のれんの額は比較的小さな値となるかもしれない。逆に、もともとの純資産価値が小さい企業であれば、少々の買収額でも、相応ののれん額が計上されることとなる。要は、のれんの金額の大小だけで良し悪しは判断できないということだ。のれんの減損はのれんの金額に対して将来の収益力が見合っていないと判断された場合に行われる。よって、単価の妥当性の評価においては、予測ベースではあるものの、常に将来の収益力との対比が重要となる。

　償却年数の選択にも着眼が必要だ。のれんの償却年数は20年以内と定められているが、その中では各社比較的自由に決めている兆候も見られる。選択さ

れた償却年数と、その理由への考察が不可欠となる。早くのれんをなくしたいのであれば、短い年数の選択が有効だ。しかし、PL上の利益減額へのインパクトが大きいと、長めの年数を設定する動機も高まってくる。事業そのものが持つライフサイクルや、類似企業が使用している年数などを参考にしながら、償却年数の妥当性の評価を行うことが望まれる。

◉EBITDAマージンを分解するステップ

（1）売上高への分解
　　　⇩
（2）EBITDAへの分解
　　　⇩
（3）売上高、営業利益、減価償却費（有形固定資産とのれん他）の事業セグメントごとへさらに分解

## 2◉ケーススタディ──日本たばこ産業
### EBITDAマージンの推移から読む、海外M&Aによる成長戦略

### 1…日本たばこ産業におけるEBITDAマージンの推移

　125ページの図表4-3に日本たばこ産業（以下、JT）のEBITDAマージンの推移を示した。EBITDAマージンはEBITDAを売上高で割って算出するものだが、石油業界同様にJTの売上にはたばこ税が多額に含まれている。たばこ税はPL上で売上高と売上原価に同額含まれるもので、総利益以下には一切影響を与えない。当然ながらJT自身の収入となるものではなく、EBITDAの算出段階では一切関係しない。よって、JTの正確な収益性を見るため、グラフではたばこ税を抜いた実質ベースの売上高に対するEBITDAの推移を見ている。以降も断りのない限り、売上高とは「たばこ税抜売上高」を表している。

　JTのEBITDAマージンは、2003年3月期の16.8％から2009年3月期の28.2％まで、おおよそ2倍に達するような右肩上がりの堅調な推移を遂げている。国内たばこ市場が毎年4〜5％程度のペースで縮小している中、いかにし

てJTは収益性の飛躍的な成長を実現してきたのだろうか。

また、JTが含まれている食品業界のEBITDAマージンの平均値7.6％と比較しても、30％近いJTの値は圧倒的な収益力の高さを示している。食品業界の中でも突出した数値は、たばこという製品の特異性が成せる数値なのだろうか。それともJTという企業固有の優位性に基づくものだろうか。

## 2…日本たばこ産業のEBITDAマージンを分解する

はじめに、EBITDAマージンの分母の売上高と分子のEBITDAを、2003年3月期を100としてグラフに描いてみよう。

図表4-4から、EBITDAマージンの飛躍的な成長は、一重に分子のEBITDA拡大が要因であると判明する。分母の売上高は2007年3月期までは4年前の水準を下回っている。つまり、売上高は緩やかな減少傾向の下、EBITDAは拡大を続けていったのだ。結果として、EBITDAマージンが飛躍的な成長を遂げたのである。

ここからは図表4-5に示した手順で分解を進めていこう。いかなる指標の分析においても、こうした分母と分子、分母ごと、分子ごとのさらなる分解といった手順を追うことは、分解のアプローチとしての常套手段となる。

ここで、分解の切り口は企業によって必ずしも1つではないことを留意しておきたい。たとえばJTについては、JT自身が事業を国内たばこと海外たばこに分けて開示しており、情報の有用性も高い。よって、その分け方に従った分解を行っている。企業によっては国ではなく、製品ごとや販売チャネル、あるいは顧客ごとの切り分けが有益な場合もあるはずだ。分析の目的と、情報の有用性に従って、柔軟に分解の切り口を選択することが望まれる。

### (1) 売上高への分解

127ページの図表4-6はJTの事業セグメント情報だ。JTは連結決算書上で5つの事業セグメントに分けて情報開示している。連結に占めるたばこ事業全体の売上（たばこ税を含む）は国内と海外を合わせて92.5％、営業利益は100.2％（当年度の食品事業が赤字に陥ったため）を占めている。よって本章では、

**図表4-3** 日本たばこ産業のEBITDAマージン(たばこ税抜ベース)の推移

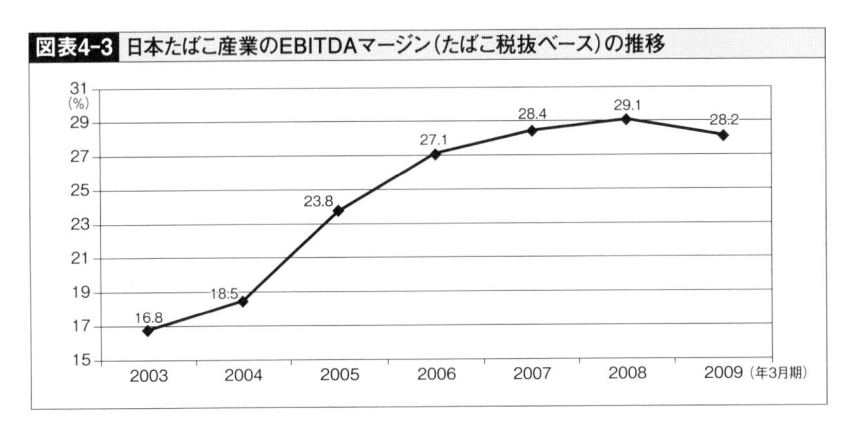

| 年(3月期) | 2003 | 2004 | 2005 | 2006 | 2007 | 2008 | 2009 |
|---|---|---|---|---|---|---|---|
| (%) | 16.8 | 18.5 | 23.8 | 27.1 | 28.4 | 29.1 | 28.2 |

**図表4-4** 日本たばこ産業の売上高(税抜ベース)とEBITDAの推移

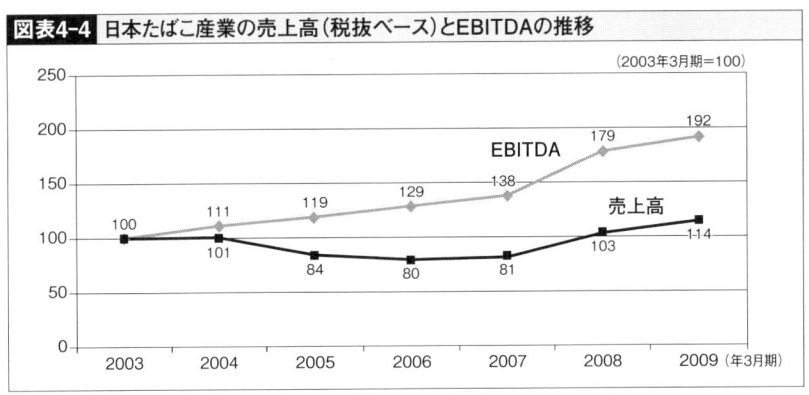

(2003年3月期=100)

| 年(3月期) | 2003 | 2004 | 2005 | 2006 | 2007 | 2008 | 2009 |
|---|---|---|---|---|---|---|---|
| EBITDA | 100 | 111 | 119 | 129 | 138 | 179 | 192 |
| 売上高 | 100 | 101 | 84 | 80 | 81 | 103 | 114 |

**図表4-5** 日本たばこ産業のEBITDAマージンを分解する

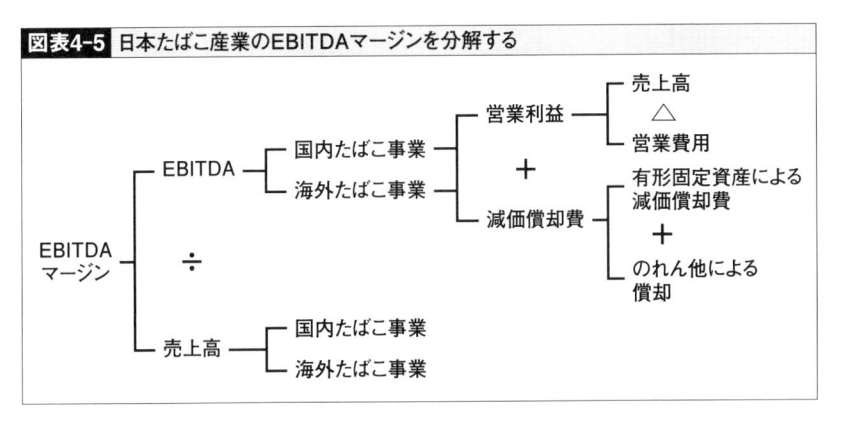

EBITDAマージン = EBITDA ÷ 売上高

- EBITDA
  - 国内たばこ事業
  - 海外たばこ事業
  - 営業利益 = 売上高 △ 営業費用
  - ＋
  - 減価償却費 = 有形固定資産による減価償却費 ＋ のれん他による償却
- 売上高
  - 国内たばこ事業
  - 海外たばこ事業

たばこ事業のみに焦点を当てて考察を進めていく。

　国内たばこと海外たばこの過去7年間の売上高推移を見てみよう。図表4-7から、国内たばこ事業の売上高は継続的な減少傾向にある一方、海外たばこ事業の売上高は継続的な上昇傾向にあることが分かる。図表4-4では過去7年間の全社売上が横ばいに見えた裏側で、実は国内と海外のたばこ事業の間にこうした正反対の変化が起きていた。2008年3月期には遂に海外たばこの売上が国内たばこを抜いている。名実ともにグローバルカンパニーの仲間入りをしたわけだ。

　JTは1999年5月に米国のRJRナビスコ社から米国外のたばこ事業（RJRI）の買収を行うことで、本格的なグローバル市場でのプレゼンスを得た。縮小する国内たばこ市場の下で、企業の永続的な成長を実現するには、市場そのものが成長している場所に打って出るしかない。飲料を中心とした食品や医薬事業も行ってはいるが、JTが研究や製造、マーケティングや販売活動で最も自社の強みを発揮できるのは、やはりたばこである。

　幸いにして潤沢な資金と健全な財務体質を保有しており、買収による有利子負債の急拡大といった負のインパクトも限定的であった。RJR社の事業買収によって、JTは成熟・縮小する国内市場での寡占企業から、グローバル市場におけるたばこ事業のトップクラスのプレーヤーへと、確固たる橋頭堡を一気に築いたのである。そして海外有力ブランドを成熟する国内市場へ投入することで、縮小する国内市場にあってもシェア向上によって数量ベースの下落を食い止めることを狙っている。JTの狙いを「アンゾフの成長マトリクス」にあてはめれば、128ページの図表4-8のように表すことができるだろう。

　それから8年後の2007年4月、JTは再び海外の大型M&Aに打って出る。当時すでに世界たばこ販売本数シェアで3位だったJTは、同5位の英国Gallaher Group Plc（以下ギャラハー）の株式を100％買収した。ギャラハーはたばこ製品の成長市場である新興国で特に高いシェアを持つ企業だった。ギャラハーの買収により、現在ではJTは、日本・英国・ロシアを含む10の国と地域でシェアNo.2以上を誇っている。JTグループのたばこの販売地域も120ヵ国以上に及んでいる。2008年3月期はギャラハーの売上高の9ヵ月弱が連結され、ついに連結JTにおいて、国内を上回る海外たばこ事業の売上に達

## 図表4-6 日本たばこ産業の事業セグメント情報（2009年3月期）

(百万円)

| | 国内たばこ | 海外たばこ | 医薬 | 食品 | その他 | 合計 | 消去又は全社 | 連結 |
|---|---|---|---|---|---|---|---|---|
| Ⅰ 売上高及び営業損益 | | | | | | | | |
| 売上高 | | | | | | | | |
| (1)外部売上高 | 3,200,493 | 3,118,318 | 56,757 | 435,966 | 20,770 | 6,832,307 | - | 6,832,307 |
| (2)セグメント間内部売上高又は振替高 | 48,389 | 40,631 | - | 132 | 12,043 | 101,197 | (101,197) | - |
| 計 | 3,248,883 | 3,158,949 | 56,757 | 436,099 | 32,814 | 6,933,505 | (101,197) | 6,832,307 |
| 営業費用 | 3,060,625 | 2,984,177 | 55,737 | 447,550 | 23,119 | 6,571,210 | (102,709) | 6,468,501 |
| 営業利益又は営業損失(△) | 188,258 | 174,772 | 1,020 | △11,450 | 9,694 | 362,294 | 1,511 | 363,806 |
| Ⅱ 資産、減価償却費、減損損失及び資本的支出 | | | | | | | | |
| 資産 | 788,672 | 2,700,098 | 111,518 | 332,669 | 87,433 | 4,020,393 | (140,590) | 3,879,803 |
| 減価償却費 | 82,933 | 68,960 | 3,870 | 18,293 | 3,455 | 177,512 | (612) | 176,899 |
| 減損損失 | - | - | - | 3,829 | - | 3,829 | 12,534 | 16,364 |
| 資本的支出 | 46,506 | 59,776 | 3,425 | 23,201 | 1,128 | 134,037 | 234 | 134,272 |
| 売上高構成比 | 46.9% | 45.6% | 0.8% | 6.3% | 0.5% | 100.0% | | |
| 営業利益構成比 | 52.0% | 48.2% | 0.3% | △3.2% | 2.7% | 100.0% | | |
| 資産構成比 | 19.6% | 67.2% | 2.8% | 8.3% | 2.2% | 100.0% | | |

注：売上高にはたばこ税を含む
出所：日本たばこ産業2009年3月期有価証券報告書

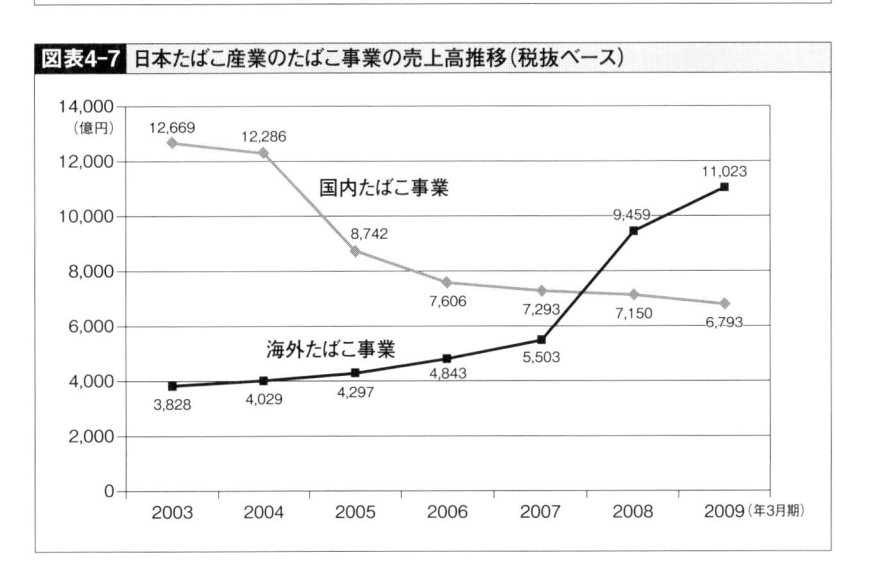

## 図表4-7 日本たばこ産業のたばこ事業の売上高推移（税抜ベース）

国内たばこ事業: 2003年 12,669、2004年 12,286、2005年 8,742、2006年 7,606、2007年 7,293、2008年 7,150、2009年 6,793（億円）

海外たばこ事業: 2003年 3,828、2004年 4,029、2005年 4,297、2006年 4,843、2007年 5,503、2008年 9,459、2009年 11,023（億円）

したのである。

ここまでの分析から、JTの飛躍的なEBITDAマージンの成長は、海外事業がもたらしたものとの仮説が立つ。売上の海外へのシフトによってEBITDAとEBITDAマージンが上昇したというなら、国内たばこ事業より、海外たばこ事業のほうがEBITDAマージンは高いのだろうか。そうだとすれば、その背景には何が理由として潜んでいるのだろうか。

## (2) EBITDAへの分解

JTがたばこ事業を国内と海外に分けて開示し始めたのは、2006年3月期からだ。それゆえ、図表4-9は対比情報として開示された2005年3月期のEBITDAを100として、その後の事業ごとの推移を追ったものである。なお、ここから先の減価償却に関する情報は、すべてJTの決算資料から抜き出している。減価償却費には、有形固定資産、無形固定資産、長期前払費用及びのれんの償却費のすべてが含まれている。

国内たばこ事業は、図表4-7では売上高は減少の一途だったが、このグラフのEBITDAはほぼ横ばいに推移している。よって、何らかのコスト削減の努力が行われていることが明らかとなる。

一方の海外たばこ事業はEBITDAが飛躍的な伸びを示している。2008年3

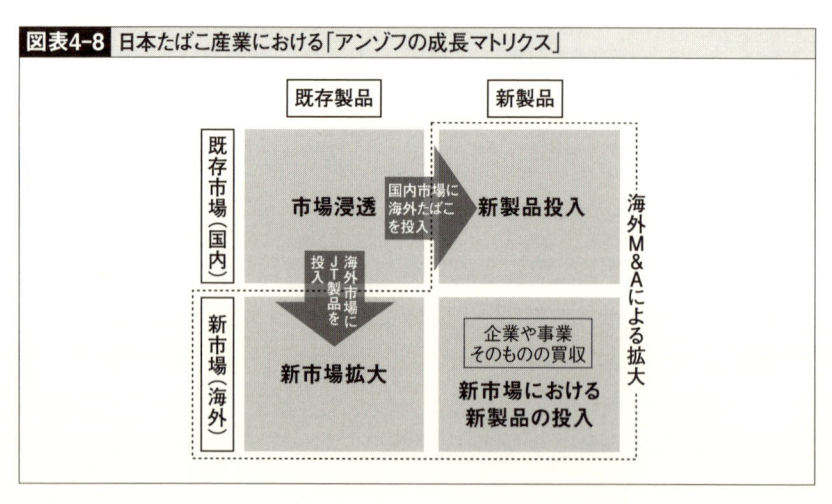

**図表4-8 日本たばこ産業における「アンゾフの成長マトリクス」**

|  | 既存製品 | 新製品 |  |
|---|---|---|---|
| 既存市場（国内） | 市場浸透　国内市場に海外たばこを投入 | 新製品投入 | 海外M&Aによる拡大 |
| 新市場（海外） | 新市場拡大　海外市場にJT製品を投入 | 新市場における新製品の投入　企業や事業そのものの買収 | |

## 図表4-9 日本たばこ産業の事業別EBITDAの推移

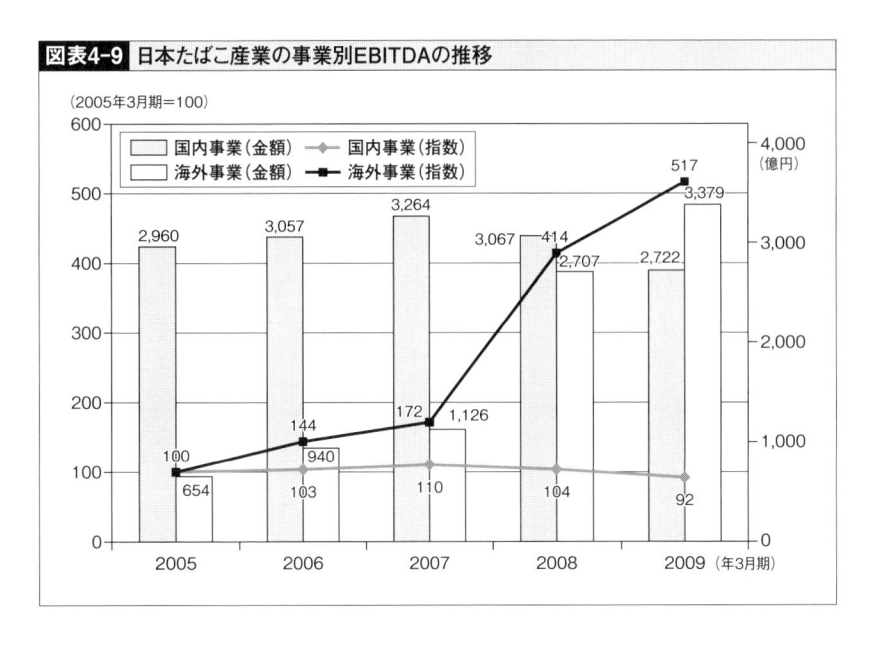

(2005年3月期=100)

| 年3月期 | 国内事業(金額) | 海外事業(金額) | 国内事業(指数) | 海外事業(指数) |
|---|---|---|---|---|
| 2005 | 2,960 | 654 | 100 | 100 |
| 2006 | 3,057 | 940 | 103 | 144 |
| 2007 | 3,264 | 1,126 | 110 | 172 |
| 2008 | 3,067 | 2,707 | 104 | 414 |
| 2009 | 2,722 | 3,379 | 92 | 517 |

## 図表4-10 日本たばこ産業の国内、海外たばこ事業別のEBITDAマージンの推移

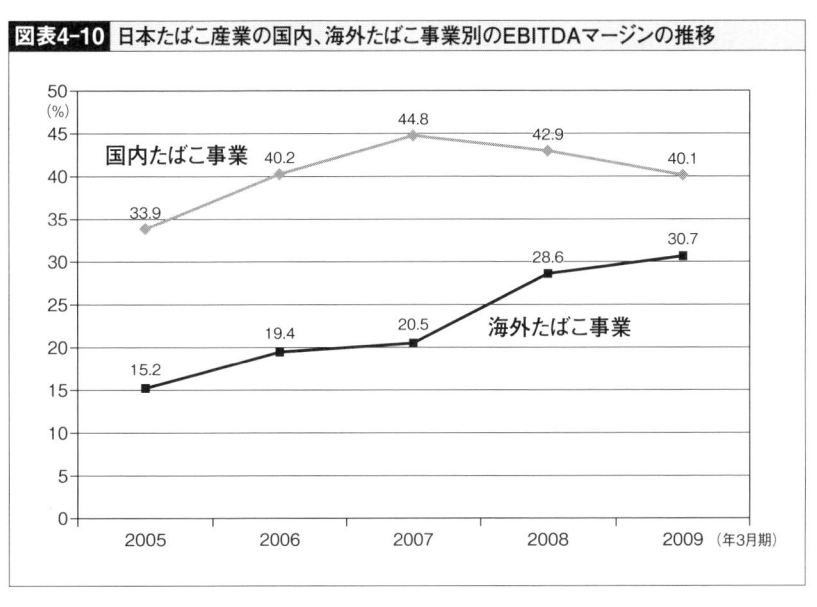

(%)

| 年3月期 | 国内たばこ事業 | 海外たばこ事業 |
|---|---|---|
| 2005 | 33.9 | 15.2 |
| 2006 | 40.2 | 19.4 |
| 2007 | 44.8 | 20.5 |
| 2008 | 42.9 | 28.6 |
| 2009 | 40.1 | 30.7 |

月期はギャラハーが連結子会社となったため上昇度は特に大きいが、それ以前も継続的な成長を遂げている。では、海外たばこ事業の売上成長と合わせて、海外たばこ事業のEBITDAマージンの成長はどうなっているだろうか。

前ページの図表4-10から、海外たばこ事業については、EBITDAマージンはおおむね右肩上がりの傾向にあること、国内たばこ事業のEBITDAマージンのほうが海外より10～20％程度優れていることが確認できる。これらの数値の動きから、EBITDAの国内と海外への分解は、特に以下の着眼点を掘り下げることが有益と考えられる。

- 国内たばこ事業については、売上高の継続的な減少の下、いかにしてEBITDAをほぼ横ばいの推移に食い止めることができたのか。また海外たばこ事業と比較して、EBITDAマージンの水準が高いのはなぜだろうか
- 海外たばこ事業については、いかにして売上、EBITDA、そしてEBITDAマージンすべての継続的な成長を実現したのだろうか。一方、国内たばこ事業と比較して、EBITDAマージンの水準が低いのはなぜだろうか

### (3) 国内たばこ事業への分解

図表4-11は、JTの国内たばこ事業のEBITDAと、その構成要素となる営業利益と減価償却費の推移を示したものだ。2007年3月期は減価償却費が減額する下で、営業利益は急増しているので、EBITDAはここ最近では最大の値となっている。これは、国内のたばこ税増税時に実施した定価改定に伴う販売単価の上昇が主因である。しかし、5年間の推移を見れば、営業利益、減価償却費、そしてこれら2つの和であるEBITDAのどれもが、おおむね横ばいと言って良いだろう。

ここで見落としてはならないのは、この5年間でも、JTの国内たばこ売上高は年率平均6.5％で減少しているという事実だ。つまり販売数量の減少に合わせて、そこで失われた限界利益に匹敵する固定費の削減が、国内たばこ事業において行われていたと類推することができる。

ここから先は本書の第1章で行った売上原価（結果として算出される売上高総利益）と、第2章で行った販管費の分析と同じアプローチによって、中身の

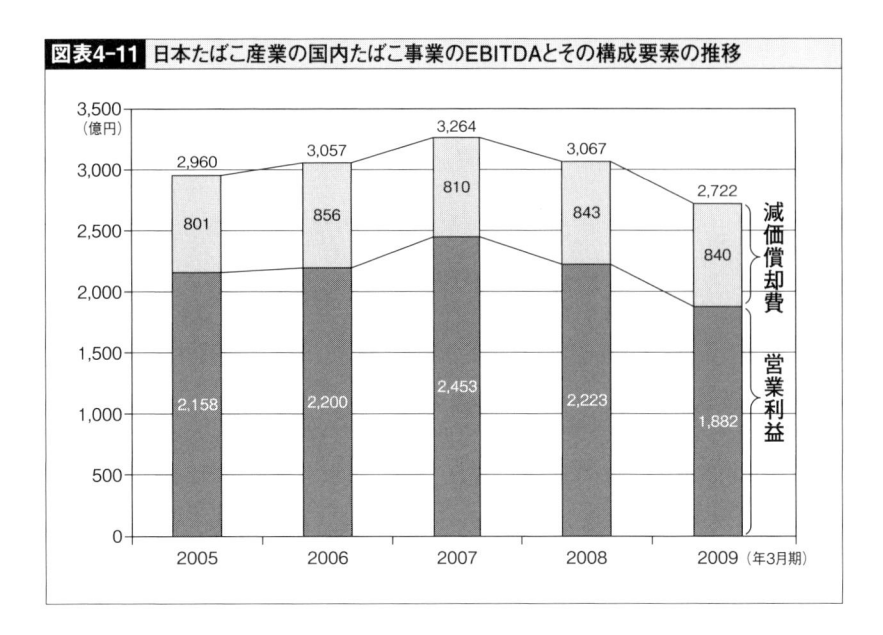

### 図表4-11 日本たばこ産業の国内たばこ事業のEBITDAとその構成要素の推移

| 年3月期 | 2005 | 2006 | 2007 | 2008 | 2009 |
|---|---|---|---|---|---|
| 減価償却費 | 801 | 856 | 810 | 843 | 840 |
| 営業利益 | 2,158 | 2,200 | 2,453 | 2,223 | 1,882 |
| 合計 | 2,960 | 3,057 | 3,264 | 3,067 | 2,722 |

各費用の水準と、時系列での分析を進めることとなる。また第3章の損益分岐点比率の考察で行ったように、費用を変動費と固定費に分解して考えることも求められていく。これらアプローチはここまでの章と同一なので、ここではJTが実際に行ったコスト削減について列挙するにとどめておく。

なお、下の表記のうち設備の投資や縮小は、営業利益には影響するがEBITDAには影響しないことを、念のため言及しておこう。ただし、工場の閉鎖によって人件費の圧縮が行われれば、これは営業利益の増額によるEBITDAの増額に寄与することとなる。

- 2005年から2007年3月期にかけて実施された中期経営計画（JT-Plan-V）において、国内たばこ市場の成熟・縮小に対応するため、抜本的なコスト削減のための施策を断行
- 具体的には、生産の効率化を目指し、25ヵ所あった工場を10ヵ所に縮小
- 一方では製造能力増強のため、自動化機械への設備投資なども行ったため、減価償却費はむしろ上昇に転じている年度も見られる

- 工場削減や自動化機械への投資によって、人件費の削減を断行。国内従業員の約3分の1を削減
- 従業員社宅の全面廃止など、従業員削減に合わせた持たざる経営の徹底
- コーポレート改革の推進として、間接業務の効率化、本社組織のスリム化を実施
- たばこ企業による広告規制が強化された結果、広告宣伝費は大きく減少

　これらの施策によって、JTはこの間の売上高の減少をほぼ取り戻すだけのコスト構造の改革を実現した。もちろんコスト削減だけではなく、縮小するたばこ市場の中での既存ブランドの刷新・強化に加え、効果的な新製品の投入など、あらゆるマーケティング施策も実行されている。こうした努力の1つの結果として、2008年3月期は1985年の会社化以来、初の国内たばこシェア反転（前年度比0.1ポイント増）となる国内シェア64.9％（2009年3月期も65.1％に上昇）を達成している。このように、縮小する市場の中で断行されたコスト削減策と、国内シェア下落を食い止めるためのマーケティング施策の実行により、減収下でのEBITDAの維持を実現したのである。

　最後に、海外に比べて非常に高い40％台の国内たばこのEBITDAマージンをどう評価すれば良いだろうか。40％台のEBITDAマージンとは、図表4-2で示した業界別の同比率で最も高い通信業界の27.8％よりも、さらに10％強高い水準である。ここでJTが開示しているたばこ税抜売上に関する情報を図表4-12に示してみよう。

　独占禁止法に抵触しないようにするため、JTの自販機の中には一部の海外競合製品のたばこが置かれている。図表4-12から単純に判断すると、JTが販売する国内でのたばこ税抜売上3兆2,004億円のうち、4割弱は輸入たばこであることが分かる。しかし（注2）にあるように、国内税抜売上を算出する際には、輸入たばこの分が含まれていない。一方、ここまで扱ってきた国内たばこ事業のEBITDAの計算では、輸入たばこの分も含めて算出されている。

　国内における、JT製品と輸入たばこの比率はおおむね60：40なので、2009年3月期の国内たばこ事業のEBITDAマージン40.1％を100/60で割ると、24.1％と算出される。この数値は通信業界のEBITDAマージンとほぼ同

### 図表4-12 日本たばこ産業の売上高の内訳（2009年3月期）

(億円)

|  | 2008年3月期 | 2009年3月期 | 増減額 |
|---|---|---|---|
| 全社税込売上高(注1) | 64,097 | 68,323 | 4,225 |
| 　国内たばこ事業 | 33,623 | 32,004 | △1,619 |
| 　　除く輸入たばこ | 21,692 | 20,651 | △1,040 |
| 　海外たばこ事業(注1) | 26,399 | 31,183 | 4,783 |
| 　　除く物流事業 | 23,810 | 27,879 | 4,068 |
| 全社税抜売上高(注1)(注2) | 20,683 | 22,951 | 2,267 |
| 　国内たばこ事業(注2) | 7,150 | 6,793 | △357 |
| 　海外たばこ事業(注1)(注2) | 9,459 | 11,023 | 1,563 |
| 　医薬事業 | 490 | 567 | 76 |
| 　食品事業 | 3,364 | 4,359 | 995 |
| 　　飲料事業 | 1,949 | 1,873 | △75 |
| 　　加工食品事業 | 1,414 | 2,486 | 1,071 |
| 　その他事業 | 218 | 207 | △11 |

(注1) 海外たばこ事業は1〜12月期の実績
(注2) 国内たばこ事業の輸入たばこ、海外たばこ事業の物流事業を除く
出所：日本たばこ産業2009年3月期決算データ集

じ値であり、またJTの海外たばこ事業の同比率ともおおよそ同じ水準である。詳細な情報がないため判断が難しいが、この数値のほうが実際の国内たばこ事業のEBITDAマージンに近いのではないかと類推する。

### (4)海外たばこ事業への分解

　海外たばこ事業についても、EBITDAと、その構成要素となる営業利益と減価償却費の推移をグラフにしてみよう（次ページの図表4-13）。

　国内たばこ事業と異なり、営業利益、減価償却費ともに拡大基調にあることが分かる。特に2008年3月期はギャラハーの連結子会社化によって、ともに一気に拡大している。そこで、2007年3月期までのギャラハー買収前と、2008年3月期以降のギャラハー買収後で分けて考えてみよう。

　ギャラハー買収前の営業利益の伸長は、海外子会社JT International S. A.（RJRの海外たばこ事業もすでに吸収）を中核に、主にグローバル・フラッグシップ・ブランド（国際的な主要ブランドである「ウィンストン」「キャメル」「マイルドセブン」「ベンソン・アンド・ヘッジス」「シルクカット」「LD」「ソブラニー」「グラマー」）を中心とした販売数量の堅調な拡大によるものだ。

　それに合わせて設備投資も行っているため、減価償却費も増えている。減価

償却費が増えているにもかかわらず、営業利益は増額基調にある。すなわち、キャッシュフローベースでは利益以上にさらに拡大していることを意味するもので、それがまさにEBITDAの拡大として表れている。

一方、ギャラハー買収後は、その基調に拍車がかかる。新たな利益と減価償却費を保有する巨大な子会社が連結されたことに他ならない（現在はJT Internationalと統合）が、加えてM&Aによって生じる無形固定資産の償却の影響も大きい。ただし、2008年3月期は営業利益も減価償却費も拡大しているのに比較すると、2009年3月期の減価償却費は増額、営業利益はその影響もあって減額、そして両者を足したEBITDAは拡大となっている。

この背景には、のれん償却に関する日本の会計指針の変更が影響している。2008年3月期までは子会社が米国企業であれば、米国会計基準に合わせてのれんは償却する必要がなかった。しかし、2009年3月期からは親会社が日本会計基準を採用していれば、それに合わせて米国子会社ものれん償却が義務付けられた。旧ギャラハーと旧RJRIののれん償却が一気にスタートしたので、減価償却費は急増している。その影響を受けて、営業利益は急落したわけだ。

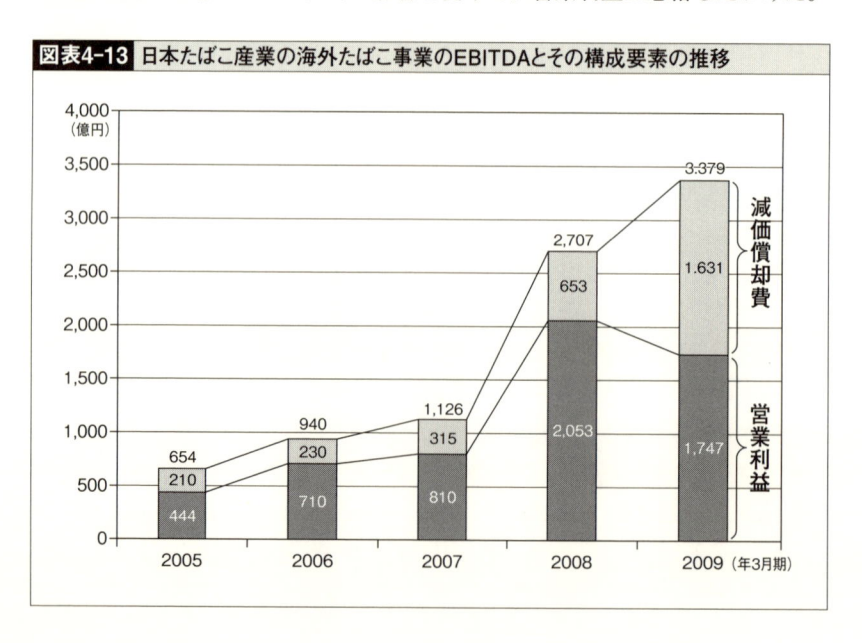

**図表4-13　日本たばこ産業の海外たばこ事業のEBITDAとその構成要素の推移**

| 年（3月期） | 営業利益 | 減価償却費 | 合計 |
|---|---|---|---|
| 2005 | 444 | 210 | 654 |
| 2006 | 710 | 230 | 940 |
| 2007 | 810 | 315 | 1,126 |
| 2008 | 2,053 | 653 | 2,707 |
| 2009 | 1,747 | 1,631 | 3,379 |

（単位：億円）

しかし、のれんの償却が仮にスタートしていなかったらどうなっていたのだろうか。それを語ってくれるのがEBITDAの動きなのだ。EBITDAは2009年3月期も継続して上昇している。2007年3月期までの減価償却費の数値がそれほど大きくないことから、海外たばこ事業の保有有形固定資産などから生じる減価償却費のインパクトは小さいことが想定できる。2008年、2009年3月期もそれほど大きな設備投資を行っていない事実と合わせれば、設備投資による減価償却費の急拡大というストーリーはない。よって、のれん償却に関する日本の会計指針に変更がなければ、JTの2009年3月期は増益だったであろうことが、EBITDAの拡大基調から類推できる。これがEBITDAを見ることの意義なのだ。

ここで、JTの資料から有形固定資産以外の償却に関する情報を拾っておこう。

図表4-14から、2009年3月期に旧RJRI及び旧ギャラハー関連ののれんの償却が1ドル100円換算で910億円（以降、1ドル100円で計算）、JTとJTインターナショナルで発生する商標権の償却額合計567億円（294億円＋273億円。ただし、旧RJRIの商標権償却は1999年の買収時から継続実施中）の合計1,477億円発生していることが分かる。これは全社EBITDAの計算時に足し戻す減価償却費2,824億円の52％に相当する非常に大きな額である。図表4-14より、JTはのれんの償却年数として20年間を選択したため、今後2027年3月期までかけて、910億円ののれんを毎年償却し続けることとなる。また、

**図表4-14　日本たばこ産業ののれんと商標権償却に関する情報（2009年3月期）**

（億円）

| JT | 08年3月期 | 09年3月期 | 償却年数 | 終了 |
|---|---|---|---|---|
| 旧RJRI関連 | | | | |
| 　商標権 | 293 | 294 | 10年 | 2009年4月 |
| 　特許権 | 5 | 0 | 8年 | 2007年4月 |
| 加ト吉 | | | | |
| 　のれん | 20 | 92 | 5年 | 2012年12月 |

（百万ドル）

| JTインターナショナル | 07年12月期 | 08年12月期 | 償却年数 |
|---|---|---|---|
| 旧RJRI及び旧Gallaher関連 | | | |
| 　商標権（注） | 220 | 273 | 主に20年 |
| 　のれん | — | 910 | 20年 |

注：商標権の償却終了は、旧RJRIが2019年4月、旧Gallaherが2027年3月
出所：日本たばこ産業2009年3月期決算データ集

ギャラハー買収によって発生した商標権も、のれんと同様に20年間にわたって償却を行うようだ。では、この20年間という期間はどのように評価できるだろうか。

のれんの償却は、20年以内のその経済効果が及ぶ期間にわたって、定額法により償却することが一般的だ。しかし、表現するのは容易いものの、この「経済効果」がどの程度の期間まで及ぶかを判断するのは容易ではない。のれんとは超過収益力を指すものだが、目に見える資産や負債以外のブランド価値などからの収益力が、この先何年間維持できるかを正当に判断することは実質不可能に近い。

そこで、ここでは20年の選択によってJTのPLにどのような影響を与えるかを検証することからとらえてみる。JTに買収される前のギャラハーの2005年12月期の営業利益は約6億英国ポンド（当時の為替レート1ポンド200円で換算すると1,200億円）であった。この金額は、旧RJRI及び旧ギャラハー関連ののれんと商標権の償却額のうち、2009年3月期から新たに発生した金額の和（910億円＋273億円－220億円）である963億円を十分にカバーしている。すなわち、シナジー効果などを一切考慮しなくても、ギャラハー買収によって発生するのれんと商標権の償却、及び旧RJRIののれん償却開始の影響を十分に吸収するだけの利益が、ギャラハーの連結子会社化によってもたらされることとなる。

実際には、買収によってクロスセリングによる売上の拡張や、重複工場の閉鎖によるコスト削減などのシナジー効果がこれに増益要因として上乗せされる。いくらのれん償却はキャッシュフローには一切関係ないPL上の費用だといっても、やはり大型M&Aによって、今後しばらく利益が大きく減るというのは見栄えが良くない。JTの20年という最も長い償却年数の選択においては、こうした観点からの計算も含まれていたであろうことは想像に難くない。ただし、その後の英国ポンドやロシア・ルーブルに対する円の独歩高によって、実際はギャラハーが海外で稼ぐ利益は円ベースにて大きく目減りすることとなった。

たばこという事業特性を考えれば、20年という年数も妥当性が高いだろう。一旦確立されたブランドであれば、そのライフサイクルは他の食品業界の製品と比べても非常に長い。また、技術的な革新によってそれまでの競争優位性が

突然失われるようなリスクはきわめて低い。さらに、競争優位の源泉の1つである世界市場での高いシェアを、JTがすでに確立している点などがその根拠として挙げられよう。

もちろん将来がすべて予測可能であったり、不安がまったく存在しないものではない。予測に反して超過収益力が失われる現象が発生すれば、のれんは減損対象となる。JT自身も毎年の有価証券報告書上では以下のように述べている（出所：JT2009年3月期有価証券報告書「事業等のリスク」）。

> 当社グループは、買収に伴い発生した相当額ののれんを連結貸借対照表に計上しており、海外たばこ事業におけるのれんの金額は、当連結会計年度末時点において、連結総資産の36.1％を占めております。当社グループは、当該のれんにつきまして、それぞれの事業価値及び事業統合による将来のシナジー効果が発揮された結果得られる将来の収益力を適切に反映したものと考えておりますが、事業環境や競合状況の変化等により期待する成果が得られない場合、減損損失が発生し、当社グループの業績に悪影響を及ぼす可能性があります。

最後にJTのBS上ののれんと、のれんや商標権を含む無形固定資産の動きを、過去11年間にわたって示しておこう（次ページの図表4-15）。以下の特徴を確認することによって、ここまでの議論の総括になるだろう。

- RJRの海外たばこ事業を買収した2000年3月期、ギャラハーを買収した2008年3月期は、のれん、無形固定資産ともに急伸している。同時に、ギャラハー買収のインパクトが数倍大きいことが確認される
- のれんは2008年3月期までは償却対象でないため、ギャラハー買収前の2007年3月期まではおおむね横ばいの推移だ。一方、商標権は償却対象であるため、同期間の無形固定資産の合計は継続的な減少を示している
- 2009年3月期より、海外子会社ののれんの償却が開始された。RJRの海外たばこ事業買収によるのれんで、当年度までに本来償却されていたはずののれん額を一括で引き落としたため、先に見た1,000億円程度の定常的な年間ののれん償却額に比べても巨額ののれんの減少が一時的に起きている

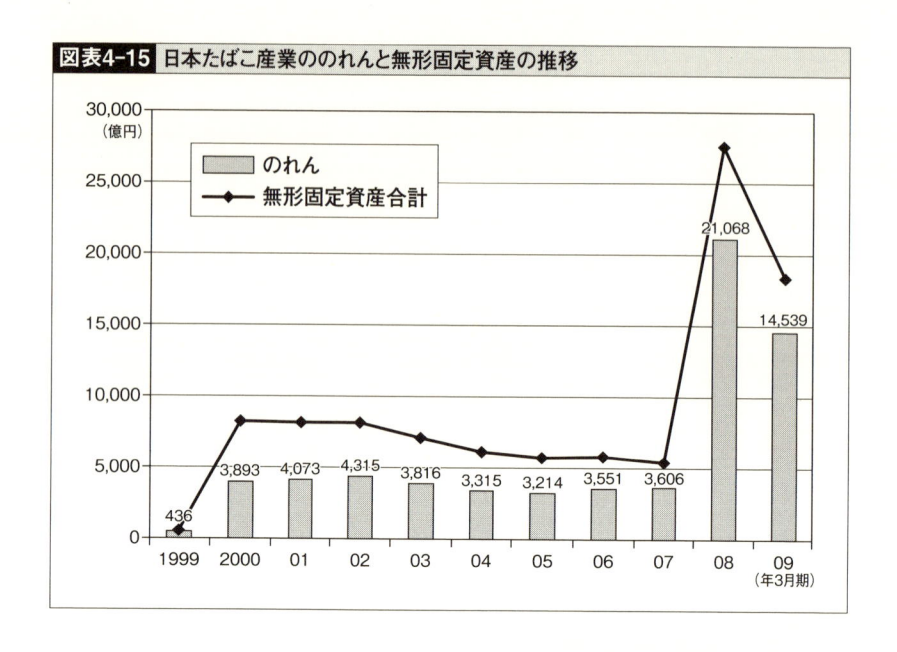

| 図表4-15 | 日本たばこ産業ののれんと無形固定資産の推移 |

(のれん、単位：億円)
- 1999: 436
- 2000: 3,893
- 01: 4,073
- 02: 4,315
- 03: 3,816
- 04: 3,315
- 05: 3,214
- 06: 3,551
- 07: 3,606
- 08: 21,068
- 09: 14,539

(年3月期)

## 3…日本たばこ産業の経営戦略と会計指標

　業界を問わず、国内企業のM&Aは活発化している。JTのような将来成長のための攻めのM&Aもあれば、赤字企業同士の統合で何とか存続を図ろうとするものもある。変わらないのは、M&Aの後には、BS上にのれんが発生し、それは国内では償却対象になるという点だ。

　図表4-16は2008年度末において、のれんを多額に保有する企業上位30社を表したものだ。この表に示したように、JTののれんの大きさが国内では突出していることが改めて分かる。特に上位の企業については、ソフトバンクによるボーダフォン日本法人の買収、東芝による原発プラント大手ウェスチングハウスの買収など、記憶に新しい大型M&Aが思い浮かぶ。

　のれんは減損対象であり、万一減損になった場合にはその金額がPL上に特別損失として発生する。その場合、利益剰余金と純資産をそのまま減額させる。よって、のれんの額の何倍に相当する利益剰余金及び純資産を保有しているかを見ておくことは有益だ。

第4章●EBITDAマージン 139

### 図表4-16 のれんの大きな国内企業上位30社

(2008年度、百万円)

| | 企業名 | のれん | 利益剰余金 | 純資産額 | 利益剰余金/のれん(倍) | 純資産/のれん(倍) |
|---|---|---|---|---|---|---|
| 1 | JT | 1,453,961 | 1,224,989 | 1,624,288 | 0.8 | 1.1 |
| 2 | ソフトバンク | 956,730 | △51,269 | 824,798 | △0.1 | 0.9 |
| 3 | 東芝 | 629,820 | 395,134 | 447,346 | 0.6 | 0.7 |
| 4 | NTT | 453,617 | 5,066,637 | 7,298,110 | 11.2 | 16.1 |
| 5 | ソニー | 443,958 | 1,916,951 | 2,964,653 | 4.3 | 6.7 |
| 6 | 住友商事 | 400,555 | 1,127,138 | 1,353,115 | 2.8 | 3.4 |
| 7 | キリンホールディングス | 343,975 | 839,248 | 1,149,998 | 2.4 | 3.3 |
| 8 | 富士フイルムホールディングス | 328,958 | 1,919,019 | 1,756,313 | 5.8 | 5.3 |
| 9 | セブン&アイ・ホールディングス | 318,945 | 1,246,165 | 1,860,672 | 3.9 | 5.8 |
| 10 | エーザイ | 314,184 | 423,305 | 433,045 | 1.3 | 1.4 |
| 11 | 武田薬品工業 | 284,446 | 2,012,251 | 2,053,840 | 7.1 | 7.2 |
| 12 | ジュピターテレコム | 246,196 | 14,457 | 349,352 | 0.1 | 1.4 |
| 13 | 花王 | 206,264 | 431,799 | 554,194 | 2.1 | 2.7 |
| 14 | ダイキン工業 | 193,404 | 366,836 | 484,485 | 1.9 | 2.5 |
| 15 | オリンパス | 180,540 | 110,407 | 168,784 | 0.6 | 0.9 |
| 16 | 協和発酵キリン | 177,275 | 10,432 | 543,070 | 0.1 | 3.1 |
| 17 | NTTドコモ | 154,385 | 3,061,848 | 4,341,585 | 19.8 | 28.1 |
| 18 | SBIホールディングス | 136,354 | 86,865 | 419,338 | 0.6 | 3.1 |
| 19 | 田辺三菱製薬 | 135,494 | 164,712 | 666,220 | 1.2 | 4.9 |
| 20 | 日本板硝子 | 132,882 | 118,159 | 257,223 | 0.9 | 1.9 |
| 21 | 国際石油開発帝石 | 114,883 | 844,832 | 1,362,060 | 7.4 | 11.9 |
| 22 | 塩野義製薬 | 113,777 | 304,761 | 310,093 | 2.7 | 2.7 |
| 23 | 豊田自動織機 | 107,072 | 412,294 | 977,670 | 3.9 | 9.1 |
| 24 | 豊田通商 | 103,423 | 365,130 | 586,996 | 3.5 | 5.7 |
| 25 | NEC | 93,365 | △126,276 | 785,565 | △1.4 | 8.4 |
| 26 | 三菱ケミカルホールディングス | 89,328 | 376,375 | 940,114 | 4.2 | 10.5 |
| 27 | 伊藤忠商事 | 87,560 | 796,882 | 849,411 | 9.1 | 9.7 |
| 28 | コニカミノルタホールディングス | 81,374 | 185,453 | 414,284 | 2.3 | 5.1 |
| 29 | 第一三共 | 77,380 | 753,820 | 888,617 | 9.7 | 11.5 |
| 30 | イオン | 72,425 | 434,991 | 1,105,712 | 6.0 | 15.3 |

出所：ブルームバーグ社のデータをもとに著者作成

また、減損にはならなくても、償却年数の終了をもってのれんの額はすべて償却される。すなわち、いずれにしても利益剰余金にマイナス金額として算入されるので、そのインパクトの度合いはつかんでおくべきだ。

　対利益剰余金及び対純資産の数値が1倍を下回っている場合には、万一すべてののれんが減損となった場合には、当該勘定（利益剰余金または純資産）がマイナスに転じることを意味している。そのため、この数値が大きいほうが、万一の事態を想定すれば、健全性が保たれていると表現できる。この数値がマイナスとなっているソフトバンクやNECは、そもそも利益剰余金自体がマイナス（欠損金の状態）なので、まずはこれを早くプラスにして、累積損失を解消することが優先と言えるだろう。

　JTの利益剰余金に対するのれん比率は0.8倍である。さすがのJTでも1.4兆円ののれんに相当する利益剰余金は保有しておらず、改めてJTののれんの大きさを実感することができる。東芝も同じ状況にある。特にたばこと異なり、東芝ののれん対象事業である原発や半導体は、事業リスクが比較的高い。万一が実際に起きないとも限らない。

　同じのれんの大きな企業でも、NTT、富士フイルムホールディングス、武田薬品工業、NTTドコモ、国際石油開発帝石、伊藤忠商事、第一三共、イオンなどは同比率が5倍を上回っている。のれんの額は決して小さくはないが、潤沢な利益剰余金に比較すると、実質的な不安要素は大きくないととらえることが可能だ。

　対純資産の比率では、JTは1倍を上回ってくる。少々乱暴な言い方をすれば、万が一JTのすべてののれんが減損されても、債務超過（純資産価値がマイナスとなる状況）には陥らないことを意味している。

　これに対してソフトバンクは対純資産比率でも0.9倍と低い値を示している。寡占化された通信事業なので、たばこほどではないものの比較的事業リスクは低いことが救いではある。しかし、もしもの場合の大きな不安要因は常に抱えていることには注意が必要だ。

　さて、JTのEBITDAマージンの分解プロセスを通して、縮小する国内たばこ市場ではコスト削減により、EBITDAの維持とEBITDAマージンの成長を実現していることを見た。また、成長する海外たばこ市場では、大型M&Aに

よって世界シェア3位の位置にまで昇りつめ、EBITDAとEBITDAマージンの成長を実現していることを見てきた。

国内の人口減少や競争激化によって、成長市場である海外への拡大、そのための有効な手段としてのM&Aは、ここ数年多くの国内企業が叫んできた経営課題だ。JTというと、国内に限定した成熟産業の典型企業と思われた読者も少なくないだろう。しかし実際は、全社売上や利益の過半数は海外で稼ぐ非常にグローバルな企業である。自社の主力製品市場で世界シェア3位の位置を占める日本企業は、実はそう多くはないはずだ。それを海外M&Aの成功によって実現してきたのも同社の比類ない特徴の1つである。

国内たばこ事業と海外たばこ事業、さらには食品事業と医薬品事業をボストン・コンサルティング・グループの事業ポートフォリオに乗せると、図表4-17のように表すことができる。

国内たばこ事業は、圧倒的な市場シェアを占めている一方、市場自体はマイナス成長をしており、今後もこの趨勢は避けられない。結果として、事業ポートフォリオ上は、たばこという事業特性も相まって、大きな投資は必要とせず、金のなる木（Cash Cow）としての役割を成す。

これに対して海外たばこ事業は、世界シェア3位に位置するビッグネームで

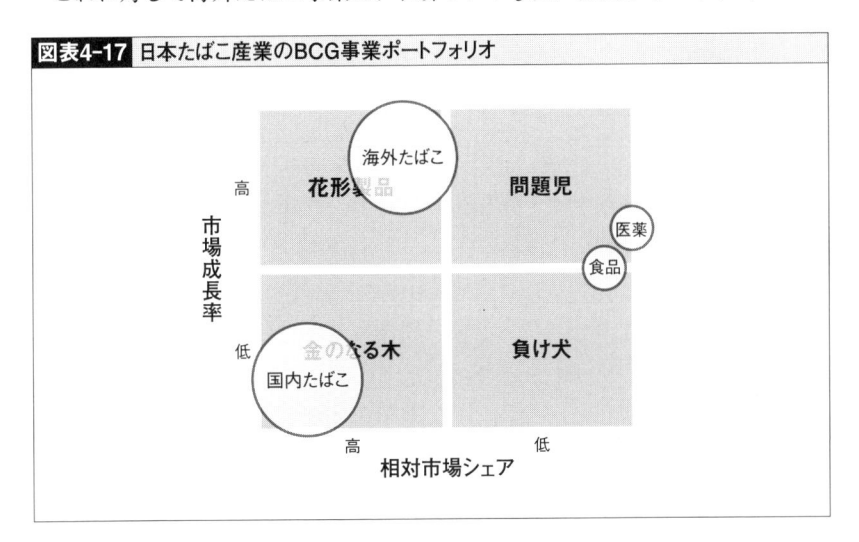

**図表4-17 日本たばこ産業のBCG事業ポートフォリオ**

あることは間違いない。しかし、上位にはさらにフィリップ・モリス、ブリティッシュ・アメリカン・タバコという2社が存在する。また、新興市場をはじめとして未だ成長市場であるため、継続的な投資は不可欠だ。JTの事業ポートフォリオ上は、花形製品（Star）の位置付けとなる。

ここで一般の企業であれば、金のなる木の安定キャッシュフローを花形製品の投資に振り向けるというストーリーが生まれてくる。しかしJTの場合は、たばこ事業自体がそれほど多額の設備投資を必要としないことと、今後はJTとのシナジー効果からむしろ海外の工場閉鎖も継続する段階であることなどから、花形製品であっても、特段多額のキャッシュを必要とするものでもない。また、そもそも買収したギャラハー自体も、6億ポンドの安定的な営業利益を稼いでいた企業であった。よって、JTの場合には、金のなる木と花形製品によって創出されるキャッシュを、当面は買収によって膨らんだ有利子負債の返済へと振り向けることが可能となる。

2009年4月30日に発表されたJTの2011年度までの3ヵ年中期経営計画

**図表4-18　日本たばこ産業の全社中期目標と各事業目標**

【全社中期目標】

2009年度を基点とし、事業モメンタムで年平均5％以上のEBITDA成長を目指す

【各事業目標】

国内たばこ事業
　2009年度EBITDA水準の維持を目指す
海外たばこ事業
　2009年度を基点に、為替レート一定の前提で年平均10％以上のEBITDA成長継続を目指す
医薬事業
　後期開発品の充実とR&Dパイプラインの強化を目指す
食品事業
　2009年度EBITDA＋100億円を目指す

出所：日本たばこ産業中期経営計画「JT-11」説明会資料

「JT-11」でも、全社中期目標と各事業の目標数値（大きなM&Aを行っていない医薬事業は除く）は、すべてEBITDAで語られている。

もちろんたばこ業界の世界的再編はこれで終わりではないはずだ。たとえば、現在は内国企業に閉ざされた中国という巨大市場が外資に開放されたとき、新たな業界再編がスタートすることは想像に難くない。そのときには、RJRI、ギャラハーに続いて、JTは3匹目のドジョウを狙った新たな巨大M&Aを行って、再び台風の目となることも十分期待されるだろう。もちろん、ギャラハーがそうであったように、油断をすれば業界上位の企業の傘下に収まることになるやもしれない。当面は、潤沢なEBITDAから有利子負債の圧縮や財務体質の強化を図りながら、次の再編に向けた体制を構築する時期ととらえることができよう。

## 3 ● アサヒビールの経営分析
【4】EBITDAマージン

アサヒビールのEBITDAマージンの計算プロセスを下記にまとめた。

|  | 2007年12月期 | | 2008年12月期 | |
| --- | --- | --- | --- | --- |
|  | 金額（百万円） | 売上比（％） | 金額（百万円） | 売上比（％） |
| 売上高 | 1,464,071 |  | 1,462,747 |  |
| 実質売上高 | 1,000,000 | 100.0 | 1,000,000 | 100.0 |
| 営業利益 | 86,955 | 8.7 | 94,520 | 9.5 |
| 減価償却費 | 45,250 | 4.5 | 47,353 | 4.7 |
| のれん償却額 | 2,486 | 0.2 | 3,994 | 0.4 |
| EBITDA | 134,691 |  | 145,867 |  |
| EBITDAマージン |  | 13.5% |  | 14.6% |

売上高については、ここまで何度も触れてきている酒税を除いた実質売上高として1兆円を用いて計算している。減価償却費とのれん償却額は、序章で示したキャッシュフロー計算書（21ページ）の営業キャッシュフローの中から、間接法の計算プロセスで表記される部分より入手できる。

EBITDAマージンは2年度にわたって14％前後の数値として算出される。本章の図表4-2から、食品業界のEBITDAマージンは7.6％（のれん償却は含まない）であることと比較すると、約2倍のEBITDAマージンを稼ぎだして

いることが分かる。

　売上高営業利益率が食品業界の平均値を大きく上回っている点は、すでに第2章で考察した。のれんを除いた売上高減価償却費率は4.7％なので、食品業界の1.5倍程度である。自社生産設備の大きさや飲料の自販機網、さらにはグループ企業の物流会社や不動産会社での償却対象資産がかさんでいるものと思われる。のれんの償却が2007年12月期に比較して2008年12月期に拡大している背景には、2007年12月期に完全子会社化したアサヒ飲料ののれんの償却によるものが大きい。

　このように、アサヒビールのEBITDAマージンが食品業界の2倍程度に達しているのは、営業利益の水準と、足し戻す減価償却費の両方が業界を上回る背景からきている。つまり、設備投資やM&Aは他の食品業界よりも積極的に行っているため減価償却費の負担は大きいが、それを控除しても未だアサヒは業界を軽く上回る営業利益率を誇っていることになる。

　他の食品と異なり、国内ビール業界は実質4社で寡占化されている。中でもキリンと熾烈なシェア争いを展開するアサヒビールの収益性は、食品業界の平均とは比較にならないほど優れていることを、EBITDAマージンの水準と、その構成要素から改めて感じることができる。

---

**QUIZ[4]**

　国内歴史上、最も大きな金額のM&AはJTによるギャラハーの買収ですが、次に大きなM&Aは2006年のソフトバンクによるボーダフォン日本法人の買収です。ソフトバンクは2009年3月期決算でも、総額611億円ののれん償却を行っています。JTのEBITDAマージンの分解のアプローチを参照して、ソフトバンクのEBITDAマージンの2006年以降の推移について、分析してください。

　以上の分析を踏まえて、ソフトバンクの経営戦略、強み、弱み、今後の経営課題を考察してください。

第5章

# 総資産回転率

### 薄利な企業のROAを牽引する資産効率性の指標

総資産回転率は、PLで一番大きな数値である売上高と、BSで一番大きな数値である総資産を比較するもので、業界特性が表れやすい。ROAは総資産回転率と売上高利益率の積であるが、これら2つの分解指標には緩やかな負の関係が存在している。本章では事業セグメントごとの資産回転率を、売上高利益率とROAを睨みながら分解していく。JR東日本の事業の多角化がもたらす総資産回転率の変遷を読む。

# 1● 総資産回転率の読み方

### 1…総資産回転率の算出方法

　第1章から第4章までは、PLのみから計算できる会計指標を取り上げてきた。PLのみから計算するので、分析の目的は主に収益性の評価にあった。この第5章から第7章までは、PLとBSから1つずつ数値を取り出して計算する指標となる。BS上の資産というストックが、PL上の収益というフローに、どれだけ効率的に結び付いているかを評価するための指標群だ。

　総資産回転率は、売上高を総資産で割って算出する。

$$総資産回転率（倍、回） = \frac{売上高}{総資産}$$

　分子の売上高はPLからのフロー情報であるのに対して、分母の総資産はBSからのストック情報だ。このことから、指標の計算においては、分母の総資産は当該年度と前年度の和を2で割ることで、疑似的なフロー情報に換算するのが一般的だ。

　これで分母が完全なフロー情報に置き換わるわけではないが、少しでも分母と分子をフローの情報同士で比較しようという意図だ。四半期情報が入手できれば、全四半期の金額を足して、それを4で割るのも良いだろう。急成長している企業や、急激な売上高の減少に直面している企業、あるいは季節性の激しい事業を営む企業では、特にこのストック情報の疑似フロー化の作業が不可欠となる。

　総資産回転率を分かりやすく言えば、PL上で一番大きい数値である売上高を分子に置き、BS上で一番大きい数値である総資産を分母に置いている。言わばPLとBSの大きさを比較しているようなもので、PLのほうが大きければ

同比率は1倍超、BSのほうが大きければ1倍未満となる。ちょうど1倍ならば、保有する総資産とそこから計上される売上高がぴったり等しいことになる。

## 2…総資産回転率の業界別平均値

図表5-1より、総資産回転率の平均値はおおむね1倍前後にあることが分かる。特に製造業はその周辺に多いので、1つのベンチマークとして考えても問題なかろう。ある企業の決算書を分析する際、著者もまずは総資産回転率を計算し、これが1倍からどの程度上下に振れているかを確認することから始めることが多い。

総資産回転率が1.3倍を超える業界は、大きい順に石油（2.04倍）、商社（1.88倍）、小売（1.48倍）、陸運（1.33倍）、食品（1.31倍）となっている。これら業界の1つの共通点は、PL上の利益率が薄利という点だ。これは、第2章の売上高営業利益率のグラフ（図表2-3）から確認できる。

薄利な企業が利益を計上するには、ある程度の売上規模がなくてはならない。つまり典型的な薄利多売型が求められる業界だ。これに対して、BSの資産は

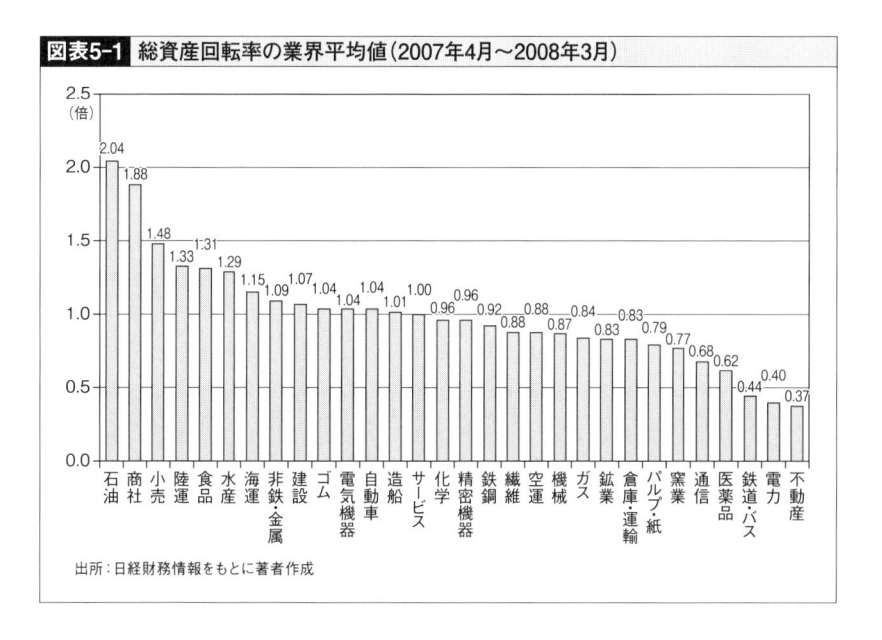

**図表5-1　総資産回転率の業界平均値（2007年4月〜2008年3月）**

| 業界 | 倍率 |
|---|---|
| 石油 | 2.04 |
| 商社 | 1.88 |
| 小売 | 1.48 |
| 陸運 | 1.33 |
| 食品 | 1.31 |
| 水産 | 1.29 |
| 海運 | 1.15 |
| 非鉄・金属 | 1.09 |
| 建設 | 1.07 |
| ゴム | 1.04 |
| 造船 | 1.04 |
| 電気機器 | 1.04 |
| 自動車 | 1.01 |
| サービス | 1.00 |
| 化学 | 0.96 |
| 精密機器 | 0.96 |
| 鉄鋼 | 0.92 |
| 繊維 | 0.88 |
| 空運 | 0.88 |
| 機械 | 0.87 |
| ガス | 0.84 |
| 鉱業 | 0.83 |
| 倉庫・運輸 | 0.83 |
| パルプ・紙 | 0.79 |
| 窯業 | 0.77 |
| 通信 | 0.68 |
| 医薬品 | 0.62 |
| 鉄道・バス | 0.44 |
| 電力 | 0.40 |
| 不動産 | 0.37 |

出所：日経財務情報をもとに著者作成

あまり余計なものを保有してはならない。薄利なので、できるだけスリムな資産で事業を回していくことが望まれる。売上高に比べると、資産は比較的小さめの数値となる。よって、総資産回転率が大きな数値となって表れやすい。

投資収益性の指標であるROA（総資産利益率）は、このPL上の利益率と総資産回転率の掛け算となる。

$$ROA(総資産利益率)(\%) = \frac{利益}{総資産}$$

$$= \frac{利益}{売上高} \times \frac{売上高}{総資産}$$

$$= 売上高利益率(\%) \times 総資産回転率(倍)$$

ROAは、保有する資産からどれだけ利益を創出できたかの利回りを表すものなので、企業経営における重要な目標指標となりうる。薄利の企業はROAを分解した2つの項のうち、最初の項、すなわち売上高利益率の貢献は少ない。それゆえROAを高めるためには、2つ目の項、すなわち総資産回転率を可能な限り高める必要がある。

逆に、総資産回転率が0.7倍を下回っている業界は、小さい順に不動産（0.37倍）、電力（0.40倍）、鉄道・バス（0.44倍）、医薬品（0.62倍）、通信（0.68倍）となる。医薬品を除く4つの業界は、すべて多額の有形固定資産を抱えた設備装置産業と言えるだろう。一方、売上高が家賃、電気代、運賃、電話代など手数料的なものが主なので、メーカーや商社のような感覚で売上高がどんどん膨らむものではない。

このBSとPLのある種のギャップによって、総資産回転率は低い値を示すこととなる。しかし、これらの業界は寡占化されたものが多く、また地域での独占的な事業運営が行われている傾向も強い。よって、利益率は他の業界と比較しても大きな値を示す傾向にある。これも第2章の売上高営業利益率のグラフを参照してほしい。この事象をROAに照らして言えば、2つ目の項である総資産回転率はかなり低い値だが、最初の項である売上高利益率の向上によって、ROAの向上を目指すこととなる。

医薬品業界は、圧倒的な利益率によって稼ぎだしたキャッシュが資産として滞留した結果、低い総資産回転率となっているため、あまり本質的なものではない。ただしその高い利益率のおかげで、これだけ低い総資産回転率でも非常に高いROAが実現できている。

　図表5-2は、横軸に売上高営業利益率（収益性）、縦軸に総資産回転率（資産効率性）を取り、30の業界について両者の関係性を描いたものだ。右肩下がりの線は『Excel』が描いた近似曲線である。グラフから、収益性と資産効率性には緩やかな負の関係があることが分かる。つまり、利益率の高い業界の総資産回転率は低くなる一方、利益率の低い業界の総資産回転率は高くなるという傾向だ。

　また、次ページの図表5-3に示したのは、30業界のROA（営業利益ベース）の平均値だ。ROAの分子には目的によって様々な利益が用いられるが、本章では後に事業セグメントごとに利回りを評価するため、分子に営業利益を用いている。総資産の中には金融資産も含まれるので、金融収益を含んだEBIT（営業利益＋金融収益）がROAの分子としてはより理に適っている。

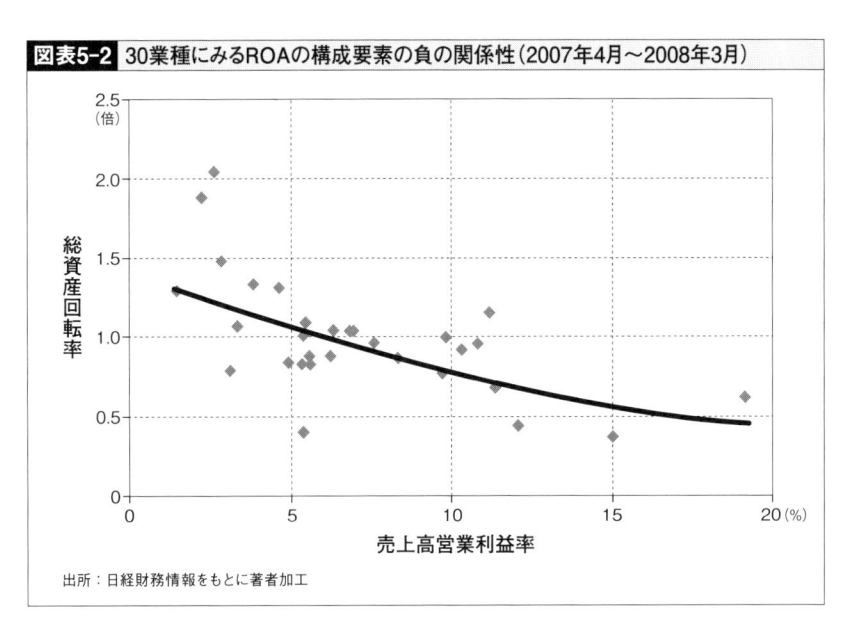

**図表5-2　30業種にみるROAの構成要素の負の関係性（2007年4月～2008年3月）**

出所：日経財務情報をもとに著者加工

なお、ROAについては終章で再び取り上げる。ここで簡単に述べたように、ROAとその2つの分解には、業界ごとの特性が非常に表れやすい。よって、企業分析のスタート地点として、ROAとその分解要素となる総資産回転率と売上高利益率を読むことは、有益なツールとして機能する（図表5-4）。

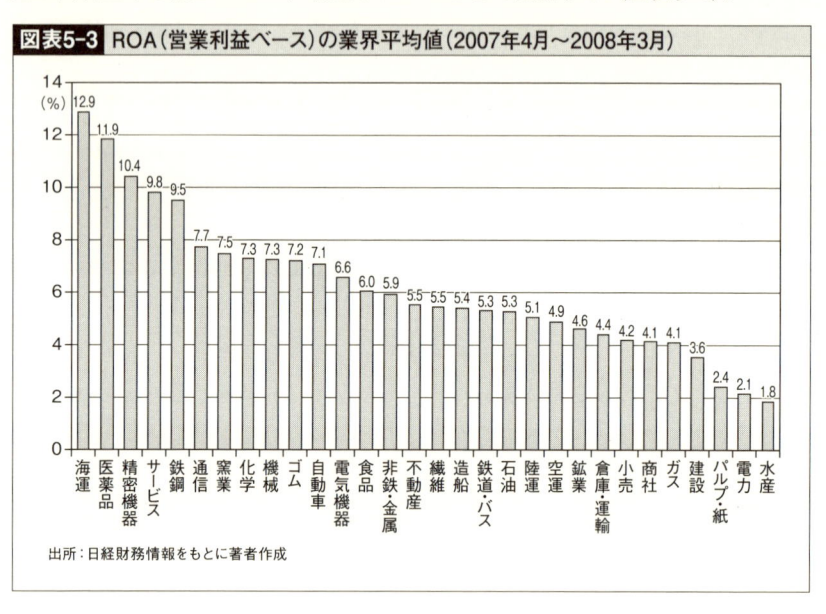

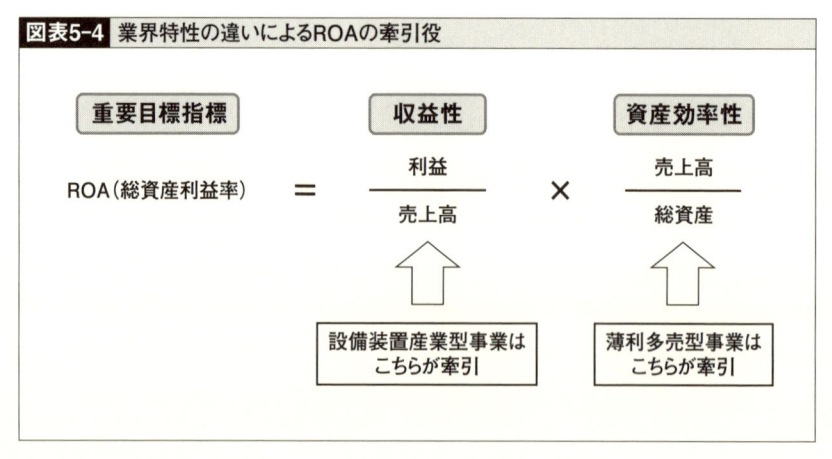

**図表5-3　ROA（営業利益ベース）の業界平均値（2007年4月〜2008年3月）**

| 業界 | ROA(%) |
|---|---|
| 海運 | 12.9 |
| 医薬品 | 11.9 |
| 精密機器 | 10.4 |
| サービス | 9.8 |
| 鉄鋼 | 9.5 |
| 通信 | 7.7 |
| 窯業 | 7.5 |
| 化学 | 7.3 |
| 機械 | 7.3 |
| ゴム | 7.2 |
| 自動車 | 7.1 |
| 電気機器 | 6.6 |
| 食品 | 6.0 |
| 非鉄・金属 | 5.9 |
| 不動産 | 5.5 |
| 繊維 | 5.5 |
| 造船 | 5.4 |
| 鉄道・バス | 5.3 |
| 石油 | 5.3 |
| 陸運 | 5.1 |
| 空運 | 4.9 |
| 鉱業 | 4.6 |
| 倉庫・運輸 | 4.4 |
| 小売 | 4.2 |
| 商社 | 4.1 |
| ガス | 4.1 |
| 建設 | 3.6 |
| パルプ・紙 | 2.4 |
| 電力 | 2.1 |
| 水産 | 1.8 |

出所：日経財務情報をもとに著者作成

**図表5-4　業界特性の違いによるROAの牽引役**

重要目標指標： ROA（総資産利益率）

$$\text{ROA（総資産利益率）} = \underbrace{\frac{\text{利益}}{\text{売上高}}}_{\text{収益性}} \times \underbrace{\frac{\text{売上高}}{\text{総資産}}}_{\text{資産効率性}}$$

設備装置産業型事業はこちらが牽引（収益性）

薄利多売型事業はこちらが牽引（資産効率性）

## 3…総資産回転率を分解する

　総資産回転率の分子は売上高、分母は総資産なので、この2つに分解して考察するのが王道だ。

　まず分子の売上高は、本章では事業セグメントごとの売上という切り口で分解を試みる。成熟する国内市場と多様化する顧客ニーズに対応するため、各企業は事業の多角化を進めている。ある程度の規模を伴う多角化であれば、その情報は「事業セグメント情報」で開示されている。この情報をもとに、各事業の売上を分解していく。

　次に分母の総資産については、流動資産と固定資産に分かれる。流動資産は現預金、売上債権、棚卸資産の3つが、特に分析を掘り下げたい主要な勘定だ。固定資産は有形固定資産、無形固定資産、投資その他の資産に分解される。有形固定資産はさらに、建物、機械、土地などに分解されるので、その分解に沿って分析を掘り下げていく。

　上記のうち、売上債権と棚卸資産への分解については、第6章のキャッシュ・コンバージョン・サイクルと第7章の棚卸資産回転期間で詳しく考察する。有形固定資産への分解は、第8章の有形固定資産回転率でやはり詳しく考察する。そして、無形固定資産の中でも昨今影響力が高まっているのれんの評価については、すでに第4章のEBITDAマージンで考察した。

　そこでこの章では、分母の総資産についても、事業セグメントごとの分解という切り口で分析を進めていきたい。前節で見たように、総資産回転率は業界ごとの特性が表れやすい。よって、1つの企業が複数の事業へ多角化を行った場合、各事業に備わっている固有の特性が混ざり合うことになる。全社の数値には、最も規模の大きな事業の特性が色濃く表れるはずだ。しかし、未だ規模は小さくても、その事業の拡大に力を入れているものがあれば、徐々にその色が全社の数値に見えてきてもおかしくはない。この場合、ROAの最初の項である売上高利益率にもその影響は表れるはずだ。仮にROAの数値が変わらなくても、売上高利益率と総資産回転率という2つの構成要素の間で、数値のシフトが見られるかもしれない。

●総資産回転率を分解するステップ

(1) 売上高への分解
　　⇩
(2) 総資産への分解（流動資産は現預金、売上債権、棚卸資産に特に注目。固定資産は有形固定資産、無形固定資産、投資その他の資産に分解）
　　⇩
(3) 個別の事業セグメントごとへさらに分解

## 2●ケーススタディ──東日本旅客鉄道
### 事業の多角化がもたらす総資産回転率の変遷

### 1…東日本旅客鉄道における総資産回転率の推移

　図表5-5は、東日本旅客鉄道（以降、JR東日本）の総資産回転率を過去7年度にわたって描いたものだ。直近の2009年3月期を除けば、きれいな右肩上がりを描いている。ただし、数値自体は0.370倍から0.389倍までのわずか0.02倍程度の増加に過ぎないので、決して大きな変化が起きているようには見受けられない。総資産回転率上昇の理由を探るため、まずは分子の売上高と分母の総資産に分解してその推移を追ったのが図表5-6だ。

　グラフを見ると、売上高と総資産は同じような動きをしているが、売上高のほうが成長性は高いことが分かる。このことから、総資産回転率は極端ではないものの、ゆっくりと増加していた事実が納得できる。また、同比率が2009年3月期にわずかに下降した理由は、分子の売上高微減と分母の総資産微増の両方の影響によるものだと確認できる。

　鉄道という巨額の設備保有を前提とする事業では、売上成長のための設備投資が欠かせない。特に昨今は、安全対策のための設備投資には、世間から厳しい視線が向けられている。JR東日本は新幹線も保有しているため、在来線だけの鉄道会社と比べても設備投資の規模は膨らむはずだ。

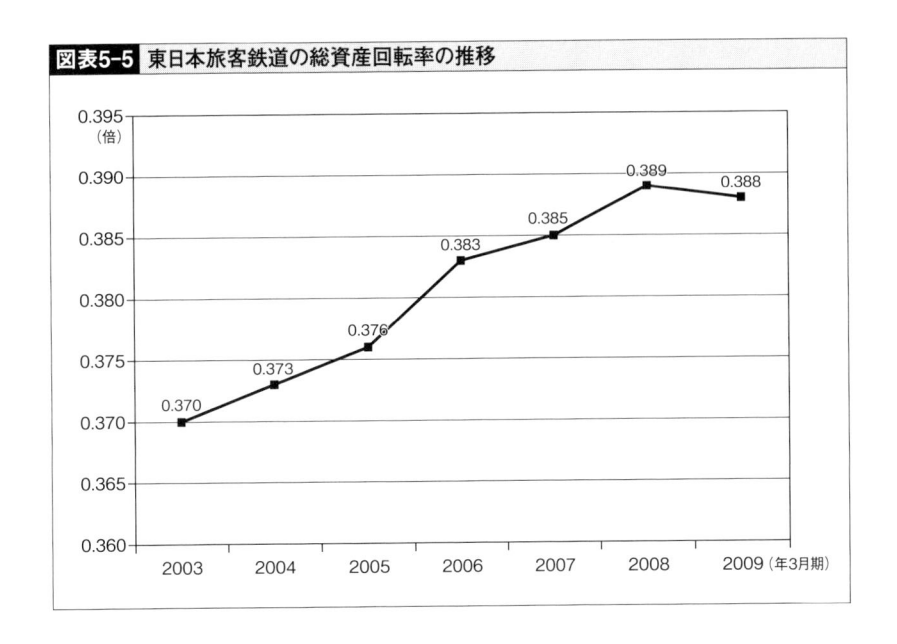

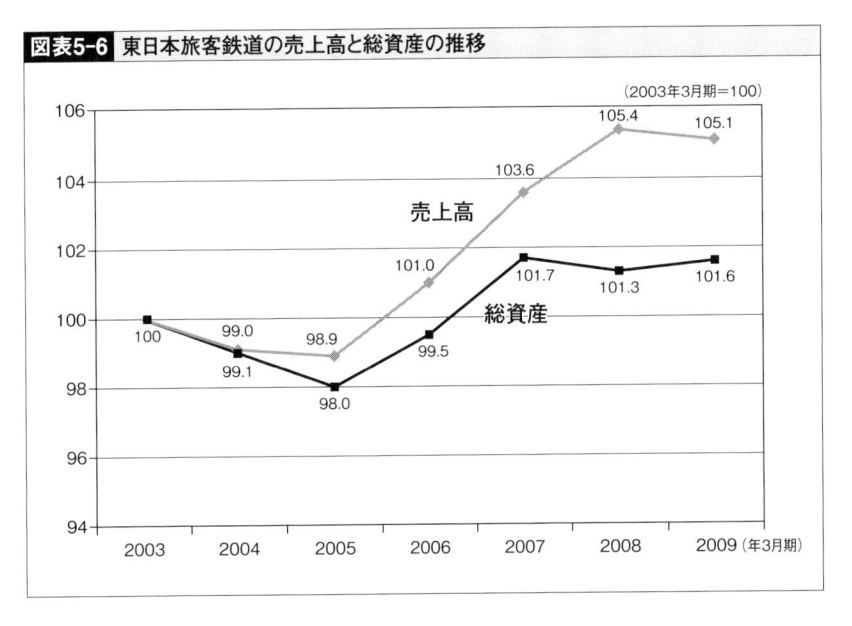

### 図表5-5　東日本旅客鉄道の総資産回転率の推移

| 年(3月期) | 倍 |
|---|---|
| 2003 | 0.370 |
| 2004 | 0.373 |
| 2005 | 0.376 |
| 2006 | 0.383 |
| 2007 | 0.385 |
| 2008 | 0.389 |
| 2009 | 0.388 |

### 図表5-6　東日本旅客鉄道の売上高と総資産の推移

(2003年3月期＝100)

| 年(3月期) | 売上高 | 総資産 |
|---|---|---|
| 2003 | 100 | 100 |
| 2004 | 99.0 | 99.1 |
| 2005 | 98.9 | 98.0 |
| 2006 | 101.0 | 99.5 |
| 2007 | 103.6 | 101.7 |
| 2008 | 105.4 | 101.3 |
| 2009 | 105.1 | 101.6 |

確かに総資産は拡大傾向にあるが、それ以上に売上高が伸びている背景には一体何があるのだろうか。本章ではJR東日本の事業セグメントに着目して、個々の事業とその構成比率のシフトの影響を考察していきたい。

## 2…東日本旅客鉄道の総資産回転率を分解する
### （1）売上高と総資産への分解

多角化された企業を分析する上では、事業の構成を知らずして的確な分析を行うことはできない。まずは2009年3月期のJR東日本の事業セグメント情報と、そこから簡易に計算できる指標を示してみよう。

JR東日本は、グループで営む事業を「運輸」「駅スペース活用」「ショッピング・オフィス」「その他」の4つに分けてセグメント情報を開示している。事業セグメントの切り方が企業によって若干異なることは、第2章で資生堂を分析した際に触れた。事業セグメントの切り方から、企業が進みたいと考える方向性を探ることもできる。具体的な数字の中身を見る前に、セグメントの切り方を考察することも推奨したい。

鉄道を営む企業が、その沿線開発の柱として不動産業と小売業を営むのは一般的な姿だ。JR東日本もこの2つの事業を営んでいる事実には何ら変わりはないものの、その表し方が異なっている点が興味深い。

他の鉄道企業の場合は、あくまで不動産業か小売業かの切り口だ。商業施設の運営をどちらに含めるかで企業の思いが若干入り込む余地はあるが（たとえば、商業施設の運営を東京急行電鉄は小売業に含め、阪急阪神ホールディングスは不動産業に含めている）、あくまで切り方は不動産と小売だ。

しかしJR東日本の場合は、駅スペースの「中」か「外」かである。つまり、切り口の主語が鉄道に密接に関連する駅の中か外かにあり、そこで営む事業が小売か不動産かは従というわけだ。人口の増加が続く首都圏を基盤とし、東京、渋谷、新宿、横浜、上野、大宮、八王子など、主要ターミナル駅を多数抱えるJR東日本だからこそ可能な切り口と言えるだろう。同時に、事業セグメントとして切り出しても恥ずかしくない規模にまで「駅ナカ」ビジネスを拡大していくという、JR東日本の強い意思表示の表れとも言える。

157ページの図表5-8は、事業セグメント別の売上高の推移を示したものだ。運輸が全体の6割強を占める主力事業であることは間違いないが、7年間で駅スペース活用事業が1％、ショッピング・オフィス事業が1.4％、それぞれ全社に占める売上構成比率を伸ばしている。1％と言うと、小さな数値と思われるかもしれないが、この期間にJR東日本の売上高が成長していた事実と、2009年3月期の連結売上高が2兆7,000億円近いことを考え合わせれば、決し

**図表5-7　東日本旅客鉄道の事業セグメント情報（2009年3月期）**

(百万円)

| | 運輸業 | 駅スペース活用事業 | ショッピング・オフィス事業 | その他事業 | 計 | 消去又は全社 | 連結 |
|---|---|---|---|---|---|---|---|
| Ⅰ 売上高及び営業損益 | | | | | | | |
| 売上高 | | | | | | | |
| (1) 外部顧客に対する売上高 | 1,831,932 | 415,019 | 222,628 | 227,418 | 2,696,999 | — | 2,696,999 |
| (2) セグメント間の内部売上高又は振替高 | 57,094 | 18,075 | 8,992 | 317,680 | 401,843 | (401,843) | — |
| 計 | 1,889,027 | 433,095 | 231,621 | 545,099 | 3,098,843 | (401,843) | 2,696,999 |
| 営業費用 | 1,579,808 | 394,936 | 161,583 | 527,838 | 2,664,166 | (399,721) | 2,264,444 |
| 営業利益 | 309,219 | 38,158 | 70,037 | 17,261 | 434,676 | (2,121) | 432,554 |
| Ⅱ 資産、減価償却費及び資本的支出 | | | | | | | |
| 資産 | 5,580,550 | 181,510 | 826,778 | 815,577 | 7,404,417 | (438,624) | 6,965,793 |
| 減価償却費 | 254,320 | 10,138 | 30,922 | 47,719 | 343,101 | — | 343,101 |
| 資本的支出 | 359,174 | 10,994 | 41,267 | 38,594 | 450,031 | — | 450,031 |

| | | | | | | |
|---|---|---|---|---|---|---|
| 売上高構成比 | 61.0% | 14.0% | 7.5% | 17.6% | 100.0% | |
| 営業利益構成比 | 71.1% | 8.8% | 16.1% | 4.0% | 100.0% | |
| 資産構成比 | 75.4% | 2.5% | 11.2% | 11.0% | 100.0% | |
| 減価償却費構成比 | 74.1% | 3.0% | 9.0% | 13.9% | 100.0% | |
| 資本的支出構成比 | 79.8% | 2.4% | 9.2% | 8.6% | 100.0% | |
| 売上高営業利益率 | 16.4% | 8.8% | 30.2% | 3.2% | | 16.0% |
| 総資産回転率 | 0.34倍 | 2.39倍 | 0.28倍 | 0.67倍 | | 0.39倍 |
| ROA（営業利益ベース） | 5.5% | 21.0% | 8.5% | 2.1% | | 6.2% |
| 売上高減価償却費率 | 13.5% | 2.3% | 13.4% | 8.8% | | 12.7% |

(注) 運輸業：鉄道事業を中心とした旅客運送事業
　　駅スペース活用事業：駅における商業スペースを利用した小売店、飲食店、コンビニエンスストア等の事業
　　ショッピング・オフィス事業：駅スペース活用事業以外のショッピングセンターの運営事業およびオフィスビル等の貸付業
　　その他事業：広告代理業、ホテル業、卸売業、貨物自動車運送事業、清掃整備業、情報処理業、クレジットカード事業、その他サービス業

出所：東日本旅客鉄道2009年3月期有価証券報告書を著者加工

て小さな金額ではない。実際に両事業それぞれ、7年間で500億円前後の売上高の成長を達成している。

　図表5-9は、事業セグメント別の資産の推移を示したものだ。売上高以上に、運輸事業の資産の構成比率の減少は顕著だ。これに対して、駅スペース活用事業の資産規模は非常に限定的である一方、ショッピング・オフィス事業とその他事業の資産が拡大傾向にあることも確認できる。

　こうした大局観を持って、総資産回転率を個別の事業に分解していこう。

## (2)運輸事業への分解

　先ほどの図表5-7より、JR東日本の運輸事業の特徴は16.4%という高い売上高営業利益率と、0.34倍という低い資産回転率（事業ごとの回転率には「総」の文字を付けないこととする）にあることが分かる。これら2つの数値の掛け算であるROAは5.5%となっている。

　図表5-3から鉄道・バス業界のROA平均値は5.3%なので、平均的であるとは評価できる。しかし、業界トップ企業のROAとしてはいささか低い気もする。JRグループ企業の場合、どうしても鉄道が広範にわたり、明らかに不採算路線でありながら継続せざるをえないものも多く含まれていることが一因にある。特化した地域において回転で勝負する私鉄に比べると、効率の悪さが浮き出てしまう面は否めない。一方、首都圏や新幹線の収益性の高さもあるはずだ。本来であれば、鉄道事業のROAは新幹線、首都圏路線、地方ローカル線の3つに分けた分解が必要だし、当然ながらJR東日本の内部では路線ごとの細かな収益性の評価が行われているだろう。

　ここで、JR東日本の運輸事業の売上高、資産、資産回転率の推移を見ることにしよう。

　158ページの図表5-10から分かるように、資産回転率は右肩上がりの傾向を続けた後、2009年3月期に初めて減少している。これは全社の同比率の動きと合致している。運輸事業は連結売上高の6割強も占める主力事業だから、全社の動きが連動していることは納得性が高い。

　資産の規模と売上高の規模が大きく異なるため、同じスケールで描いた棒グラフを一見しただけでは、資産回転率の上昇の要因が見きわめにくい。しかし、

第5章●総資産回転率　157

**図表5-8** 東日本旅客鉄道の事業セグメント別売上高構成比の推移

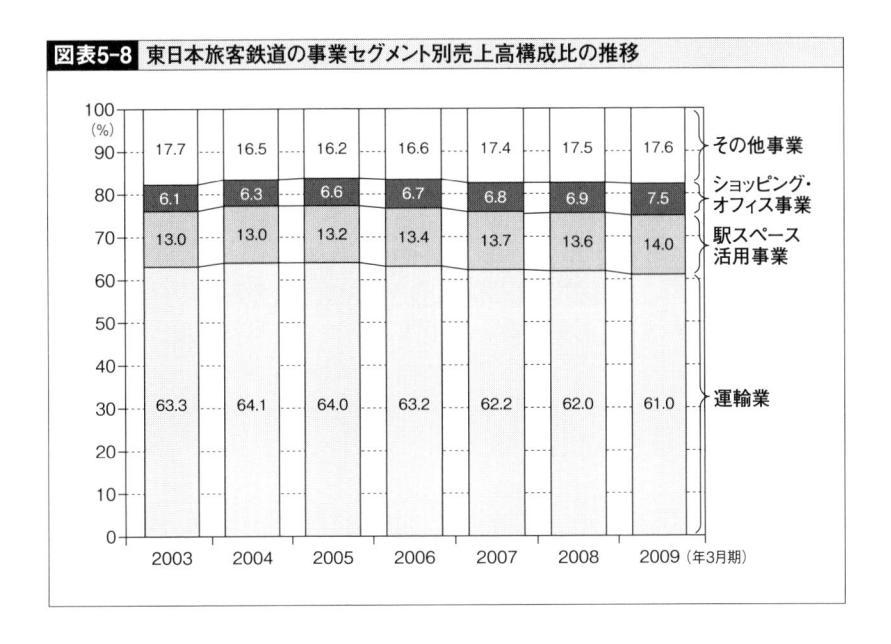

| 年3月期 | 2003 | 2004 | 2005 | 2006 | 2007 | 2008 | 2009 |
|---|---|---|---|---|---|---|---|
| その他事業 | 17.7 | 16.5 | 16.2 | 16.6 | 17.4 | 17.5 | 17.6 |
| ショッピング・オフィス事業 | 6.1 | 6.3 | 6.6 | 6.7 | 6.8 | 6.9 | 7.5 |
| 駅スペース活用事業 | 13.0 | 13.0 | 13.2 | 13.4 | 13.7 | 13.6 | 14.0 |
| 運輸業 | 63.3 | 64.1 | 64.0 | 63.2 | 62.2 | 62.0 | 61.0 |

**図表5-9** 東日本旅客鉄道の事業セグメント別資産構成比の推移

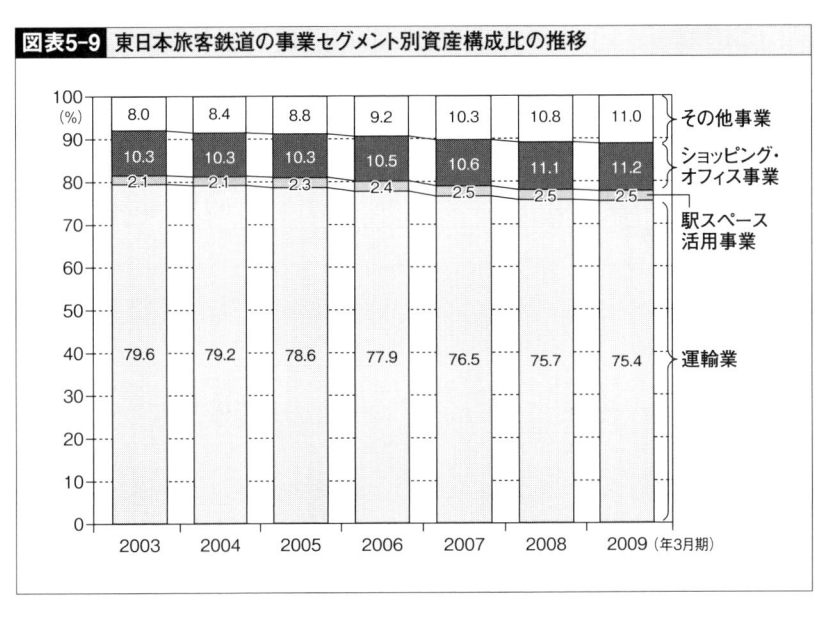

| 年3月期 | 2003 | 2004 | 2005 | 2006 | 2007 | 2008 | 2009 |
|---|---|---|---|---|---|---|---|
| その他事業 | 8.0 | 8.4 | 8.8 | 9.2 | 10.3 | 10.8 | 11.0 |
| ショッピング・オフィス事業 | 10.3 | 10.3 | 10.3 | 10.5 | 10.6 | 11.1 | 11.2 |
| 駅スペース活用事業 | 2.1 | 2.1 | 2.3 | 2.4 | 2.5 | 2.5 | 2.5 |
| 運輸業 | 79.6 | 79.2 | 78.6 | 77.9 | 76.5 | 75.7 | 75.4 |

始まりの2003年3月期と、終わりの2009年3月期の各々の増減額を確認すれば、資産は878億円減少しているのに対して、売上高は374億円増加している。全体からすれば大きな金額ではないが、分母の減少と分子の増加の両方によって、資産回転率は増加を続けたことが判明する。2009年3月期に資産回転率が下降したのは、前年度比で資産は増加したにもかかわらず、売上高が減少したためだ。

　言うまでもなく、運輸業にとって最も大きな資産は鉄道設備である。そこでその推移を見ておこう。図表5-11は、JR東日本の2009年3月期決算説明会で示された資料だ。設備投資の推移が、運輸業と非運輸業に分けて詳述されている。2005年3月期まで2,300億円前後だった運輸業の設備投資が、それ以降は増加傾向にある。また、運輸業の中では1：6程度の割合で、維持更新投資が成長投資を上回っていることも確認できる。

　日本の人口が減少する中で、飛行機、私鉄、地下鉄など他の輸送手段との競争は一段と激しくなっている。こうした背景から、安全対策・安定輸送、輸送改善施策、システムチェンジ、駅サービス改善などのさらなる質の向上に向け

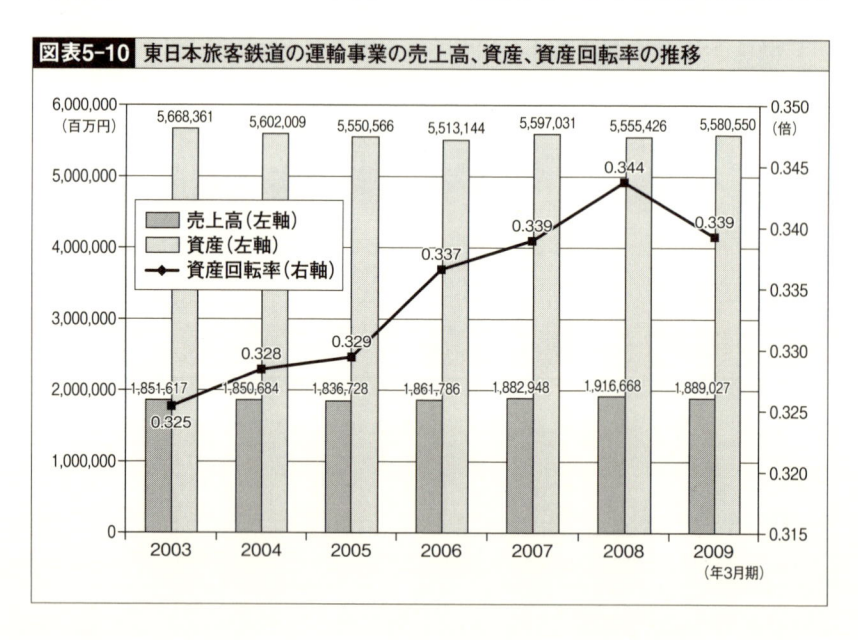

**図表5-10　東日本旅客鉄道の運輸事業の売上高、資産、資産回転率の推移**

て、設備投資額は一気に増加している。

　JR東日本の2008年3月期までの中期経営計画「ニューフロンティア2008」では、設備投資、債務削減、株主還元をバランスよく進めるとしていた。しかし、2008年3月31日に発表された「グループ経営ビジョン2020－挑む－」では、設備投資の積極化を目指し、債務削減の規模の見直し（優先度の引き下げ）を行うとしている。

　しかしながら、図表5-10より、運輸業の資産金額が横ばいからやや下降気味だったのは事実である。これには、減価償却が進んだこと、一部資産の減損が行われたことに加えて、不要な有形固定資産の売却も行われたという背景がある。また、これまでは運輸業で保有していた資産が、駅近接の商業施設やオ

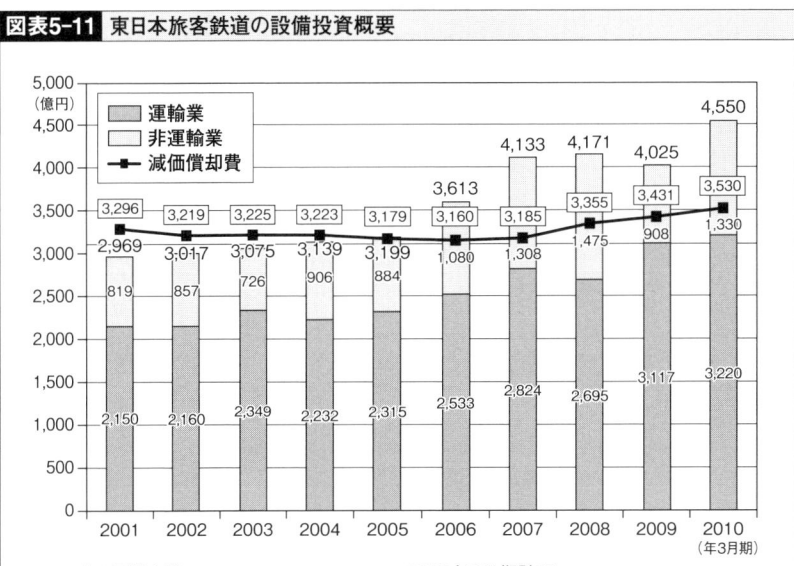

**図表5-11　東日本旅客鉄道の設備投資概要**

[棒グラフ：運輸業・非運輸業の設備投資額と減価償却費の推移（2001～2010年3月期、単位：億円）]

| 年（3月期） | 運輸業 | 非運輸業 | 合計 | 減価償却費 |
|---|---|---|---|---|
| 2001 | 2,150 | 819 | 2,969 | 3,296 |
| 2002 | 2,160 | 857 | 3,017 | 3,219 |
| 2003 | 2,349 | 726 | 3,075 | 3,225 |
| 2004 | 2,232 | 906 | 3,139 | 3,223 |
| 2005 | 2,315 | 884 | 3,199 | 3,179 |
| 2006 | 2,533 | 1,080 | 3,613 | 3,160 |
| 2007 | 2,824 | 1,308 | 4,133 | 3,185 |
| 2008 | 2,695 | 1,475 | 4,171 | 3,355 |
| 2009 | 3,117 | 908 | 4,025 | 3,431 |
| 2010 | 3,220 | 1,330 | 4,550 | 3,530 |

2009年3月期実績

|  | 運輸 | 非運輸 | 合計 |
|---|---|---|---|
| 成長投資 | 454 | 867 | 1,321 |
| 維持更新 | 2,662 | 41 | 2,703 |
| 合計 | 3,117 | 908 | 4,025 |

2010年3月期計画

|  | 運輸 | 非運輸 | 合計 |
|---|---|---|---|
| 成長投資 | 450 | 1,220 | 1,670 |
| 維持更新 | 2,770 | 110 | 2,880 |
| 合計 | 3,220 | 1,330 | 4,550 |

注：維持更新＝事業の継続的運営に必要な投資
出所：東日本旅客鉄道2009年3月期有価証券報告書

フィスビルなどに転用された場合、事業セグメント上でショッピング・オフィス事業やその他事業に移動したことも考えられる。

これに対して売上高は、2009年3月期に4年ぶりの減収となった。首都圏への人口流入が継続し、通勤・通学に相当する定期券顧客の利用は27億円の増収。しかし、ビジネス、買い物、観光・レジャーを中心とする定期外顧客の減収262億円がそれを大きく上回った。安定事業と思われる鉄道でも、景気悪化の影響は決して皆無ではない。

同社では、2010年3月期は景気低迷による定期顧客収益の減収も予測している。鉄道形態別で言えば、新幹線も在来線も共に減収の予測だ。景気連動性が低く、人口流入が続く首都圏を基盤とするJR東日本だが、黙っていても前年度の運輸収益を上回れるような順風な環境にはない。私鉄、東京メトロ、航空会社など、並列する輸送手段を提供する競合を相手にして、投資加速以上の売上成長をもたらすことができなければ、運輸事業の資産回転率は今後も下落を続けることになりかねない。固定費が費用の大部分である運輸事業の減収は、資産回転率のみならず売上高利益率、ひいてはROAの同時下降も意味している。

## (3)駅スペース活用事業への分解

図表5-7から分かるように、JR東日本の駅スペース活用事業の特徴は、8.8％というまずまずの売上高営業利益率と、2.39倍という非常に高い資産回転率にある。その掛け算であるROAは21.0％で、4つの事業の中で突出して高い数値となっている。つまり、売上高から残す営業利益の水準は高く、これを生み出すために保有する資産が極度に小さいことから、ROA20％超という高い数値に結び付いている。この推移を時系列で見ることから始めよう。

図表5-12から、駅スペース活用事業（以下、駅ナカ事業）の資産回転率が高いことは間違いないが、運輸業と異なり、トレンドは右肩下がりにある。グラフから、売上高の伸び以上に資産が拡大していることが分かる。

駅ナカ事業とは、駅の利用客をターゲットに、商業スペースを提供し、小売店、飲食店、コンビニエンスストア等の各種事業を展開するものだ。商業施設の『エキュート』、コンビニの『ニューデイズ』などに加えて、駅構内の自販

機や車内販売も含まれている。

　小売業は店舗での販売高がそのまま売上となるため、売上高は大きく出やすい傾向がある。しかし、メーカーから商品を仕入れた上に、人件費や家賃などの高い固定費を抱えながら事業を行うため、一般的には薄利となる傾向が強い。すなわち売上高営業利益率は低くなる。しかし、駅ナカ事業の売上高営業利益率は8.8%に及ぶため、小売や飲食店としては低い範疇に入らないだろう。小売業の売上高営業利益率の平均値（図表2-3）は2.8%である。8.8%の利益率は、食品を中心とする小売や飲食店としては、かなり高いほうである。

　この背景には、首都圏の駅ナカという最高の集客力を誇る場所を基盤とする点が大きい。1店舗が抱える人件費や家賃は、店舗面積によってある程度決まる。これを首都圏の駅ナカという、顧客の回転率が最も高い場所で運営することで、単位当たりの固定費の極小化が実現できる。

　また、駅ナカという立地での買い物は、顧客の価格弾力性も低いため、特売などの実施は限定的だ。実際に定価販売がほとんどである。黙っていても通勤・通学途中の顧客（運輸事業から見れば乗客）が来客するため、従来の小売

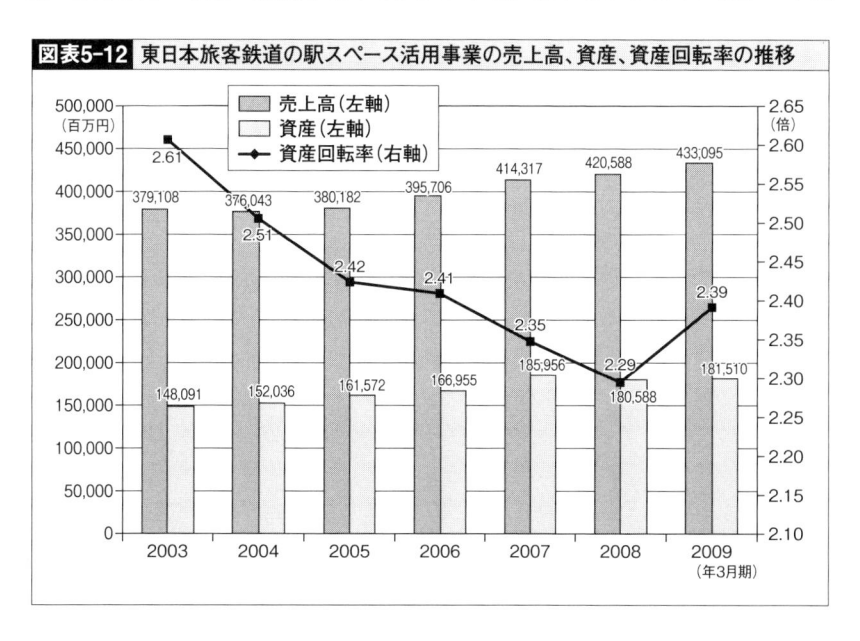

**図表5-12　東日本旅客鉄道の駅スペース活用事業の売上高、資産、資産回転率の推移**

| 年（3月期） | 売上高（百万円） | 資産（百万円） | 資産回転率（倍） |
|---|---|---|---|
| 2003 | 379,108 | 148,091 | 2.61 |
| 2004 | 376,043 | 152,036 | 2.51 |
| 2005 | 380,182 | 161,572 | 2.42 |
| 2006 | 395,706 | 166,955 | 2.41 |
| 2007 | 414,317 | 185,956 | 2.35 |
| 2008 | 420,588 | 180,588 | 2.29 |
| 2009 | 433,095 | 181,510 | 2.39 |

や飲食店が行っている広告宣伝やプロモーション活動への投資もわずかとなる。これらの要因が積み重なった結果、8.8%という、小売や飲食店としては非常に高い営業利益率が実現されているのだ。

　一方、すでに述べたように、小売や飲食店は薄利ゆえに、資産はできるだけスリムに持つ必要がある。たとえば店舗を賃借で済ませれば、オフバランス化が実現する。よって、小売業の資産回転率は高くなる傾向が強い。図表5-1によれば、小売業の総資産回転率の平均値は1.48倍である。

　JR東日本の駅ナカ事業の資産回転率も確かに高く、2.39倍ある。しかし、これは小売業の平均値と比較して少し高過ぎないだろうか。もちろんここでは企業全体の総資産回転率ではなく駅ナカ事業のみの資産回転率を見ていることには留意が必要だ。たとえば企業が保有する余剰資産や、持ち合い株などは、事業セグメント情報で見ているため、含まれていない。それにしても、2.39倍は高過ぎる。

　この突出して高い駅ナカ事業の資産回転率もまた、首都圏の駅という最高の集客力を誇る場を基盤とする影響大であろう。つまり、「首都圏の駅ナカがもたらす最高の顧客回転率 ⇨ 売上高の上昇 ⇨ 資産回転率の上昇」となる。本来であれば、集客力の高いところは家賃も高い。しかしJR東日本の駅ナカ事業が店舗を借りてくる相手は、運輸業を中心とした他事業セグメントである。グループ内取引となるため、資産の保有や家賃などの契約について、融通がまったくないと言うことはないだろう。ROAの21.0%というのは、やや上ぶれし過ぎの利益率ともとれなくない。事業セグメントの切り分けが難しいところだが、駅ナカ事業のための費用や資産と本来は考えてよいものが、事業セグメント上では運輸業のほうに入り込んでしまっているという側面も、ある程度は存在するだろう。

　JR東日本は、2002年3月期から2006年3月期までのグループ中期経営構想「ニューフロンティア21」の中で、同社の最大の経営資源である駅における最適な事業配置を構築する「ステーションルネッサンス」を展開すると宣言した。新たな事業スペースの創出に向け、既存設備の徹底的な見直しを進めながら、東京圏の主要ターミナルの大規模開発にも着手するとした。2009年3月末現在も、五反田駅（2009年5月）、三鷹駅（3期、2009年6月）、大船駅（5期、

2010年春)、上尾駅(2010年春)など、多くの大型開発案件が目白押しの状況にある。

　駅ナカ事業は、売上高減価償却費率が2.3％と少ないことからも、同事業そのものが抱える償却対象資産は限定的と分かる。しかし、しばらくは先行投資が進むこと、小売や飲食店の在庫投資も膨らむことから、トレンドとしては今後も緩やかに資産回転率が下降していくことが予想される。この場合、ROAの高い水準を維持するには、売上高営業利益率も同時に向上していくことが不可欠となる。ROAと、その2つの分解要素の合計3指標の動きを観察しながら、ステーションルネッサンスの成功の行方を追っていこう。

## (4)ショッピング・オフィス事業への分解

　ショッピング・オフィス事業(以下、施設運営事業)の特徴は、4つの事業の中で最も高い売上高営業利益率(30.2％)と、逆に4つの事業の中で最も低い資産回転率(0.28倍)にある。その掛け算であるROAは8.5％で、運輸業は上回るが、駅ナカ事業には見劣りする。つまり、売上高から残す営業利益の

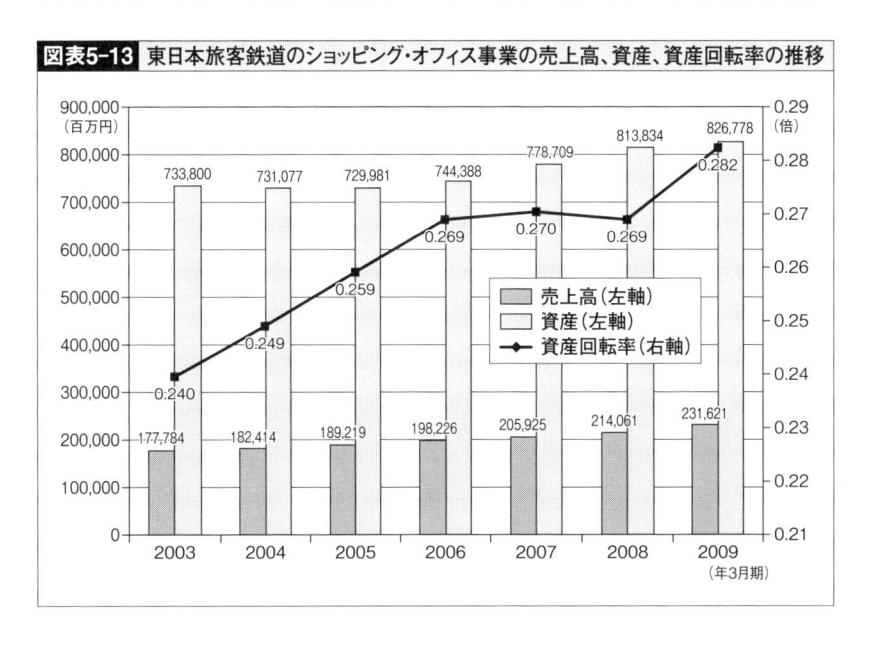

**図表5-13　東日本旅客鉄道のショッピング・オフィス事業の売上高、資産、資産回転率の推移**

水準は圧倒的に高いものの、これを生み出すために保有する資産が巨額なため、まずまずのROAの数値にとどまっている。図表5-3の中から最も近いと思われる不動産業界のROAと比較すると、業界平均値5.5%を3%上回っていることとなる。

　ここで、高い利益率と低い資産回転率という構図は、運輸業と類似していることに気付く。どちらも莫大な設備を抱えて運賃や家賃といった手数料を徴収する事業モデルなので、この事実は必然だ。ただ、運輸以上に利益率は高いし、運輸以上に資産回転率は低いというのが、施設運営事業の特徴である。では、資産回転率とその分解要素の推移を見てみよう（前ページの図表5-13）。

　資産回転率のトレンドも、運輸事業と同じく右肩上がりの傾向にある。こちらは0.24倍から0.28倍までの上昇と、運輸業よりも伸び率は高い。売上高も資産も共に上昇傾向にあるので、売上の伸長率のほうがより高いことになる。JR東日本の施設運営事業では、駅周辺エリアも含めた顧客をターゲットに、駅および駅周辺の用地を開発し、ショッピングセンターの運営事業やオフィスビル等の貸付事業を展開している。平たく言えば不動産業だが、あくまで場所は駅ナカではなく駅近辺というわけだ。『ルミネ』『アトレ』、あるいは駅ビルと言ったほうが通りは良いだろう。

　ステーションルネッサンスは何も駅ナカだけの話ではない。駅に隣接する商業施設や事業所施設を充実させることで、駅を中心とした一大コミュニティの創出が実現する。ルミネの花崎淑夫社長（現会長）は「我々の間では『駅ビル』は禁句です」と語っている（「日経MJ」2009年5月18日）。まったく新しい発想と価値観によって、駅の資産価値を最大化しようとする。それがステーションルネッサンスの取り組みである。よって、駅ナカ事業と同じく、今後も資産、売上は継続して増加することが見込まれる。設備投資規模が大きいため、駅ナカ事業以上に、ある種先行投資の色が強くなる可能性が高い。資産回転率が一時的に下降することも十分に想定されるだろう。

### (5) その他事業への分解

　その他事業の特徴は、売上高営業利益率3.2%という4事業の中では最低の水準と、1倍を大きく下回る低い資産回転率0.67倍が挙げられる。必然的にこ

れら2つの掛け算となるROAはわずか2.1％と、他の事業と比較して大きく見劣りしている。

　JR東日本の2009年3月期有価証券報告書上では、その他事業に関して以下のように解説されている。

　　駅および駅周辺等を活用して、ホテル業、広告代理業等を展開しております。
　　（ホテル業）JR東日本、◎日本ホテル㈱、◎仙台ターミナルビル㈱
　　（広告代理業）◎㈱ジェイアール東日本企画
　　（旅行業）◎㈱びゅうトラベルサービス、○㈱ジェイティービー
　　（卸売業）◎㈱ジェイアール東日本商事
　　（貨物自動車運送事業）◎㈱ジェイアール東日本物流
　　（情報処理業）◎㈱ジェイアール東日本情報システム
　　（清掃整備業）◎㈱東日本環境アクセス
　　（クレジットカード事業）JR東日本
　　（その他サービス業）JR東日本
　　　　　　　　　　　◎ジェイアール東日本メカトロニクス㈱、
　　　　　　　　　　　◎ジェイアール東日本ビルテック㈱、
　　　　　　　　　　　○セントラル警備保障㈱
　　◎は連結子会社、○は持分法適用関連会社

　次ページの図表5-14より、資産回転率の継続的な下降は、売上高に比べて資産の伸び率が非常に高いことが要因だと分かる。その他の事業とは、ここまで見た3つの主力事業以外のすべての事業を合算したものだ。それら事業の業界特性は当然ながら1つ1つ異なるため、個々の事業特性と、その他事業における構成比率をもとに、実際の分析を行わなくてはならない。悩ましいのは、ここに含まれる多くの事業は非上場企業によって営まれているため、情報の開示が乏しいことだ。そこで、影響力の大きそうな事業を中心として、各事業そのものが持つ特性を想像しながら、仮説を構築することが望まれてくる。

　まず事業特性については、おおまかに薄利多売型と装置産業型に分類してみよう。

　薄利多売型、すなわち売上高利益率は低いが資産回転率は高いと思われる事

業として、広告代理業、旅行業、卸売業、貨物自動車運送事業、清掃整備業などが挙げられる。たとえば、卸売業に属するジェイアール東日本商事は、JR東日本グループの鉄道資材等の調達機能の中心的な役割を担っている。売上高335億円（2008年度、その他事業セグメントの6％程度）の企業だが、まさに商社なので、薄利多売の典型的な決算書の姿をしているはずだ。

逆にどちらかと言うと装置産業型、すなわち売上高利益率は高いが資産回転率は低いと思われる事業として、ホテル業が挙げられる。また、『Suica』や『ビューカード』の運営もその他事業に含まれるため、ソフトやハードなどシステムの保有形態によっては、資産の重い事業となっているはずだ。

一方、その他事業における構成比率についても、詳細なデータは外部から入手できないため、分析は容易ではない。しかしwebから入手できるデータと仮説を合わせて、可能な限り考察を進めてみよう。

改めてその他事業の売上高を確認すると、5,450億円のうち過半数の3,176億円はセグメント間の内部売上高、すなわちJR東日本グループ向けの売上であることが分かる。その他事業の中には、卸売業、情報処理業、清掃整備業な

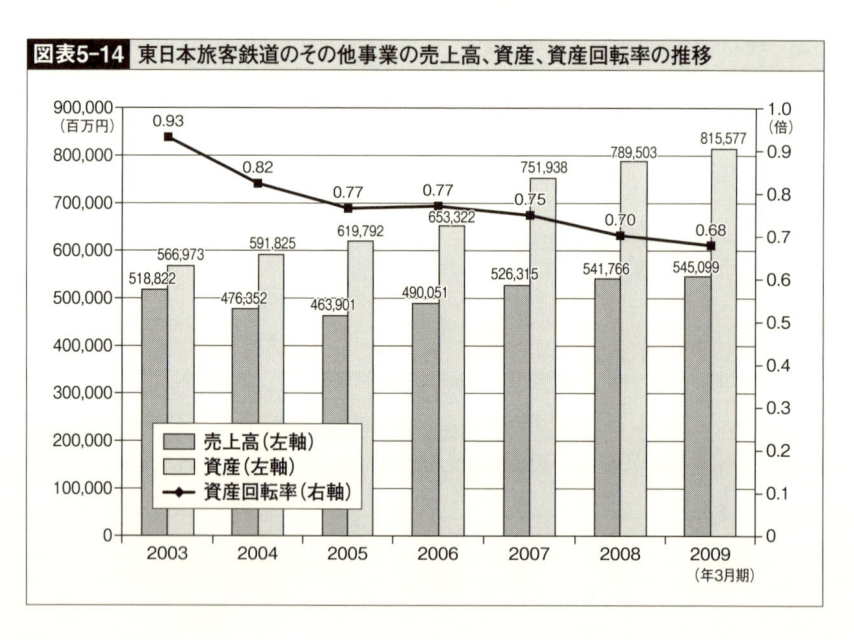

**図表5-14** 東日本旅客鉄道のその他事業の売上高、資産、資産回転率の推移

| 年3月期 | 売上高（百万円） | 資産（百万円） | 資産回転率（倍） |
|---|---|---|---|
| 2003 | 518,822 | 566,973 | 0.93 |
| 2004 | 476,352 | 591,825 | 0.82 |
| 2005 | 463,901 | 619,792 | 0.77 |
| 2006 | 490,051 | 653,322 | 0.77 |
| 2007 | 526,315 | 751,938 | 0.75 |
| 2008 | 541,766 | 789,503 | 0.70 |
| 2009 | 545,099 | 815,577 | 0.68 |

ど、主な顧客がJR東日本またはそのグループ会社と思われるものが多い。逆に、外部顧客からの売上が多そうなのは、ホテル業、広告代理業、旅行業、貨物自動車運送事業、クレジットカード事業などが挙げられよう。

この中でも、外部顧客の売上高を特に膨らます事業は、広告代理業だ。広告代理業と言ってもJR車内広告やJR駅広告が主なので、売上を稼ぐ確固たる基盤を持っている。広告代理業を営むジェイアール東日本企画のホームページには、2008年度の売上高が1,005億円（その他事業セグメントの2割弱、外部顧客に対する売上高比では5割弱に相当）とある。

反対に、その他事業の資産を大きく膨らましているのは、ホテル業だろう。JR東日本の連結子会社で、ホテルメッツやメトロポリタンホテルズなどを運営する日本ホテルの建物だけで200億円超ある。同じく連結子会社の仙台ターミナルビルも、建物だけで140億円程度保有している（出所は共にJR東日本の有価証券報告書）。巨額の資産を保有するホテル業だが、2009年3月期のJR東日本グループのホテル事業の全売上高は、セグメント間内部売上も含めて438億円であった。売上イコール宿泊料が中心なので、広告代理業や卸売業と

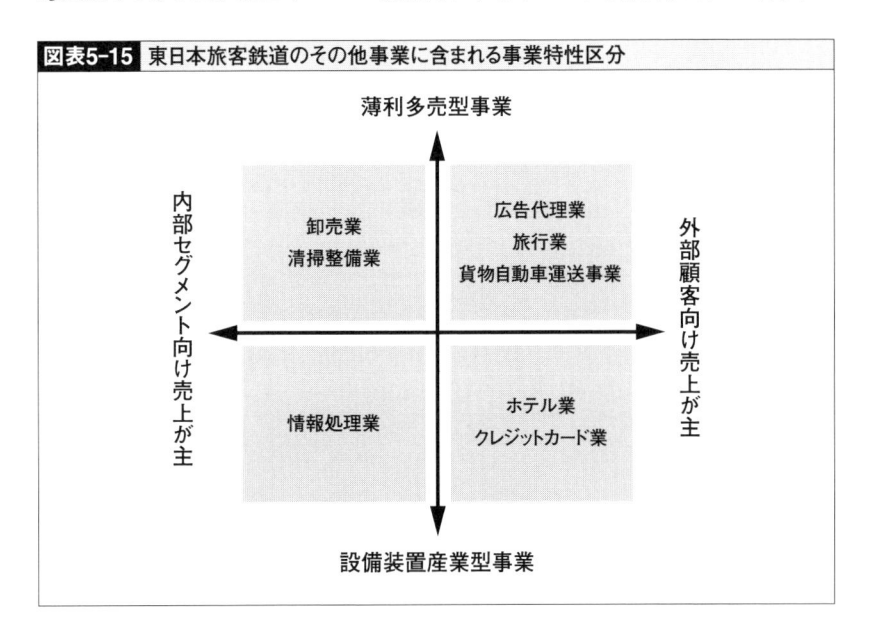

**図表5-15　東日本旅客鉄道のその他事業に含まれる事業特性区分**

|  | 薄利多売型事業 |  |
|---|---|---|
| 内部セグメント向け売上が主 | 卸売業<br>清掃整備業 | 広告代理業<br>旅行業<br>貨物自動車運送事業 |
|  | 情報処理業 | ホテル業<br>クレジットカード業 |
|  | 設備装置産業型事業 | 外部顧客向け売上が主 |

比べると金額は膨らみにくいという背景による。ここまでの事業特性を表にまとめると、前ページの図表5-15のように分類できる。

こうした1つ1つの事業特性が異なり、財務諸表の姿が異なる企業や事業の集合体がその他事業である。他の企業と比べても、JR東日本は特にその数と領域が広範に及んでいる。ただ、売上以上に資産が重くなっている経緯からすれば、特に投資が加速しているのはホテルやシステムへの投資だろうと想像できる。

ホテルはステーションルネッサンスを実現する上で、やはり欠かすことのできない重要なコンテンツの1つとなる。システムは特に『Suica』の拡大を見込んだ投資も大きいはずだ。『Suica』は単なる切符の代替手段としての役割だけではなく、電子マネーやクレジットカード機能を年々拡大してきている。2009年3月末現在の『Suica』の発行枚数は、すでに2,794万枚まで達している。日本の人口のざっと5分の1超に相当する規模である。

## 3…東日本旅客鉄道の経営戦略と会計指標

日本の人口が成熟し、あらゆる業界で市場規模が頭打ちないし縮小を続ける中で、多くの企業が事業の多角化や海外進出を模索している。企業が生き残りを目指す以上、それを実現できる事業や市場に活動領域を広げざるをえない。

それはJR東日本にとっても同じである。同社は「グループ経営ビジョン2020 −挑む−」の中で次のように謳っている。

> **当社グループのもつ強みを活かせる新たな事業領域に挑戦する**
> 鉄道総合技術力を活かし、国内各メーカーと連携の上、海外における事業の可能性に挑戦する。（必要な社内推進体制は既に立ち上げており、検討の進捗にあわせて今後、強化を図っていく予定）

とはいえ、まだ「挑戦」や「検討」の段階であって、それがすぐに全社の収益・利益貢献をもたらすとは考えにくい。鉄道会社という特性上、海外市場への展開はどうしても限定的となる。あくまで国内市場における成長モデルを中

心に描かざるをえないだろう。

　幸いにして、首都圏を基盤とするJR東日本は、人口の減少が続く関西を基盤とする鉄道会社などと比べて、鉄道事業単独でも成長モデルを描きやすい。鉄道という、人が物理的に通過しなくてはならない事業だからこそ、ただ通過してもらうだけでなく、他にも金銭を払ってもらう機会を提供しない手はない。それが駅ナカ事業であり、さらには駅周辺の商業施設やホテル事業へと発展していく。

　もちろん、こうした概念は古くからあるものだ。すべての鉄道会社が不動産業と小売業を営んでいると言って良いだろう。ホテルをグループ傘下に持つ鉄道会社も多い。しかし、JR東日本が目指しているのは、これまでの価値観を一段超越したものと言えるのではないか。それは、商業施設の専門業者にも引けを取らない施設の提供、専門業者に決して劣らない事業の展開を目指したものだ。

　それまでの価値観は、駅があってその空いたスペースで何をするかという、言わば駅から始まる概念だったと思われる。これに対して、JR東日本が目指すステーションルネッサンスでは、商業施設やスーパー、コンビニ、デパ地下など、それら専門業者が提供するコンテンツに勝るものをいかに提供するかという、専門業者としての事業展開が原点にあると思われる。それを集客力抜群の駅ナカや駅周辺でやろうというわけだから、それが実現すれば専門業者はひとたまりもない。

　次ページの図表5-16は、JR東日本の「グループ経営ビジョン2020－挑む－」のスライドから抜粋したグラフである。運輸業以外の売上高の比率（外部顧客の売上高のみでの比率と思われる）を、2008年3月期の30％から10年後までに40％に引き上げると明言している。その間の全社連結売上高は4,000億円増、15％成長させるという非常にアグレッシブなものである。

　これらの目標が実現するならば、JR東日本の総資産回転率は今後も右肩上がりを続けていくだろう。運輸業以外の中で売上高の大きな駅ナカ事業は、既存の駅スペースを活用した事業展開が主なので、設備投資の負担が小さいまま売上高を拡張できる事業である。

　また、全社の総資産回転率は現在よりも上昇する一方、その見返りとして売

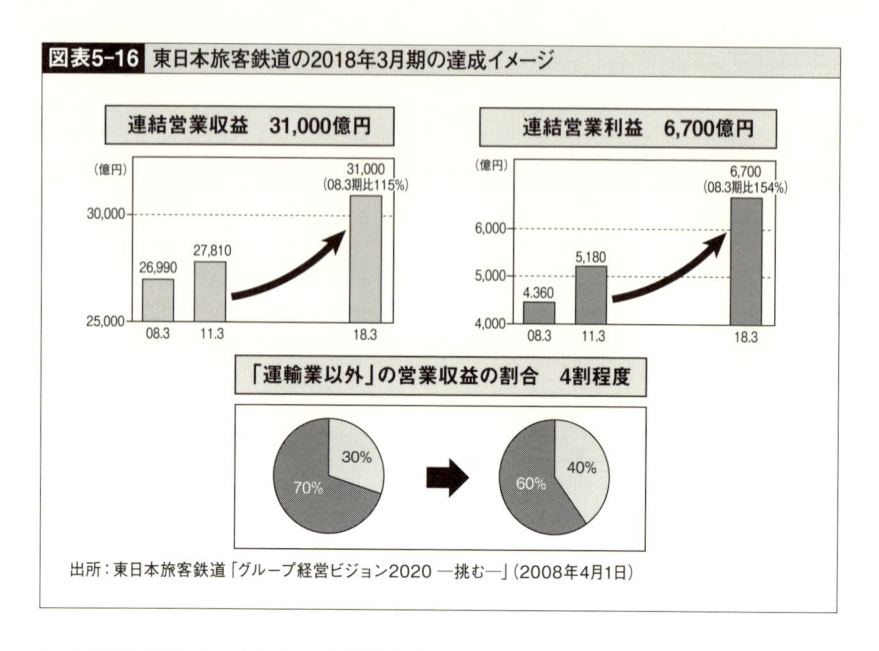

**図表5-16 東日本旅客鉄道の2018年3月期の達成イメージ**

連結営業収益　31,000億円
(億円)
26,990 (08.3)　27,810 (11.3)　31,000 (18.3期／08.3期比115%)

連結営業利益　6,700億円
(億円)
4,360 (08.3)　5,180 (11.3)　6,700 (18.3期／08.3期比154%)

「運輸業以外」の営業収益の割合　4割程度
70% / 30% → 60% / 40%

出所：東日本旅客鉄道「グループ経営ビジョン2020 ―挑む―」(2008年4月1日)

上高利益率は若干減少する可能性もある。しかし、図表5-16によれば、同社の売上高営業利益率は2008年3月期の16.2％に対して、2018年3月期は21.6％へと大きく躍進するものと計算できる。

　売上高営業利益率の改善の背景には、駅ナカ事業や施設運営業の拡大だけでなく、ホテル、クレジットカードといった高収益な事業の拡大や相乗効果も当然あるだろう。運輸業中心から運輸業以外への拡大へと売上高構成比率が徐々に移行する中で、総資産回転率の上昇と売上高営業利益率の上昇が果たして同時に実現するのだろうか。その暁には、2つの掛け算となるROAの向上という姿で、全社連結決算書の数値に表れるはずである。

　最後に、鉄道と駅ナカ、駅近辺を中心に事業展開するがゆえのリスクも増大していることを挙げておこう。2009年の新型インフルエンザや、政府が景気対策として行った休日1,000円高速などは、JR東日本の主要な事業のすべてにマイナス要因を同時にもたらした。かといって、まったく関連のない事業に多角化することはできない。しかし、多角化によって培った事業ノウハウを、駅から離れた場所に一事業者として展開していく可能性は十分想定されよう。

資本力と事業の横展開の創造力を保有した鉄道会社は、あらゆる企業にとって事業パートナーとして提携するには十分魅力に映るはずだ。

## 3 ● アサヒビールの経営分析
【5】総資産回転率

　アサヒビールの2008年12月期の総資産回転率は、1.12倍と算出される（総資産は2007年度と2008年度の平均値を採用）。この数値は食品業界の平均値1.31倍と比較しても低い。また、酒税を除いたアサヒビールの実質売上高を1兆円とすれば、総資産回転率は0.76倍まで下がる（ただし、BS上も売掛金や未払酒税といった勘定で酒税の影響があるので、実際は0.76倍よりは高い）。いずれにしてもアサヒの総資産回転率は、食品業界と比較して低いと言えるだろう。

　本文で触れたように、利益率の高い企業の総資産回転率は低く、利益率の低い企業の総資産回転率は高いという傾向が一般に見られる。第1章から第4章までで、アサヒの収益性が食品業界の中では突出して高いことが確認できた。よって、アサヒの総資産回転率が業界平均より低くても、それは順当と言うことができる。

　実際に売上高営業利益率と総資産回転率の掛け算によって計算するROA（営業利益ベース）を比較すると、食品業界のROAが6.0％なのに対して、アサヒのROAは7.2％と算出される。ROAでは酒税の影響が分母の資産のみに含まれているので、酒税を除いた実質的なROAはさらに高いこととなる。いずれにしても、アサヒは食品業界の平均値より相対的に重い資産を抱えてはいるが、それに十分見合ったPL上の収益性を実現していると評価することができる。

　重い資産の個別の中身については、この後の第6章から第8章の中で分解して見ていこう。

## QUIZ[5]

　楽天の総資産回転率は2002年12月期には0.28倍でしたが、その後2006年12月期には0.14倍まで半減しています。2008年12月期には0.22倍まで戻しているものの、この7年度の間の総資産回転率のアップダウンには、一体どのような経営環境の変化と、楽天経営陣の意思決定があったかを考察してください。その動きの裏側で売上高営業利益率、および2つの掛け算となるROAはどのような動きを示しているでしょうか。

　また、JR東日本よりも低い楽天の総資産回転率の背景には、一体何があるのでしょうか。事業面（BSの左側）と資金調達面（BSの右側）の両方から考察してください。

　以上の分析を踏まえて、楽天の経営戦略、強み、弱み、今後の経営課題を考察してください。

# 第6章

# キャッシュ・コンバージョン・サイクル

## 現金回収までの日数を見る資産効率性の指標

キャッシュ・コンバージョン・サイクル(CCC)は売上債権回転期間と棚卸資産回転期間の和から、仕入債務回転期間を差し引いて計算される。資金繰りだけを考えればCCCは短いことが望ましいが、資金繰り以外にも様々な要素が3つの期間に影響を与える。本章ではCCCの中でも売上債権と仕入債務について、業界慣習、売り手と買い手の力関係、その他の要素について分解していく。薄利な卸業は回転で勝負する、メディパルホールディングスのCCCによる資金調達を読む。

# 1 ● キャッシュ・コンバージョン・サイクルの読み方

## 1 … CCCの算出方法

　企業の一般的な活動の流れは、小売や商社なら商品を仕入れる、製造業なら製品を製造して、在庫として一定期間保有した後、販売して、最後に顧客から現金を回収するというものだ。こうした事業活動のサイクルにおいて、正味どれだけの現金を事業に張り付ける必要があるかを示すのが、キャッシュ・コンバージョン・サイクル（CCC）である。

> キャッシュ・コンバージョン・サイクル（CCC）（日）
> ＝売上債権回転期間（日）＋棚卸資産回転期間（日）－仕入債務回転期間（日）

　原材料や商品の仕入から事業活動が開始され、最後にキャッシュとしてコンバージョン（転換）していくまでの事業サイクルに関わるため、こうしたネーミングがされている。一般用語では当該指標を「運転資金日数」、また、国内の金融機関では「収支ズレ」と呼ぶことが多い。事業活動における、収入面と支出面の期間のズレによって発生するものという意味合いからだろう。

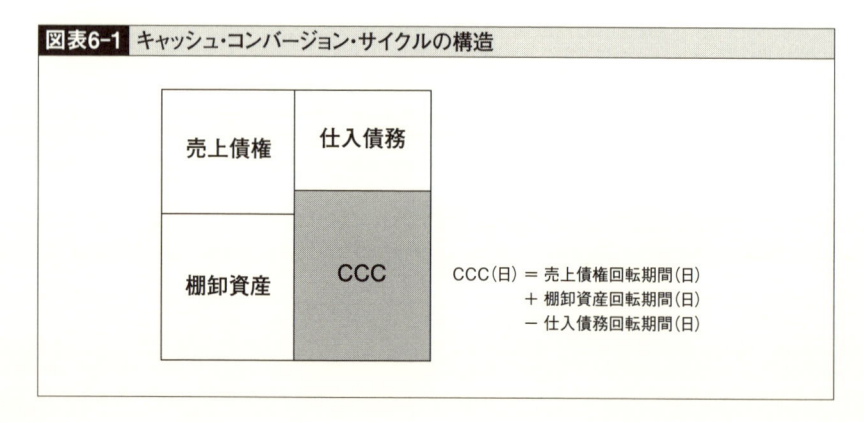

**図表6-1　キャッシュ・コンバージョン・サイクルの構造**

|  |  |
|---|---|
| 売上債権 | 仕入債務 |
| 棚卸資産 | CCC |

CCC（日）＝ 売上債権回転期間（日）
　　　　　＋ 棚卸資産回転期間（日）
　　　　　－ 仕入債務回転期間（日）

各項目については、以下のように算出される。

$$売上債権回転期間（日） = \frac{売上債権}{(売上高/365)}$$

売上債権 ＝ 受取手形 ＋ 売掛金 ＋ 割引手形

$$棚卸資産回転期間（日） = \frac{棚卸資産}{(売上原価/365)}$$

$$仕入債務回転期間（日） = \frac{仕入債務}{(売上原価/365)}$$

仕入債務 ＝ 支払手形 ＋ 買掛金

3つの構成要素となる各回転期間（一般にサイトと言う）を計算する際に、注意すべき点をいくつか記しておこう。

まずは3つに共通する点として、どの指標も分子はストックの情報、分母はフローの情報となっている。第5章の総資産回転率の解説ですでに触れたが、分母のフローが1年間の活動の成果を表しているのに対して、分子のストックは年度末の瞬間情報に過ぎない。よって、これら指標を計算する際には、分子のストック勘定について、年初（前年度末）と年度末の数値を足して2で割るのが一般的だ。

次に、売上債権回転期間の計算では、割引手形の存在に注意したい。受取手形を割り引いた場合は、BS上の受取手形の金額からは差し引かれている。しかし万が一手形の振出人が支払いを行わなかった場合には、割引依頼人である自社が遡及義務を負うこととなる。割引手形の金額は、決算情報の注記事項として記載されている。

会計の教科書の中では、棚卸資産回転期間を計算する際に、分母に売上原価ではなく売上高を用いる場合も多い。どちらが正しいだろうか。結論はどちらも正しい。大切なのは、自分が何を目的として計算しているのか、そしてその目的を達成するためにはどちらを使うのがより望ましいかを明らかにしておくことにある。

実際の物理的な棚卸資産の日数を知りたいのであれば、分母は売上原価を用

いるべきだ。なぜなら棚卸資産の数値がPL上で表れる場所は売上原価であって、売上高ではない。売上高はその売上原価に対して、一体どれだけの粗利を乗せることができたのかという、まったく別の要素が入り込んでいる。

　2つの分母の違いについては、次章の棚卸資産回転期間で深く掘り下げるので、本章ではここまでの解説とする。本章ではあくまで実際の物理的日数をもとに算出することを目的とするため、売上原価を用いて算出していく。日数ではなく金額を重視したい場合、あるいはCCCで計算される数値をそのまま用いて「売上高の○日分」という表現をしたい場合は、棚卸資産も次の仕入債務も売上高で割るべきとなる。

　最後の仕入債務回転期間の計算でも注意点が1つある。製造業で考えてみよう。分子の仕入債務は、原材料や製造外注などの、まさに仕入れたものの中で未払いの金額が大半を占めている。これに対して分母の売上原価に含まれるのは、それら原材料費や外注加工費だけではない。工場の労務費や、減価償却費などの経費も含まれてしまっている。

　いかなる会計指標を計算する場合でも、分子と分母の中身が整合していることは最も大事な点だ。そうでなければ、計算された数値に理論的な根拠は乏しい。先のフローの分母に対して、ストックの分子をできるだけフローに置き換えようとする計算も、分子と分母を整合させるための1つの例と言える。

　このため、仕入債務回転期間の分母には、できれば売上原価ではなく、その年度の原材料仕入高と外注加工費の和を用いるのが望ましい。上場企業であれば、単体ベースに限定されるが、開示された製造原価明細書からこれらの数値をある程度は読み取ることができる。

### 2…CCCの業界別平均値

　図表6-2は、製造業と商社のキャッシュ・コンバージョン・サイクル（以下、CCC）を示したものだ。小売や個人相手のサービス業は、現金商売が中心となるため、売上債権が少ない場合が多い。また、サービス業は在庫商売でないケースが多いので、棚卸資産も少ない。よって、CCCの3つの要素のうち、2つの要素の重要性が低いので、本グラフからは外してある。

CCCが3ヵ月、すなわち90日を上回る規模に達する業界として、医薬品（146.8日）、機械（101.4日）、繊維（92.9日）、ゴム（91.4日）、水産（91.1日）、精密機器（90.0日）の6つが挙げられる。

これら業界の共通点として、棚卸資産回転期間が他の業界に比較して長い点が挙げられる。6つの中で棚卸資産回転期間が最も短い水産業界でも73.0日、つまり2ヵ月半程度の在庫水準だ。

見方を換えれば、売上債権の回転期間と仕入債務の回転期間の長さは、どの業界でもおおむね均衡していることが多く、ここは相殺される。つまり、回収の早いところは支払いも早く、回収の遅いところは支払いも遅いという構図だ。このことから、棚卸資産回転期間の長い業界が、CCCの長い業界という傾向になっている。

CCCが100日を上回って特に長い2つの業界（医薬品、機械）の共通点としては、潤沢な現金を保有している点が挙げられる。手元流動性比率（保有する現預金と有価証券を1日当たり売上高〈売上高/365〉で割ったもの。何日分の売上高に相当する現金及び現金同等物を保有しているかを示す）が、医薬

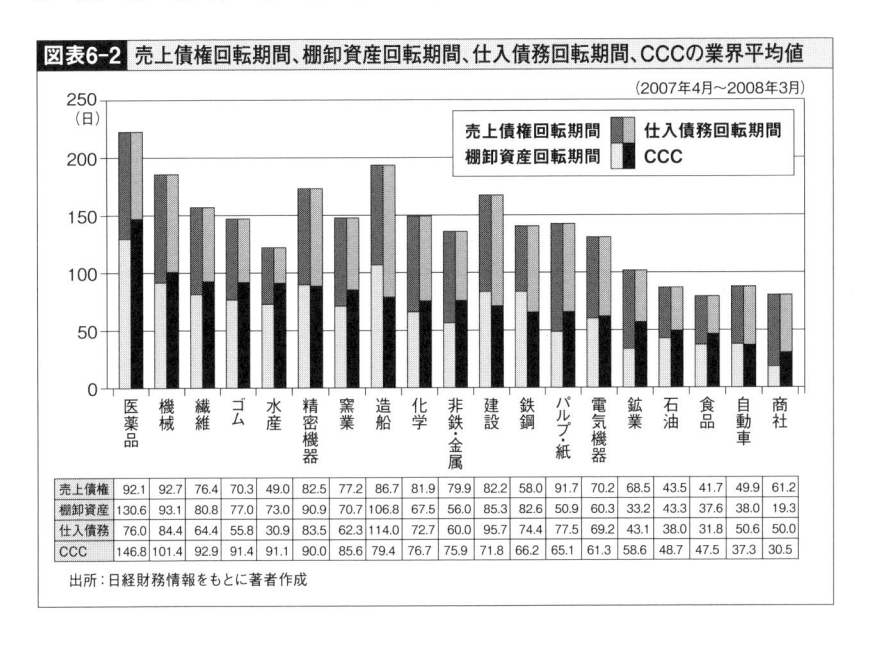

**図表6-2** 売上債権回転期間、棚卸資産回転期間、仕入債務回転期間、CCCの業界平均値

（2007年4月〜2008年3月）

| | 医薬品 | 機械 | 繊維 | ゴム | 水産 | 精密機器 | 窯業 | 造船 | 化学 | 非鉄・金属 | 建設 | 鉄鋼 | パルプ・紙 | 電気機器 | 鉱業 | 石油 | 食品 | 自動車 | 商社 |
|---|---|---|---|---|---|---|---|---|---|---|---|---|---|---|---|---|---|---|---|
| 売上債権 | 92.1 | 92.7 | 76.4 | 70.3 | 49.0 | 82.5 | 77.2 | 86.7 | 81.9 | 79.9 | 82.2 | 58.0 | 91.7 | 70.2 | 68.5 | 43.5 | 41.7 | 49.9 | 61.2 |
| 棚卸資産 | 130.6 | 93.1 | 80.8 | 77.0 | 73.0 | 90.9 | 70.7 | 106.8 | 67.5 | 54.0 | 85.3 | 82.6 | 50.9 | 60.3 | 33.2 | 43.3 | 37.6 | 38.0 | 19.3 |
| 仕入債務 | 76.0 | 84.4 | 64.4 | 55.8 | 30.9 | 83.5 | 62.3 | 114.0 | 72.7 | 60.0 | 95.7 | 74.4 | 77.5 | 69.2 | 43.1 | 38.0 | 31.8 | 50.6 | 50.0 |
| CCC | 146.8 | 101.4 | 92.9 | 91.4 | 91.1 | 90.0 | 85.6 | 79.4 | 76.7 | 75.9 | 71.8 | 66.2 | 65.1 | 61.3 | 58.6 | 48.7 | 47.5 | 37.3 | 30.5 |

出所：日経財務情報をもとに著者作成

品は203.8日、機械は45.3日に達している。

　CCCが大きいということは、それだけ原材料や商品の仕入から始まって、現金にするまでの時間がかかることを意味する。よって、より多くの現金が、売上債権や棚卸資産などの非現金勘定となって、事業活動に張り付いている。それでも手元流動性比率が高いというのだから、実際は見た目以上に、これら業界の手元流動性が潤沢であることを意味している。同時に、現金が潤沢だから成せるCCCの長期化とも取れる。

　棚卸資産回転期間が長いにもかかわらず、CCCは比較的短いという例外的な業界は、造船、建設、そして鉄鋼だ。いずれの業界も棚卸資産回転期間は80日を超えている。しかしCCCが80日未満となっているのは、売上債権の回収よりも仕入債務の支払いにゆったりと時間を取っていることに他ならない。

　造船業界や建設業界の主たる原材料は鉄の鋼材であるため、3つの業界は実は密接につながっている。また、鉄鋼企業の仕入債務の相手は、総合商社や総合商社系の専門商社であることが多い。これら商社との間で、支払条件についてはゆとりあるサイトが設定されていることを示している。一方、鉄鋼企業が顧客に鋼材を販売する場合も、商社が間に入るケースが多い。売りサイドも買いサイドも商社（もしくは商社が債権を流動化した金融会社）が仲介することで、これら3つの業界の資金繰りの好転が実現している。

　ただし、先に触れたように製造業の売上原価の中には、仕入だけではなく工場の労務費や減価償却費も含まれていることに留意したい。仮に鉄鋼業界の売上原価に占める原材料の仕入高が70%とすれば、仕入債務回転期間は「74.4日÷70%＝106.3日」と計算される。造船、建設、あるいは図表6-2で計算したすべてのメーカーの仕入債務回転期間に言えることだが、実際の支払サイトは見た目以上に長いこととなる。

　CCCが比較的短い業界にも触れておこう。CCCが50日を切る短さにあるのは、商社30.5日、自動車37.3日、食品47.5日、石油48.7日の4つの業界だ。CCCの長い業界が棚卸資産の多い業界特性だったのとは反対に、これら4つの業界は石油業界を除いてどれも棚卸資産回転期間が40日を切っている短さにある。

　商社は基本的にはメーカーと顧客の仲介をすることが本分なので、自らが長

期にわたって在庫を保有することはないことに納得性は高い。自動車はどうだろうか。自動車を作るには数多くの自動車部品が必要だし、また出来上がってからも、すぐに顧客に販売されるというものでもない。売れるまでの期間は在庫として保有しなくてはならない。このように考えると、自動車会社の棚卸資産回転期間が短いというのは意外に映る。

しかし、そうした自動車部品の大部分は、関連会社を含む非子会社で製造されていること、また自動車は製造された後にすぐに非子会社が多い商社やディーラーの手に渡るのが実態だ。つまり、自動車の事業サイクルは部品製造から始まって、自動車を組み立て、一定期間製品在庫とした後に販売するという長いプロセスであっても、自動車会社の棚卸資産としてBSに計上されるのは、そのほんの一部に過ぎないということになる。

食品はその賞味期限の短さという製品特性から、在庫が少ないのはすぐに納得できよう。石油については何度か触れてきたように、原価の中にガソリン税が含まれている。図表6-2では、その原価をそのまま使って計算した棚卸資産回転期間が、機械的に算出されてしまっている。仮に原価に占めるガソリン税が50％とすれば、石油業界の棚卸資産回転期間は「43.3日÷50％＝86.6日」となる。石油業界は政府によって70日分の石油の備蓄義務が課せられており、さらに原油や仕掛品在庫も考えれば、この3ヵ月程度の在庫という数値のほうが実態に近いものだろう。もちろん、同じ税金調整の計算が仕入債務についてもできるため、石油業界のCCCが短いという事実は変わらない。むしろ、ガソリンスタンドが現金商売であるため、主たる販売先である特約店などから売上債権の回収が非常に早く行える点がCCCの短期化につながっているとみることができよう。

業界によってCCCと各構成要素の水準が大きく異なることは明らかで、ベンチマークを設定するのは容易ではない。著者が感覚的に持っているベンチマークは、売上債権と仕入債務については、末締めの翌月末の回収であれば早い（回転期間は30〜45日程度）、末締めの翌々月末の回収であれば普通（回転期間は60〜75日程度）、末締めの翌々々月末あるいはそれ以降の回収であれば遅い（回転期間は90日超）というものだ。

参考までに図表6-2で表記した製造業のみ18社の単純平均値は、売上債権

は72日、仕入債務は66日と計算される。仕入債務回転期間の分母の売上原価に占める仕入高の比率が仮に90％とすれば「66日÷90％＝73日」となり、売上債権とほぼ相殺される数値を得ることができる。末締めの翌々月末での回収や支払いを平均的とすることに、誤りはないことが確認できる。

棚卸資産についても業界によって特性が大きく異なっている。同じく参考までに製造業のみ18社の単純平均値は71日と計算される。どちらもあくまで参考値として、必要に応じて活用されることを望む。

## 3…CCCを分解する

さて、CCCは長いほうが良いのだろうか、それとも短いほうが良いのだろうか。答えは「時と場合による」と言うべきだ。資金繰りだけを考えれば、短いに越したことはない。同指標が低いということは、それだけ余計な資金を、商品の仕入から販売、回収といった事業活動に張り付けないで済むことを意味する。CCCが長過ぎて、自社が保有する資金だけでそれを賄えないとすれば、いわゆる運転資金の借入として、銀行などから調達する必要が生じてくる。何らかの理由によって十分な資金を調達できなければ、それこそ黒字倒産といった事態を招きかねない。

CCCを圧縮できれば、そこで浮いた現金を使って、設備投資に回しても良い。M&Aや研究開発に回すのも一案だ。借金の返済や、増配や自社株買いといった株主還元に回す手もある。もちろん何もしないで銀行に置いておくだけでも金利収入が増えるのだから、CCCは短いほうが良い。ただし、これらはすべて資金繰りを中心に考えればという話だ。

企業は資金繰りだけのために経営しているわけではない。資金が回っていなければ企業は破たんするのだから、企業活動において資金繰りは最も基本であることには違いない。実際に資金繰りの厳しい企業であれば、CCCを短くするような努力、具体的には売上債権回収の早期化、棚卸資産の圧縮、そして仕入債務の支払いの長期化が行われなくてはならない。

ただし、資金繰りが厳しいなどといった点は軽くクリアしている企業にあっては、もはやそこだけにこだわって企業活動をすることもない。企業を成長さ

せるためには、敢えて売上債権の回収が長期化すること、棚卸資産をやや多めに持つこと、そして仕入債務の支払いを早く行うこともあるだろう。そうした場合には、他の業界、あるいは同じ業界内でも、自社のCCCは長くなるはずだ。

　棚卸資産回転期間については次章で深く掘り下げるため、本章では残りの2つの要素に関する考察を深める。言うまでもないが、A社のB社に対する売上債権は、B社にとっては、A社に対する仕入債務である。よって売上債権の長所短所に関する論点は、逆の立場からとらえることで、そのまま仕入債務の短所長所に関する論点として流用することができる。

　CCCはその式に従って、売上債権回転期間、棚卸資産回転期間、仕入債務回転期間に分解し、これを1つ1つ掘り下げていくのが分解のアプローチだ。

　売上債権の考察は、売っている相手を明らかにすることから始まる。①法人顧客か個人顧客か、②同じ法人でも、直接販売か、あるいは卸や商社を介した間接販売か、③国内顧客か海外顧客か、など、問いかけの切り口は売上高総利益率と同じだ。第1章と第2章でも任天堂と資生堂の単体ベースの売掛金の相手先を確認した。そこから両社ともに、子会社である販売会社に対する販売額が大きいことを知った。

　それら販社のさらに先には、小売店や専門店がいる。連結で評価しているのであれば、販社と小売店・専門店との回収期間が、連結決算書上での最終的な売上債権回転期間となって表れてくる。同様にして、仕入債務の相手先が仮に子会社の部品会社が主なのであれば、その先の原材料メーカーに対する支払期間が、連結決算書における最終的な仕入債務回転期間となって表れる。

　資金繰りだけを考えれば、売上債権回転期間は短いほうが良いし、仕入債務回転期間は長いほうが良い。先に平均値で示したように、こうした期間は、業界慣習によっておおよそ決められている傾向もよく見られる。同じような顧客や販社、あるいは部品メーカーを相手に取引する以上、サイトに関する条件は業界でおおよそ同じものに収れんしがちだ。

　そこで売上債権と仕入債務それぞれについて、業界平均と比べて長いか短いかに分解して判断することが、当該指標については特に有効な切り口となってくる。業界に比べて売上債権や仕入債務のサイトが長い（短い）とすれば、それはなぜだろうか。両社の力関係の表れというのであれば、具体的にどのよう

な背景に基づく力関係なのだろうか。そして、それらは今後もしばらく継続していくものだろうか。そうでなければ、それを継続していくために、企業はどういった施策を打つ必要があるのだろうか。

以下に、両社の力関係に影響を及ぼす可能性のある要素を一覧にまとめる。各項目について分解しながら、自社のCCCに与える影響度合いとともに考察してほしい。

| | 業界平均より短い | 業界平均より長い |
|---|---|---|
| 売上債権 | 資金繰り上は○ | 資金繰り上は× |
| | ・売り手のほうが買い手（顧客）よりも企業規模が大きい<br>・売り手の業界で少数企業による寡占化が進んでいる<br>・売り手の製品の独自性が強い<br>・売り手の競合へのスイッチングコストが買い手にとって高い<br>・売り手が買い手の業界まで川下統合する可能性が高い<br>・売り手にとって買い手の重要性が低い | ・左に挙げた要因の妥当性が低い場合 |
| 仕入債務 | 資金繰り上は× | 資金繰り上は○ |
| | ・右に挙げた要因の妥当性が低い場合 | ・買い手のほうが売り手よりも企業規模が大きい<br>・買い手の業界で少数企業による寡占化が進んでいる<br>・売り手の製品の独自性が弱い<br>・買い手にとって製品の独自性が重要でない<br>・買い手にとって売り手のスイッチングコストが低い<br>・買い手が売り手の業界まで川上統合する可能性が高い<br>・買い手にとって売り手や売り手製品の重要性が低い |

ここで、売上債権と仕入債務の回転期間に影響を与えるのは、業界慣習と、売り手と買い手の力関係だけだろうか。業界慣習や相互の力関係からすれば、売り手は末締めの翌月末受け取りの最速条件で本来販売できるところを、敢えて末締めの翌々月末受け取りで販売することは、決してないのだろうか。

　売上債権の回収をゆっくり行うことは、自社の資金繰りについてはネガティブだが、その分だけ顧客にとっての資金繰りはポジティブとなる。特に、現預金を必ずしも潤沢に保有していない企業にとっては、支払いの遅延化は非常にありがたい話だ。

　キャッシュリッチな企業にとって、受取条件の若干の遅延化は、経営への負のインパクトは限定的だ。しかし、そうでない企業にとっては、同じ金額でもその正のインパクトははるかに大きい。キャッシュリッチな売り手企業が、その強みである資金力を生かして、買い手に対して支払条件はゆっくりと設定してあげる。その代償として、何らかの取引条件を売り手が買い手に課すとすれば、どうだろうか。

　継続的な取引、取引数量の増加、新規取引の開始、値引き要求に対する一定の歯止め、倉庫・物流などに関する費用負担等など、1つの販売取引が成立する上では、様々な取り決めが行われなければならない。対価の受取条件はそのうちの1つに過ぎない。よって、資金力に余裕のある企業であれば、敢えて対価の受取条件を譲歩することで、それ以外の条件交渉を優位に進めるということがあってしかるべきだ。

　この事実を、我々個人の生活に分かりやすく置き換えてみよう。賞与が出る直前月に、どうしても大型テレビを購入したいとする。すると、家電量販店の店員が「支払いはボーナス一括払いで結構ですから、今契約してください」と言ってくる。量販店側は資金の受取条件で譲歩するのだから、あなたも譲歩して新規の契約を行ってくださいというところだ。このように、契約とは相互の譲歩の積み重ねであり、売上債権の回収サイトはその1つの構成要素に過ぎないのだ。

◉CCCを分解するステップ
(1) 売上債権への分解（販売相手先の明確化、分析対象企業との力関係、力関係以外の要素）
　　⇩
(2) 棚卸資産への分解（第7章で詳述）
　　⇩
(3) 仕入債務への分解（仕入先の明確化、分析対象企業との力関係、力関係以外の要素）

## 2 ● ケーススタディ──メディパルホールディングス
薄利な卸売業は回転で勝負する、CCCによる資金調達

### 1…メディパルホールディングスにおけるCCCの推移

　図表6-3に、医療用・一般用医薬品、および化粧品・日用品等卸売業最大手のメディパルホールディングス（以下、メディパル）の6年間のCCCと、各構成要素の推移を示した。メディパルはこの間、数多くのM&Aを手掛けているため、売上高は2004年3月期の1兆2,839億円から2009年3月期には2兆4,635億円へと実に1.9倍に拡大している。これは年率平均に換算すると、14％の成長率に相当する。メディパル自身も事業持株会社として、自ら卸売業を営んでいる一方、子会社には比較的大きな企業として、クラヤ三星堂、Paltac（パルタックとコバショウが合併）、アトルなどがある。

　多くのM&Aを実行しているため、表の各数値が毎年上下に不規則にぶれている印象はぬぐえない。しかしそれでも、メディパルのCCCは一貫して2〜3週間のマイナス数値で推移していることが読み取れる。つまり、「売上債権回転期間＋棚卸資産回転期間」より、仕入債務回転期間が長いということだ。商品をメーカーから仕入れ、棚卸資産として一定期間保有（2009年3月期は17.6日）した後に販売する。販売から資金回収までは80日強の数値（同81.8

**図表6-3** メディパルのCCCの推移

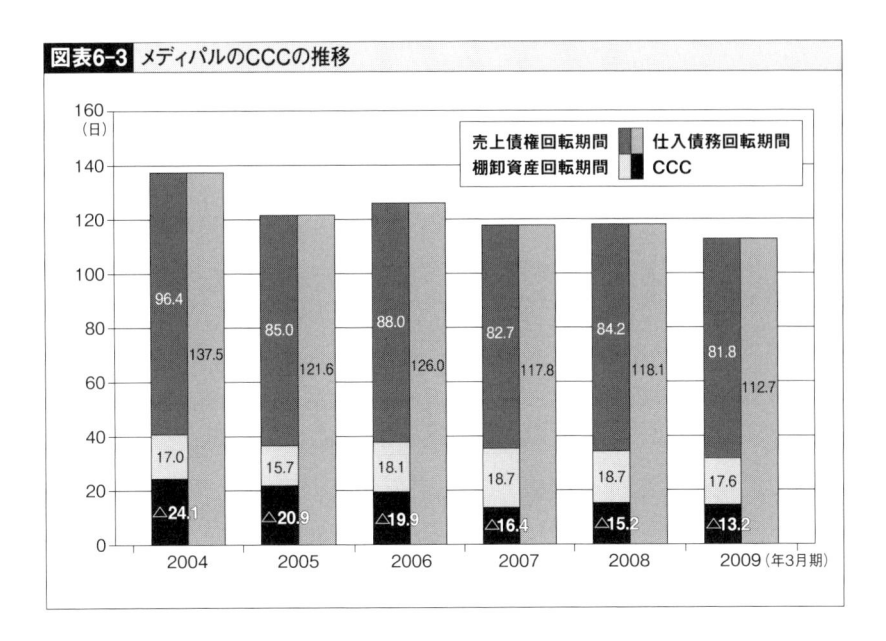

| 年（3月期） | 棚卸資産回転期間 | 売上債権回転期間 | 仕入債務回転期間 | CCC |
|---|---|---|---|---|
| 2004 | 17.0 | 96.4 | 137.5 | △24.1 |
| 2005 | 15.7 | 85.0 | 121.6 | △20.9 |
| 2006 | 18.1 | 88.0 | 126.0 | △19.9 |
| 2007 | 18.7 | 82.7 | 117.8 | △16.4 |
| 2008 | 18.7 | 84.2 | 118.1 | △15.2 |
| 2009 | 17.6 | 81.8 | 112.7 | △13.2 |

日）なので、差し詰め月末締めの翌々月末受け取りといったところだ。

一方、支払債務回転期間は約120日前後の数値（同112.7日）なので、支払条件は月末締めの翌々々々（翌が4つ！）月末払いである。こうした支払サイトの長期化によって、80日強という比較的長い売上債権の回収期間と、卸売業として保有しなくてはならない棚卸資産を相殺して、CCCをマイナスの数値とすることに成功している。CCCがマイナスということは、いわゆる運転資金から資金が生み出されることを意味している。つまり、企業が成長すればするほど、取引先から実質的に潤沢な資金提供を受けることのできる構造である。

## 2…メディパルホールディングスのCCCを分解する

120日前後という、あまりに長い支払債務回転期間に目が奪われがちだが、売上債権回転期間も80日強あるので決して短くはない。また棚卸資産回転期間はほぼ18日前後あるが、図表6-2から商社の平均的な数値（卸売業は商社

に含まれている）であると確認できる。しかし見方を変えれば、商社は在庫が早く回転するビジネスなのだから、売上債権や仕入債務の回転も同様にして素早く行うことはできないのだろうか。

メディパルのCCCについて、これら3つの構成要素への分解を行いながら、順に見ていくこととしよう。

### （1）売上債権への分解

売上債権を理解するためには、まず誰に売っているのかを明らかにすることから始まる。そこで任天堂や資生堂と同じように、まずは単体ベースでの売掛金の相手先を明らかにすることから始める。

表にある5つの企業はすべてメディパルの連結子会社である。任天堂や資生堂がそうであったように、当社も主たる売掛金の相手先は子会社である。ただし、任天堂や資生堂では、本体はメーカー、販売相手の子会社は販社であったのに対して、メディパルの場合は、本体も卸、販売相手の子会社も卸となっている。メディパルは自ら事業も行う事業持株会社ではあるが、実体は卸売業を営む子会社の取りまとめ的役割を担っている。一括大量仕入によって、メーカーに対する仕入値の値下げ交渉などに寄与するものだろう。

連結決算書上の売上債権回転期間は、あくまでこうしたメディパルの卸売業子会社が、販売先に対して80日強を要して回収していることを意味している。では、メディパルの子会社の主たる販売相手は誰だろうか。

図表6-5に示したメディパルの事業セグメント情報から、同社の連結売上高

**図表6-4　メディパルの売掛金の相手先（単体ベース、2009年3月期）**

| 相手先 | 金額（百万円） |
|---|---|
| ㈱クラヤ三星堂 | 328,830 |
| ㈱アトル | 61,489 |
| ㈱エバルス | 46,439 |
| ㈱潮田クラヤ三星堂 | 36,685 |
| ㈱井筒クラヤ三星堂 | 29,576 |
| その他 | 41,588 |
| 計 | 544,610 |

出所：メディパルホールディングス2009年3月期有価証券報告書

の7割程度は医療用医薬品等卸売事業から、残り3割は化粧品・日用品、一般用医薬品卸売事業から、それぞれ計上されていることが分かる。医療用医薬品等卸売事業はその名の通り、主に病院や調剤薬局向けの販売が占めているはずだ。病院はその特性上、必ずしも潤沢なキャッシュを保有しているわけではないので、80日強という比較的長い回収サイトが設定されているのは納得がいく。

　一方、パルタックを中心とした化粧品・日用品、一般用医薬品卸売事業の販売先はどうだろうか。パルタックは2005年9月までジャスダック証券取引所に上場していたため、当時の有価証券報告書を参照してみる。すると、主たる売掛金の相手先として、ローソン、カワチ薬品、スギ薬局、イオンなどの名前が見られる。コンビニ、ドラッグストア、スーパーといった小売店が主たる販売先というわけだ。

　たとえばカワチ薬品は上場企業なので、直近の情報からメディパルとの関係をある程度読み解くことも可能だ。メディパルにとってのカワチ薬品に対する売上債権は、カワチ薬品にとっての仕入債務となる。カワチ薬品の2009年3月期の有価証券報告書から、単体ベースの主たる買掛金の相手先を見ると、最

### 図表6-5　メディパルの事業セグメント情報（2009年3月期）

（百万円）

| | 医療用医薬品等卸売事業 | 化粧品・日用品、一般用医薬品卸売事業 | 関連事業 | 計 | 消去又は全社 | 連結 |
|---|---|---|---|---|---|---|
| Ⅰ　売上高 | | | | | | |
| (1)外部顧客に対する売上高 | 1,748,144 | 710,380 | 5,044 | 2,463,569 | ー | 2,463,569 |
| (2)セグメント間の内部売上高又は振替高 | 858 | 648 | 1 | 1,509 | (1,509) | ー |
| 計 | 1,749,003 | 711,029 | 5,046 | 2,465,078 | (1,509) | 2,463,569 |
| 営業費用 | 1,743,127 | 703,507 | 5,029 | 2,451,664 | (1,550) | 2,450,113 |
| 営業利益 | 5,876 | 7,521 | 16 | 13,414 | 41 | 13,455 |
| 売上高構成比 | 71.0% | 28.8% | 0.2% | 100.0% | | |
| 営業利益構成比 | 43.8% | 56.1% | 0.1% | 100.0% | | |
| 売上高営業利益率 | 0.3% | 1.1% | 0.3% | 0.5% | | |

注：医療用医薬品等卸売事業：医療用医薬品、医療機器等卸売業
　　化粧品・日用品、一般用医薬品卸売事業：化粧品、日用品、石鹸、洗剤、一般用医薬品等卸売業
　　関連事業：化学工業薬品、食品添加物等販売
出所：メディパルホールディングス2009年3月期有価証券報告書

も多い相手がパルタック向けで、金額は55億円となっている。これは、同社の買掛金の16%に相当する金額で、他には食品卸売業の名前なども見られる。

一方、同期のカワチ薬品（単体ベース）の仕入債務回転期間を計算すると、70.6日となる。これはメディパルの売上債権回転期間である80日強の数値より、約10日程度早い数字だ。スギホールディングスの2009年2月期決算でも、同比率（連結ベース）は51.5日と、80日強よりだいぶ短い数値として計算される。

ドラッグストアやスーパーは基本的に現金商売である。毎日日銭が入ってくるのだから、モノが売れている間は、日々の資金繰りは比較的楽な業界だ。卸に対する支払いを渋って、さらに自社の資金繰りを良くするのも1つのやり方だが、すぐに払える現金があるのならば、すぐに払ってしまうのも1つのやり方だ。たとえばその分、さらなる割引を引き出したり、あるいは他の条件において優位な交渉を引き出したりすることも可能となる。

このことからメディパル全社の連結売上高の3割に相当する、化粧品・日用品、一般用医薬品卸売事業からの売上は、全社の売上債権回転期間である80日強よりも、短い期間で回収できていると想定される。言い換えれば、医療用医薬品等卸売事業からの売上債権の回収は、80日より長い日数を要していることとなる。

簡単に試算してみよう。たとえばカワチ薬品とスギホールディングスの仕入債務回転期間の中間をとって、メディパルの化粧品・日用品・一般用医薬品卸売事業の売上債権回転期間は約60日とする。これら事業が3割で医療用が7割で加重平均し、その値が81.8日（メディパルの2009年3月期の売上債権回転期間）になるとして逆算すると、医療用卸売業の売上債権回転期間は約90日強と算出される。

たとえば4月1日に病院や調剤薬局に届けた薬の対価が、90日後の6月末頃に入金されるのだから、やはりかなり長いと言うべきだろう。これには、診療報酬の病院への入金に2ヵ月程度を要することが背景にある。幸い相手が病院なので、貸し倒れリスクは比較的小さいという背景も、ここで忘れてはならない。

最後に、前節で考察した売り手（メディパル）と買い手（病院、調剤薬局、

ドラッグストアやスーパーなどの小売店）の間の力関係という点についてはどうだろう。メディパルの主たる販売相手は病院なので、ここではメディパルと病院との関係を評価する。

| 両社の力関係の<br>評価ポイント | メディパルを評価<br>（○メディパル優位、△中立、×病院優位） |
|---|---|
| 売り手のほうが買い手（顧客）よりも企業規模が大きい | ○　メディパルの売上2兆4,635億円は、比較する意味もないほど病院に対して圧倒的な規模 |
| 売り手の業界で少数企業による寡占化が進んでいる | ○　メディパル自身がそうであるように、多くの医療用医薬品、化粧品・日用品、一般用医薬品卸売業を買収して巨大化し、寡占化が進んでいる |
| 売り手の製品の独自性が強い | △　あくまで製品の所有者は医薬品メーカー。メディパルの独占的販売ができていなければ、メディパルの独自性とは言えない |
| 売り手の競合へのスイッチングコストが買い手にとって高い | △　メディパルの独占販売でなければ、病院側のスイッチングは比較的容易。また、効能が変わらない薬が存在すれば、薬そのもののスイッチングもありえる |
| 売り手が買い手の業界まで川下統合する可能性が高い | ×　卸売業が病院事業を手掛けることは考えにくい |
| 売り手にとって買い手の重要性が低い | ×　医療用医薬品を処方し、販売することができるのは病院や調剤薬局のみである。買い手が限定された商品なので、その存在は非常に重要 |

　上記最初の2つの項目より、規模や寡占化の状態からすれば、メディパルが病院に対して優位な立場にあるとも取れる。しかし、決定的な要因は最後に挙げた買い手の重要性が、メディパルにとって著しく高いということに尽きるだろう。しかもその相手である病院は、決してキャッシュリッチな業種ではない。むしろ破たんする病院が最近増えてきているのも事実である。

　こうした相互の力関係から、90日強という、一般的には長い部類に属する売上債権回転期間によって取引が行われているものと考察される。

## (2) 棚卸資産への分解

　2009年3月期末にメディパルが保有する棚卸資産は1,151億円である。同社は卸売業なので、棚卸資産イコール商品と考えて良い。つまり、原材料、仕掛品、製品は存在しない。同期のメディパル単体BS上の商品は、449億円（医療用医薬品が中心）となっている。よって、連結グループ全体の4割の商品在庫は、メディパル本体が保有していることとなる。メディパル本体は子会社の窓口的な役割が中心で、自らが商品在庫を保有することなく、すぐに子会社に流しているイメージがあったが、本体でも意外と在庫を保有していることが分かった。

　有価証券報告書を見ると、メディパル本体が多くの物流センターを保有していて、物流・倉庫の任を負っていることが分かる。逆に子会社たちが保有する主な設備は、店舗や倉庫となっている。数多くの商品を扱う特性上、物流管理、サプライチェーン・マネジメントによる在庫の適正化は、非常に重要な経営課題だ。ましてやM&Aによって、グループ企業数も取扱商品も急増傾向にある同社である。

　こうしたことから、主要地域までの物流と倉庫管理はメディパル本体で行うために、単体ベースでも商品在庫が4割も表れるという事実に結び付いていく。メディパル本体が純粋持株会社ではなく、自らも事業を行う事業持株会社であるゆえんは、メーカーに対する大量購買による価格交渉目的だけではなく、この物流・倉庫の機能を包括的に担うためと読むことができるだろう。ただし、同社は2009年10月1日から純粋持株会社に移行することを決定している。本体が所有していた医療用医薬品等卸売事業は分割して、子会社の株式会社クラヤ三星堂に承継する。

## (3) 仕入債務への分解

　売上債権を80日強、棚卸資産を19日程度保有するにもかかわらず、メディパルがCCCをマイナスの数値にできている背景は、仕入債務の支払いが非常に遅いということに尽きる。まずは売上債権回転期間と同様に、主たる仕入先を単体ベースの情報から見てみる。

　大手医薬品会社の名前が軒を連ねている。医薬品会社の名前しか見えず、化

粧品や日用品会社の名前が見えない。もちろん後者の事業規模が全体では3割に過ぎないこともあるが、ここではメディパル単体の買掛金の相手先を見ていることが要因である。前述のように、メディパル単体で保有する商品は医療用医薬品である。化粧品や日用品は、パルタックが物流・倉庫の機能を担っており、仕入もそちらを中心に行われている。

メディセオと経営統合する前のパルタックが上場企業として最後に発行した2005年9月期の有価証券報告書を参照すると、同社単体ベースでの支払手形の大きな相手先としてはサンスター、アース製薬、コーセーコスメポートなどが、買掛金の大きな相手先としてはライオン、エフティ資生堂、ユニリーバ・ジャパンなどの名前が、それぞれ見られる。

図表6-2に示したように、医薬品業界の売上債権回転期間の平均値は92.1日である。メディパルの仕入債務回転期間が120日前後という事実と照らし合わせると、約30日程度のギャップが生じており、違和感は大きい。

売上債権回転期間の考察と同様に、化粧品・日用品、一般用医薬品卸売事業が影響を及ぼしているという仮説は立つが、その場合、これら事業の売上債権回転期間がさらに長くなくてはならない。たとえば食品業界の売上債権回転期間が、医薬品業界よりはるかに短い41.7日しかないように、この考えは現実的ではない。では、一体何が影響しているのだろうか。

メディパルの買掛金の最大金額を保有する武田薬品工業の2009年3月期における主な売掛金の相手先（単体ベース）を調べると、最も大きいのはメディパル向けの666億円となっている。

**図表6-6** メディパルの買掛金の相手先（2009年3月期、単体ベース）

| 相手先 | 金額（百万円） |
|---|---:|
| 武田薬品工業㈱ | 64,479 |
| アステラス製薬㈱ | 47,155 |
| 中外製薬㈱ | 23,454 |
| 田辺三菱製薬㈱ | 22,576 |
| アストラゼネカ㈱ | 22,019 |
| その他 | 395,888 |
| 計 | 575,572 |

出所：メディパルホールディングス2009年3月期有価証券報告書

ますます疑問が深まりそうだが、武田単体の売掛金の合計額が1,774億円と、武田薬品にしては少ないことに着眼すると、考察の道が開けてくる。武田薬品の2009年3月期の連結BS上の売掛金は3,023億円に達している。つまり、武田単体で保有する売掛金の1.7倍に相当する売掛金が連結ベースでは存在している。また、武田単体の2009年3月期の売上高は8,740億円だが、連結の売上高は1兆5,383億円なので、売上の連単倍率は1.8倍程度だ。武田薬品を経由しないで多くの売上を上げている武田の子会社はどこか、と考えれば、海外市場という切り口が見えてくる。
　武田薬品の連結売上高の実に54.8％は海外市場の売上である。これら海外への販売のほとんどが、武田単体の売上に入っていないということは、すなわち生産から販売活動までが海外で完結しているものが多いことを意味している。もちろん、これらは武田の子会社の活動だから、連結ベースではすべて売上高と売掛金に計上される。
　このことから、武田薬品の海外での売上債権の回収は国内に比べても非常に早いという仮説が生まれてくる。メディパルが相手にするような大手医薬品会社は連結売上に占める海外比率が高い。そのため、メディパルから医薬品業界を見ると支払いがかなり遅いはずなのに、医薬品業界からメディパルを見ると、回収の早い海外取引の影響を受けて、もう少し早く受け取っているという姿に見えてしまったのだ。
　武田薬品の連結売上債権回転期間は65日程度である。国内と海外の売上比率を50％とし、国内はメディパルの仕入債務回転期間である120日を使って加重平均すると、海外での回収期間は10日と算出される。これはあまりに短すぎるので、実際は武田の国内の売上債権回転期間は、平均でもっと短く設定できているはずだ。特に医療用ではなく一般大衆薬では、日用品や食品がそうであるように、回収は120日よりはるかに早く行っているだろう。いずれにしても、武田薬品をはじめとする大手医薬品会社は、海外販売に比べて医療向け国内販売の売掛金の回収に相当の時間を要していることは間違いない。
　最後に、前節で考察した売り手（医薬品メーカー）と買い手（メディパル）の力関係についてはどうだろう。メディパルの主な仕入相手は大手医薬品メーカーなので、ここではメディパルと大手医薬品メーカーとの関係を評価する。

| 両社の力関係の評価ポイント | メディパルを評価<br>（○メディパル優位、△は中立、×大手医薬品メーカー優位） |
|---|---|
| 買い手のほうが売り手よりも企業規模が大きい | ○　メディパルの売上2兆4,635億円は、国内医薬品メーカー最大手の武田薬品（1兆5,383億円）を9,000億円超上回る |
| 買い手の業界で少数企業による寡占化が進んでいる | ○　メディパル自身がそうであるように、多くの医療用医薬品、化粧品・日用品、一般用医薬品卸売事業を買収して巨大化し、寡占化が進んでいる |
| 売り手の製品の独自性が弱い | △　大手医薬品ともなれば、他社に類のない大型製品を保有しており、独自性は強い。一方、効能が類似する薬の存在や、後発医薬品が普及している薬では、独自性は低くなる |
| 買い手にとって製品の独自性が重要でない | ×　病院あるいは医者から好まれる薬ならば、販売数量に結び付くため独自性は重要である。言い換えれば、価格ありきで取扱商品が決定するような業界ではない |
| 買い手にとって売り手のスイッチングコストが低い | △　卸業なので、スイッチングすること自体には目に見えるコストは発生しない。実際にはメーカーや病院との関係から、そう容易くスイッチできるものでもない |
| 買い手が売り手の業界まで川上統合する可能性が高い | ×　医療用医薬品は、秀でた技術と多額の資本がなければ開発できないものであり、卸売業が川上統合できるものではない |
| 買い手にとって、売り手や売り手製品の重要性が低い | ×　医療用医薬品は、秀でた技術と多額の資本がなければ開発できないものであり、メーカーとの関係性は非常に重要 |

　○△×が混在する結果となったが、決定要因は最初の2つにあるメディパルの取扱規模と寡占化によるものが大きい。全国にわたる多くの病院や調剤薬局に対して、医薬品メーカーが自社製品を流通させるためには、それらすべてに円滑なアクセスを持つ企業との集約された取引が望ましい。

　幸い医薬品業界はキャッシュリッチな業界だ。120日という非常に長い期間でも、十分に入金を待てるだけのストックとしてのキャッシュを保有している。流通力はあるがキャッシュは多くない卸売業界と、キャッシュはあるが全国への流通力はない、あるいは自ら直接は行いたくない医薬品メーカーである。こうした相互の強みと弱みの補完関係が見事にかみ合った結果としての、メディ

パルの仕入債務回転期間の長さと評価できるだろう。

## 3…メディパルホールディングスの経営戦略と会計指標

　メディパルの2009年3月期決算書を概観すると、PLからは売上高2兆4,635億円に対して、売上高総利益率7.6％（前年度は8.5％）、売上高営業利益率0.5％（同1.2％）という薄利の姿が顕著に分かる。にもかかわらず、支払利息はわずか8億4,100万円（売上比0.03％）にとどまっており、ほぼ無借金経営であることがPLからも想像できる。これだけ規模が大きく、かつ薄利の商売にもかかわらず、なぜ実質無借金でいられるのか。

　実際に有利子負債は400億円程度に過ぎない。平均金利が2％程度と計算されることからも特に違和感はない。現預金だけで1,500億円程度保有しており、まさに実質無借金会社である。

　売上高2兆円超の薄利なビジネス、資産も1兆円を超える規模にありながら、実質無借金でいられるのは、マイナス方向に拡大したCCCの恩恵と言える。金額ベースでCCCを計算すれば、△448億円（売上債権5,568億円＋棚卸資産1,151億円－仕入債務7,167億円）と算出される。要は販売代金の回収が終わるまでは、仕入先メーカーに対価を支払わないという構造が出来上がっていることを意味している。

　図表6-7は、先に計算したメディパルの2009年3月期の3つの回転期間を使い、同社の資金サイクルを描いたものだ。

　ここまで述べてきたように、メディパルをはじめとして医薬品卸大手の寡占化は加速している。その背景として、薬価の引き下げが続いて卸が利益を確保しづらくなったこと、大病院が系列で薬の一括購入を開始したこと、調剤薬局がチェーン化されるなどで顧客側の価格交渉力が強まったことなどが挙げられる。また一般薬や化粧品・日用品については、販売先の小売業界が巨大化しているという背景もある。セブン＆アイグループとイオングループに代表されるように、GMS（総合スーパー）やコンビニにとどまらず、ドラッグストアまでも巻き込んだ大型化が進んでいる。この事実は、大型化しているのは医薬品卸売業だけではなく、食品卸売業もまったく同様であることにも表れている。

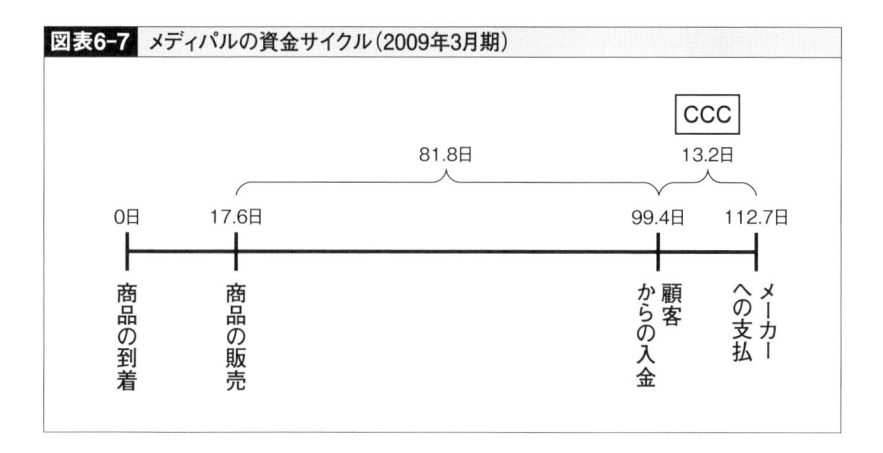

**図表6-7　メディパルの資金サイクル（2009年3月期）**

```
                          81.8日              CCC
                                             13.2日
  0日    17.6日                      99.4日   112.7日
  ├──────┼──────────────────────────┼────────┤
  商      商                          顧       メ
  品      品                          客       ー
  の      の                          か       カ
  到      販                          ら       ー
  着      売                          の       へ
                                     入       の
                                     金       支
                                             払
```

　メディパルは2008年1月に発表した中期経営計画の中で、5年後（2013年3月期）のビジョンとして売上高3兆円を掲げている。

　卸売業は規模を追求することで、仕入先メーカーや顧客に対する交渉主導権を獲得する狙いもさることながら、物流費や人件費のコスト低減による利益改善も目指している。それを目指した究極のM&Aの話が実はあった。

　2008年10月に医薬品卸売業1位のメディパルと、2位のアルフレッサが合併計画を発表した。新会社名は「アルフレッサ・メディパルホールディングス」となることや、合併の際の株式交換比率まで発表された。実現すれば、売上高4兆円を超える巨大な卸企業の誕生である。4兆円というのは、国内医薬品大手4社（武田薬品、アステラス製薬、第一三共、エーザイ）の売上高合計に匹敵する規模となる。

　しかし、合併すれば医療用医薬品卸のシェアで4～5割程度、地域によっては6割程度のシェアを握ることから、公正取引委員会が難色を示し、結局のところ合併計画は破談となった。経営環境の変化によっては、また復活するかもしれない案件だろう。2009年のメディパルの純粋持株会社化への移行も、本件に限らず、今後のさらなるM&A拡大のための備えとも取れる。

　メディパルのいる卸売業は薄利である。販売先との力関係の変化から、自社も巨大化していくことを持続的成長の糧とした。成長するためには資金が必要だ。薄利の卸売業であればなおさらだ。

資金の調達先を考える場合、第一に自社の内部留保から、次に外部からの有利子負債、そして最後に株式発行による外部調達の順とするのが一般的だ。卸売業は薄利なので、それほど潤沢な内部留保は持ち合わせていない。有利子負債を増やせば支払利息負担が増え、薄利の卸売業には負のインパクトが大きい。株式を発行すればPL上は傷まないが、業界全体の大きな成長が望めない中での増資は、株式の希薄化による株価下落懸念を高めるものだ。そもそも希望金額が調達できるかも分からない。

　しかし、これら3つに優先する資金調達の手段がある。それは買掛金という名の資金調達だ。買掛金の増加には支払利息の発生もなければ、希薄化による株価下落の懸念もない。もちろん将来の返済義務はついて回るが、会社の活動が永続的に続くとすれば、買掛金は継続的に発生し続けるので、実質的に返済義務は発生しない。それどころかメディパルのように負のCCCを作り出すことができれば、会社の拡大とともに取引先からの資金調達が行えることとなる。そうであれば、ますます企業規模を拡大したいというインセンティブが働くものだろう。

　幸いにして、主たる仕入先の医薬品メーカーはキャッシュリッチだ。ある程度の条件緩和には対応することが可能だ。それをフルに活用することで、実質的な無借金体質を作り出しながら、競争優位の源泉とする規模の拡張を推進する。医薬品卸売業界の置かれた経営環境と、メディパルの企業戦略が見事に体現された結果としての、大きな買掛金の姿であり、負のCCCの実現である。

## 3● アサヒビールの経営分析
【6】キャッシュ・コンバージョン・サイクル

　アサヒビールのCCCの計算プロセスを次ページ上表にまとめた。この表からどのような分析や、仮説の構築を行うことができるだろうか。仮に読者の考察が、次のようなものであったとしよう。

- 売上債権回転期間は、2ヵ月強だからメーカーとしては一般的

|  | 2007年12月期 | 2008年12月期 |
|---|---|---|
| 売上高（百万円） | 1,464,071 | 1,462,747 |
| 売上原価（百万円） | 961,181 | 953,486 |
| 売上債権（百万円） | 278,238 | 265,048 |
| 棚卸資産（百万円） | 90,436 | 97,039 |
| 仕入債務（百万円） | 100,720 | 99,674 |
| 売上債権回転期間（日） |  | 67.8 |
| 棚卸資産回転期間（日） |  | 35.9 |
| 仕入債務回転期間（日） |  | 38.4 |
| CCC（日） |  | 65.3 |

- 棚卸資産は、食品メーカーだし、鮮度が命のアサヒビールだから1ヵ月程度の少ない在庫は妥当
- 仕入債務の支払いが売上債権の回収に比べて著しく早いのは、早期の支払いで原価低減に結び付け、利益率の向上を図っているから
- その結果として算出される2ヵ月強のCCCは不可避

　残念ながら、私はこの分析に対して落第点を渡すだろう。本章をもう一度読み直し、さらにここまでの各章末のアサヒビールの考察を最初から振り返る必要がある。
　たとえば売上債権については、販売相手には国内と海外があり、国内でも量販店と飲食店、さらには間に入る卸売業との関係性などを考察しなくてはならない。棚卸資産については次章でキヤノンの数値を実際に見ていくが、少なくとも原材料、仕掛品（アサヒでは半製品と呼ぶ）、製品に分解して考えることが必要だ。鮮度が命だけでは、製品在庫のほんの一部の話であり、原材料や仕掛品にはほとんど関係ない。仕入債務も同様に、仕入れている原材料や、一部の製造委託などを考察する必要がある。
　さらに大事な点として、酒税の影響を考えなくてはいけない。売上債権回転期間は分子の売上債権と分母の売上高ともに酒税が含まれているので問題ない。しかし、棚卸資産回転期間は分子の棚卸資産には酒税は含まれていないが、分母の売上原価には酒税が入っている。酒税分だけ分母が重くなっているのだから、実態よりかなり少なく映っている。仕入債務回転期間についてもまったく同じことが言える。
　そこで、ここまでと同様に実質売上高を1兆円と仮定し、そこで控除した金

額を酒税として、各期の売上原価からも同額を控除する（実際には酒税の高いビールから、酒税の低い発泡酒や新ジャンルにプロダクト・ミックスのシフトが起きているため、売上高に対する酒税比率は下がっている。しかし、CCCの計算ではその影響は軽微なので、そのまま計算を進める）。その数値を使って再度CCCを算出すると以下のようになる。

|  | 2007年12月期 | 2008年12月期 |
|---|---|---|
| 実質売上高（除く酒税）（百万円） | 1,000,000 | 1,000,000 |
| 実質売上原価（除く酒税）（百万円） | 497,110 | 490,739 |
| 売上債権回転期間（日） |  | 67.8 |
| 棚卸資産回転期間（日） |  | 69.7 |
| 仕入債務回転期間（日） |  | 74.5 |
| CCC（日） |  | 63.0 |

CCCの値は2ヵ月程度で変わっていないが、棚卸資産は70日程度、仕入債務は75日程度と、先ほどよりかなり大きな数値となって表れてきた。ビールは醸造工程が必要なため、他の食品会社と比較しても、仕掛工程に一定の日数を要する製品だ。また、いくら鮮度が命と言っても、物流センターや小売店まではアサヒビールまたはその子会社の物流・卸企業が多くの場合は荷を運ばなくてはならないはずだ。もちろん原材料在庫もある。最近は製品ラインアップも広がっているため、原材料、仕掛品、製品のすべての在庫増加への影響もあるだろう。これらを考慮すれば、70日程度の棚卸資産が妥当な数値であり、またそれが事実である。

仕入債務回転期間はどうだろうか。実際には、原価の中には人件費や減価償却費といった仕入高に相当しないものも多く含まれている。アサヒの有価証券報告書から単体ベースの原価明細書を確認すると、酒税を除く原価に占める原材料費は、おおよそ7割となっている。連結と単体の違いもあるが、とりあえず「75日÷0.7＝107日」と計算しておこう。つまり、支払いのほうは、おそらく3ヵ月程度の平均で支払っていると想定されてくる。

これらの数値を用いて、CCCを再度計算してみれば、次のようになる。

$$\begin{aligned} \text{CCC} &= \text{売上債権回転期間} + \text{棚卸資産回転期間} - \text{仕入債務回転期間} \\ &= 70\text{日} + 70\text{日} - 107\text{日} \\ &= 33\text{日} \end{aligned}$$

最初に計算した65日と、その中身の各数値より、少なくともこちらのほうが実態に近いはずだ。後は売上債権回転期間、棚卸資産回転期間、仕入債務回転期間のそれぞれについて、本章と次章で用いた分解のアプローチに従って考察を進めていくこととなる。

### QUIZ[6]

下図は2009年3月4日に行われたMorgan Stanley Technology Conferenceにおける米アマゾン・ドット・コム社の投資家向け説明会の資料からの抜粋です。

アマゾンの実際のPLとBSを参照しながら、アマゾンのCCCについて分析してください。アマゾンは、なぜ下図の下に、「運転資金はキャッシュの源泉」と謳っているのでしょうか。

また、繰り返しになりますが、いかなる企業も経営戦略があっての会計数値です。アマゾンの基本戦略であるEDLP（エブリデー・ロー・プライス）とCCCの構造がどのように関連するのかを考察してください。

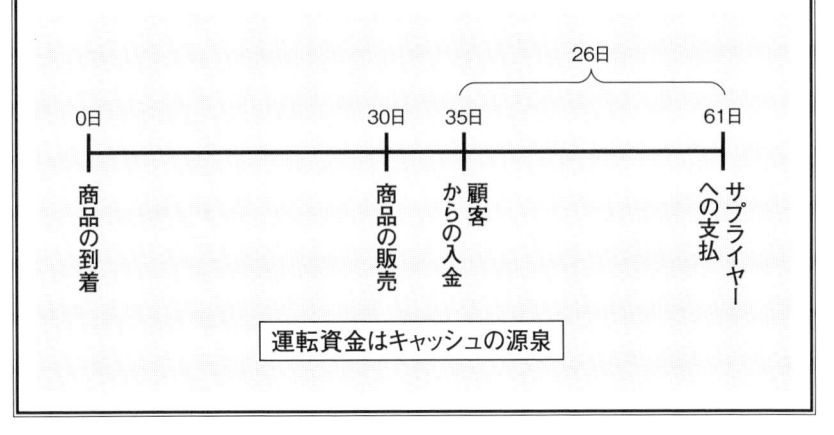

```
                              26日
       0日          30日  35日           61日
       ├───────────┼────┼──────────────┤
       商品の到着   商品の販売  顧客からの入金  サプライヤーへの支払
```

運転資金はキャッシュの源泉

# 第7章

# 棚卸資産回転期間

## 在庫の適正度を評価する資産効率性の指標

棚卸資産が売上原価の何日分に相当するかを示すのが棚卸資産回転期間だ。一般に在庫は削減すべきと断定しがちだが、その裏側にある背景を十分考察した上で結論を下すべきだ。棚卸資産を原材料、仕掛品、製品の3つに分解して分析を進める。キヤノンの高利益率創出のエンジンとなる棚卸資産回転期間を読む。

# 1 ● 棚卸資産回転期間の読み方

## 1…棚卸資産回転期間の算出方法

　棚卸資産回転期間の式そのものは、前章のキャッシュ・コンバージョン・サイクルでも触れている。小売や卸売、商社であれば、棚卸資産イコール商品である。商品在庫は前章の卸売業のケースを用いて触れたので、本章では製造業の棚卸資産という切り口で考察を進めていきたい。

$$棚卸資産回転期間（日）= \frac{棚卸資産}{売上原価/365}$$

※本章は製造業を中心に考察するため、棚卸資産＝原材料＋仕掛品＋製品
※企業によっては仕掛品ではなく半製品（中間的な製品だが販売可能なもの）として、あるいは仕掛品と半製品の両者を計上している。半製品がある場合は、これも含めて棚卸資産とする
※本書では分母に売上原価を使用する。売上高を用いた場合との違いは章中にて解説
※貯蔵品は販売目的で保有するものではないので、棚卸資産の計算からはずしている
※売上原価を棚卸資産で割った棚卸資産回転率（倍、回）で議論する場合も多い。棚卸資産回転期間の長い企業は、回転率が低いことを意味する。本書では直感的にイメージしやすい回転期間（日）で解説を進める
※棚卸資産回転期間と回転率の関係は以下の通り。回転期間と回転率の関係性は、棚卸資産に限らずに総資産、売上債権、有形固定資産、仕入債務などすべてにおいて下記と同じである

$$棚卸資産回転期間（日）= \frac{365}{棚卸資産回転率（倍、回）}$$

　製造業の棚卸資産は「原材料⇨仕掛品⇨製品」の3つのプロセスを踏む。したがって、棚卸資産回転期間の式も3つの項に分解して考えるのが有益だ。
　ここで、個別要素の正確な物理的日数を知りたければ、分子と分母を整合させなくてはならない。その場合、原材料回転期間の分母には当該年度の原材料費を用いるのが望ましい。この計算によって、「何日分の原価に相当する原材料か？」といった若干曖昧な定義ではなく、「何日分の操業を賄うだけの原材

料か？」といった具体的にイメージできる日数が計算される。

ただし、本章では棚卸資産回転期間の分解要素として位置付けているため、3つの構成要素はすべて売上原価で割っていく。あくまで売上原価全体に対するインパクトとして、3つの構成要素を見ていくということだ。

棚卸資産回転期間（日）
= 原材料回転期間 ＋ 仕掛品回転期間 ＋ 製品回転期間
= $\dfrac{原材料}{(売上原価/365)}$ ＋ $\dfrac{仕掛品}{(売上原価/365)}$ ＋ $\dfrac{製品}{(売上原価/365)}$

## 2…棚卸資産回転期間の業界平均値

図表7-1は、製造業と商社の棚卸資産回転期間を示したものだ。棚卸資産回転期間が90日を上回る大きな規模に達する業界として、医薬品（130.6日）、造船（106.8日）、機械（93.1日）、精密機器（90.9日）の4つが挙げられる。

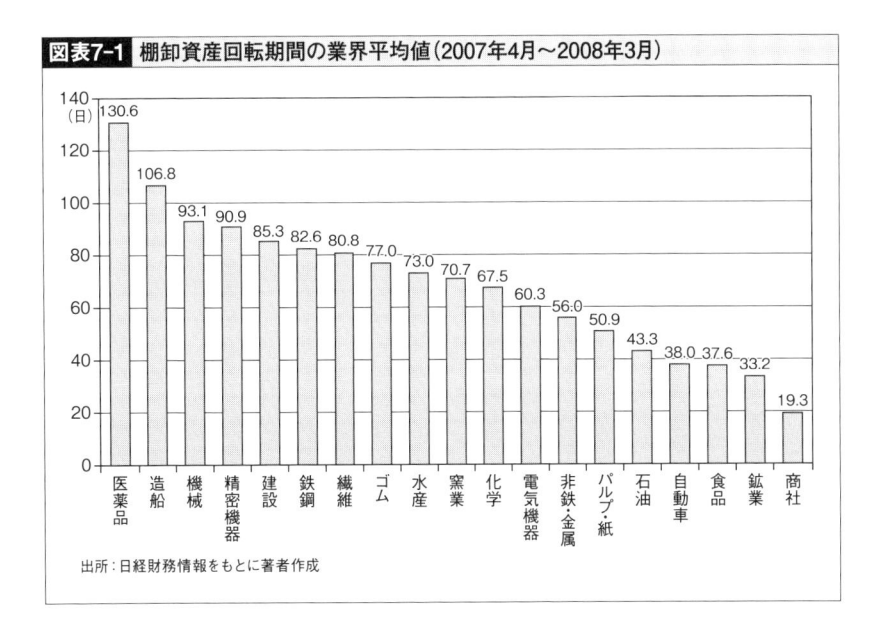

**図表7-1** 棚卸資産回転期間の業界平均値（2007年4月〜2008年3月）

| 業界 | 日数 |
|---|---|
| 医薬品 | 130.6 |
| 造船 | 106.8 |
| 機械 | 93.1 |
| 精密機器 | 90.9 |
| 建設 | 85.3 |
| 鉄鋼 | 82.6 |
| 繊維 | 80.8 |
| ゴム | 77.0 |
| 水産 | 73.0 |
| 窯業 | 70.7 |
| 化学 | 67.5 |
| 電気機器 | 60.3 |
| 非鉄・金属 | 56.0 |
| パルプ・紙 | 50.9 |
| 石油 | 43.3 |
| 自動車 | 38.0 |
| 食品 | 37.6 |
| 鉱業 | 33.2 |
| 商社 | 19.3 |

出所：日経財務情報をもとに著者作成

造船業界の棚卸資産が大きいのは、製品の物理的な大きさや製造コスト、あるいは製造に要する長い工程から考えて妥当と思われる。機械や精密機器もそれと類似した背景があるのに加えて、海外への積送在庫も大きい。一方、医薬品の製品は物理的にも小さいし、造船などと比べれば、製造コストはそれほど高くないはずだ。にもかかわらず医薬品業界の平均値が最も長いというのは、若干の違和感を覚える。

　これには複数の理由が挙げられるだろう。まず、製造コストが比較的安いという点では食品業界と似ているが、食品との大きな違いは消費期限が長いということだ。そのため、製品を在庫として長い間保有することができる。棚卸資産回転期間が長くなる前提条件として、消費期限の考慮は重要だ。

　次に、長く保有しなくてはいけない背景として、薬の供給義務が考えられる。仮に企業には利益をもたらさない薬でも、患者が存在する限りは勝手に製造停止するわけにはいかない。その結果、保有する製品ラインアップは、食品と比べても格段に多くなる。また薬という製品特性上、いついかなる時でも必要な薬を必要な量だけ供給できる体制になくてはならない。常に余裕のある在庫水準を保っておく必要もあるだろう。

　これらは製品在庫の議論だが、仕掛品在庫も発生している。薬の製造工程は原料の化学反応による化合物の製造から始まって、結晶化、充填、検査、保管など、安全性を最大限に尊重しながら、一定のプロセスを経て製造される。この間の在庫は仕掛品（または半製品）として棚卸資産に計上される。

　ただし、こうした製品在庫と仕掛品在庫をすべて考慮したとしても、130.6日、すなわち4ヵ月強の在庫を納得するまでには至らないだろう。そこで棚卸資産回転期間の式を改めて見てほしい。

　棚卸資産を分母で割っている相手は、1日当たりの売上原価であって、売上高ではない。医薬品業界のような原価率が非常に低い業界では、原価で割ることで、必要以上に在庫の大きな企業として表れてしまう。医薬品業界の売上高原価率の平均値は、おおよそ30％だ。棚卸資産を売上高で割った場合の回転期間は、130.6日に10分の3を掛け合わせて、約40日分の棚卸資産回転期間と計算される。

　医薬品業界は、あくまで物理的に130日分の棚卸資産を抱えている。これは

事実である。この130日というのは、年間販売量（売上高ではない）の3分の1強を常時保有しているということに他ならない。よって、他の業界と比較して、やはり在庫は多いとするべきだ。

しかし一方、その製造原価に大きな粗利を乗せることができるのも、医薬品業界の特筆すべき特徴だ。年間販売する売上高（数量ではない）の1ヵ月強に相当する棚卸資産しか保有していないという表現も、また事実となる。

逆に、棚卸資産回転期間が40日を切って短い4つの業界は、商社（19.3日）、鉱業（33.2日）、食品（37.6日）、自動車（38.0日）だ。鉱業を除く3つの業界については、前章で考察済みだ。鉱業は地下資源を掘り出す業種だから、掘り出した後に保有し続ければ、それは自社の在庫となる。しかし資源そのものは何ら付加価値を生み出すものではなく、あくまで原油は石油に、鉄鉱石は鉄鋼に、あるいは石炭は燃料となって初めて最終需要家にとっての価値をもたらす。よって、鉱業企業が長い期間在庫として保有する意味はなく、在庫の水準も比較的低いものとなっている。

## 3…棚卸資産回転期間を分解する

棚卸資産回転期間は長いほうが良いのだろうか、それとも短いほうが良いのだろうか。答えはCCC同様に「時と場合による」となる。資金繰りだけを考えれば、短いに越したことはない。あるメーカーでは、「在庫は借金」と宣言し、サプライチェーン・マネジメントの徹底による在庫水準の適正化を図っている。確かにBSの左側に在庫が膨らめば、右側も何かが膨らまなくてはいけない。手元に資金のない企業であれば、借金が膨らむというのが正当な考え方だ。

「在庫は罪子」と言われるゆえんは、この財務体質の悪化による資金繰りへの懸念が大きな理由だが、決してそれだけではない。その他にも、在庫は保有するだけでコストがかかるという点がある。倉庫代、管理者の人件費、電気代など、在庫は保有しているだけでコストがかさむ。もう1つは、在庫はいつまでも在庫ではないという点だ。つまり在庫は陳腐化してしまう。食品であれば賞味期限が訪れる。アパレルであれば流行的に、電化製品であればブランドや技術的に、在庫はいつか腐ってしまい、もはや在庫ではなくなる。

では、敢えて在庫は多く持つべきだとする論点はないのだろうか。この質問に対する答えも、在庫を3つの構成要素に分けて考察することで開けてくる。
　まず製品在庫については、販売機会のロスをなくすことが挙げられるだろう。せっかく売れている製品でも、モノがなければ販売できない。競合に対して圧倒的な支持を受けた製品であればいざ知らず、類似の競合製品が存在しているのであれば、供給切れを起こしている間に、顧客の消費は他社製品へと向かってしまう。
　次に、仕掛品在庫についてはどうだろうか。その名の通り、製品の仕掛かり、すなわち製造工程に時間がかかっていることを意味する。一般的には製造工程が非効率ゆえの現象と、ネガティブにも取れる。しかし、じっくり時間をかけてこそ品質の高い製品が作れるという性質のものであれば、どうだろうか。
　たとえばサントリーはウィスキーやワインに強みがある。これらの製品はビールに比べても製造に時間がかかる。じっくり熟成してこそのウィスキーであり、ワインである。よって、サントリーは競合に比べても突出して仕掛品（サントリーは半製品と呼んでいる）の多い企業となっている。
　最後に原材料在庫はどうだろう。原材料にも陳腐化は起きるので、無理して多く保有するメリットは感じられないように思われる。資金繰り上も管理コスト上も大きなマイナスだ。しかし、需要がひっ迫していて今後の調達が困難なことが予測されたり、今後の相場の上昇が高い確率で見込まれたりする場合には、敢えて多めに調達しておくこともあるだろう。もちろん原材料の価格なので、市場の相場次第という要素も多分にある。単体決算書ではあるが、新日本製鐵の2009年3月期のBSを見ると、棚卸資産の中で最も金額が大きいのは、製品や半製品ではなく、原材料（鉄鉱石、石炭、重油など）となっている。
　ここまで述べてきたように、あるメーカーの棚卸資産回転期間を分析する際には、棚卸資産を常に3つの構成要素に分解して考察することが望まれる。各構成要素についても、原材料はなぜ多い（少ない）のか、それは金額から来ているのか、それとも数量から来ているのか。そして、それは自社が能動的に行っていることなのか、それとも意に反してそうした状況に陥ってしまったのかと問い続けることだ。同じ作業を、仕掛品在庫と製品在庫それぞれについても行っていく。

その際に留意したいのは、図表7-1でも見たように、棚卸資産の水準は業界によってかなり異なるという点だ。複数の事業を営む企業であれば、事業ごとに3つの構成要素への分解を試みることが必要とされる。上場企業でもそこまでの開示情報はないので、事業特性を想像し、同一事業を主体とする上場企業の情報などを参考にしながら考察していくことが望まれる。

◉棚卸資産回転期間を分解するステップ
(1) 原材料への分解（メリットとデメリットを考慮しながら背景を考察）
　⇩
(2) 仕掛品への分解（メリットとデメリットを考慮しながら背景を考察）
　⇩
(3) 製品への分解（メリットとデメリットを考慮しながら背景を考察）

## 2 ケーススタディ——キヤノン
高利益率創出のエンジンとなる棚卸資産回転期間

### 1…キヤノンにおける棚卸資産回転期間の推移

次ページの図表7-2に、キヤノンの棚卸資産回転期間と3つの構成要素の推移を表した。棚卸資産回転期間の数値は2004年12月期の97.1日から、2007年12月期の90.1日まで、4年間でちょうど1週間の短縮を実現している。2008年9月以降の世界的金融危機により、キヤノンも製品の販売が急速に落ち込む影響を受けたが、生産調整を速やかに実施したため、2008年12月期の棚卸資産回転期間はほぼ横ばいに推移している。

90日程度の棚卸資産という数値は図表7-1で見た電気機器業界（キヤノンは同業界に分類されている）の60.3日と比較しても、非常に長く思われる。しかし、キヤノンの製品特性上、むしろ精密機器業界と比較するのが妥当とも思われる。同業界の棚卸資産回転期間の平均値は90.9日なので、確かにキヤノンと同程度の水準にある。

いずれにしても、他の製造業と比べれば圧倒的に長い90日という棚卸資産

回転期間がキヤノンにも起きているわけだ。この背景には何が潜んでいるのだろうか。先に3つの棚卸資産のメリット、デメリットを考察したが、キヤノンの場合にはそれぞれの棚卸資産について何が言えるだろうか。また、一見すれば精密機器業界の平均値なので妥当な値とも評価できるが、カメラやプリンタ、複写機などで世界市場をリードするキヤノンであれば、数値の裏側に、キヤノンならではの優位性が潜んではいないだろうか。

## 2…キヤノンの棚卸資産回転期間を分解する

### (1)原材料への分解

過去5年間におけるキヤノンの原材料回転期間は、3.0～3.4日という非常に短くかつ安定的な推移を示している。先述したように、「何日分の操業を賄うだけの原材料か？」を知りたければ、売上原価ではなく年間の原材料費で割るべきだ。単体ベースでは2008年12月期の数値として、原材料費は原価の約9割であることが有価証券報告書から確認できる。ただし、後述するようにキヤ

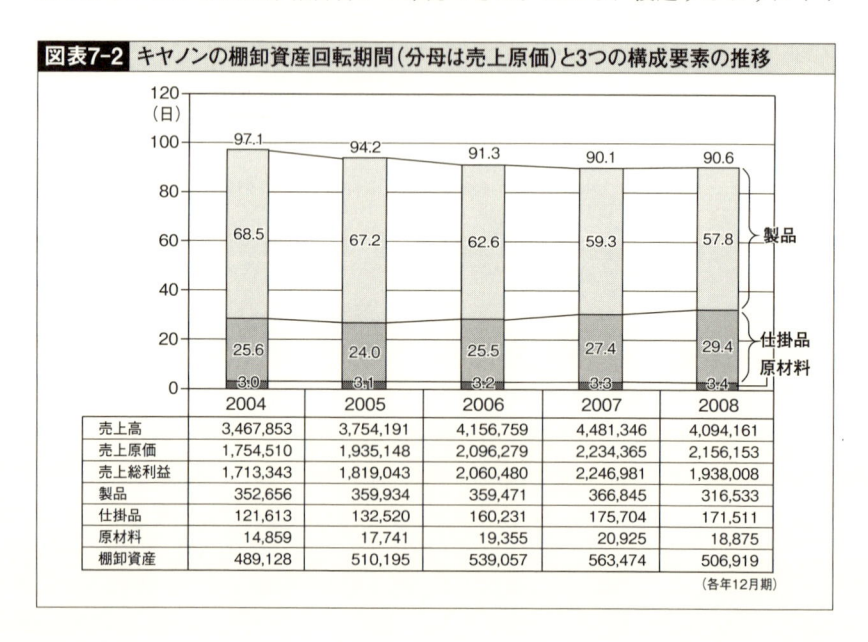

**図表7-2 キヤノンの棚卸資産回転期間（分母は売上原価）と3つの構成要素の推移**

| | 2004 | 2005 | 2006 | 2007 | 2008 |
|---|---|---|---|---|---|
| 売上高 | 3,467,853 | 3,754,191 | 4,156,759 | 4,481,346 | 4,094,161 |
| 売上原価 | 1,754,510 | 1,935,148 | 2,096,279 | 2,234,365 | 2,156,153 |
| 売上総利益 | 1,713,343 | 1,819,043 | 2,060,480 | 2,246,981 | 1,938,008 |
| 製品 | 352,656 | 359,934 | 359,471 | 366,845 | 316,533 |
| 仕掛品 | 121,613 | 132,520 | 160,231 | 175,704 | 171,511 |
| 原材料 | 14,859 | 17,741 | 19,355 | 20,925 | 18,875 |
| 棚卸資産 | 489,128 | 510,195 | 539,057 | 563,474 | 506,919 |

（各年12月期）

回転期間（日）: 2004年 97.1（製品68.5、仕掛品25.6、原材料3.0）、2005年 94.2（67.2、24.0、3.1）、2006年 91.3（62.6、25.5、3.2）、2007年 90.1（59.3、27.4、3.3）、2008年 90.6（57.8、29.4、3.4）

ノンはグループ子会社への製造委託が多いため、連結ベースで見れば、それら企業が保有する工場の労務費や減価償却費が売上原価に算入されてくる。よって、仮に原価の中に占める原材料費を8割と若干低めに想定することとしよう。すると、「3日/80％」の計算によって約4日分と算出される。いずれにしても、少ない規模に抑えられていることが窺える。

キヤノンの原材料について考察するには、まず誰から原材料を購買しているのかを明らかにすることから始めるべきだ。そこでキヤノン単体の買掛金の主な相手先を下記に示す。

表を見ると、買掛金の主な相手先はすべてキヤノンの連結子会社であることが分かる。キヤノンはグループ内において、原材料や部品の製造から最終製品の製造に至るまで、分業かつ内製化を図ることで有名な企業だ。大分キヤノンはカメラの製造、福島キヤノンとキヤノン化成は部品及び消耗品の製造、キヤノンファインテックは事務機の付属品及び部品、長浜キヤノンは事務機の製造をそれぞれ担っている。内製化によって、主体的な原価低減活動と量産効果によるコスト低減へと結び付けている。

当然ながら、連結決算書上の原材料とは、キヤノン本体、あるいはこれらの子会社が外部から購買してきた原材料に相当する。それがわずか3日程度に抑えられているというのだから、原材料購買のジャストインタイム化が徹底していると判断できるだろう。

キヤノンは「調達革新」活動と銘打ち、サプライチェーン・マネジメント（SCM）の徹底を進めてきた。これにより、原材料の調達に関しても、必要な

**図表7-3** キヤノンの買掛金の相手先（単体ベース、2008年12月期）

| 相手先 | 金額（百万円） |
|---|---|
| 大分キヤノン㈱ | 95,541 |
| 福島キヤノン㈱ | 17,124 |
| キヤノンファインテック㈱ | 16,436 |
| キヤノン化成㈱ | 13,112 |
| 長浜キヤノン㈱ | 12,095 |
| その他 | 167,801 |
| 計 | 322,109 |

出所：キヤノン2008年12月期有価証券報告書

ものを必要なときに、必要なだけ調達する仕組みを実現した。
　キヤノンでは、まるでバスのスケジュールのように部品会社に運航票を渡して、必要な原材料を必要なときに必要な量だけ持ってきてもらうという仕組みを導入したという。これによって、部品在庫は以前に比べて、4分の1から5分の1の水準にまで減少した。
　同時にキヤノンは、原材料の現地生産、現地調達も推し進めていった。こうしたすべての活動が貢献した結果として、原材料在庫が低いレベルで安定的に推移している。

### (2)仕掛品への分解

　3つの棚卸資産の中では、唯一回転期間が上昇傾向にあるのが仕掛品在庫である。2004年には25.6日だったものが、2008年には29.4日まで、約4日間の上昇が見られる。
　キヤノンはベルトコンベアによる生産をやめ、セル生産方式による生産体制を推し進めてきた企業である。セル(細胞)と呼ばれる少人数のチームが複数の工程をこなして1つの製品を作り上げる。1998年から2002年までにキヤノンが廃棄したベルトコンベアは、実に20,207メートルに及ぶという。これは東名高速道路に東京ICから乗ると、横浜町田ICまで達する距離に相当する。
　ベルトコンベアと異なり、少人数が多工程を受け持つセル生産方式では、作業の速度や工程を能力の低い従業員に合わせる必要はない。従業員は自ら部品を引き取って、必要な量を自主的に組み立てていく。これによって無駄な仕掛品在庫の圧縮につながる。キヤノンの御手洗冨士夫会長も、『御手洗冨士夫キヤノン流現場主義』(坂爪一郎著、東洋経済新報社)の中で以下のように述べている。
　「(セル生産方式の導入によって)工場の仕掛品も目に見えて少なくなりました。仕掛品は製造途上の未完成品ですが、コンベア方式のときにはこれが作業者と作業者との間にいくつもあり、コンベアで運ばれていました。ところがセル方式だと、作業者はみな肩と肩を寄せ合って仕事をしますから、自分の作業が終わった仕掛品はすぐ隣の作業員に手渡すことが基本です。したがって隣の作業者との間にある仕掛品は、ほとんどなくなります」

セル生産の成功によって、それまでベルトコンベアで埋め尽くされていた工場のスペースには空きが生じる。これを部品納入業者の部品供給のための場所として活用することで、需要に応じた部品調達を行いやすくなる。これは、原材料在庫のジャストインタイム化に貢献する。

セル生産による生産革新運動を続ける傍ら、キヤノンは高速自動機の導入による組立の自動化・無人化や、試作レスへの挑戦と銘打って、さらなるコストダウンと在庫の圧縮を図っている。これらの活動も、棚卸資産、とりわけ仕掛品在庫の圧縮に寄与していく。

こうした事実を踏まえると、キヤノンの仕掛品回転期間がほぼ一貫して増加傾向にあることには違和感を覚える。そこで、各年度をもう少し具体的に見ていくこととしよう。

2006年12月期は仕掛品回転期間が1.5日、金額にして277億円増加している。当該年度にキヤノンはキーパーツの内製化を進めている。内製化のメリットは、技術流出の防止に加えて、原価低減や自動化の追求を、自社の主導によって実行できるという点がある。

しかしながら内製化とは、子会社を含めて製造を自社で行うことを意味する。よって必然的に、仕掛品在庫が増加する結果となる。内製化によってPLの利益率の改善にはつながるが、BSの仕掛品在庫は増加せざるをえない。

2007年12月期は仕掛品回転期間が1.9日、金額にして154億円増加している。この背景の1つとして、当該年度の12月にキヤノンは真空技術応用製品事業を主として営むトッキを、買収によって連結子会社化している。トッキは有機ELの製造装置を手がけており、キヤノンの狙いはその内製化にある。製造装置は仕掛工程に時間のかかる製品である。年度末ギリギリの買収だったことも影響して、当該年度の仕掛品在庫の増加をもたらしている。

次ページにキヤノンの2008年12月期決算における事業セグメント情報を示そう。トッキをはじめとして、半導体製造装置や液晶用露光装置を製造するグループ企業は、光学機器及びその他事業に含まれている。図表7-4から、光学機器及びその他の事業は連結売上の14.5％を占めること、その内の4割弱はキヤノン内部向けの売上であることが分かる。光学機器だけではなくその他の様々な事業も含まれてはいるが、当該事業セグメントが内製化の重要な機能を

担っていることには間違いない。

　半導体製造装置や液晶用露光装置は、一般に仕掛工程に時間のかかる製品である。光学機器及びその他の事業セグメントの全社における資産構成比19.9％は、同売上構成比14.5％を5％超上回っている。保有設備の大きさに加えて、仕掛品在庫の多さも1つの要因と考えることができる。

　当事業セグメントは2008年12月期に454億円の赤字に陥っている。前年度の2007年12月期は、210億円の黒字ではあったが、他の事業セグメントに比べると利益率は決して良くない。しかし、キヤノンは内製化によって利益率の向上を目指す企業である。そして、光学機器及びその他の事業セグメントは、

**図表7-4　キヤノンの事業セグメント情報（2008年12月期）**

(百万円)

| | 事務機 | カメラ | 光学機器及びその他 | 計 | 消去又は全社 | 連結 |
|---|---|---|---|---|---|---|
| **I 売上高及び営業損益** | | | | | | |
| 売上高 | | | | | | |
| (1)外部顧客に対する売上高 | 2,660,019 | 1,041,947 | 392,195 | 4,094,161 | − | 4,094,161 |
| (2)セグメント間の内部売上高又は振替高 | − | − | 235,690 | 235,690 | (235,690) | − |
| 計 | 2,660,019 | 1,041,947 | 627,885 | 4,329,851 | (235,690) | 4,094,161 |
| 営業費用 | 2,115,375 | 854,160 | 673,375 | 3,642,910 | (44,823) | 3,598,087 |
| 営業利益 | 544,644 | 187,787 | △45,490 | 686,941 | (190,867) | 496,074 |
| **II 資産、減価償却費及び資本的支出** | | | | | | |
| 資産 | 1,487,885 | 499,287 | 495,095 | 2,482,267 | 1,487,667 | 3,969,934 |
| 減価償却費 | 163,920 | 39,412 | 88,017 | 291,349 | 49,988 | 341,337 |
| 資本的支出 | 172,197 | 43,086 | 68,542 | 283,825 | 78,163 | 361,988 |

| | | | | | |
|---|---|---|---|---|---|
| 売上高構成比 | 61.4% | 24.1% | 14.5% | 100.0% | |
| 営業利益構成比 | 79.3% | 27.3% | △6.6% | 100.0% | |
| 資産構成比 | 59.9% | 20.1% | 19.9% | 100.0% | |
| 売上高営業利益率 | 20.5% | 18.0% | △7.2% | | 12.1% |

注：事務機事業：ネットワーク複合機、複写機、レーザビームプリンタ、インクジェットプリンタ、コンピュータ、ドキュメントスキャナ、電卓等
　　カメラ事業：デジタル一眼レフカメラ、コンパクトデジタルカメラ、交換レンズ、デジタルビデオカメラ等
　　光学機器及びその他事業：半導体製造装置、液晶用露光装置、放送局用テレビレンズ、医療画像記録機器、大判プリンタ等
出所：キヤノン2008年12月期有価証券報告書

そのための重要な役割を担っている。よって、その事業セグメント上の利益がマイナス、あるいは利益率の低い事業だからといって、即不採算事業として烙印を押すことはできない。全社で見れば、キヤノンの主力の事務機やカメラ事業の高収益率に大きく貢献しているはずである。

最後に2008年12月期の仕掛品回転期間は2日伸びているが、金額ではむしろ41億円減少している。9月に端を発した世界的な金融危機によって、キヤノンの製品も急速な販売の減速に直面した。これに対処するため減産を進めたものの、それ以上の販売の落ち込みは吸収できなかった。その結果、仕掛品在庫の金額そのものは減少しているものの、急減した売上原価を分母に置いて回転期間は計算するため、増加したということになる。

### (3)製品への分解

製品回転期間は、2004年12月期の68.5日から、2008年12月期の57.8日まで、10.7日という大幅な圧縮を実現している。製品在庫の圧縮により、内製化の推進によって増加した仕掛品在庫を十分に吸収して、全体の棚卸資産回転期間を減少させることに成功している。

特筆すべきは、急速な景気悪化に直面した多くの製造業が、過剰在庫に陥った2008年12月期である。キヤノンの製品在庫は金額にして503億円、前年度比で13.7％の圧縮を実現している。円高進行による換算為替レートの影響もあるが、キヤノンの生産体制が需要動向に合わせて柔軟に対応できる仕組みができていることを窺わせる。

これもやはりセル生産方式による恩恵が大きい。ベルトコンベアと異なり、製造そのものが各々の従業員の自己完結型なので、需要動向に合わせた一部の生産停止を行いやすい。急激な需要変化に対する柔軟性においても、セル生産方式はその威力を発揮する。

しかし一方、製品在庫だけで60日という日数については、どう考えるだろうか。出来上がった製品だけで約2ヵ月分の在庫を保有しているというのは、製造業として普通と言える規模ではない。やや過剰にも思える。ネガティブに見れば売れていないから製品在庫が滞留しているということだが、キヤノンはこの5年間、安定成長を続けていたのだから、それは当てはまらない。製品在

庫2ヵ月の背景には一体何が潜んでいるのだろうか。

　製品在庫が多いということは、単純に作ってから売るまでの時間が長いことを意味している。「売れていないから」という否定的な理由ではなく、「売れているからこそ」という肯定的な要因によって、製品在庫が膨らんでいるとすれば、どういった背景が考えられるだろうか。キヤノンにとって特に顕著な理由であり、またキヤノンの競争優位性を表す、主な3つの理由を挙げていこう。

　1つ目は、キヤノンの収益モデルに由来するところがある。キヤノンは事務機、プリンタ、複写機などの機器がいずれも世界的なシェアトップクラスにあり、選択と集中によってフォーカスした事業における高い競争優位性を発揮している。こうしたキヤノンの製品群の1つの共通点として、売り切り商売でないことが挙げられる。事務機にはその後の修理や消耗品、交換部品などの需要が発生する。プリンタは、トナー、インク、カートリッジなどの消耗品が、使用に合わせて継続して発生する。カメラも修理部品もさることながら、キヤノンが世界的シェアトップを保有する一眼レフカメラでは、交換レンズの品揃えが豊富だ。

　機器を提供するキヤノンには、これら付随する製品の供給責任がある。また、その価格設定から、こうした付随製品の利益率は本体機器に劣らず、あるいはそれ以上に高い利益率を保持しているはずだ。このように、単なる供給責任だけではなく、キヤノンの経営戦略上も供給切れは起こしてはならない位置付けにある。もちろん、内製化による量産効果によって、単位当たりのコスト低減を図った結果の大量在庫という側面もあるだろう。こうした余裕在庫としての付随製品の保有は、キヤノンの製品在庫の増加をもたらすはずである。

　2つ目は、メーカーとして製造するだけではなく、販売も自ら行っている場合に、製品在庫が膨らむという現象が発生する。キヤノンにはキヤノンマーケティングジャパン（2006年3月まではキヤノン販売。以下、CMJ）という、東証一部上場の強力な販売・サービス・マーケティング会社が存在している。CMJはキヤノンが議決権の50.11%を保有する連結子会社である。事務機、カメラ、光学機器などを販売する販売会社なので、保有する在庫はあくまで会計上は商品となる。しかし、キヤノンの連結子会社として連結されれば、キヤノングループが自ら製造したモノである限り、CMJの商品在庫はキヤノンの連

結BS上、製品として記載されることとなる。

図表7-5に示した単体ベースの売掛金の相手先を見ても、CMJはCanon Europeに次ぐ2番目に大きな相手先となっている。

**図表7-5　キヤノンの売掛金の相手先（単体ベース、2008年12月期）**

| 相手先 | 金額（百万円） |
|---|---|
| Canon Europa N.V. | 183,448 |
| キヤノンマーケティングジャパン㈱ | 89,551 |
| Canon Singapore Pte. Ltd. | 57,122 |
| 佳能（中国）有限公司 | 19,728 |
| Canon Canada, Inc. | 11,582 |
| その他 | 70,167 |
| 合計 | 431,598 |

出所：キヤノン2008年12月期有価証券報告書

我々個人がカメラやプリンタを買うのは通常量販店などの小売店だが、そこに対してCMJが直接販売を行っている。これによって市場の動向をいち早くつかむことが可能となり、キヤノングループにおける製品開発への活用や、生産調整への迅速なフィードバックも可能となる。

また、法人向け販売が中心となる事務機では、リース会社やSIベンダーを介した販売もある一方、CMJが自ら直接販売することも多いはずだ。売り切り商売ではなく、販売後も手厚いサポートサービスを行うため、消耗品や修理のための部品も保有している。これらもキヤノングループ全体にとっては、製品在庫として表れてくる。

勘の良い読者であれば、3つ目の理由は図表7-5の売掛金の相手先から察し

**図表7-6　キヤノンの海外売上高（2008年12月期）**

（百万円）

| | | 米州 | 欧州 | その他 | 計 |
|---|---|---|---|---|---|
| Ⅰ | 海外売上高 | 1,154,571 | 1,341,400 | 729,910 | 3,225,881 |
| Ⅱ | 連結売上高 | | | | 4,094,161 |
| Ⅲ | 連結売上高に占める海外売上高の割合 | 28.2% | 32.8% | 17.8% | 78.8% |

（注）米州：米国、カナダ、中南米諸国。欧州：イギリス、ドイツ、フランス、オランダ。
　　　その他：アジア、中国、オセアニア
出所：キヤノン2008年12月期有価証券報告書

がつくだろう。つまり、キヤノンは海外売上比率が非常に高いことと、その海外までの輸送は自社グループ内で行っていることから、結果として積送在庫が発生するということだ。前ページの図表7-6にキヤノンの海外売上高を示した。連結キヤノンの売上高の実に8割近くが海外での販売によるものと分かる。

第1章で見た任天堂に近い、非常に高い海外売上の数値である。ちなみに売掛金の相手先の中には、キヤノンの米州での販売会社が入っていなかった。これは、米国は売掛金ではなく、受取手形での販売を行っているためである。有価証券報告書によれば、2008年12月期のCanon U.S.A., Inc.向けの受取手形が1,762億円（単体ベース）存在している。

いくら海外売上比率が高くても、現地生産が進んでいれば、積送在庫は少なくて済む。先述のように、キヤノンは現地生産化を進めているのも事実だ。そこで図表7-7にキヤノンの海外生産の推移を示す。グラフから、2005年までほぼ一貫して、キヤノンの海外生産比率は高まってきていることが分かる。

しかし、海外といってもその大部分はアジアであることから、生産コストの低減が主たる目的の海外生産であることも窺える。図表7-6から、中国を含む

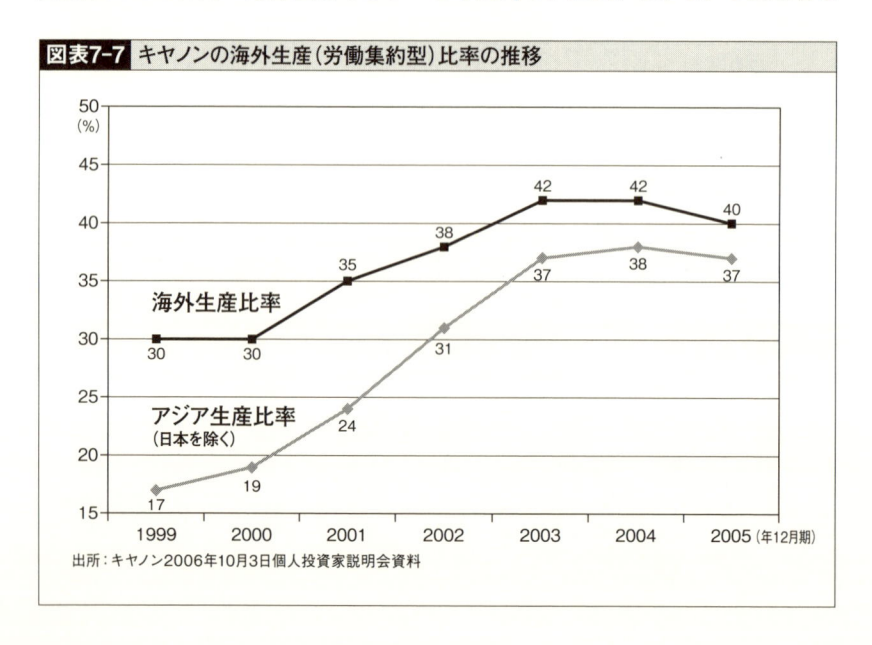

**図表7-7　キヤノンの海外生産（労働集約型）比率の推移**

| 年（12月期） | 1999 | 2000 | 2001 | 2002 | 2003 | 2004 | 2005 |
|---|---|---|---|---|---|---|---|
| 海外生産比率 | 30 | 30 | 35 | 38 | 42 | 42 | 40 |
| アジア生産比率（日本を除く） | 17 | 19 | 24 | 31 | 37 | 38 | 37 |

出所：キヤノン2006年10月3日個人投資家説明会資料

アジアの海外売上比率は20％未満である。いわゆる地産地消ではない。よって、生産コストの安いアジアで製造したものは、キヤノンの売上の6割強を占める米州と欧州に直接、あるいは日本を経由して輸送されなくてはならない。これもまた積送在庫の増加につながる。

ここまで、キヤノンの2ヵ月前後の製品在庫がなぜ多いかの背景を考察してきた。一般に在庫が多いのは非効率な経営として、すぐに在庫圧縮すべしと結論を急ぎがちだ。しかし、まず最初に在庫が多くなっている理由を解明すべきである。キヤノンの場合は、内製化、消耗品モデル、自社販売会社、そして海外売上比率という、キヤノンの強さの源泉とも言える4つの要因が背景にあることが判明した。キヤノンの経営戦略があり、それが成功しているからこその製品在庫の水準であれば、それをもってすぐに圧縮すべしとはならないだろう。

もちろん、キヤノン自身にとっても、2ヵ月の製品回転期間という数値に対して、まったく問題意識がないわけではないはずだ。サプライチェーン・マネジメント（SCM）の推進によって、ロジスティクス改革による製品在庫の圧縮も図られている。現地生産のみならず、物流センターの集約や工場での梱包や仕分けなどの構内物流の強化など、あらゆる側面から製品在庫の適正化が進められている。

## 3…キヤノンの経営戦略と会計指標

キヤノンの棚卸資産について、ジャストインタイムによる原材料在庫の圧縮、セル生産方式による仕掛品在庫の削減、そして消耗品、販社、海外というキヤノンの3つの強みがもたらす製品在庫の保有とSCM推進による製品在庫の適正化を考察してきた。一方、内製化の推進によって、仕掛品在庫だけは、回転期間が上昇していることを見た。

内製化の大きな目的の1つは、自主的な原価低減活動による利益率の改善である。この事実は、金融危機と円高の打撃を受けた2008年12月期は除くが、次ページの図表7-8に示したキヤノンの売上高原価率の継続的な減少に表れている。グラフの中でも特筆すべきは、2007年12月期の原価率の減少である。なぜなら、2007年の税制改正によって、減価償却を従来よりも多額に計上す

るという法改正があった。多くの製造業がこの影響によって、原価率の上昇を招いている。キヤノンもその影響によって400億円程度の原価の増加が当年度にあった。同期のキヤノンの連結売上高は4兆4,800億円程度なので、原価率1％の上昇に相当する。にもかかわらず原価率が低減したということは、それを覆すプラス要因の影響が大きかったことになる。これには、業績好調による販売数量の増加、新製品比率の向上による高価格維持、継続する原価低減活動など様々な理由が挙げられる。

　本章冒頭では、物理的な棚卸資産の日数を知りたければ棚卸資産を売上原価で割るべきだと解説した。実際にそれに従って、ここまでの回転期間はすべて分母に売上原価を置いてきた。

　ここで視点を変えてみよう。キヤノンは内製化を推進することで仕掛品在庫が増加していた。その結果、製品回転期間は5年間で10.8日減少しているにもかかわらず、全体の棚卸資産回転期間では6.5日の減少にとどまっていた。

　しかし、内製化の恩恵の1つは、図表7-8で見た売上高原価率の減少にある。このため内製化の影響は、棚卸資産回転期間の分子には棚卸資産の増加として、

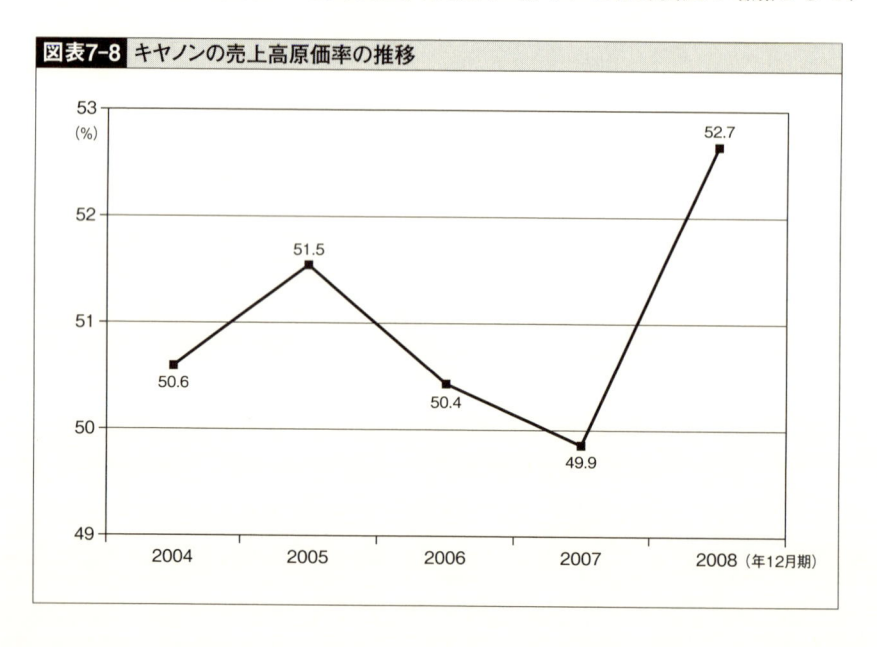

**図表7-8　キヤノンの売上高原価率の推移**

| 年（12月期） | 2004 | 2005 | 2006 | 2007 | 2008 |
|---|---|---|---|---|---|
| (%) | 50.6 | 51.5 | 50.4 | 49.9 | 52.7 |

分母には売上原価の減少として、ともに当該指標を増加させる形で算入されてしまう。この影響を除くには、原価低減の影響が入らない売上高を分母に置くのが望ましいと言える。

図表7-9では、5年間で上下に正味2.8%の振れ幅のあった売上原価ではなく、売上高を分母に使っているため、棚卸資産の各構成要素の振れ幅も小さくなっている。特に仕掛品在庫については、2008年12月期を除く4年間の振れ幅はわずか1.3日となった。売上高をベースに考えれば、これまで分析してきたほどには内製化による仕掛品在庫の増加は発生していないことが確認できた。

しかしもっと興味深い点は、棚卸資産回転期間と3つの構成要素のどれもが、ほぼ半分の値となってしまったことだろう。これはキヤノンの売上高原価率が50%前後という、製造業としては驚くほど低い値である事実に起因する。第1章の図表1-1で紹介した売上高総利益率の業界平均値は、電気機器業界が27.6%（原価率は72.4%）、精密機器業界は42.0%（同58.0%）である。どちらと比較しても、キヤノンの総利益率の高さ（原価率の低さ）は突出している。

ここまでの議論にあったように、キヤノンは選択と集中を強力に推し進めて

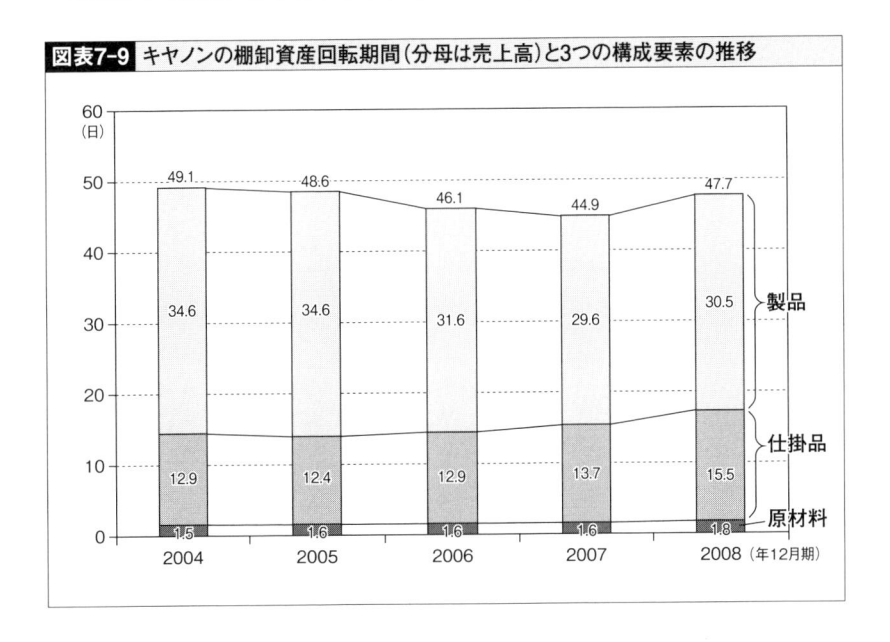

**図表7-9 キヤノンの棚卸資産回転期間（分母は売上高）と3つの構成要素の推移**

| 年（12月期） | 製品 | 仕掛品 | 原材料 | 合計 |
|---|---|---|---|---|
| 2004 | 34.6 | 12.9 | 1.5 | 49.1 |
| 2005 | 34.6 | 12.4 | 1.6 | 48.6 |
| 2006 | 31.6 | 12.9 | 1.6 | 46.1 |
| 2007 | 29.6 | 13.7 | 1.6 | 44.9 |
| 2008 | 30.5 | 15.5 | 1.8 | 47.7 |

（日）

きた企業である。以前は、パソコン、FLCディスプレイや電子タイプライターなど、数多くの事業を手掛けていた。しかし御手洗社長（当時）の下、自社が技術上、マーケティング上、あるいは資本力からして、競争優位性を発揮できる事業とそうでない事業を明確に切り分けた。日本の製造業がなかなかできずにいた不採算事業からの撤退の大英断を、いち早く下していった。

　これによって、選択した事業には、ヒトや資金といった経営資源を集中的に投下することが可能となった。その1つであるカメラ事業に関して言えば、銀塩写真時代ではフイルム企業に奪われていた印刷機能が、デジタル化によってプリンタメーカーの領域へと移ってきた。プリンタ事業も手掛けるキヤノンにとっては、カメラから印刷までの一貫した製品とサービスの提供、ブランドや販売戦略の構築が可能となる。そこに経営資源を集中して事業を推進できたことは、現在でもカメラとプリンタの両事業において、世界トップクラスのシェアを誇るキヤノンの成功へと結び付いていった。

　先述したように、消耗品はその製造コストに対する価格設定から、非常に利益率の良い製品であることは間違いない。あくまで本体機器の技術やブランド、提案力やサービスがあっての消耗品であるが、キヤノンの売上高総利益率がいずれの業界や優良企業との間でも、比較にならないほど高いのは、消耗品の貢献が大きいことは紛れもない事実だろう。

　高い総利益率の実現によって、棚卸資産回転期間は売上高をベースに考えれば、90日前後ではなく45日前後であることが判明した。「原材料から製品まで、キヤノンの物理的な在庫の所有日数は何日か？」という日数の質問であれば、あくまで答えは90日である。

　しかし「在庫の金額上でのインパクトは何日分か？」といった金額の質問であれば、答えはむしろ「売上の45日分」となってくる。物理的には棚卸資産の所有日数は長いが、金額ベースすなわち最終的な経営上のインパクトという点では、約1.5ヵ月分にとどめている。高い総利益率を保持するキヤノンの強みを加算して考察すれば、もはや製造業として決して驚くような水準の在庫とは言えないのである。

　ここまで考察したキヤノンの高利益率創出のエンジンとなる棚卸資産の最適化は、裏を返せば新たな事業拡大が見られないゆえの徹底した効率化追求の結

果ともとれることを最後に言及しておこう。キヤノンの次世代の新製品が確立される体制に入った暁には、棚卸資産の推移もまたこれまでとは異なる姿として確認されることになろう。

## 3 ● アサヒビールの経営分析
### 【7】棚卸資産回転期間

第6章で計算したアサヒビールの棚卸資産回転期間69.7日（酒税の影響を除いた実質ベース）を、3つの棚卸資産に分解して分析することが望まれる。しかし残念ながら、2008年12月期の決算情報では、アサヒビールの棚卸資産の3つの分解は開示されていない。単体ベースでは棚卸資産の3つの勘定ごとの数値と、売上原価の中に含まれる酒税の金額も正確に開示されている。そこで、連結ベースとは数値水準が異なるが、ここでは単体アサヒビールの決算書から棚卸資産を概観してみる。下記は、2007年と2008年12月期のアサヒビール単体決算書から算出している。

|  | 2007年12月期<br>（百万円） | 2008年12月期<br>（百万円） | 2008年12月期<br>回転期間（日） |
|---|---|---|---|
| 実質売上高（除く酒税） | 569,110 | 578,919 |  |
| 実質売上原価（除く酒税） | 267,971 | 283,766 |  |
| 棚卸資産 | 36,065 | 39,642 | 48.7 |
| 原材料 | 10,890 | 13,790 | 15.9 |
| 半製品 | 9,583 | 9,363 | 12.2 |
| 製品 | 4,459 | 4,483 | 5.8 |
| 商品 | 6,639 | 6,661 | 8.6 |
| 貯蔵品 | 4,494 | 5,345 | 6.3 |

棚卸資産の構成要素については、2007年12月期と2008年12月期のBS上のデータの平均値を用いている。2008年12月期の酒税を除いた売上原価を用いて、棚卸資産とその構成要素の各回転期間を計算した。第6章では約70日と計算された連結ベースの棚卸資産回転期間が、単体ベースでは48.7日と計算された。連結子会社の中で比較的棚卸資産が多いと想定される企業の1つに、仕掛工程の長いウィスキーを製造するニッカウヰスキー（アサヒビールの100％子会社）が挙げられる。

重厚長大系の企業と比較すると、原材料は明らかに低価格なので、その原材料の構成比が最も大きいことには違和感を覚えるかもしれない。アサヒの有価証券報告書上では、大麦・麦芽と容器がそれぞれ50億円を超える原材料として記載されており、この2つで原材料の75％を占めている。

　半製品は製造途中のビール系飲料が主となる。単純に数値をとらえれば12日程度を要することになるが、実際の製麦・仕込・発酵・貯蔵・ろ過・容器詰めの工程はもう少し長いだろうから、他の酒類で工程が短いものの影響もあるだろう。

　製品は自ら製造したもので、アサヒは主にビール・発泡酒・その他の醸造酒等を計上している。商品は自ら製造していないもので、アサヒは主にワイン、ウィスキー類、その他酒類を計上している。グループ会社からの商品の他、海外からの輸入品なども含まれているのだろう。製品と商品を合わせれば14.4日なので、原材料、半製品とともに、ほぼ3つが同額規模で保有されていることとなる。もっとも、工程が後に行くほど労務費や減価償却費などの付加価値が乗っているのだから、相対的に見てやはり製品在庫は少ないと言っても良いだろう。ここまでくればようやく、「鮮度が命」という仮説を口にしても及第点がもらえるものだ。

### QUIZ[7]

　下記は2009年3月期の有価証券報告書上で開示された、小松製作所の棚卸資産の中身です。キヤノン同様に、グローバル市場でトップクラスの製品シェアを保有する、海外売上比率の高い日本を代表するメーカーです。棚卸資産及びその構成比率に関して、時系列の推移を追いながら、キヤノンとの共通点、相違点をその理由とともに考察してください。

　以上の分析を踏まえて、小松製作所の経営戦略、強み、弱み、今後の経営課題を考察してください。

| 棚卸資産 | 2008年3月31日（百万円） | 2009年3月31日（百万円） |
|---|---|---|
| 製品（含む補給部品） | 341,363 | 328,643 |
| 仕掛品 | 123,001 | 128,345 |
| 原材料及び貯蔵品 | 54,077 | 50,369 |
| 計 | 518,441 | 507,357 |

第 **8** 章

# 有形固定資産回転率

### 保有設備の売上貢献度をつかむ資産効率性の指標

有形固定資産回転率は、売上高を有形固定資産で割って計算される。比率が高いほど、保有する有形固定資産が効果的に売上高に結び付いていることを意味する。有形固定資産を、建物及び構築物、機械装置及び運搬具、工具器具備品、土地、建設仮勘定の5つの主要な資産に分解した考察を行う。永遠に未完な設備投資を続けるオリエンタルランドの有形固定資産回転率を読む。

# 1● 有形固定資産回転率の読み方

## 1…有形固定資産回転率の算出方法

　売上高を有形固定資産で割って算出する有形固定資産回転率は、保有する有形固定資産がどれだけ効果的に売上高に結び付いているかを表している。いかなる資産でも、最終的には売上や利益に結び付くものであるべきだ。特にメーカーや、保有設備を主体とするサービスを行う企業では、有形固定資産の金額が大きいことから、その妥当性を常に意識した設備の保有が望まれる。

$$有形固定資産回転率（倍、回）＝ \frac{売上高}{有形固定資産}$$

　前章の棚卸資産では、棚卸資産を1日当たりの売上原価で割って算出する回転期間（日）として解説した。また同じく前章の冒頭では、分母と分子を逆にする、すなわち売上原価を棚卸資産で割る棚卸資産回転率（回）を使う場合も多いと述べた。
　同じように有形固定資産についても、有形固定資産を1日当たりの売上高で割って算出する有形固定資産回転期間（日）で議論する場合もある。

$$有形固定資産回転期間（日）＝ \frac{有形固定資産}{（売上高/365）}$$

　ただし、本章では有形固定資産については回転期間ではなく、回転率で解説を進めていく。棚卸資産の場合は、「○日分の在庫」というように、日数で言われるほうがイメージしやすい。しかし有形固定資産では、「○日分の設備」と言われてもあまりピンとこない。むしろ、「設備の○倍に相当する売上高を

保有」と言われるほうが、イメージしやすいと考えるためだ。回転期間でとらえるほうがなじみのある方は、逆数を思い浮かべながら読み進めてほしい。

　有形固定資産回転率は、分母の有形固定資産が効果的に売上高に結び付いているかを測る指標なので、売上高を生むことを前提としない有形固定資産であれば、分母から外すのも一案である。具体的には、建設途中でまだ完成には至っていないものの、すでに対価を建設業者などに支払った場合に計上する建設仮勘定がこれに相当する。ただし建設仮勘定は、一般的には有形固定資産全体に与える金額的インパクトは小さく、かつ企業が継続的に保有しなくてはいけない資産でもあるので、本章ではそのまますべての有形固定資産を用いて計算することにする。

## 2…有形固定資産回転率の業界別平均値

　図表8-1は、30の業界の有形固定資産回転率を示したものだ。商社の14.12倍は突出して高い。商社の本分は、メーカーと顧客の間を仲介することにある。

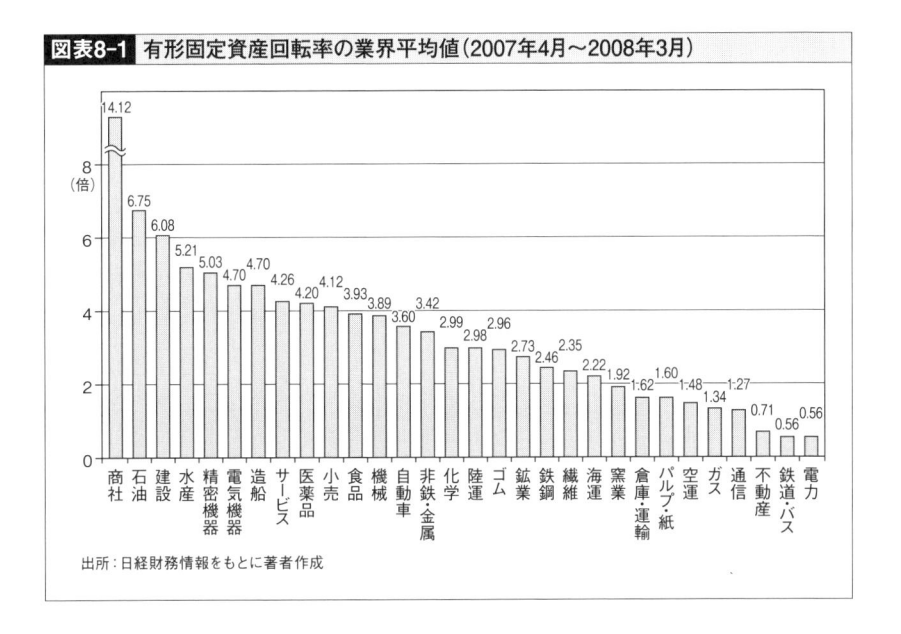

### 図表8-1　有形固定資産回転率の業界平均値（2007年4月〜2008年3月）

| 業界 | 倍率 |
|---|---|
| 商社 | 14.12 |
| 石油 | 6.75 |
| 建設 | 6.08 |
| 水産 | 5.21 |
| 精密機器 | 5.03 |
| 電気機器 | 4.70 |
| 造船 | 4.70 |
| サービス | 4.26 |
| 医薬品 | 4.20 |
| 小売 | 4.12 |
| 食品 | 3.93 |
| 機械 | 3.89 |
| 自動車 | 3.60 |
| 非鉄・金属 | 3.42 |
| 化学 | 2.99 |
| 陸運 | 2.98 |
| ゴム | 2.96 |
| 鉱業 | 2.73 |
| 鉄鋼 | 2.46 |
| 繊維 | 2.35 |
| 海運 | 2.22 |
| 窯業 | 1.92 |
| 倉庫・運輸 | 1.62 |
| パルプ・紙 | 1.60 |
| 空運 | 1.48 |
| ガス | 1.34 |
| 通信 | 1.27 |
| 不動産 | 0.71 |
| 鉄道・バス | 0.56 |
| 電力 | 0.56 |

出所：日経財務情報をもとに著者作成

仲介することで関与する商品の取扱高がすべて売上高として計上されるため、分子の売上は大きな数字となる。一方、商社は自ら工場などの巨額の有形固定資産を保有することはないため、分母は小さな数字となる。そうしたPLとBSのある種のギャップから、極端に高い有形固定資産回転率が算出されている。

言い方を換えれば、薄利多売型の商社であれば、余計な有形固定資産を保有していては企業経営は立ち行かない。たとえば第6章で取り上げたメディパルは商社業界の計算に含まれているが、有形固定資産回転率は14.9倍（2009年3月期）と算出される。

有形固定資産回転率が6倍を超えて大きい業界には、石油（6.75倍）と建設（6.08倍）がある。石油業界はここまで何度か議論したように、売上高の半分程度はガソリン税である。また、ガソリンスタンドの多くは特約店など資本関係のない企業が保有している。仮に半分がガソリン税だと仮定すれば、実際の有形固定資産回転率は半分の3倍程度ということになる。この数値は、グラフに示したすべての業界の平均値となる3.5倍（製造業のみの平均は3.8倍）にほぼ等しい。

また建設業界は、保有する建物を賃貸する不動産会社とは異なり、そうした建物を建設するのが業務となる。そのため、保有する設備は建設機械が中心であり、建物や土地ではない。下請けへの委託も多い業界なので、必要な建設機械をすべて保有しているわけでもない。大手建設会社であれば自ら不動産開発を行う場合も実は少なくないが、業界全体からすればそれは少数派ととらえてよいだろう。

第2章の図表2-3で示したように、建設と石油に共通しているのは、非常に薄利な製造業という点だ。PL上薄利であれば、BS上の資産はできるだけスリムな経営が望まれる。BS上の資産が過剰に巨額で、かつPL上の利益が過少に薄利であれば、ROA（総資産利益率）に魅力的な数値は算出されない。資産から有効な利益が生み出されていないことを意味するのだから、投資家の不満は募るばかりだ。こうした背景からも、ROAが低い企業、中でも製造業では、大きな金額となる有形固定資産のスリム化が不可欠となる。

逆に、有形固定資産回転率が1倍を下回って小さい業界は、電力（0.56倍）、鉄道・バス（0.56倍）、不動産（0.71倍）である。同比率が1倍を下回るとい

うことは、売上高よりも保有設備の純額ベースの金額のほうが大きいことを意味している。これら業界を少しは上回るものの、やはり同比率が低い業界は、通信（1.27倍）、ガス（1.34倍）、空運（1.48倍）と、いずれも非製造業という点は特徴的だ。

こうした業界は売上高が電気代、運賃、家賃、通信料、ガス代など、言わば手数料的なものとなっている。結果として取扱高がすべて売上となる商社や、製造して販売したものがすべて売上となる製造業と比較すると、売上の数値は比較的小さくなりやすい。その代わり、利益率の高い業界でもある。同じく、第2章の図表2-3でこれら業界のほとんどが高い利益率を保有していることを確認してほしい。

一方、これらどの業界も莫大な有形固定資産を保有して事業を行うことは自明である。こうしたある種のギャップが分子と分母で起きるため、1倍前後という極端に低い有形固定資産回転率が算出されてくる。

製造業に限ってみると、パルプ・紙（1.60倍）と窯業（1.92倍）が2倍を下回っている。窯業にはガラスやセメントが含まれる。ここまでの議論からすれば、もしこれらの業界の利益率が高ければ、有形固定資産回転率が低いことへの正当性が生まれる。つまり、他の製造業と比較して相対的に設備が重くても、それに見合うだけの利益をPL上で確保していると見ることができるわけだ。

第2章の図表2-3から、窯業は売上高営業利益率9.7％という高い数値を達成していることが分かる。製造業の中では、医薬品、精密機器、鉄鋼という3大高利益率業界に次ぐ水準であるため、低い有形固定資産回転率は妥当との評価を下すこともできるだろう。

これに対してパルプ・紙業界はどうか。売上高営業利益率3.1％は製造業の中でもかなり低い水準にある。それより低い製造業は、石油と水産しかない。しかしどちらの業界も、有形固定資産回転率は5倍を上回っている。

こうした事実をとらえると、2006年夏に起きた王子製紙（業界トップ）による北越製紙（同6位）への敵対的買収もうなずける。当時のパルプ・紙業界は、市場規模に対して企業数が多く、明らかな供給過剰の状態が続いていた。にもかかわらず、各社が大型設備投資を計画・推進する状況にあった。

敵対的買収という行為自体には議論の余地があるものの、製造業として低過

ぎる有形固定資産回転率と、保有設備の規模に見合わない低利益率という実態をとらえれば、業界再編は今後も重要な命題として業界に存続するだろう。

### 3…有形固定資産回転率を分解する

第7章で製造業の棚卸資産を3つの構成要素に分解したように、有形固定資産も主な5つの有形固定資産に分けて分析することは有益だ。

$$有形固定資産回転率（倍）= \frac{売上高}{有形固定資産}$$

$$= \frac{売上高}{（建物及び構築物＋機械装置及び運搬具＋工具器具備品＋土地＋建設仮勘定）}$$

5つの構成要素の和が全体の有形固定資産の規模と等しくなるためには、有形固定資産回転期間で考えると良いだろう。

$$有形固定資産回転期間（日）$$
$$=建物及び構築物回転期間＋機械装置及び運搬具回転期間$$
$$＋工具器具備品回転期間＋土地回転期間＋建設仮勘定回転期間$$

$$=\frac{建物及び構築物}{（売上高/365）}＋\frac{機械装置及び運搬具}{（売上高/365）}＋\frac{工具器具備品}{（売上高/365）}$$
$$＋\frac{土地}{（売上高/365）}＋\frac{建設仮勘定}{（売上高/365）}$$

有形固定資産回転率は高いほうが良いのだろうか、低いほうが良いのだろうか。分母に置いた有形固定資産がどれだけ効果的に分子の売上高に結び付いているかを示すのだから、基本的には高いほうが望ましい。

だが、有形固定資産回転率が低くても、次の2つの点において見きわめが必要となる。

1つ目の注意点は、すでに議論したように、一般に利益率の高い企業の有形固定資産回転率は低いという点である。企業の最終的な目的は、投下した資本に見合った十分な利益を生み出すことにある。よって、仮に有形固定資産回転率が低い企業でも、売上高利益率が高ければ、有形固定資産の規模は妥当であり、効果的に活用されているとすることができる。

この点については、以下のような計算式によって算出される、有形固定資産に対する利益創出力を参考にしても良いだろう。式が示すように、保有する有形固定資産から適切な利益を生み出すには、2つの手段がある。1つは有形固定資産回転率を上げること。もう1つは、仮に有形固定資産回転率が低い、すなわち設備を多額に保有していても、PL上で十分な売上高営業利益率を計上することである。なお、有形固定資産とそれ以外の資産（売上債権、棚卸資産など）の保有の仕方は、業界によって特性がかなり異なっている。よって、下記の分解は、特に同業界内での戦略や競争優位性の分析を行う際に有益なものとなるだろう。

$$\text{有形固定資産営業利益率}$$
$$= \frac{\text{営業利益}}{\text{有形固定資産}}$$
$$= \text{有形固定資産回転率} \times \text{売上高営業利益率}$$
$$= \frac{\text{売上高}}{\text{有形固定資産}} \times \frac{\text{営業利益}}{\text{売上高}}$$

もう1つの注意点として、設備投資のタイミングの見きわめがある。棚卸資産のような毎期ほぼ定常的に製造する資産と異なり、有形固定資産は投資のタイミングによって、その規模に比較的ブレが生じやすい資産である。先行投資に相当する大きな設備投資が行われた直後ならば、分母の有形固定資産は大きく膨らむが、分子の売上にその効果が反映してくるには向こう数年を要するかもしれない。こうした場合には、市場の動向と自社の経営戦略から、総合的に設備投資のタイミングと規模の妥当性を評価することが望まれる。

こうした視点を念頭に置いて、5つの構成要素それぞれの分析を進めていこ

う。以下に各構成要素を分析する際の主な着眼点をまとめる。いずれの資産についても「単価×数量」の掛け算に分解して考察していくことが重要だ。

| 有形固定資産 | 主な着眼点 ||
|---|---|---|
| | 単価 × | 数量 |
| 建物及び構築物 | ・建物及び構築物は減価償却対象資産なので、古い設備ほど償却が進んでおり、計上金額は小さい。機械に比べると建物の耐用年数は長く、長期間にわたってBSに滞留しやすい<br>・金額を見る際、取得価額（減価償却前）なのか純額（減価償却後）なのかを常に意識することが肝要。本書では断りのない限り、純額で議論を進める | ・本社ビル、工場、営業所、研究所、教育施設、社宅、子会社など、様々な場所で企業が保有する建物及び構築物の考察が必要となる<br>・製造を外注化したり、本社や営業所をすべて賃借したりすれば、有形固定資産としての建物の計上額は少なくなる |
| 機械装置及び運搬具 | ・機械装置及び運搬具は減価償却対象資産なので、古い設備ほど償却が進んでおり、計上金額は小さい。建物に比べると機械の耐用年数は短いので、比較的短期間でBS上の計上額が減少していく<br>・金額を見る際、取得価額（減価償却前）なのか純額（減価償却後）なのかを常に意識することが肝要。本書では断りのない限り、純額で議論を進める | ・建物と異なり、機械装置が主に発生する場所は工場なので、工場の有無、工場の数などに基づきながら分析することが望まれる。製造を外注すれば必然的に機械装置は少なくなる。内製化を進める企業ならば、機械装置は多くなる<br>・2008年4月1日以後に契約する所有権移転外ファイナンス・リース取引は、リース資産の取得価額相当金額を有形固定資産として計上することとなった。そうしたリース資産の特に大きな業界である空運、海運、通信などでは、今後有形固定資産回転率が低下していくことが予測される |

| 有形固定資産 | 主な着眼点 | |
|---|---|---|
| | 単価 × | 数量 |
| 工具器具備品 | ・パソコン、複写機、机、キャビネットなどに相当するものなので、他の有形固定資産と比べると単価は安い<br>・工具器具備品は減価償却対象資産なので、古い設備ほど償却が相当進んでおり、計上金額は小さい<br>・金額を見る際、取得価額（減価償却前）なのか純額（減価償却後）なのかを常に意識することが肝要。本書では断りのない限り、純額で議論を進める | ・単価は安いが数量は多いのが工具器具備品の特徴。工場を保有しない非製造業、特に人が中心となったサービス業であれば、建物や機械装置は少ない代わりに、工具器具備品の保有数量は多くなる<br>・機械装置及び運搬具同様、所有権移転外ファイナンス・リース取引の動向に注意を要する |
| 土地 | ・上記3つの有形固定資産と異なり、土地は減価償却しない。よって購入した時期の違いや不動産市況などの影響が出やすい。歴史の古い企業が、東京の一等地に計上する土地を僅少な額で計上していることがよく見られる | ・建物と同様に、本社ビル、工場、営業所、研究所、教育施設、社宅、子会社など、様々な場所で企業が保有する土地の考察が必要となる<br>・製造を外注化したり、本社や営業所をすべて賃借したりすれば、有形固定資産としての土地の計上額は少なくなる |
| 建設仮勘定 | ・未だ完成していない設備であることから、土地と同様に減価償却しない。現在設備投資を行っている対象が計上されるので、現在の景気や相場を想定して、金額のレベル感を客観的にとらえやすく、投資姿勢の判断の一助となる | ・建設完了のタイミングで建物や機械など、それぞれに対応する資産へと振り分けられる。どのような中身の設備投資によって建設仮勘定が膨らんでいるか、完成した暁には利益に結び付くのかの評価が望まれる |

上場企業であれば、有価証券報告書の中で主要な設備の状況が記載されている。そこを見れば、本体と子会社を含めて、どの企業が、本社や工場、営業所などのどのような設備を、建物や土地などの構成資産別に、いくらの金額で計上しているかを、おおよそつかむことができる。

　最後に、減損会計について簡単に触れておこう。日本では2005年4月1日以降に開始する事業年度から、固定資産の減損会計が適用されている。これは、計上された固定資産の金額が将来の収益力に見合っていないと判断された場合、強制的にその計上金額を引き下げる処理を言う。引き下げられた分の金額は、PL上の特別損失として一般に計上される。

　建設仮勘定を含めて、すべての有形固定資産は減損対象である。よって、減損処理が発生した場合には、先の表における左側の単価が下落することを意味する。どのような有形固定資産の減損を行ったかに関する情報も、有価証券報告書からおおよそ入手することは可能だ。特別損失に多額の減損損失を計上しているような企業では、必ず参照してほしい。

●有形固定資産回転率を分解するステップ
（1）売上高と有形固定資産への分解
　　⇩
（2）建物及び構築物への分解
　　⇩
（3）機械装置及び運搬具への分解
　　⇩
（4）工具器具備品への分解
　　⇩
（5）土地への分解
　　⇩
（6）建設仮勘定への分解

## 2 ケーススタディ——オリエンタルランド
永遠に未完な設備投資を続けるOLCの有形固定資産回転率

### 1…オリエンタルランドにおける有形固定資産回転率の推移

　図表8-2にオリエンタルランド（以下、OLC）の有形固定資産回転率の推移を示した。1999年から2001年3月期まで、同比率は急降下している。2001年3月期の0.48倍という数値は、売上高の2倍強に相当する有形固定資産を保有していることを意味する。前節で1倍を切るような同比率は、電力、鉄道・バス、不動産のような、非製造業で装置産業の業界に起きることは確認したが、OLCもその範疇に入るということになる。その後、同比率は漸次上昇しているが、それでも2009年3月期は0.74倍にあり、1999年の0.95倍に比べると0.2倍小さい。この10年間のOLCでは、売上高を大きく上回って設備が拡大

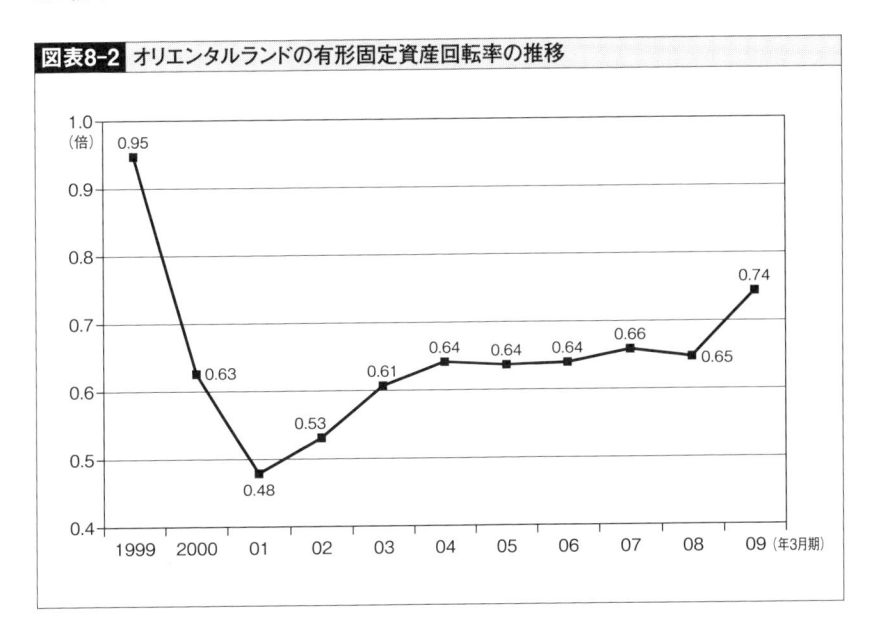

**図表8-2　オリエンタルランドの有形固定資産回転率の推移**

| 年（3月期） | 1999 | 2000 | 01 | 02 | 03 | 04 | 05 | 06 | 07 | 08 | 09 |
|---|---|---|---|---|---|---|---|---|---|---|---|
| 倍 | 0.95 | 0.63 | 0.48 | 0.53 | 0.61 | 0.64 | 0.64 | 0.64 | 0.66 | 0.65 | 0.74 |

したことが判明する。

図表8-3に、OLCの有形固定資産と4つの構成要素（数値的なインパクトの小さい「その他」は除く）の推移を示した。2001年3月期まで有形固定資産回転率が急降下したのは、特に建設仮勘定の急増の影響が大きいことが分かる。つまり、何か大きな設備の建設が始まったことを意味する。2002年3月期には建設仮勘定が急減することから、同期にその大きな設備が完成して、稼働し始めたことが推察できる。特に、建物及び構築物の伸びが大きいことから、大型の建物の完成・稼働を暗示している。

## 2…オリエンタルランドの有形固定資産回転率を分解する

### (1) 売上高への分解

有形固定資産への分解を行う前に、有形固定資産回転率の分子となる売上高を事業セグメント別に分解しておこう。

図表8-4より、オリエンタルランドの連結売上高の8割弱はテーマパーク事

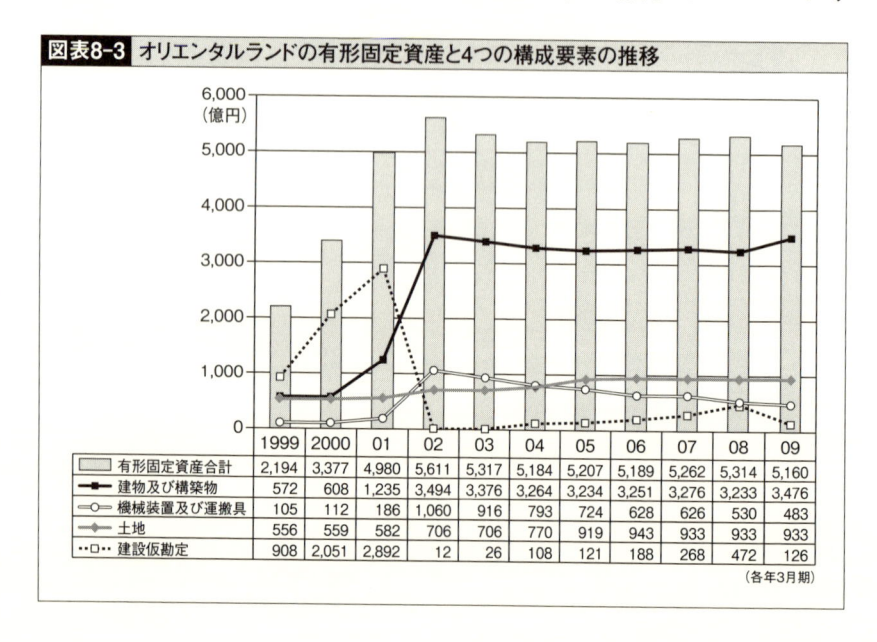

**図表8-3　オリエンタルランドの有形固定資産と4つの構成要素の推移**

| | 1999 | 2000 | 01 | 02 | 03 | 04 | 05 | 06 | 07 | 08 | 09 |
|---|---|---|---|---|---|---|---|---|---|---|---|
| 有形固定資産合計 | 2,194 | 3,377 | 4,980 | 5,611 | 5,317 | 5,184 | 5,207 | 5,189 | 5,262 | 5,314 | 5,160 |
| 建物及び構築物 | 572 | 608 | 1,235 | 3,494 | 3,376 | 3,264 | 3,234 | 3,251 | 3,276 | 3,233 | 3,476 |
| 機械装置及び運搬具 | 105 | 112 | 186 | 1,060 | 916 | 793 | 724 | 628 | 626 | 530 | 483 |
| 土地 | 556 | 559 | 582 | 706 | 706 | 770 | 919 | 943 | 933 | 933 | 933 |
| 建設仮勘定 | 908 | 2,051 | 2,892 | 12 | 26 | 108 | 121 | 188 | 268 | 472 | 126 |

（各年3月期）

業から計上されていることが確認できる。同社は事業の多角化を進めてはいるものの、売上の大半はテーマパーク事業からもたらされていることには違いない。続くホテル事業の売上高は連結の1割強を占めるため、これら2事業で全社の売上高の9割を占めることとなる。同様に2事業の資産を合わせると、連結全体の資産のやはり9割程度を占めている。どちらも莫大な有形固定資産を抱えて行う装置産業である。よって、これら売上高の大きな2事業の特性によって、全社の有形固定資産回転率も押し下げられたものと類推できる。

さて、OLCの有形固定資産を4つの構成要素に分解して、前節で挙げた各

### 図表8-4 オリエンタルランドの事業セグメント情報（2009年3月期）

(百万円)

| | テーマパーク事業 | ホテル事業 | リテイル事業 | その他の事業 | 計 | 消去又は全社 | 連結 |
|---|---:|---:|---:|---:|---:|---:|---:|
| I 売上高及び営業損益 | | | | | | | |
| 売上高 | | | | | | | |
| (1)外部顧客に対する売上高 | 302,412 | 45,917 | 16,225 | 24,687 | 389,242 | — | 389,242 |
| (2)セグメント間の内部売上高又は振替高 | 4,928 | 598 | 1,200 | 7,713 | 14,441 | (14,441) | — |
| 計 | 307,340 | 46,515 | 17,426 | 32,401 | 403,684 | (14,441) | 389,242 |
| 営業費用 | 272,795 | 40,291 | 17,421 | 33,281 | 363,790 | (14,643) | 349,146 |
| 営業利益（△は営業損失） | 34,545 | 6,224 | 4 | △880 | 39,893 | 202 | 40,096 |
| II 資産、減価償却費、減損失及び資本的支出 | | | | | | | |
| 資産 | 424,177 | 95,985 | 8,279 | 72,689 | 601,131 | 43,859 | 644,991 |
| 減価償却費 | 39,639 | 5,817 | 293 | 4,132 | 49,882 | (149) | 49,733 |
| 減損失 | 304 | — | 438 | 245 | 988 | — | 988 |
| 資本的支出 | 20,440 | 11,397 | 801 | 7,649 | 40,289 | (149) | 40,139 |
| 売上高構成比 | 76.1% | 11.5% | 4.3% | 8.0% | 100.0% | | |
| 営業利益構成比 | 86.6% | 15.6% | 0.0% | △2.2% | 100.0% | | |
| 資産構成比 | 70.6% | 16.0% | 1.4% | 12.1% | 100.0% | | |
| 減価償却費構成比 | 79.5% | 11.7% | 0.6% | 8.3% | 100.0% | | |
| 資本的支出構成比 | 50.7% | 28.3% | 2.0% | 19.0% | 100.0% | | |
| ROA（営業利益ベース） | 8.1% | 6.5% | 0.0% | | | | 6.2% |
| 売上高営業利益率 | 11.2% | 13.4% | 0.0% | △2.7% | | | 10.3% |
| 資産回転率 | 0.72倍 | 0.48倍 | 2.10倍 | 0.45倍 | | | 0.60倍 |
| 売上高減価償却費率 | 12.9% | 12.5% | 1.7% | 12.8% | | | 12.8% |

注：テーマパーク事業：テーマパークの経営・運営
　　ホテル事業：ディズニーホテル及びパーム＆ファウンテンテラスホテルの経営・運営
　　リテイル事業：ディズニーストアの経営・運営
　　その他の事業：イクスピアリの経営・運営、シルク・ドゥ・ソレイユシアター東京の経営・運営、モノレールの経営・運営、グループ内従業員食堂の運営、テーマレストランの経営・運営ほか
出所：オリエンタルランド2009年3月期有価証券報告書

資産それぞれの特徴を意識しながら、分析を進めていく。建物や機械など、各資産の固有の特性は、どのような姿でOLCのBS上に表れているのだろうか。同社の巨額な有形固定資産の規模感は、どのように正当化することができるだろうか。また、OLCの各有形固定資産の推移は比較的バラツキが大きい印象を受けるが、その背景には何があるのだろうか。

　なお、OLCの有形固定資産の分解は、建設仮勘定から始めたい。一般的には、有形固定資産の中で分析の優先順位が最も低いのが建設仮勘定だ。しかし、先に見たように、同社の有形固定資産回転率が一気に下降した1999年から2001年3月期までの3期は、最も大きな有形固定資産は建設仮勘定だった。

　建設仮勘定は完成前の設備への支出に相当するもので、あくまで資産としてBS上に表れるのは、建設仮勘定が建物や機械に先行する。そこで敢えてOLCの設備投資の姿勢を時系列でとらえていくため、建設仮勘定から見ていきたい。

## (2) 建設仮勘定への分解

　初めに1999年3月期から2009年3月期までの、OLCの沿革を確認することから始めてみよう。下記に有価証券報告書から抜粋した同社の沿革を記す。下線を付けた「着工」と「開業」の言葉に特に留意してほしい。

| 年月 | 沿革 |
| --- | --- |
| 1998年8月 | 浦安市舞浜において「イクスピアリ」及び「ディズニーアンバサダーホテル」の建設に着工いたしました。 |
| 9月 | ディズニー・エンタプライゼス・インクとの間に、「ディズニーアンバサダーホテル」のライセンス、建設及び運営に関する業務提携の契約を締結いたしました。 |
| 10月 | ディズニー・エンタプライゼス・インクとの間に、「ディズニーリゾートライン」のライセンス、設計、建設及び運営に関する業務提携の契約を締結いたしました。また、浦安市舞浜において株式会社舞浜リゾートラインが「ディズニーリゾートライン」の建設に着工いたしました。 |
| 10月 | 浦安市舞浜において「東京ディズニーシー」及び「東京ディズニーシー・ホテルミラコスタ」の建設に着工いたしました。 |
| 1999年3月 | 当社の100％出資による子会社「株式会社イクスピアリ」を設立いたしました。 |

| 年月 | 沿革 |
|---|---|
| 2000年7月 | 「イクスピアリ」及び「ディズニーアンバサダーホテル」を開業いたしました。 |
| 2001年7月 | 「ディズニーリゾートライン」を開業いたしました。 |
| 9月 | 「東京ディズニーシー」及び「東京ディズニーシー・ホテルミラコスタ」を開業いたしました。 |
| 2002年4月 | ウォルト・ディズニー・インターナショナル・ジャパン株式会社より「株式会社リテイルネットワークス」の株式を取得し、当社の100％子会社といたしました。 |
| 4月 | ザ・ディズニーストア・インク（現ディズニー・クレジット・カード・サービス・インク）と株式会社リテイルネットワークスとの間に、日本国内における「ディズニーストア」の運営及びライセンスに関する業務提携の契約を締結し、承継した店舗において営業を開始いたしました。 |
| 2005年1月 | ディズニー・エンタプライゼズ・インクとの間に、「東京ディズニーランドホテル」のライセンス、設計、建設及び運営に関する業務提携の契約を締結いたしました。 |
| 2月 | 「パーム＆ファウンテンテラスホテル」を開業いたしました。 |
| 3月 | シルク・ドゥ・ソレイユ・インク及びディズニー・エンタプライゼズ・インクとの間に、「シルク・ドゥ・ソレイユ シアター東京」の設計、建設、運営及びショーに関する業務提携の契約を締結いたしました。 |
| 2008年7月 | 「東京ディズニーランドホテル」を開業いたしました。 |
| 10月 | 「シルク・ドゥ・ソレイユ シアター東京」を開業いたしました。 |

　上記の沿革から、主要な施設の着工と開業に関する情報を次ページの図表8-5にまとめた。「着工」とは建設が始まることを指すので、建設仮勘定が計上され始めるタイミングを意味する。その後に「開業」の文字が表れるまでは、建設仮勘定の状態で資産計上されているはずだ。

　図表8-2で有形固定資産回転率が0.48倍と最も低い値を示した2001年3月期は、イクスピアリとディズニーアンバサダーホテルの開業期に相当することが分かる。これらはどちらも建物が主体の施設だ。図表8-3から、2001年3月期に建物及び構築物が純額で627億円増加していることがそれを裏付ける。

　にもかかわらず、同期の建設仮勘定がさらに841億円増加しているのは、翌

**図表8-5 オリエンタルランドの主要施設の着工年月、開業年月、決算への影響開始年度**

| 施設名 | 着工年月 | 開業年月 | 収益貢献開始年度 | 収益の1年間のフル貢献初年度 |
|---|---|---|---|---|
| イクスピアリ | 1998年8月 | 2000年7月 | 2001年3月期 | 2002年3月期 |
| ディズニーアンバサダーホテル | 1998年8月 | 2000年7月 | 2001年3月期 | 2002年3月期 |
| ディズニーリゾートライン | 1998年10月 | 2001年7月 | 2002年3月期 | 2003年3月期 |
| 東京ディズニーシー | 1998年10月 | 2001年9月 | 2002年3月期 | 2003年3月期 |
| 東京ディズニーシー・ホテルミラコスタ | 1998年10月 | 2001年9月 | 2002年3月期 | 2003年3月期 |

年度の開業を目指して建設が最終段階にあったディズニーシーとホテルミラコスタの影響が大だろう。実際に両施設が開業する2002年3月期には、建設仮勘定はほぼすべて消滅し、わずか13億円まで急減している。

その後の建設仮勘定は再び緩やかな拡張を続け、2008年3月期に473億円まで増加した後、2009年3月期には再び126億円まで急降下している。ディズニーシーほどの規模ではないものの、何らかの大型施設が開業したことを意味している。沿革からも分かるように、2008年7月に開業した東京ディズニーランドホテルと、2008年10月に開業したシルク・ドゥ・ソレイユ シアター東京がそれに相当する。

このように、一般的な製造業とは異なり、OLCの建設仮勘定には各年でのブレが非常に激しいことが窺える。新たなアトラクションの建設は常時行われるので建設仮勘定が一定の金額で存在してはいる。しかし、新たなホテル、劇場、商業施設や、ましてや新たなテーマパークともなれば、毎年ぽんぽんと建設されるものではない。同社の事業特性から生じるこうした設備投資への姿勢が、このブレの激しい建設仮勘定の動きとなって表れている。

ディズニーの生みの親、故ウォルト・ディズニー氏の言葉に次のものがある。

「Disneyland will never be completed. It will continue to grow as long as there is imagination left in the world.」（ディズニーランドは永遠に完成しない。世界にイマジネーションがある限り、成長し続けるのだ）

これを敢えて会計的に言い換えるならば、少々夢のない言い回しになるが、「常に建設仮勘定が存在している」ということになるだろう。2009年4月には、

東京ディズニーランドに新たなアトラクション「モンスターズ・インク"ライド＆ゴーシーク！"」がオープンした。また、2011年には約20億円をかけて東京ディズニーランドに「シンデレラ」をモチーフにした新アトラクションを、2012年には約115億円をかけて東京ディズニーシー内に「トイ・ストーリー・マニア！」をオープンすることも発表している。顧客のイマジネーションに対する期待以上の夢を創造するには、OLCは常に建設仮勘定という名の巨額の資産を前提とした企業経営を進めていかなくてはならない。

### (3)建物及び構築物への分解

　1999年から2001年3月期の3年度を除けば、最も巨額な有形固定資産は常に建物及び構築物（以降、建物）だ。2009年3月期の建物3,476億円は、同期の売上高3,892億円とさほど変わらない。図表8-3から、2002年3月期以降、建物の金額は機械装置及び運搬具（以降、機械）と比較して3倍から7倍程度の規模に相当していることが分かる。

　もちろん、機械に比べて建物は償却年数が長い（鉄骨鉄筋コンクリート造または鉄筋コンクリート造であれば最長50年）。2001年9月に東京ディズニーシーとホテルミラコスタが開業して以来、建物の額は非常に緩やかな右肩下がりを示しているのに対して、機械は同じ右肩下がりでも下がり方のスピードが速い（図表8-3）。これがまさに両者の償却年数の違いの表れである。

　しかし、それだけではない。償却年数の違いの影響を除去するため、敢えて両資産の取得価額（減価償却控除前）で比較してみると、2009年3月期現在、同社が保有する建物の取得価額は5,725億円、機械は2,245億円となっている。両者には2.5倍超の開きが見られる。

　OLCが機械よりもはるかに巨額な投資を建物に行っている事実は、想像に難くない。同社の場合、建物と言っても普通の建物ではないわけだ。建物自体が様々な趣向を凝らしたアトラクションであり、言わば顧客に提供する重要な商品である。

　ここで、OLCの有価証券報告書から、主要な設備に関する情報を見ておこう（241ページの図表8-6）。

　2009年3月期の建物3,476億円の構成は、多い順に、東京ディズニーシー

及び東京ディズニーシー・ホテルミラコスタ（1,626億円）、東京ディズニーランド及び東京ディズニーランドホテル（875億円）、ディズニーアンバサダーホテル、イクスピアリ及びシルク・ドゥ・ソレイユ シアター東京（430億円）、ディズニーリゾートライン（210億円）、パーム＆ファウンテンテラスホテル（62億円）となっている。

　テーマパークやホテルが一体となった金額で表示されているので、比較は容易ではない。しかし、少なくとも1983年の操業から数えた25周年イベントを2009年3月期に大成功させたディズニーランドと、2001年にオープンして同様にようやく7周年を迎えたディズニーシーとでは、過去の償却年数が異なる。両者に創業当初からある建物なら償却年数に18年の差があるのだから、帳簿価額はディズニーランドのほうが相応に小さく計上されてくる。

　なお、構築物には、塀やアスファルトなども含まれている。これらは鉄骨の建物に比べれば、かなり短い年数（アスファルトは10年）で償却されている。しかし、建物及び構築物の全体に占める金額としては、それほど大きくはないだろう。よって、建物及び構築物全体の償却のスピードは、建物を中心として非常にゆっくりしたものとなってくる。

**(4)機械装置及び運搬具への分解**

　図表8-3における機械装置及び運搬具（以降、機械）の経年の動きは、建物のそれの小型バージョンといったところだ。すなわち、ディズニーシー開業時に大きく増加し、その後は減価償却の進捗によって減少している。イクスピアリのような商業施設やホテルであれば、主となる有形固定資産は建物だが、テーマパークとなれば、アトラクションもなくてはならない。よって、ディズニーシーの開業時には、機械の金額も大きく増加するわけだ。

　建物に比べて機械の償却年数は短い。娯楽業用設備の遊園地用設備は、法人税法上7年で償却することとなっている。とすれば、2008年9月に7周年を迎えたディズニーシーのアトラクションは、5周年時にオープンした「タワー・オブ・テラー」などを除いて、機械の償却がおおむね終了したことを意味する。実際にOLCの中期計画（2007年5月発表）の資料の中にも、「東京ディズニーシー減価償却費の減少（2010年3月期〜）」の文字がある。

### 図表8-6 オリエンタルランドの主要設備の状況

**オリエンタルランド(単体)** (2009年3月31日現在、単位:百万円)

| 事業所名<br>(所在地) | 事業の種類別セグメントの名称 | 設備の内容 | 帳簿価額 建物及び構築物 | 機械装置及び運搬具 | 土地<br>(面積㎡) | その他 | 合計 |
|---|---|---|---|---|---|---|---|
| 東京ディズニーランド及び東京ディズニーランドホテル (千葉県浦安市) | テーマパーク事業<br>ホテル事業 | テーマパーク及びテーマパークサポート施設並びにホテル | 87,532 | 13,861 | 19,684<br>(837,259) | 3,172 | 124,251 |
| 東京ディズニーシー及び東京ディズニーシー・ホテルミラコスタ (千葉県浦安市) | テーマパーク事業<br>ホテル事業 | テーマパーク及びホテル | 162,681 | 27,236 | 31,048<br>(585,846) | 5,304 | 226,270 |
| 本社 (千葉県浦安市) | テーマパーク事業 | 事務所 | 1,866 | 13 | 713<br>(25,570) | 1,460 | 4,053 |
| ディズニーアンバサダーホテル、イクスピアリ及びシルク・ドゥ・ソレイユ シアター東京 (千葉県浦安市) | ホテル事業<br>その他の事業 | ホテル、ショップ&レストラン及び劇場等 | 43,017 | 2,188 | 4,421<br>(117,509) | 426 | 50,054 |

**国内子会社** (2009年3月31日現在、単位:百万円)

| 会社名 | 事業所名<br>(所在地) | 事業の種類別セグメントの名称 | 設備の内容 | 帳簿価額 建物及び構築物 | 機械装置及び運搬具 | 土地<br>(面積㎡) | その他 | 合計 |
|---|---|---|---|---|---|---|---|---|
| ㈱ミリアルリゾートホテルズ<br>(連結子会社) | 東京ディズニーシー・ホテルミラコスタ、ディズニーアンバサダーホテル、東京ディズニーランドホテル及びパーム&ファウンテンテラスホテル (千葉県浦安市) | ホテル事業 | ホテル | 1,407 | 750 | — | 1,057 | 3,215 |
| ㈱舞浜リゾートライン<br>(連結子会社) | パーム&ファウンテンテラスホテル (千葉県浦安市) | ホテル事業 | ホテル | 6,297 | 25 | — | 152 | 6,474 |
| ㈱リテイルネットワークス<br>(連結子会社) | ディズニーストア (千葉県浦安市ほか56店舗) | リテイル事業 | 商品販売施設 | 854 | — | — | 842 | 1,696 |
| ㈱イクスピアリ<br>(連結子会社) | イクスピアリほか (千葉県浦安市) | その他の事業 | ショップ&レストラン、シネマコンプレックス等 | 2,027 | 259 | — | 140 | 2,427 |
| ㈱舞浜リゾートライン<br>(連結子会社) | ディズニーリゾートライン (千葉県浦安市) | その他の事業 | モノレール | 21,038 | 3,131 | — | 150 | 24,319 |

出所:オリエンタルランド2009年3月期有価証券報告書

前ページの図表8-6から、機械が多い場所とその規模を確認しておこう。東京ディズニーシー及び東京ディズニーシー・ホテルミラコスタ（272億円）、東京ディズニーランド及び東京ディズニーランドホテル（138億円）、ディズニーリゾートライン（31億円）、ディズニーアンバサダーホテル、イクスピアリ及びシルク・ドゥ・ソレイユ シアター東京（21億円）の4つが2ケタ億円以上の規模にある。

ディズニーランドもディズニーシーも、開業当初からある機械の7年の償却年数は終了しているので、帳簿に残っている金額はここ7年間で新たにオープンしたアトラクションや、既存アトラクションの更新投資が中心と考えて差し支えないだろう。ディズニーリゾートラインは、鉄道車両、自動改札機、切符販売機など多くの機械装置及び運搬具を保有している。鉄道車両は一般に13年で償却するため、アトラクションに比べると償却のスピードはゆっくりとしている。

### (5) 土地への分解

土地は時価評価も減価償却も行わないので、新たな取得や減損処理がない限りは、一定の金額で推移する。図表8-6に計上された土地の金額の合計は558億円、面積の合計は156万㎡と計算できる。

実はこの数値はここ数年変化がない。主要な事業に供している土地には、金額上も面積上も、変化は起きていないと推察できる。また、子会社で営む多くの事業の土地は、ゼロで計上されている。よって、土地そのものはあくまでOLC本体で保有し、多角化した事業を子会社が行う場合でも、土地自体はOLCが保有し続け、これを賃借するという方針を取っているようだ。子会社はあくまで事業を行うための組織であって、不動産全体の管理は親会社が一括して行ったほうが効率的ということだろう。

ここまでの議論を受けて図表8-3を改めて見ると、土地の金額が緩やかな微増を見せていること、及び2009年3月期の土地の額が933億円なので、先の558億円の数値より400億円弱多いことが確認できる。

OLCは、東京ディズニーリゾート隣接の土地など、その後も継続して土地を少しずつ購入している。ディズニーランドの着工が始まった時代に比べれば、

OLCの成功によって単位面積当たりの土地の金額は格段に上昇しているはずだ。よって、同じ100億円の土地への投資でも、取得する面積は過去の数分の1かもしれない。いずれにしても、まだ実際の事業に供していない、あるいは倉庫等、特定の事業に帰属する土地ではないため、図表8-6には計上されていないのだろう。さらなるサービスの向上に向けて、次の投資の機会を窺っている土地と見ることもできよう。

### 3…オリエンタルランドの経営戦略と会計指標

4つの有形固定資産に分解して、それぞれの推移を同社の戦略と大型投資、さらには各資産ごとの固有な性質と合わせて考察を進めてきた。ディズニーシー開業直後ほどではないものの、有形固定資産回転率0.7倍台は、やはり低い数値だ。図表8-7にOLCの簡略化したBSを示す。総資産の5割強が建物、8

**図表8-7　オリエンタルランドの連結BS（簡略版、2009年3月期）**

(百万円)

| 流動資産 | | 流動負債 | |
|---|---:|---|---:|
| 現金及び預金 | 15,420 | 支払手形及び買掛金 | 16,358 |
| 受取手形及び売掛金 | 15,697 | 1年内償還予定の社債 | 19,999 |
| 有価証券 | 35,519 | 1年内返済予定の長期借入金 | 20,800 |
| たな卸資産 | 10,679 | 流動負債合計 | 111,207 |
| 流動資産合計 | 88,199 | 固定負債 | |
| | | 社債 | 79,986 |
| | | 長期借入金 | 59,200 |
| 固定資産 | | 固定負債合計 | 160,124 |
| 建物及び構築物 | 347,692 | 負債合計 | 271,331 |
| 機械装置及び運搬具 | 48,397 | | |
| 土地 | 93,301 | 資本金 | 63,201 |
| 建設仮勘定 | 12,605 | 資本剰余金 | 111,403 |
| その他 | 14,042 | 利益剰余金 | 225,211 |
| 有形固定資産合計 | 516,039 | 自己株式 | △24,463 |
| 無形固定資産合計 | 11,212 | 株主資本合計 | 375,352 |
| 投資有価証券 | 14,788 | 評価換算差額等 | △1,711 |
| 投資その他の資産合計 | 29,540 | 少数株主持分 | 18 |
| 固定資産合計 | 556,792 | 純資産合計 | 373,660 |
| **資産合計** | **644,991** | **負債及び純資産合計** | **644,991** |

割強が有形固定資産という姿は、どう客観的にとらえても巨額な設備である。

ただし、巨額な設備がすぐに過剰な設備とはならない。前節で議論したように、巨額な設備が利益に結び付いているならば、有効活用されていると判断すべきである。そこで前節で紹介した有形固定資産営業利益率と、その2つの構成要素となる有形固定資産回転率と売上高営業利益率の3つの推移をグラフに示すことにしよう。

図表8-8から、有形固定資産営業利益率は、大型投資が本格化して以降、5～7％程度でやや低迷してきたことが分かる。同時に、2009年3月期は25周年イベントの大成功から、売上高も営業利益も急拡大したため、3つのグラフがすべて大きく上振れしていることも分かる。10年間の2つの構成要素を振り返ると、有形固定資産回転率はここまで見た通りだが、売上高営業利益率もどちらかと言うと右肩下がりの傾向にある。一方、10％弱の売上高営業利益率の水準は、第2章で見たように、国内では決して悪い数値でもない。よって、低い有形固定資産営業利益率は、分子の利益よりも、分母の有形固定資産の巨額さにあることが改めて実感される。

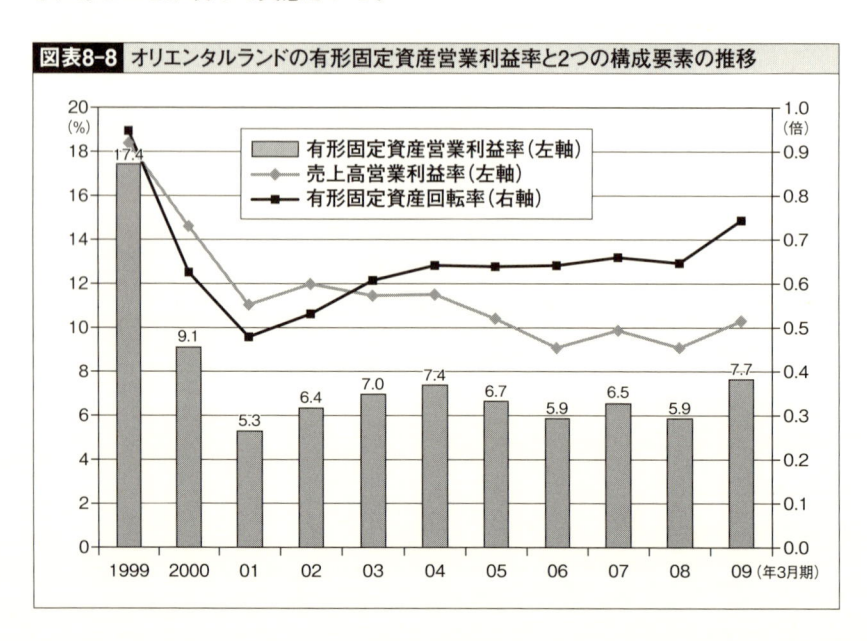

**図表8-8** オリエンタルランドの有形固定資産営業利益率と2つの構成要素の推移

1998年にスタートしたディズニーシー、イクスピアリ、モノレール、そして2つのホテルへの設備投資に始まって、その後の劇場やさらなる2つのホテルの投資まで、巨額の設備投資が継続して行われた。非常に大きな金額が一気に発生したため、それから10年超経った2009年3月期でも、まだかつてのような高利益率企業には戻りきっていない。今後、設備規模に見合った利益率改善が経営課題であることは間違いない。
　では、同社の投資は失敗と言うべきなのだろうか。確かに設備からの効率的な利益の創出度という観点からすれば、ディズニーランドだけを運営していたほうがよほど効率的であった。しかし、企業は利益率のためだけに経営しているわけではない。顧客に価値を提供しながら、かつ上場企業として最後は投資家に対する一定のリターンを生み出し、成長していかなくてはならない。
　厄介なのは、時に利益率の追求と、成長の追求が相反することにある。利益率のみを追求すれば、高利益率の事業のみへの集中（OLCの場合はディズニーランド）をすれば良い。そして、先行投資の類は利益率が下がらない程度の規模にとどめておく。しかし、成長を追求するのであれば、設備投資やM&Aなどの先行投資も選択肢に入れなくてはならない。一時的に利益率は下落するかもしれないが、将来の果実をつかむためには仕方ないトレードオフだ。
　企業の普遍的な目的はゴーイング・コンサーンとして永続的に存続していくことなので、利益率のみを追求した経営では、いつか縮小均衡に陥り、競合の市場拡大や、顧客離れを引き起こすだろう。世の中の景気環境、競合の動向、その中での自社の戦略、顧客志向の変化など、様々な要因に基づいて、利益率と成長の優先順位は決定されるべきだ。
　OLCはディズニーランドの大成功によって、日本人にもウォルト・ディズニーをモチーフにしたテーマパークへの市場性が高いことを実証した。以降は、ディズニーランドの質の向上のみに集中して、企業経営することも1つの選択肢だったはずだ。そのほうが利益率は格段に高く維持できる。事業リスクという点でも、彼らが後に取ることになる選択肢に比べれば、はるかに低かったはずだ。つまり短期的にはディズニーランドへの集中こそが、ローリスク・ハイリターンを生む選択肢だったはずである。
　しかし、OLCはディズニーランドを単なる1つのテーマパークとして発展

させるだけでは、企業の将来性に限界があると判断したのではないだろうか。1つのテーマパークのみを提供する企業ではなく、商業施設、もう1つのテーマパークやエンタテイメント施設を盛り込んだ、一大リゾートを舞浜地区に展開するというビジョン。すなわち東京ディズニーリゾートという巨大な空間を作り上げることを意思決定したのだ。

　短期的には事業リスクは極度に高まるし、利益率は大きく下がる意思決定である。巨額の設備投資のために、有利子負債も大きく膨らんだ（2008年3月末は約2,800億円）。短期的にとらえれば、まさに、ハイリスク・ローリターンのプロジェクトだ。しかし、ゴーイング・コンサーンとして10年、20年先を見据えた場合には、その意思決定こそがリスクを抑えて、リターンを追求できる選択肢と判断されたわけである。10年経った今、その判断が正しかったことが、ようやく数値となって実を結んできた。

　2009年3月期は25周年イベントの大成功もあって、同社の過去最高となる、2つのテーマパークの合計入園者数2,722万人、連結売上高3,892億円、営業利益400億円を達成している。同社を見ていると、いかなる企業であっても不景気を理由にすることはもはやできないと感じさせられる。不景気になって最初に打撃を受けるのは、一般にレジャー産業だろう。実際にOLC以外の遊園地施設や映画館施設などは、総じて減収減益に陥っている。

　しかし、もはやOLCをレジャー産業や遊園地といった言葉で定義すること自体が誤りなのではないだろうか。同社はそれとは次元の異なる世界で競合と戦い、そして我々消費者、ひいては人類を魅了するコンテンツを提供し続けているのだ。どんなに不景気でも、期待を上回る価値あるサービスを提供する限り、消費者はたった1日という夢の時間の対価として、1万円（2009年3月期のテーマパークのゲスト1人当たり売上高が9,719円）という金額を喜んで払うことを実証しているのだ。

　今後はどうだろうか。同社の4つ目のホテルとなる東京ディズニーランドホテルとシルク・ドゥ・ソレイユ シアター東京は開業した。個別のアトラクションのオープンは今後も続くものの、舞浜地区というマクロで見れば、打ち手はほぼ飽和状態とも取れる。2009年3月期は25周年イベントの大成功もあって、集客数が大幅に増加したが、今後は同社の計画でも安定的な推移を予測し

ている。

　今後しばらくは大型投資もないため、2008年3月末に2,800億円まで膨らんだ有利子負債の返済（すでに2009年3月末には約1,800億円まで圧縮されている）と、ROE4.7％（2009年3月期）という低い水準からの脱却のために、増配や自社株買いといった株主還元へも資金は流れていくだろう。

　しかし10年前がそうであったように、来るべき時が訪れれば、OLCは再び大きな投資活動に入るのではないだろうか。その時のための有利子負債の返済や、株主還元の強化による投資家からの信頼構築と言うこともできよう。

　ここまでの考察を読者はどう読まれただろうか。OLCのような夢を売る会社には、利益とか設備投資といった言葉自体がなじまないと感じられたかもしれない。そもそも上場している意味はあるのかと思われる方もあるだろう。

　しかし、6,500億円の資産を抱えるOLCの巨大なビジネスは、上場していなかったらそもそも存在していなかったと考えるほうがむしろ健全だ。あの素晴らしいサービスには、巨額の設備投資や人件費がかかる。そのための資金を入場者が前もってすべて負担することは、残念ながらできない。

　むろん、そのことを誰よりも理解しているのはOLC自身だろう。機会があれば、OLCのホームページから投資家情報のサイトを覗いて見てほしい。中期経営計画の資料は、数値をベースとした議論であふれている。

## 3●アサヒビールの経営分析
### 【8】有形固定資産回転率

　有形固定資産回転率の計算においても、分子と分母を整合させるために、分子の売上高からは酒税を除くことと、分母の有形固定資産は2年度を足して2で割ることを行って計算してみよう。

$$有形固定資産回転率 = 売上高 \div 有形固定資産$$
$$= 1兆円 \div (6,227億円 + 6,067億円)$$
$$= 1.63倍$$

アサヒビールの有形固定資産回転率は、食品業界の平均値3.93倍の半分以下の水準にある。食品業界は単価の安い製品を扱うため、売上高が1兆円を超えている企業は数少ない。つまり、アサヒの売上高は食品業界の中でも、突出して高いと言うことができる。よって、アサヒの有形固定資産回転率が低い背景は、保有する有形固定資産に対して売上高が小さいというより、計上する売上高に対して有形固定資産が大きいというほうが妥当だろう。

　BS上から実際の金額を見ると、建物及び構築物、機械装置及び運搬具、そして土地のどれもが純額ベースで1,500億円を超える大きな金額であることが確認できる。親会社だけでも本社と全国9ヵ所のビール工場を保有していることや、親会社に加えて50社の子会社の連結BSであることから来る様々な保有資産の影響は大きい。さらに、親会社の工場の生産設備に定額法を採用していることも、定率法の企業に比較して、同社のBS上の資産価値を必要以上に大きく見せている背景にある。

### QUIZ[8]

　本章で触れたように、パルプ・紙業界の有形固定資産回転率は、製造業では最も低い1.60倍となっています。同業界最大手の王子製紙の同比率を過去5年間にわたって計算した上で、なぜ低いのかについて、5つの有形固定資産へ分解しながら分析してください。また、同社が2009年3月期に富岡工場の機械装置の減価償却方法を、従来の定率法から定額法に変更した事実について、その背景と決算書への影響についても考察してください。

　以上の分析を踏まえて、王子製紙の経営戦略、強み、弱み、今後の経営課題を考察してください。

第 9 章

# 固定長期適合率
### 投資と資金調達の期間のバランスを探る安全性の指標

長期間保有する固定資産を、長期間返済義務の発生しない固定負債と純資産の和で割ることで、固定長期適合率は計算される。長期の資産が長期の資金調達によって十分に賄われていれば、同指標は100％以下となる。固定長期適合率は、固定資産、固定負債、純資産へと分解して考察される。イオンの設備・M&Aへの積極投資と、資金調達のバランスを、固定長期適合率を通して考察する。

# 1●固定長期適合率の読み方

## 1…固定長期適合率の算出方法

固定長期適合率は、固定資産を固定負債と純資産の和で割って算出される。

$$固定長期適合率(\%) = \frac{固定資産}{固定負債 + 純資産}$$

　固定資産は1年超保有することが前提となる資産だ。有形固定資産、無形固定資産、投資その他の資産の大きく3つが含まれる。1年超という長い期間にわたって保有するということは、それぞれの資産がすぐには現金化しないことを意味する。こうした長期間現金化しない固定資産は、長期間返済義務が発生しない資金で賄っておくのが理想的だ。資金の提供者から急な返済要求が来ないのだから、安心して固定資産を長期にわたって保有することが可能となる。
　我々個人の生活でも、家や車など長期にわたって使用するものを購入する場合は、長期のローンを組むのが一般的だ。これは金額が大きいことがもちろん第一の理由ではあるが、同時にこれから使用する長期の期間に合わせて、じっくり返済していけば良いことを意味する。使い勝手がたとえば50年に及ぶマンションなのだから、そのコストも50年（実際には住宅ローンは原則35年までしか組めないが）に分けて負担していけば良い。
　「固定資産 ＜（固定負債＋純資産）」の関係があれば、長期間返済義務のない資金によって、長期保有する資産に投資できていることを意味する。すなわち、固定長期適合率の適正値は、100％以下となる。同比率が100％より低ければ低いほど、固定資産に対して十分な長期資金の手当てができていることを意味する。よって、企業の安全性が高いと評価できる。
　これとよく似た指標に固定比率がある。分母に固定負債を含めないで、純資

産のみを置いている。意味合いとしては、長期の固定資産を、法的な返済義務のない株主のお金、すなわち純資産のみですべて賄うことができているかを評価するものだ。

$$固定比率（％） = \frac{固定資産}{純資産}$$

固定長期適合率だけでなく、固定比率でも100％を下回る企業であれば、さらに安全性は高いと言える。ただし、過剰な純資産を抱え込むことによってこれが成立している場合は、増配や自社株買いなどによる株主還元への圧力が、株主から上がってくるかもしれない。長期と長期の期間のマッチングができているか否かという観点においては、固定長期適合率で100％を下回れば健全と考えるのが一般的だ。

また、固定長期適合率と本質的には同じことを評価している指標に、流動比率がある。流動比率は、流動資産を流動負債で割って計算するものだ。図表9-1に示すように、流動資産と流動負債は固定長期適合率の計算で含まれなかった残りの部分である。

よって、図に示したような、固定長期適合率が100％未満の企業であれば、流動比率は必ず100％より大きいことになる。固定長期適合率と流動比率は、主語が固定（1年超）か流動（1年以内）かの違いはあるものの、投資と調達

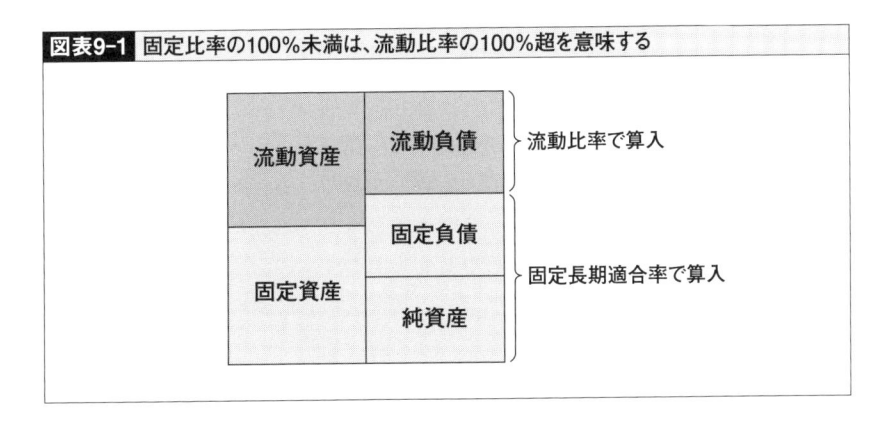

**図表9-1　固定比率の100％未満は、流動比率の100％超を意味する**

の期間のバランスによる安全性の判断結果は必ず同じとなる。

　有形固定資産や投資有価証券などの固定資産が大きい企業であれば、固定長期適合率を主語として用いるのが適正だろう。一方、第6章で扱った医薬品卸売業のように、固定資産はあまり保有せずに、売上債権や棚卸資産などの流動資産が重たい企業であれば、流動比率を用いるのが適正だ。分析結果が同じであっても、主語として用いるものは分析対象企業にとって、より重要性が高い資産や負債を用いるべきだ。

　最後に、固定長期適合率、固定比率ともに、分母の純資産の代わりに自己資本（純資産－少数株主持分－新株予約権）を用いる場合があることに言及しておく。自己資本は2006年5月の会社法施行以前の商法における資本の部に相当する。特に金額が大きくなる可能性のあるのは少数株主持分だ。少数株主持分は100％の議決権を保有しない子会社への他の株主の持分に相当する。よって、短期的に返済義務の発生する資金調達手段ではないと考え、本章では純資産の中にそのまま含めて計算している。

## 2…固定長期適合率の業界別平均値

　図表9-2は、固定長期適合率の業界平均値を、大きい順に左側から並べたものだ。これまでの指標と異なり、業界間の差は比較的小さい。裏を返せば、業界特性というより、個社での評価の重要性が高いことを意味している。

　固定長期適合率が高い上位5つは、鉄道・バス（116.9％）、パルプ・紙（115.2％）、通信（109.0％）、海運（107.8％）、空運（106.0％）の5業界だ。このうち、鉄道・バス、海運、空運は、乗り物を使って人や荷物を運ぶという点で共通している。鉄道・バスの車両、船舶、航空機といった乗物を巨額に所有するため、固定資産、中でも有形固定資産が重くなる。鉄道業界は車両だけではなく、線路を敷く土地もある。また、鉄道・バス業界は不動産や小売業に多角化するのが一般的だが、これら事業も展開の仕方によっては多くの有形固定資産が必要となる。パルプ・紙業界も、第8章の有形固定資産回転率で見たように、売上高に対する有形固定資産の金額が、製造業の中では最も重い業界である。通信もやはり、巨額の通信設備の負担が重いことを意味している。

一方、固定長期適合率が低い業界の上位4つは、医薬品（48.0％）、精密機器（69.6％）、機械（69.8％）、サービス（70.2％）の4業界だ。医薬品と精密機器はここまで見たように、2008年3月期までは業績が好調に推移しており、利益剰余金に基づく潤沢な純資産を保有している。このことから、2業界とも、実は固定比率の段階ですでに100％を割っている。医薬品業界は、固定長期適合率と固定比率の間には大きな差異は見られない（固定長期適合率は48.0％、固定比率は51.9％）。つまり、長期借入金や社債など長期の有利子負債の調達が非常に限定的ということになる。

機械には建設機械や工作機械など、様々な機械メーカーが含まれるので、平均値の議論をすること自体が難しい業界の1つである。しかし、機械業界の自己資本比率の平均値が42.9％という事実に加えて、ここまで扱ってきた指標から、売上高営業利益率8.3％（第2章）、有形固定資産回転率3.89倍（第8章）という数値と照らし合わせれば、BSのイメージも形成されてくるだろう。有形固定資産はメーカーとして極端に膨らんだ数値ではなく、また高利益率を確保しながらこれを内部留保した純資産も潤沢に持ち合わせている。これらの

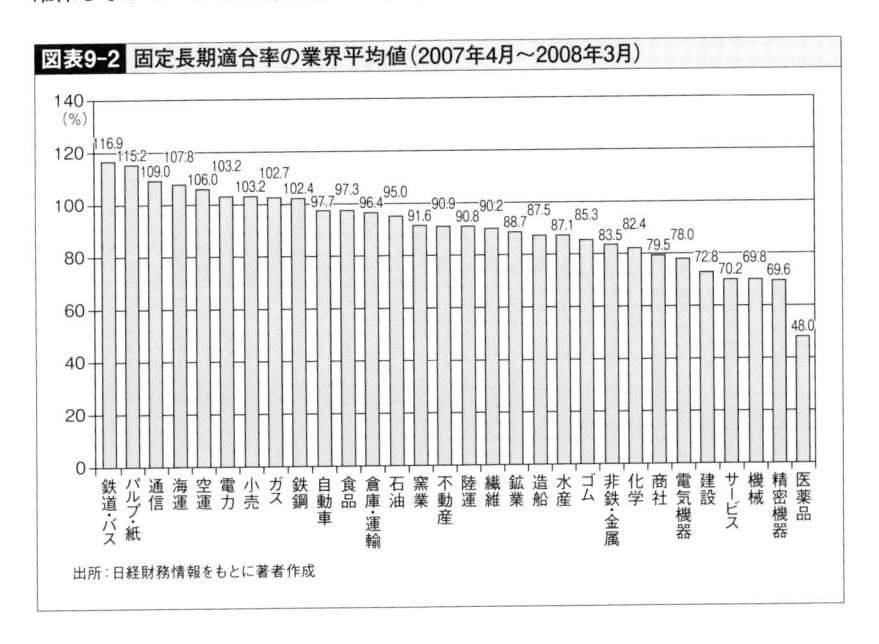

**図表9-2 固定長期適合率の業界平均値（2007年4月〜2008年3月）**

| 業界 | 値（％） |
|---|---|
| 鉄道・バス | 116.9 |
| パルプ・紙 | 115.2 |
| 通信 | 109.0 |
| 海運 | 107.8 |
| 空運 | 106.0 |
| 電力 | 103.2 |
| 小売 | 103.2 |
| ガス | 102.7 |
| 鉄鋼 | 102.4 |
| 自動車 | 97.7 |
| 食品 | 97.3 |
| 倉庫・運輸 | 96.4 |
| 石油 | 95.0 |
| 窯業 | 91.6 |
| 不動産 | 90.9 |
| 陸運 | 90.8 |
| 繊維 | 90.2 |
| 鉱業 | 88.7 |
| 造船 | 87.5 |
| 水産 | 87.1 |
| ゴム | 85.3 |
| 非鉄・金属 | 83.5 |
| 化学 | 82.4 |
| 商社 | 79.5 |
| 電気機器 | 78.0 |
| 建設 | 72.8 |
| サービス | 70.2 |
| 機械 | 69.8 |
| 精密機器 | 69.6 |
| 医薬品 | 48.0 |

出所：日経財務情報をもとに著者作成

背景から、固定長期適合率（69.8%）、固定比率（100.3%）ともに、全30業界の中でも非常に低い数値となって表れている。

　サービス業界にもあらゆるサービスが含まれている。先の鉄道・バスや海運もサービス業に変わりないが、企業数が多いので1つの業界として括りだされている。他に括りだされているサービス業は、不動産、陸運、空運、運輸・倉庫、電力、ガスと、そのどれもが大きな有形固定資産を抱えるビジネスだ。その結果、括りだされていないサービス業は、重い有形固定資産を比較的保有しない事業である。レストランサービス業、教育業などはその一例だ。有形固定資産、その他の固定資産が少ないので、サービス業界もまた、固定比率の段階で100%を割っている（90.8%）。

### 3…固定長期適合率を分解する

　固定長期適合率は、固定資産を固定負債と純資産の和で割って算出される。よって、同比率の分解は、固定資産、固定負債、純資産に分けて考えるのが良いだろう。固定資産は有形固定資産、無形固定資産、投資その他の資産に分かれる。有形固定資産に関する着眼点については、第8章の有形固定資産回転率を参照されたい。

　固定負債で一般的に大きな数値となるのは、長期の有利子負債、すなわち長期借入金と社債だ。これは第10章のDEレシオの分析で詳述するので、そちらを参照されたい。なお、有利子負債以外の固定負債については、特に金額が大きなものが存在する場合には、その中身と今後の長期負債としての持続性に関して評価をするべきである。

　純資産では、資本金、資本剰余金といった株主からの払込資本、利益剰余金、自己株式、その他有価証券評価差額金、少数株主持分などが大きな勘定となる。これらについても、DEレシオの考察の際に詳しく行っているので、第10章の分解アプローチを参照してほしい。

●固定長期適合率を分解するステップ
(1) 固定資産への分解（有形固定資産、無形固定資産、投資その他の資産）
　⇩
(2) 固定負債への分解（有利子負債、その他の負債）
　⇩
(3) 純資産への分解（資本金と資本剰余金、利益剰余金、自己株式、その他有価証券評価差額金、少数株主持分）

## 2 ケーススタディ──イオン
設備・M&Aへの積極投資と資金調達のバランスを探る固定長期適合率

### 1…イオンにおける固定長期適合率の推移

　次ページの図表9-3に、過去7年間におけるイオンの固定長期適合率の推移を示した。2009年2月期を除くと、同社の固定長期適合率は安全性のベンチマークである100％以下を達成できていることが分かる。これは、長期にわたって保有する固定資産が、長期にわたって返済義務の発生しない資金調達によってバランスよく賄われていることを意味する。流動比率は固定長期適合率と同義だから、短期の資産と短期の資金調達のバランスについても、指標から良好と言えそうだ。

　トレンドとしては、2007年2月期までは減少傾向にあった同比率も、それ以降の2009年2月期にかけては増加傾向にある。また、固定比率は150〜220％という高い水準にあり、2007年2月期以降の増加傾向も一致している。後に見るように、グラフに示した7年間のイオンはおおむね拡大期に相当するが、固定資産が増加する中で、純資産はなぜ十分な伸びを見せることができなかったのだろうか。

　一方、2009年2月期には、ついに固定長期適合率でも100％を超えている。すなわち、純資産と固定負債を足した額より、固定資産のほうが若干多いわけだ。それまで一度も100％を超えることのなかった同比率が100％を超えてし

まったのは、固定資産の拡大と、それに対して長期の資金手当てが間に合わなくなりつつある事実を表している。どちらの背景がより強いものなのだろうか。イオンはこれに対して、今後どのような手を打っていこうとしているのか。

### 2…イオンの固定長期適合率を分解する

前節で解説した指標を分解する3つのステップに沿って、イオンの固定長期適合率の水準とトレンドに関する解明を試みていこう。

### (1)固定資産への分解

イオンの固定資産とその構成要素の推移を図表9-4に表した。全体的に右肩上がりの傾向にあることと、3つの構成要素がほぼ同じような構成比率で安定した増加傾向にあることが読み取れる。7年間の固定資産の年平均成長率は11.1%に達している。イオンは小売業なので、この大部分は店舗網の拡大によるものと想定できる。なお、各構成比率の7年間の平均値は、有形固定資産が

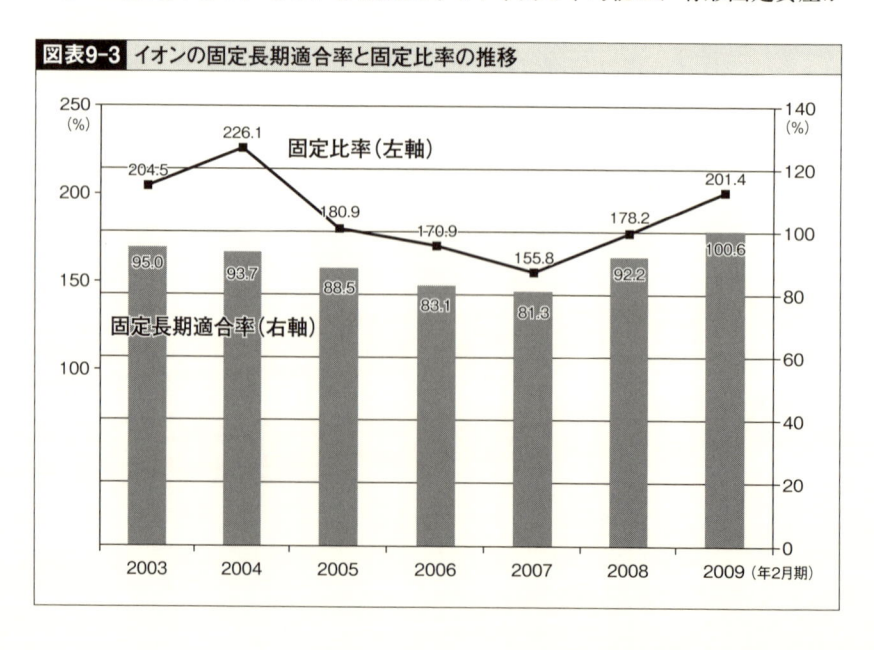

**図表9-3 イオンの固定長期適合率と固定比率の推移**

| 年(2月期) | 固定比率(左軸)(%) | 固定長期適合率(右軸)(%) |
|---|---|---|
| 2003 | 204.5 | 95.0 |
| 2004 | 226.1 | 93.7 |
| 2005 | 180.9 | 88.5 |
| 2006 | 170.9 | 83.1 |
| 2007 | 155.8 | 81.3 |
| 2008 | 178.2 | 92.2 |
| 2009 | 201.4 | 100.6 |

62%、無形固定資産が5%、投資その他の資産が33%となっている。

自前による店舗の開設だけではなく、2003年11月にマイカル、2006年3月にオリジン東秀、2006年5月にダイヤモンドシティ（後にイオンモールと合併）、そして同じく2006年5月に米子会社のタルボットが米ジェイ・ジル・グループ社（2009年6月に、不調なジェイ・ジルブランドは売却）をそれぞれ子会社化するなど、積極的なM&Aによる事業や店舗の増加も同期間に起きていた。無形固定資産が拡大基調にある1つの理由は、のれんの計上額の上昇にある。

また、投資その他の資産は、こうした子会社には相当しない関連会社や、それ以下の規模での事業提携を見込んだ資本参加の影響が大きい。さらに、後述する差入保証金も、イオンの投資その他の資産に巨額に含まれている。

次ページの図表9-5は、イオンが保有する主な固定資産を事業セグメント別に開示したものだ。主な企業として、GMSにはイオンリテール、マイカル、イオン九州、スーパーマーケットにはマックスバリュ北海道などのマックスバリュ地域各社、コンビニエンスストアにはミニストップ、専門店事業には米国

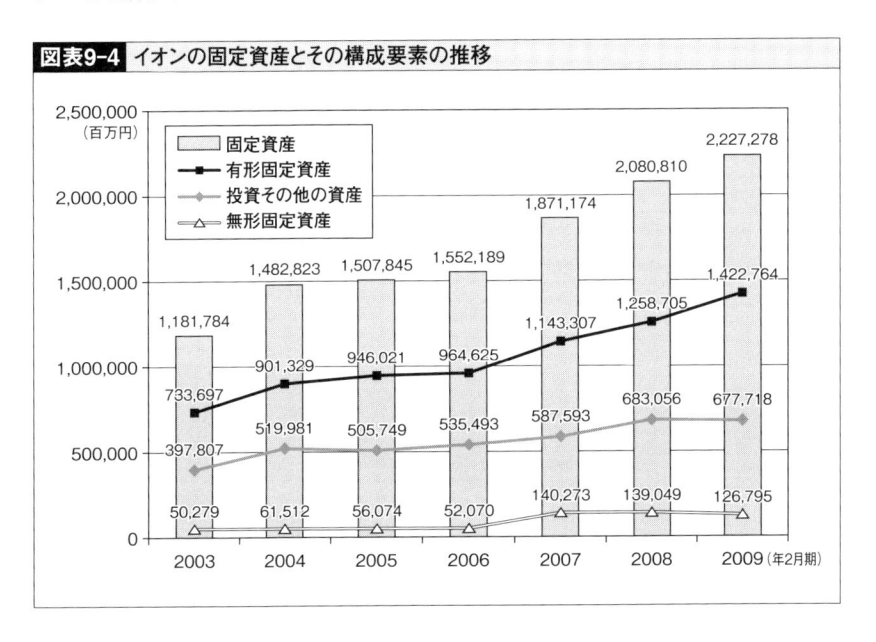

**図表9-4 イオンの固定資産とその構成要素の推移**

タルボット社、ディベロッパーにはイオンモールなどが含まれている。GMSとはゼネラル・マーチャンダイジング・ストアの略で、食料品、日用品、衣料品、家電などを総合的に扱う形態の小売事業を指す。なお、GMSの1社であるダイエーは、2009年2月現在、イオンが議決権の19.99％を保有する持分法適用関連会社である。よって、持分法投資利益（または損失）としての連結PL上の1行以外には、イオンの決算書には直接影響を及ぼしていない。

　有形固定資産の中で圧倒的に大きいのは建物及び構築物、そして土地と続く。GMS、スーパーマーケット、ディベロッパーの3大有形固定資産保有事業セグメントでは、建物の金額が土地の額のおおむね2～4倍程度に達している。この背景として、①土地は購買時の金額なので、その後の値上がりによって膨らむ時価は反映しない、②イオンは地方での事業展開も多いため、土地の金額が割安である、③土地は賃借で行い、建物だけを自前で建設するケースも多い、などが想定される。

　3つ目の点に関しては、これら3大事業の差入保証金が大きいことからも裏付けられる。建物や土地をイオングループ以外の第三者から賃借している場合、差入保証金として連結BS上に計上される。その最たる例は、実はコンビニだ。コンビニは、土地はわずか4億円しか存在しておらず、建物はある程度保有し

**図表9-5　イオンの主な固定資産の中身（連結ベース、2009年2月期）**

(百万円)

| 事業の種類別セグメントの名称等 | 土地 | 建物及び構築物 | その他 | 差入保証金 | 合計 |
|---|---|---|---|---|---|
| 総合小売事業 | | | | | |
| 　GMS | 108,927 | 418,993 | 88,378 | 220,105 | 836,405 |
| 　スーパーマーケット | 42,161 | 101,384 | 18,459 | 32,471 | 194,476 |
| 　コンビニエンスストア | 407 | 15,153 | 16,629 | 27,256 | 59,447 |
| 　その他 | 14,886 | 29,942 | 18,740 | 10,129 | 73,698 |
| 　総合小売事業計 | 166,383 | 565,473 | 142,208 | 289,963 | 1,164,028 |
| 専門店事業 | 7,034 | 38,809 | 25,798 | 22,158 | 93,801 |
| ディベロッパー事業 | 149,613 | 315,444 | 41,483 | 74,990 | 581,532 |
| サービス等事業 | 1,579 | 14,319 | 63,862 | 9,457 | 89,218 |
| 　小計 | 324,611 | 934,047 | 273,352 | 396,569 | 1,928,581 |
| 消去又は全社 | 6,050 | 3,444 | 9,904 | △41,501 | △22,102 |
| 　合計 | 330,662 | 937,491 | 283,256 | 355,068 | 1,906,479 |

出所：イオン2009年2月期有価証券報告書

ているが、それよりも差入保証金の額のほうが大きい。また、コンビニはフランチャイズ形式を採るのが一般的なので、加盟店が自ら店舗を保有または借りている場合は、イオンの差入保証金としては計上されないこととなる。

　日本最大のショッピングモールとして話題を呼んだ埼玉県越谷市のイオンレイクタウンも、2009年2月期のイオンの有価証券報告書によると、土地の所有額は0円として記載されている。すでにイオンは、2008年上期にレイクタウンを800億円で流動化し、オフバランス化している。物件の開発からオープンまでは自社所有で行うが、その後オフバランス化して現金化することで、資金の回転を良くしていると見ることもできる。

　図表9-5に表示されていない固定資産の中で比較的大きな金額として挙げられるのは、投資有価証券1,903億円とのれん724億円だ。投資有価証券の中には、イオン本体またはイオングループ企業が保有する関連会社の株式も含まれている。のれんが大きい事実と合わせて、イオンが積極的なM&Aによって、子会社、あるいは関連会社として、グループ企業を拡大してきた背景と結び付く。子会社になった企業であれば、のれんだけではなく、建物や土地の金額そのものの増大にも寄与している。

　このようにイオンの拡大は、自前の店舗開設に伴う有形固定資産のみならず、M&Aによる子会社化された企業の有形固定資産、のれん（無形固定資産）、あるいは資本提携を進めた企業の株式保有（投資その他の資産）など、固定資産のすべてにおいて継続的な数値の拡大となって表れているのである。

## (2)固定負債への分解

　次ページの図表9-6から、イオンの有利子負債は、固定資産と同様におおむね右肩上がりの傾向にあることが分かる。2009年2月期は、総額7,764億円まで達している。固定資産2兆2,272億円のざっと3分の1は長期有利子負債の調達で賄われていることになる。

　特に大きな伸びを見せているのは2006年2月期と2007年2月期だ。2006年2月期のイオンは、6期連続の増収増益（連結営業利益、連結経常利益）だった。この年度は大型M&Aなどの一時的な大きな投資があったわけではないが、長期借入金は約580億円、社債は490億円を、それぞれ前年度比で純増し

ている。図表9-4から、翌2007年2月期の急激な固定資産の増加を確認すれば、イオンにとっての順当な規模拡大の範囲とも思われる。

しかし見方を変えれば、すでにこの時点でイオンにとっての順当な拡大のペースが、有利子負債の拡大なしには実現できないスピードで進んでいたことを物語っている。当年度の有形固定資産への投資金額は、2,000億円弱まで達しており、営業CFの1,400億円弱を大きく上回っている。つまり、本業の稼ぎ力を超える規模での投資が加速していたことを意味しており、CF計算書上でも、FCF（営業CF − 投資CF）はすでにマイナスとなっている。

実はイオンのFCFは2005年2月期以降、2009年2月期まで常にマイナスである。つまり、本業の稼ぎ力以上の金額を、設備投資やM&Aに投下することが常態化していたわけだ。これはもちろん、有利子負債や増資によって外部からの資金が調達できることが前提となる成長モデルである。先行投資による規模の拡大によって、収益力を後から目指す成長モデルは、そのストーリーが目標として成立しているうちは良い。しかし、それが非現実的であることが表面化した際には、財務体質が一気に悪化しかねないリスクと裏腹だ。2008年の

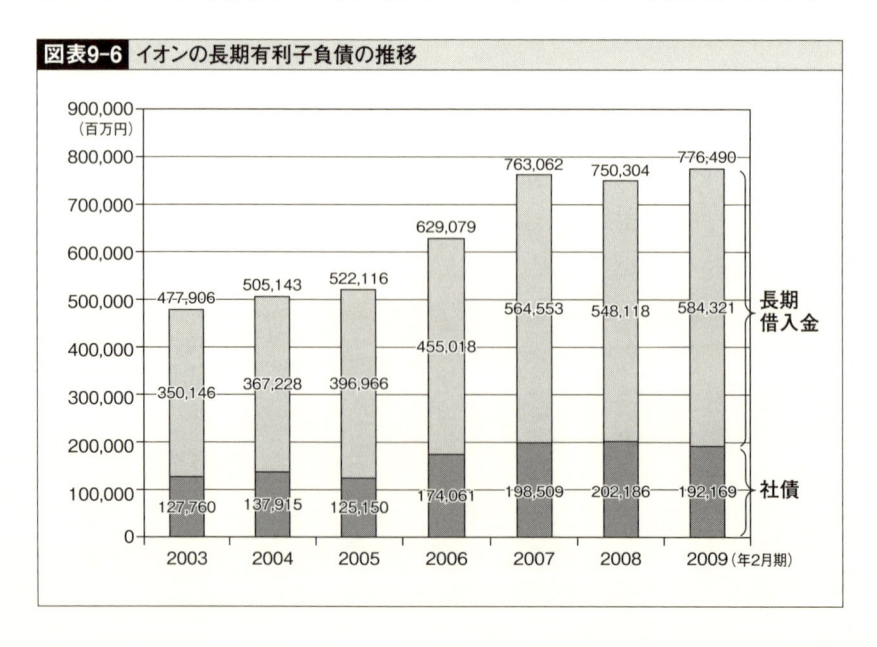

**図表9-6　イオンの長期有利子負債の推移**

| 年2月期 | 社債 | 長期借入金 | 合計 |
|---|---|---|---|
| 2003 | 127,760 | 350,146 | 477,906 |
| 2004 | 137,915 | 367,228 | 505,143 |
| 2005 | 125,150 | 396,966 | 522,116 |
| 2006 | 174,061 | 455,018 | 629,079 |
| 2007 | 198,509 | 564,553 | 763,062 |
| 2008 | 202,186 | 548,118 | 750,304 |
| 2009 | 192,169 | 584,321 | 776,490 |

（単位：百万円）

世界的金融危機に直面して、一時は毎週のように新興ディベロッパー企業が破たんした事実が、何よりもの証左である。

図表9-4から、2007年2月期は有形固定資産も継続して拡大する一方、投資その他の資産も膨らんでいる。当年度も有形固定資産には2,500億円弱の投資を行っており、やはり営業CFの1,400億円を設備投資だけで1,000億円超上回っている。これに加えて2007年2月期は、先述した3つのM&A（オリジン東秀、ダイヤモンドシティ、ジェイ・ジル・グループ）の影響が大きい。同期のCF計算書によると、連結の範囲の変更を伴う子会社株式の取得に1,700億円相当を支出している。

設備投資額と3社の子会社化を合わせて実に4,200億円の投資規模なので、同期の営業CF1,400億円のちょうど3倍に相当する規模になる。単純に規模だけで結論付けることはできないが、売上の拡大に対して利益創出力にかげりが見え始めていたイオンにあっては、すでに投資の規模が身の丈を超過していたと言わざるをえない。これだけの大きな投資を有利子負債だけで賄うのは不可能だし、危険でもある。よって、イオンは有利子負債の拡大と同時に新株発行による増資を行うが、これについては次の純資産への分解で見ていこう。

2009年2月期のイオンの連結決算書を見ると、社債と長期借入金の有利子負債額合計7,764億円が固定負債総額1兆1,076億円の7割を占めている。その陰に隠れて見えにくくなっているが、もう1つの大きな固定負債として預り保証金2,312億円がある。これを合わせた3つの勘定によって、固定負債の9割の説明がつく。預り保証金は、イオンモールなどにテナント店舗が入居する際、保証金として預けるものだ。長期にわたって預かる形になるので、固定負債に預り保証金として計上される。

その金額の多くを保有していると想定されるイオンモールの2009年2月期の連結BSを確認すると、預り保証金は約1,056億円計上されている。イオングループ間のやり取りならばイオン連結全体では相殺されるので、この1,056億円すべてがイオン連結に反映されるものにはならないが、イオンの預り保証金2,312億円の半分弱はイオンモールがもたらすものと仮定してもよいだろう。

預り保証金の調達によって2,312億円の資金調達を実質無利息で行うことに成功していることとなる。金利が2%とすれば、40億円超のコスト削減に相当

する大きなものだ。ただし、イオンは逆にテナントとして建物や土地を借りることも多い。固定資産の投資その他の資産に計上された差入保証金は3,383億円となっているので、保証金だけの話をすれば1,000億円の資産超過であり、その分の資金調達が必要となることを意味している。固定長期適合率は分子に差入保証金、分母に預り保証金がそれぞれ含まれるため、両者の大小関係もきちんと織り込まれている。

### (3) 純資産への分解

有利子負債と同じく、純資産とその主な構成要素もおおむね右肩上がりの傾向にある。この中で株主からの払込資本によって、資本金と資本剰余金が拡大する期が2度存在する。2005年2月期と2007年2月期だ。それぞれ、2004年8月に行った増資約1,000億円と、2006年11月と12月に行った増資約2,000億円の資金調達だ。2度とも、半額ずつを資本金と資本剰余金に組み入れているため、両勘定が並列して増加する動きを示している（図表9-7）。

前者の増資については、イオンにとっても25年振りとなるものだった。当

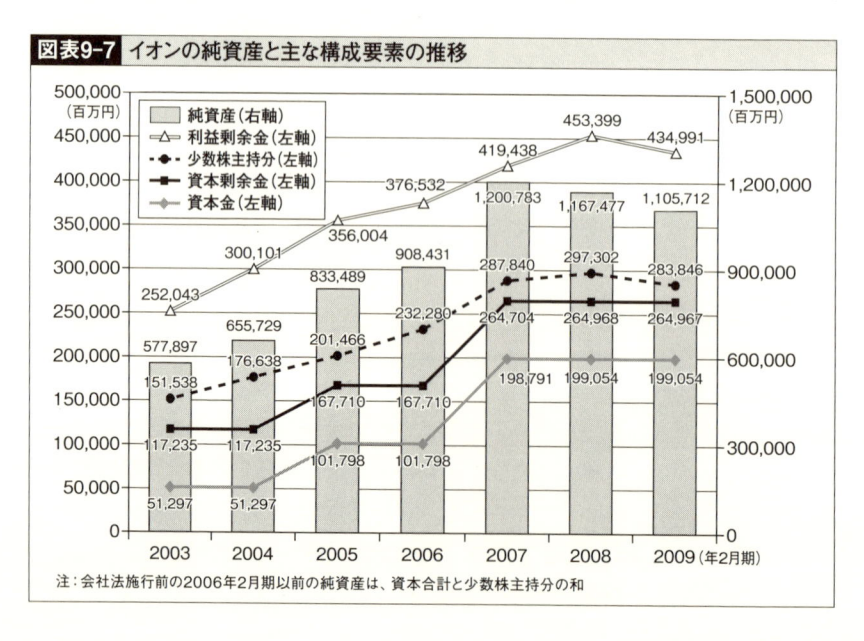

**図表9-7 イオンの純資産と主な構成要素の推移**

| 年（2月期） | 純資産 | 利益剰余金 | 少数株主持分 | 資本剰余金 | 資本金 |
|---|---|---|---|---|---|
| 2003 | 577,897 | 252,043 | 151,538 | 117,235 | 51,297 |
| 2004 | 655,729 | 300,101 | 176,638 | 117,235 | 51,297 |
| 2005 | 833,489 | 356,004 | 201,466 | 167,710 | 101,798 |
| 2006 | 908,431 | 376,532 | 232,280 | 167,710 | 101,798 |
| 2007 | 1,200,783 | 419,438 | 287,840 | 264,704 | 198,791 |
| 2008 | 1,167,477 | 453,399 | 297,302 | 264,968 | 199,054 |
| 2009 | 1,105,712 | 434,991 | 283,846 | 264,967 | 199,054 |

注：会社法施行前の2006年2月期以前の純資産は、資本合計と少数株主持分の和

時の小売業としては過去最大のものである。調達資金のうちの600億円は、大型ショッピングセンター（SC）やスーパーセンターなど合計40店の新規出店投資に充てるものとした。

　後者は、イオンの発行済株式数を1割も増やすような、イオンにとっても巨額の増資だった。資金使途は、提携交渉を進めていたダイエーやマルエツの株式取得に300億円を充てる一方、国内店舗の新設や増設などに1,467億円、中国子会社向けの投融資に200億円を使う方針とした。

　また、少数株主持分が継続して増加している事実は、イオンが積極的にM&Aを進めて子会社化した企業の中に、100%は保有しない企業が多数含まれていることを意味する。投資金額を抑えた緩やかなイオン封建体制の構築とも取れるが、成熟する市場の中で各子会社の少数株主の意思を汲んだ経営を司ることは容易ではない。今後のグループ企業再編の動きと合わせて、株式の保有比率の動きも注目される。

　2008年2月期にはついに増益記録が途絶えることで、これまでの拡大路線が行き詰まりを見せることとなった。本来であれば順調な利益の蓄積による利益剰余金、そして純資産の増加によって固定比率、固定長期適合率は減少傾向を続けるべきだったが、両比率ともに急増加を始めている。

　図表9-7に示した純資産の構成要素の中には、2008年2月期に減少した勘定は見当たらない。減益ではあったが、利益剰余金を含めてグラフに示した主たる純資産の勘定の減少によって、純資産の総額が減少したのではない。

　実はイオンは、2007年10月から12月に取得期間を設定して、自社株買いを600億円程度実施している。これまでの拡張路線にかげりが見え始めたイオンの株価は、すでに大きく下げ続けていた。これを阻止すべく、イオンにとっては初となった自社株買いを行った。わずか1年ばかり前に拡大戦略の原資として集めた2,000億円の3分の1弱に相当する金額を株主に返したこととなる。

　急激な環境変化への対処策としてはタイムリーなのかもしれないが、わずか1年で必要なくなるような資金だったとすれば、前年度の資金調達の見積もり自体が甘いものだったと言わざるをえず、株主を軽視した行動と取られても致し方ない。当然ながら自社株買い時の株価は増資時より下落していたため、自社株買いして市場から吸収した株数分は、増資時と自社株買い時の株価の差額

分がただでもらったお金として確定したこととなる。

　そして翌2009年2月期には最終赤字に陥ったため、それまで右肩上がりだった利益剰余金も下降している。2009年2月期の赤字の主な理由は、国内GMS事業と米タルボット社の不振が大きい。これはすでに前年度から起きていた事象なので、必ずしも金融危機による販売不振を理由にできるものではない。

　2007年2月期以降、固定負債及び有利子負債はほぼ同額で維持しているものの、継続する分子の固定資産の拡大と、減少する分母の純資産ではそれを賄い切れない。2009年2月期にはついに、固定長期適合率が100％を上回る事態に発展することとなった。

## 3…イオンの経営戦略と会計指標

　図表9-8は過去10年間のイオンの株価の推移を示したものだ。2006年後半以降、ほぼ一貫して株価は下落傾向にある。2006年と言えば、イオンが2回目の増資を行った時期である。増資時の新株式の発行価格は2,593.6円だった。2009年3月には525円まで下落したイオンの株価は、2009年6月15日の終値1,009円まで戻してはいる。しかし、増資に応じた投資家にとっては、依然半分以下の水準まで下落した株価である。増資時に語られた店舗、M&A、海外への成長ストーリーが、わずか1年程度で崩れた経緯には、納得のいかないものが大きいだろう。

　増資の成功によって2007年2月期には25.8％まで上昇したイオンの自己資本比率だが、その後の自社株買いの実施と赤字計上によって、2009年2月期の同比率は21.9％まで落ち込んでいる。再び赤字を計上したり、あるいは黒字になってもその水準が低迷したりするようであれば、自己資本比率10％台への下落も起こりうる。決して安心できる財務体質ではない。

　しかし、2年間で合計3,000億円を調達したものの、これを企業成長に結び付けられなかったイオンの失敗は記憶に新しい。イオンが次の増資を行うことは決して容易ではないし、仮にそのような事態になるとすれば、ある程度の経営権の移動が前提という事態にも発展しかねないだろう。なお、2009年2月

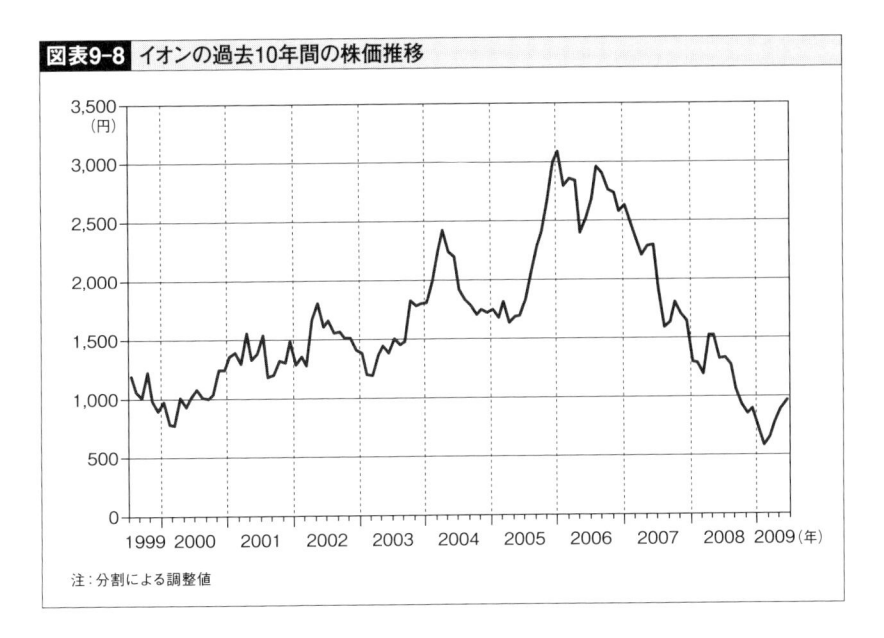

**図表9-8** イオンの過去10年間の株価推移

注：分割による調整値

末現在、イオンの筆頭株主は5.05％の株式を保有する三菱商事となっている。市場で買い付けられた株なので資本金の増加としては表れていないが、イオンの今後の業績の動向と合わせて、株主として、また事業パートナーとしての三菱商事の存在も注目される。

さて、イオンは国内主力事業のGMSが不振に陥り、また専門店事業の中核だった米子会社タルボットが赤字に陥った事実を受けて、これを黙って見過ごしているわけではない。まず大きな変革として、2008年8月に純粋持株会社化へ移行している。これまで拡大路線を中心として多くの企業や事業を買収してきたイオンだが、その弊害として組織が肥大化し、また機能やブランドが重複する部分が多数存在していた。事業ごとの棲み分けを明確化し、成熟・縮小する環境下でも利益を確実に創出する体制が望まれていた。

それまではイオンという事業会社本体が、同時に親会社としてグループ運営を司っていた。しかし、イオン単体において、GMS、スーパーマーケット、ディスカウントストア、スーパーセンターをすべて営んでいるなど、とても事業の棲み分けができている状態にはなかった。今後はこの事業ごとの棲み分け

とグループ企業の再編を、独立した組織であるイオン持株会社によって行うため、大胆でかつ迅速な意思決定が進むことが期待できよう。

　重複する企業や事業の再編により、固定資産の圧縮が期待できる。これを原資にした有利子負債の削減、利益水準の向上が実現されれば、成熟・縮小する市場環境下でも、固定比率、固定長期適合率を再び100％以下の水準へと安定的に引き下げていくことが不可能ではなくなる。

　ここで、イオンの経営戦略とは一体何だろうか。イオンがその戦略を表すときに常に用いてきた言葉に、「EDLP（エブリデー・ロー・プライス）」と「グローバル10」がある。EDLPは、競合よりも毎日安い価格の商品を提供することを意味する。これは日本では一般的な、日々の価格の上げ下げによって特売を組む形式の「ハイ＆ロー」戦略とは一線を画すものだ。イオンはEDLPが基本戦略にあるので、セブン＆アイグループと比較して、早くから「トップバリュ」というプライベート・ブランド（PB）に力を入れてきた事実とも合点がいく。PBほど何らアピールすることなく、単にラベルを張ることによって、ナショナル・ブランドより毎日安いことをアピールできる商品はないからだ。安っぽい物と見られないためのネーミングもまた定石通りだ。2009年2月期のイオングループにおける「トップバリュ」の売上高は3,687億円に達している。

　低価格によって多くの顧客を引きつけて売上の拡大を目指す。競合より価格が安いのだから、利益率ではどうしても後手に回る。その代わりに規模を拡大することによって、利益の額の最大化を果たそうとするものだ。規模が拡大すればメーカーからの大量購買によって仕入コストも低減でき、これをさらにEDLPの原資に回すことも可能となる。イオンが言う「グローバル10」とは、売上高で世界トップ10に入るほどに規模を拡大したいという意思表示である。

　2009年2月期のイオンの有価証券報告書上でも、EDLPの文字を相変わらず見ることができる。この事実から、急速な環境の変化を受けて、純粋持株会社化などの変革は進行しているものの、基本戦略となるEDLP自体は放棄していないことが確認できる。ただし、事業再編や不採算店舗の閉鎖を進める現在のイオンにあっては、「グローバル10」はしばらくの間、封印されるのだろう。

　EDLPは、米国ではウォルマートやアマゾン・ドット・コムが採用する経営

戦略として有名だ。紆余曲折はあるものの、両社ともにEDLPによって規模の拡大を実現し、企業の成長を実現してきたと言える。これに対して、なぜイオンのEDLPはうまくいっていないのだろうか。少なくとも、競合のセブン＆アイグループも、「セブンプレミアム」というPBに力を入れてきている。不況下にあって、それ以外にも多くの国内小売業が、たとえEDLPという言葉は使わなくても、「安さ」を前面に打ち出した企業イメージや店舗作りを強めているのは明らかだ。

　EDLPは価格で妥協する分、成功した店舗形態の拡大再生産があって初めて成功を収める事業モデルである。拡大によって仕入コストを抑えたり、人件費や家賃などの単位当たり固定費の低減を実現できたりする。しかし、国内市場ではこの拡大が容易でないところに最大のボトルネックが存在する。

　国内市場のパイが拡大しない中で、プレーヤーの数は相変わらず多数存在している。GMSが競合するのはGMSだけではない。食品や日用品ではコンビニという競合が大きく立ちはだかる。食品を中心としたスーパーマーケット、ディスカウントストア、ドラッグストアなども、互いの境界を少しずつオーバーラップしながら競合している。また、衣料品ではユニクロやH&Mなど、家具ではニトリやIKEAなど、家電ではヤマダ電機などの専門店が独自性を発揮し、さらにはインターネットに特化した様々な小売業が大きく台頭する中、GMSはどれも中途半端な商品提供にとどまり、優位性を打ち出せずに尻すぼみの状態にある。極端に言えば、何でも揃うGMSは、本当に欲しいものは何も置かれていないと取られるのが現実化してきている。

　拡大再生産を目指す上でさらに弊害となっている背景に、日本の消費者の商品選別性の厳しさも挙げられよう。単に安いだけではダメだし、景気低迷下では良いものでも高ければ買わない。幸いにして供給過剰の状況にあるため、消費者は値段と品質を十分に吟味しながら、最適なショッピングの場を見つける選択肢が与えられている。EDLPの成功の要件となる、画一された店舗形態の拡大再生産が、最も働きにくい土壌にあると言うことができる。

　もちろん、成長の源泉は国内市場だけに限る必要はない。ウォルマートやアマゾンも成長する海外市場への積極的な進出によって、EDLPの拡大再生産を実現している。実際にイオンも、アジアを中心とした海外進出を進めているも

のの、連結売上高に占める構成比は10％前後に過ぎない。海外戦略は明らかに出遅れたと言わざるをえない。

　幾つかのグラフで示してきたように、イオンの業績が減速したのは、世界的金融危機が始まる以前からである。つまり、今後の景気回復が進んでも、GMSを主体とした先行投資とも言える積極果敢な出店と、M&Aによる規模拡大の戦略では、競争優位性を発揮する打ち手には成りえないことがすでに実証されている。

　買収や合併によってグループ企業数や連結売上高は確かに拡大した。しかし、企業グループ一体となった経営戦略の推進は、ほとんど行われていない。その1つの証拠が、GMS、スーパーマーケット、ショッピングモールなどのそれぞれの業態を、グループ内の複数の企業が重複して行っている組織体制に見られる。純粋持株会社化する前のイオン本体の中だけでも、ジャスコやマックスバリュが存在している。その中で、さらにグループ全体の経営を司ることは混とんとした状況だ。選別性の厳しい消費者には、規模が大きいことだけでは、何ら日々の買い物でのアピールにはならない。EDLPを目指したものの、真に低価格なものを提供していたかと言えば、必ずしもそうではなかったとイオン自身も認めている。

　現在は組織や店舗、グループ会社の再編を進めている小康状態にあるイオンだが、同時に次世代の総合小売業としての経営戦略と、それに基づく店舗形態を模索している時期とも取れる。再び景気の回復期が訪れたときに、成長を加速させるだけの戦略と店舗が整うのか。業績が低迷している今こそ、将来を見据えた経営戦略を明確に打ち出すことが重要な時期となっている。

　イオンのこれまでの経営戦略を固定長期適合率に照らして表現すると、図表9-9の上図のようになる。

　成長が前提となる戦略でありながら、その成長を一時的にでもストップしなくてはいけないという難しいかじ取りが要求されることとなるが、幸いにしてイオンには、国内小売業トップ2の一角という圧倒的な販売力、競合が追随を目指すショッピングモール事業での先行者利得、そして場合によっては流動化して現金化することもできる巨大な不動産がある。これらを真に有効活用できたときに、イオンの固定長期適合率は、図表9-9の下図のようなストーリーで

## 第9章 固定長期適合率　269

### 図表9-9　イオンの経営戦略と固定長期適合率の動き

**〜2009年2月期**

| | |
|---|---|
| 流動資産 | 流動負債 |
| 100%を上回る固定長期適合率 | |
| 固定資産 | 固定負債 |
| | 純資産　資本金&資本剰余金 |
| | 利益剰余金 |

「グローバル10」達成のための自主開発店舗の拡大と、M&Aによる外部からの事業や店舗の取り込み

⬇

**固定資産の継続的な増大**

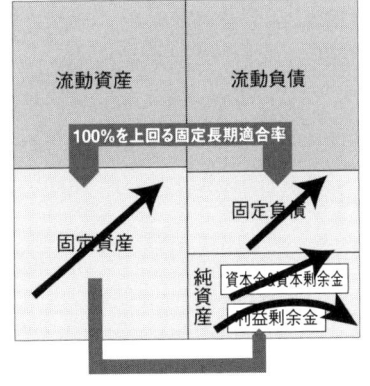

成長のための資金を有利子負債で調達

成長のための資金を増資で調達

固定資産を拡大するも十分な利益に結び付かない。
2009年2月期には赤字計上で利益剰余金は減少

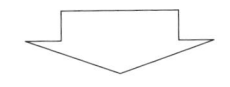

⬇

**2009年2月期〜**

| | |
|---|---|
| 流動資産 | 流動負債 |
| 100%を下回る固定長期適合率 | |
| 固定資産 | 固定負債 |
| | 純資産　資本金&資本剰余金 |
| | 利益剰余金 |

不採算店舗の閉鎖や不動産の流動化などによって、固定資産の拡大を抑制

⬇

**固定資産の現状水準維持から一時的な縮小も**

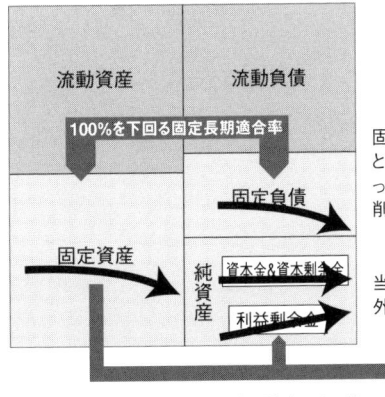

固定資産の流動化と回復する利益をもって、有利子負債の削減

当面の増資は想定外

不採算店舗の閉鎖によって利益が計上できる体質を早期確立

再び100%を下回るものとなるだろう。

　イオンの競合であるセブン＆アイは、プライベート・ブランドの「セブンプレミアム」に力を入れたり、GMSの限界から「ザ・プライス」というディスカウントストアへの業態転換を進めたりしている。イオンとセブン＆アイのGMS事業は、これまで、「郊外 VS 駅前」「モール一体型 VS 単独出店」「EDLP VS ハイ＆ロー」「PB積極推進 VS NB（ナショナル・ブランド）中心」と、何かにつけて異なるアプローチを踏んでいた。しかし、国内市場の成熟と不景気を受けて「安さ」を前面に打ち出す傾向が各社強まる中、両社ともに競う土俵が近づいてきた。

　その土俵は、イオンが本来力を入れていた領域であり、先行者としての経験やノウハウによって優位性を発揮できるところのはずだ。業績悪化から財務体質改善の優先順位が高まり、これに取り組むイオンの固定長期適合率は今後改善を見せる可能性が高い。しかし、財務体質はあくまでBSのストックの情報である。ストックがいくら改善しても、フローで稼ぎ出すことに結び付かなければ企業はいずれ衰退する。イオンが本来目指していた領域での競争環境が激化する中、その規模と経験から、イオンが再び競争優位性を発揮しうるのかが注目される。

# 3● アサヒビールの経営分析
### 【9】固定長期適合率

　アサヒビールの固定長期適合率は、2007年12月期は125.5%、2008年12月期は113.2%と計算される。これは図表9-2で同比率の最も高い鉄道・バス業界の116.9%に相当する高さである。食品業界の平均値97.3%を大きく上回り、数値としてはかなり高めと判断できる。教科書的に言えば、100%を上回る同指標は安全性に劣る。

　同社の有形固定資産が食品業界にしては大きいことは第8章で触れたが、それを上回る純資産と固定負債があれば、固定長期適合率は100%を切ってくる。では株式（純資産）と有利子負債（固定負債）という2つの資金調達のうち、

どちらに「少なめ」という特徴があるのだろうか。そして、その背景は何だろうか。

アサヒビールの自己資本比率は、2008年12月期で40.2％ある。国内企業の平均値35％程度を十分上回っており、その水準に問題はない。とすれば、固定負債が少ないというのが、固定長期適合率が100％を大きく上回ってしまった要因と想定されてくる。

ここで、固定負債、中でも長期借入金が少ない企業には2つのストーリーが考えられる。1つは安全性に欠けるため、金融機関から長期での資金調達ができない企業。もう1つは、短期で資金調達するメリットを優先して、敢えて長期では調達しない企業だ。少なくともアサヒの場合、国内ビール系市場のトップシェア争いを展開しており、前章まで分析を進めた良好な利益率から、1つ目のストーリーは考えにくい。長期で借り入れるだけの信用力は十分備えているはずだが、敢えて短期で借りているとする、2つ目の考え方が健全だろう。

実際に2008年12月期のアサヒの有利子負債は、短期は1,155億円（このうち387億円は、元来は長期であったが満期が1年以内になったもの）、長期は1,797億円と、40：60の割合で拮抗している。参考までに同期のキリンで同じ計算をすると、25：75で長期が短期より3倍大きい。両社の投資内容が異なるので単純比較はできないが、少なくともアサヒは積極的に短期で借りようとする意図が感じられる。

詳細は次章のDEレシオで解説するが、短期で借りることのメリットの1つは、金利水準の低減にある。アサヒは敢えて短期で借りることで金利の低減と、より柔軟な貸し借りのタイミングを得ることを優先しているのではないか。その結果としての100％を上回る固定長期適合率であれば、すぐに問題とはならない。

会計上は短期の有利子負債であっても、実質長期化するだけの信用力を金融債権者との間で持っていると判断するなら、短期有利子負債を固定負債の中に含めて固定長期適合率を計算するのも1つの見方だ。この場合のアサヒの2008年12月期の固定長期適合率は98.7％と計算され、安全水準と言える100％を切ってくることが確認できる。

### QUIZ[9]

　固定長期適合率が100%を上回り、固定比率は250%を上回る業界の1つに空運があります。日本航空の過去10年間の両比率の推移をもとに、同社の安全性の推移とその改善のための資金調達について、分析してください。2009年に入って、再び外部からの新たな資金調達を実施する日本航空の今後の経営のあるべき姿について、考察してください。

第10章

# DEレシオ

**有利子負債額の妥当性を評価する安全性の指標**

DEレシオは、有利子負債を純資産で割って算出される。経営の安全性の観点からは、返済義務のある有利子負債を削減し、返済義務のない純資産を高めることが望ましい。よって、DEレシオは低いほど安全性が高いと判断される。DEレシオは、有利子負債と純資産へ分解し、さらにそれぞれを詳細に分解することで考察される。成熟する国内から成長する海外市場にM&Aの勝機を狙う、DEレシオ増大によるキリンの資金調達を読む。

# 1 ● DEレシオの読み方

### 1…DEレシオの算出方法

　DEレシオは、分子の有利子負債（英語でDebt）を分母の純資産（Equity）で割って算出する。「デット・エクイティ・レシオ」、あるいは単に「ディー・イー・レシオ」と呼ばれる。分母・分子ともに、BSの右側の情報のみから算出される数値である。分子の有利子負債から保有する現預金を差し引いて、実質的な有利子負債で計算する場合もある。

$$\text{DEレシオ（倍）} = \frac{\text{有利子負債（Debt）}}{\text{純資産（Equity）}}$$

　一般的には、有利子負債の多い企業の分析において、その金額の妥当性を評価するための指標の1つとして用いることが多い。安全性のみを議論するならば、有利子負債はできるだけ少ないこと、すなわち同比率が小さいほど安全であると評価できる。

　DEレシオと合わせてBSの右側のみから計算される指標で、同じく企業の安全性を評価する指標に自己資本比率がある。

$$\text{自己資本比率（\%）} = \frac{\text{自己資本（Equity）}}{\text{純資産＋負債}}$$

※自己資本＝純資産－少数株主持分－新株予約権
※2006年5月の会社法施行に伴って、資本の部が純資産の部となり、その中身に若干の変更があった。過去の指標数値との一貫性を保つため、自己資本比率とROE（自己資本当期純利益率）を計算する場合のみ、以前の資本の部に相当する額（自己資本）を用いて計算する

　一般に有利子負債が少なければ、自己資本比率は高くなるため、安全性は高

いと評価できる。しかし、DEレシオと自己資本比率は似て非なる指標だ。第6章で取り上げたメディパルのように、実質無借金企業（つまりDEレシオはゼロ）であっても自己資本比率が30％を切る場合はある。要は有利子負債以外の負債（買掛金、前受金など）が多いわけだ。逆に自己資本比率が50％と高くても、自己資本の8割に相当する有利子負債を保有していれば、DEレシオは0.8倍になるので、決して小さな数値ではない。

経営目標として採用する場合、有利子負債の削減に重きを置きたいとすればDEレシオを主語に、増資や利益の蓄積による自己資本の拡張に重きを置きたいとすれば自己資本比率を主語にすることが望ましい。

## 2…DEレシオの業界別平均値

DEレシオが1.5倍を超える業界は、大きい順に、電力（2.16倍）、鉄道・バス（2.12倍）、不動産（1.70倍）、商社（1.60倍）、空運（1.56倍）となっている。商社を除く4つの業界は、設備投資の大きな業界として共通している。

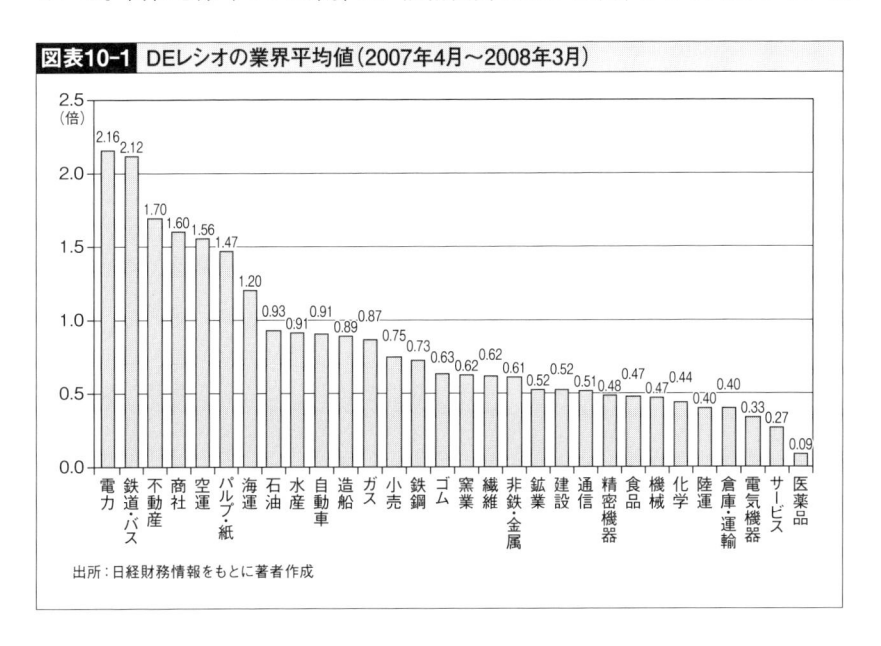

**図表10-1　DEレシオの業界平均値（2007年4月〜2008年3月）**

| 業界 | DEレシオ（倍） |
| --- | --- |
| 電力 | 2.16 |
| 鉄道・バス | 2.12 |
| 不動産 | 1.70 |
| 商社 | 1.60 |
| 空運 | 1.56 |
| パルプ・紙 | 1.47 |
| 海運 | 1.20 |
| 石油 | 0.93 |
| 水産 | 0.91 |
| 自動車 | 0.91 |
| 造船 | 0.89 |
| ガス | 0.87 |
| 小売 | 0.75 |
| 鉄鋼 | 0.73 |
| ゴム | 0.63 |
| 窯業 | 0.62 |
| 繊維 | 0.62 |
| 非鉄・金属 | 0.61 |
| 鉱業 | 0.52 |
| 建設 | 0.51 |
| 通信 | 0.48 |
| 精密機器 | 0.47 |
| 食品 | 0.47 |
| 機械 | 0.44 |
| 化学 | 0.40 |
| 陸運 | 0.40 |
| 倉庫・運輸 | 0.33 |
| 電気機器 | 0.27 |
| サービス | 0.09 |
| 医薬品 | 0.09 |

出所：日経財務情報をもとに著者作成

つまり、BSの左側に巨額の有形固定資産投資が発生する。そのための資金調達として、BSの右側で有利子負債の活用を行っている姿が想定できる。

鉄道・バス、不動産の売上高営業利益率が高いことは、第2章の図表2-3で見た。電力の2008年3月期は燃料高騰の影響を受けて一時的に業績は悪化しているものの、もともとは利益率の高い業界である。鉄道・バスと電力は地域に特化した社会のインフラ業として、収益の振れ幅も比較的少ない業界だ。利益率が高くその振れ幅が比較的少ないことから、銀行などの有利子負債債権者からしても、巨額の融資を行いやすい業界である。

空運業界も、本来はそうした性格を持ち合わせる業界であった。しかし最近では、新幹線や海外航空会社との競争も激しく、景気環境の影響を瞬時に受けやすいビジネスとなっている。感染病やテロなどによる突発的な収益の悪化もある。収益が上下に振れる幅と頻度は、鉄道・バスや電力と比較して、非常に高い。にもかかわらず巨額の有利子負債を抱えていれば、固定費としての支払利息の負担が重くのしかかってくる。こうした背景から、航空会社大手は頻繁に赤字となる構造に陥っている。

商社に関しては薄利の商売なので、売上の拡大によって利益の追求を目指すのがその姿だ。事業の拡大には資金が必要である。第6章で取り上げたメディパルほどの大手であれば、負のCCCの創出で実質無借金企業となりうるが、そこまでの規模のない企業には難しい。正のCCCを埋めるために、主に短期借入を中心とした有利子負債が、DEレシオの分子に乗ってくる。一方の分母は、薄利であるがゆえに潤沢な純資産を持ちえない。結果として、装置産業ではないにもかかわらず、高めのDEレシオとなっている。

逆にDEレシオの低い業界はどうだろうか。0.3倍以下の低い業界には、医薬品（0.09倍）、サービス（0.27倍）がある。医薬品業界の製品特性として、安定的な収益計上が見込みやすい点と、製造業の中では設備投資の規模が限定的であることが挙げられる。安定的な収益からは、DEレシオの分母の純資産が潤沢となる。これに対して、限定的な設備投資からは、分子の有利子負債を過度に膨らませないで済む。結果として、製造業の中ではかなり低いDEレシオが実現されている。

サービス業は様々なサービスが含まれるので、あくまで単なる平均値として

とらえておくのが良いだろう。たとえば同じサービス業でも第8章で議論したオリエンタルランドのDEレシオは、2009年3月期に0.48倍（有利子負債が2,800億円近くあった2008年3月期は0.72倍）と高めの数値が算出される。あくまで平均的なサービス業は、設備投資の規模が小さいので、その原資となる有利子負債も少ないという程度の理解にとどめておこう。

## 3…DEレシオを分解する

　DEレシオが低いほうが安全とする根拠は、有利子負債に対する不安要素からくる。有利子負債で資金調達すれば、必ず支払利息という固定費がPL上の営業外費用で発生する。業績好調の時期であれば売上・利益の拡大が期待できるので、支払利息が多少多くとも問題はない。しかし、景気の悪化や自社の競争優位性の喪失によって売上が急速に縮小するような事態に直面すると、有利子負債の多い企業はやっかいな状況に陥る。なぜなら、PL上の支払利息という固定費は、有利子負債の返済なくしては絶対に削減することはできない。しかし業績が悪いときほど、そう簡単に有利子負債は返済できるものではないからだ。

　これに対してDEレシオの分母の純資産は、株主からの調達に相当する。もちろん株主からは、配当の支払いや株価の上昇に対する厳しい要求を受けるが、支払利息と違って契約上の履行義務があるものではない。いざというときのことを考えれば、有利子負債より純資産によってできるだけ多くの資金を調達したほうが、企業の安全性を保つことができる。こうした背景から、一般的に安全性を評価する指標として、DEレシオは低いほうが望ましいとされるのだ。

　では、DEレシオをできるだけ低くすることが企業経営の目標なのだろうか。いざというときのことを考えれば、DEレシオは確かに低いほうが望ましい。しかし、いざというときはそう毎年やってくるものではない。我々個人としての生活であれば、いざというときに備えた蓄えは大切だ。しかし、企業は外部から資金を預かって経営を行っている以上、それら資金を提供する投資家の要求は、常に忘れてはならない。

　ハイリスク・ハイリターン、ローリスク・ローリターンという言葉がある。

簡潔に言えば、リスクを多くとった人は、それに見合った高いリターンを要求する権利がある、リスクをあまりとらない人は、高いリターンを得る可能性も低いし、同時に高いリターンを要求してはいけないということだ。

有利子負債の提供者である債権者は、株主に比べればそのリスクは限定的と言える。一般的な有利子負債は元本保証がされているし、万一のことが企業に起こっても、弁済の優先順位は高い。よって、ローリスク・ローリターンとなる。

これに対して株主は、業績好調であっても元本割れするリスクや、思ったほど配当がもらえないかもしれないリスクを前提として、企業に資金を提供している。株主は金融債権者に比較して、明らかによりハイリスクを負っているので、高いリターンを要求する権利を持つ。よって、ハイリスク・ハイリターンとなる。

企業側からこの事象をとらえれば、株主からの資金調達には高いコストがかかる一方、有利子負債による調達のコストは低いと表現することができる。支払利息による節税効果のメリットも大きい。企業がこうした株主や金融債権者から調達する資金のコストを「資本コスト」と呼ぶ。本書では詳細には入らないが、実際には株主からの調達コスト（株主資本コスト）と有利子負債債権者からの借入コストの加重平均をとって算出する。「加重平均資本コスト」、あるいは英語の頭文字をとって「WACC」(Weighted Average Cost of Capital) と呼ぶ。

DEレシオをできるだけ低くすれば、確かに企業の当面の倒産リスクは下げることができよう。しかし同時にそれは、資本コストの上昇につながっている。資本コストが上昇しても、それを上回る経営ができていれば何ら問題ない。しかし、資本コスト、すなわち投資家たちの要求する利回りを上回れない経営が長期間に及ぶのであれば、経営に対する投資家からの圧力は徐々に高まることとなるだろう。場合によっては企業経営に対する介入や、経営陣への退任要求、あるいは2009年5月に起きたようなスティール・パートナーズによるアデランス取締役会の実質的な支配など、倒産とは違う形ではあるが、既存の経営が脅かされる事態に発展しかねない。

よって、DEレシオはできるだけ低くすれば良いというものではない。むし

ろ、ある程度借金をして、DEレシオを多少上げておいたほうが、資本コストの低減が実現される。よって、より容易く資本コストを上回る経営が実現されることとなる。この結果、投資家との良好な関係を維持しながら、中長期的に安定した経営も行いやすくなる。では、企業はどの程度借金をして、どの程度は株式で資金調達するべきなのだろうか。その結果として計算されるDEレシオは、どの程度が望ましいのだろうか。

1つのベンチマークは業界平均や競合企業の水準になるが、それだけではない。有利子負債の適度な活用による資本コストの低減を図りつつ、それ以外にも事業固有のリスク、業績動向、担保の有用性、格付けへの影響、経営者のリスク許容度、突発的な資金ニーズへの柔軟性の維持などを総合的に勘案して、自社の最適資本構成（DebtとEquityのバランス）を追求することが求められていく。

それでは、DEレシオの具体的な分解を見ていこう。DEレシオの分解は、分子の有利子負債と分母の純資産で開始する。それぞれについて重要となる考察のポイントを以下にまとめておく。

## ●有利子負債（分子）の分解の着眼点

まず、DEレシオの分子となる有利子負債の分解の切り口として、調達期間（1年以内か1年超か）、調達手段（銀行借入金か社債発行か）、調達場所（国内か海外か）の3つに着眼したい。

| 項目 | 分解の着眼点 ||
|---|---|---|
| 調達期間 | 短期（1年以内）：運転資金（第6章のCCCに相当）など、短期の資金繰りの用途が望ましい。一般的に長期借入より金利が低い。毎年満期が来るので、業績悪化の場合には返還要求の目に遭いやすい | 長期（1年超）：長期間にわたって返済義務が発生しないため、長期的に資金が固定化する設備投資やM&Aなどへの用途が望ましい。一般的に短期借入より金利が高めになる。1年超の中で比較的短め（5年以内）なのか長めなのか（5年超）と、それとの見合いで金利水準の高低の見きわめも必要 |

| | | |
|---|---|---|
| 調達手段 | 銀行借入金： 銀行との相対の取引なので、契約交渉は一元化されており、社債に比べてスムーズ。借入枠を銀行との間で事前に設定して、その中で自由に借りることのできる仕組みもある。業績悪化の際には、銀行からの経営に対する圧力が強まり、契約条件によっては経営介入の危険も高まる。一般的に社債による調達より金利が高く担保も要求される。2008年9月以降に発生した世界的金融危機のような状況では、エクイティ・ファイナンス（社債、新株発行）がきわめて困難となるため、調達手段としての優位性が上がる | 社債発行： 特定の投資家から調達する私募債と、広く投資家から募る公募債に分かれる。銀行借入と比較すると調達先が複数に分散している。よって、経営リスクは分散されているが、社債発行のための諸手続きや、投資家向けのコミュニケーション・コストは増加。一般的に銀行借入による調達より金利が低い。世界的金融危機のような状況になると、格付けの低い企業の社債発行は実質困難。途中で株式に転換される転換社債（新株予約権付社債）などもあるので、権利行使価格と株価動向の差に注意。資本市場から短期間で調達するCPもある |
| 調達場所 | 国内： 一般に海外より非常に低金利での調達が可能。ただし、海外での事業比率が高い企業は、為替リスクヘッジのために海外での一部資金調達も有益 | 海外： 一般に国内より高金利。ただし、海外での事業比率が高い企業は、為替リスクヘッジのために海外での一部資金調達も有益 |

● **純資産（分母）の分解の着眼点**

　純資産の分解の切り口は勘定科目ごと（資本金と資本剰余金、利益剰余金、自己株式、その他有価証券評価差額金、少数株主持分）に行う。

| 勘定科目 | 概要 | 分解の着眼点・注意点 |
|---|---|---|
| 資本金と資本剰余金 | 資本金は企業が実際に株主から調達した資金を指す。資本剰余金は株主から調達した資本の一部で、資本金に組み入れなかったものが算入される。その他、合併差益や減資差益などでも増額する | 法的な返済義務を伴う資金ではなく、配当の支払いに義務が伴うわけでもない。よって、業績が芳しくない状態に陥ったときは、資本での調達の恩恵は当面高い。ただし、有利子負債に比べて資本コストが高いので、それに見合った利益還元が長い間なければ、長期的には経営責任追及のリスクが高まる |

| | | |
|---|---|---|
| 利益剰余金 | 企業が毎年PL上で計上する純利益の蓄積。実際にはここから配当が支払われたり、自己株消却と相殺されたりするため、一方的に増え続けるものではない | 利益剰余金が大きい企業は過去にしっかり利益を計上してきたことを意味する。あくまで過去の利益が潤沢だった事実を示すもので、現金を多額に保有しているという意味ではない。資本金と同様に株主からの調達(配当などで返さずに内部留保しているということは、間接的には株主から調達したことを意味する)なので、当面の返済義務はないが資本コストは高い。あくまで過去の実績で、今後の収益力まで保証するものではない |
| 自己株式 | 企業が自社株式を買い戻した後に保有し続ける株。一般に金庫株とも呼ぶ。金庫株は売却や運用目的で保有するものではないので、資産のプラス勘定ではなく、純資産のマイナス勘定として表記する。時価評価は行わない | 自己株は純資産のマイナス勘定なので、自己株買いをした瞬間にDEレシオは必ず上昇する。自己株買いは株主の資本効率性を高めるために行われる株主還元の一環である。しかし、DEレシオの過度な上昇をもたらすのであれば、債権者にとっては、必ずしも好ましい自己株買いとは言えない |
| その他有価証券評価差額金 | 市場価格のあるその他有価証券は、原則時価評価を行う。評価差額(時価と簿価の差)に税効果会計を適用した上で、純資産の中のその他有価証券評価差額金に計上する | 株価の急落に遭うと、その他有価証券評価差額金は一気に減額される。結果として、他に実質的な資金の入り繰りがなくても、DEレシオは急上昇する可能性がある |
| 少数株主持分 | 株式の議決権の100%を保有しない子会社には、残りの少数の株式を保有する株主が存在する。これら株主を少数株主と呼び、その持分を少数株主持分と呼ぶ。米国会計基準では少数株主持分は負債と資本の間に計上するが、日本会計基準では2006年5月の会社法施行以降、純資産の中に計上する | DEレシオ計算の際、分母のEquityを日本会計基準の純資産とするか、米国会計基準の資本の部(少数株主持分は含まない)とするかの明確な取り決めはない。あるべき論からすれば、少数株主持分には負債のような返済義務は生じていないので、純資産にそのまま含めてDEレシオを計算することに納得性が高い。100%保有ではない子会社が多い企業は、算入の有無で数値に影響が生じるため、特に海外競合企業と比較するときは留意する |

●DEレシオを分解するステップ
(1) 有利子負債への分解（調達期間、調達手段、調達場所）
　　⇩
(2) 純資産への分解（資本金と資本剰余金、利益剰余金、自己株式、その他有価証券評価差額金、少数株主持分）

## 2 ケーススタディ――キリンホールディングス
成長する海外市場にM&Aの勝機を狙う、DEレシオ増大による資金調達

### 1…キリンホールディングスにおけるDEレシオの推移

　図表10-2にキリンホールディングス（以下、キリン）の過去11年間に及ぶDEレシオの推移を描いた。前述のように「あるべき論」からすれば、DEレシオの分母は純資産で計算するのが望ましいが、ここでは2005年12月期までは資本の部の数値を、2006年12月期以降は自己資本の数値（純資産－少数株主持分－新株予約権）を用いている。これによってグラフを描く際に最も大切な計算式の一貫性は保たれている。

　図表10-2には、2つのDEレシオのグラフが描かれている。1つは分子の有利子負債に関して、実際の金額をそのまま用いている（グロス）。もう1つは手元流動性（現預金＋有価証券）を控除した、実質的な有利子負債の額（ネット）で計算したものである。

　ネットとグロスの2つのグラフはおおむね同じような動きをしているものの、過去のほうが両グラフに一定の開きがあった。開きが大きいほど手元流動性が高い水準にあることを意味するので、直近は有利子負債が増えているだけではなく、手元流動性が縮小していることも分かる。

　また、ネットの有利子負債ベースでは、2000年12月期までキリンは無借金企業であったことが分かる。主力製品であるビール系製品の市場が国内では縮小を続ける中、キリンはいかなる理由で実質無借金企業からDEレシオが0.64

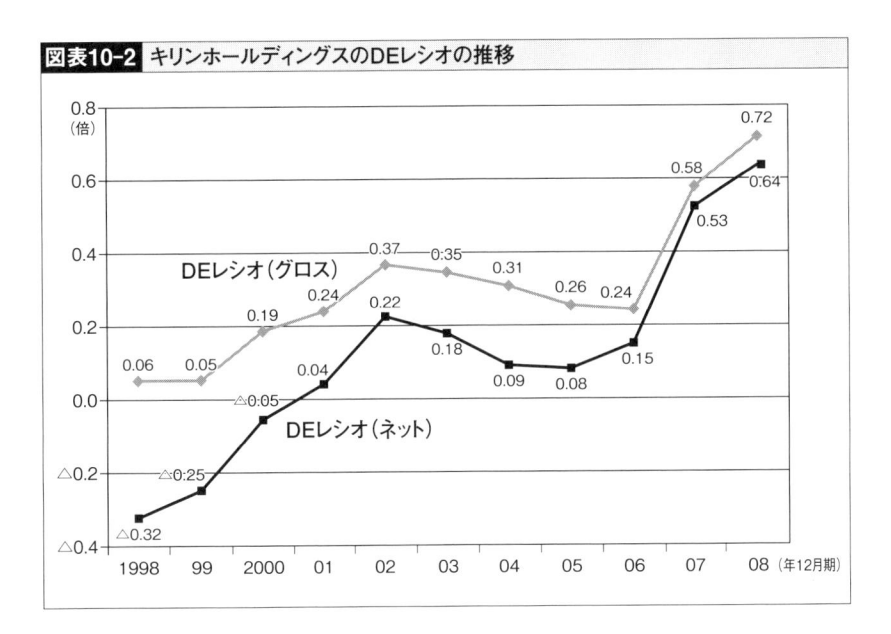

**図表10-2** キリンホールディングスのDEレシオの推移

グラフデータ:
- DEレシオ(グロス): 1998年 0.06、99年 0.05、2000年 0.19、01年 0.24、02年 0.37、03年 0.35、04年 0.31、05年 0.26、06年 0.24、07年 0.58、08年 0.72
- DEレシオ(ネット): 1998年 △0.32、99年 △0.25、2000年 △0.05、01年 0.04、02年 0.22、03年 0.18、04年 0.09、05年 0.08、06年 0.15、07年 0.53、08年 0.64

倍に達するほどの借金企業になったのだろうか。

## 2…キリンホールディングスのDEレシオを分解する

　はじめに、DEレシオの分母の自己資本と、分子の有利子負債の実際の金額の推移を、1998年12月期から描いてみよう（次ページの図表10-3）。

　2008年12月期のDEレシオの分母の自己資本は、ちょうど10年前の1998年12月期と比較して、金額にして1,926億円増加し、1.3倍まで膨らんでいる。しかし有利子負債は、同期間に6,212億円増加し、15倍を超える拡大を遂げている。自己資本が逓増する下での有利子負債の急拡大なので、キリンが事業拡張のために意図的に有利子負債による資金調達を重視した財務戦略をとったことが想定されてくる。

　この間、キリンの主力事業である国内ビール系飲料は、市場全体が継続的に縮小している。また『スーパードライ』の大ヒットによって、2001年に競合のアサヒビールがビール系飲料（ビール、発泡酒の課税ベース総出荷数量。当

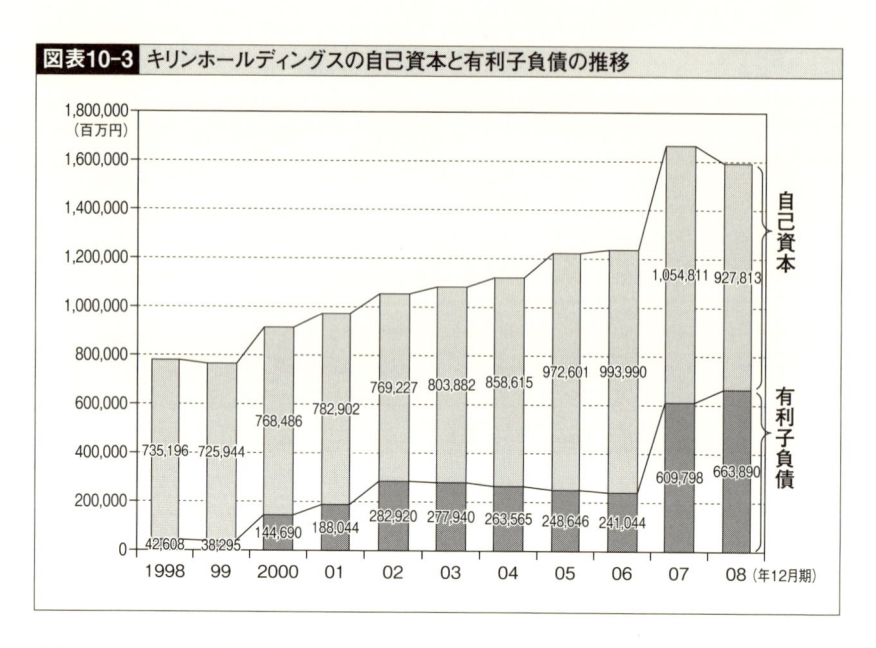

**図表10-3　キリンホールディングスの自己資本と有利子負債の推移**

| 年 | 自己資本 | 有利子負債 |
|---|---|---|
| 1998 | 735,196 | 42,608 |
| 99 | 725,944 | 38,295 |
| 2000 | 768,486 | 144,690 |
| 01 | 782,902 | 188,044 |
| 02 | 769,227 | 282,920 |
| 03 | 803,882 | 277,940 |
| 04 | 858,615 | 263,565 |
| 05 | 972,601 | 248,646 |
| 06 | 993,990 | 241,044 |
| 07 | 1,054,811 | 609,798 |
| 08 | 927,813 | 663,890 |

(年12月期)

時第3のビールは未発売）のシェアでキリンを抜き去っている。シェア転落による利益悪化から自己資本が減少したり、市場の縮小と競合の台頭から守勢に回って有利子負債を減額させたりしたのなら納得もしやすい。アサヒにシェアが逆転されたまさに2001年から、キリンは実質無借金会社と決別して、ネットベースのDEレシオが正の数値となっている。

　キリンのDEレシオの増加と、分解要素としての有利子負債と自己資本を見ていく上で、過去10年間のキリンの沿革（一部）を次ページに記しておこう。特に同期間で積極的なM&Aを行っているため、どのタイミングでどの企業がM&Aされ、結果として連結キリンの決算書にどのように反映されたのかを意識しながら読み進めてほしい。

　この沿革の中から、主要なM&Aや会社設立を抜き出し、各年度の前年度比有利子負債純増額と合わせて記してみる。なお、右記はキリンが有価証券報告書及びホームページ上で開示している沿革の一部などからそのまま抜き出し、286ページの図表10-4はそれと有利子負債の動きを比較したものである。よって、実際のアクションとお金の動きが微妙にずれていたり、あるいは有利子

| 年月 | キリンの沿革 |
|---|---|
| 1998年4月 | 豪州ライオンネイサン社に資本参加 |
| 2000年12月 | ライオンネイサン社を従来の持分法適用会社から連結子会社化 |
| 2001年1月 | キリン・シーグラム㈱（現キリンディスティラリー㈱）の営業部門を統合し、洋酒他販売開始 |
| 2001年11月 | キリン・グリーンアンドフラワー㈱（現キリンアグリバイオ㈱）設立 |
| 2001年11月 | 「新キリン宣言」を発表 |
| 2002年3月 | フィリピン飲料・食品大手サンミゲル社への資本参加 |
| 2002年4月 | 武田キリン食品㈱（現キリンフードテック㈱）設立 |
| 2004年12月 | 麒麟（中国）投資有限公司を上海に設立 |
| 2006年5月 | キリングループ長期経営構想「キリン・グループ・ビジョン2015（KV2015）」を発表 |
| 2006年8月 | キリンビバレッジ㈱株式上場廃止、完全子会社化 |
| 2006年10月 | キリン ヤクルト ネクストステージ㈱営業開始。キリン・グリーンアンドフラワー㈱、キリンアグリバイオ㈱に社名変更 |
| 2006年12月 | メルシャン㈱を連結子会社化 |
| 2007年2月 | 創立100周年を迎える |
| 2007年4月 | 武田キリン食品㈱、キリンフードテック㈱に社名変更。キリンリアルエステート㈱発足 |
| 2007年7月 | 純粋持株会社制を導入、キリンホールディングス㈱に商号変更。キリンビール㈱、キリンファーマ㈱、キリンビジネスエキスパート㈱発足 |
| 2007年12月 | 豪州ナショナルフーズ社を完全子会社化 |
| 2008年4月 | 協和醱酵工業㈱を連結子会社化 |
| 2008年10月 | 協和醱酵工業㈱とキリンファーマ㈱が合併し、協和発酵キリン㈱に商号変更 |
| 2008年11月 | ナショナルフーズ社による豪州デアリーファーマーズ社の全株式取得 |
| 2009年5月 | サンミゲル社の株式売却し、サンミゲルビール社の株式取得 |
| 2009年10月 | ライオンネイサン社を完全子会社化（予定） |

**図表10-4　キリンホールディングスの出来事と前期比有利子負債純増額**

| 各年12月期 | 前期比有利子負債純増額(△は純減額)(百万円) | 主なM&A、会社設立、事業開始 |
|---|---|---|
| 2000 | 106,395 | 豪州ライオンネイサン社を従来の持分法適用会社から連結子会社化 |
| 2001 | 43,354 | キリン・シーグラム㈱(現キリンディスティラリー㈱)の営業部門を統合し、洋酒他販売開始 |
| 2002 | 94,876 | フィリピン飲料・食品大手サンミゲル社への資本参加<br>武田キリン食品㈱(現キリンフードテック㈱)設立 |
| 2003 | △4,980 | |
| 2004 | △14,375 | 麒麟(中国)投資有限公司を上海に設立 |
| 2005 | △14,919 | |
| 2006 | △7,602 | キリンビバレッジ㈱株式上場廃止<br>キリン ヤクルト ネクストステージ㈱営業開始<br>メルシャン㈱を連結子会社とする |
| 2007 | 368,754 | 豪州ナショナルフーズ社を完全子会社化 |
| 2008 | 54,092 | 協和醗酵工業㈱を連結子会社化<br>豪州デアリーファーマーズ社を完全子会社化 |

　負債の増減には直接影響していない事象も入っていたりするので、注意を促したい。たとえば協和発酵工業の連結子会社化は2008年と記載されているが、これに先立ってキリンが協和発酵に行ったTOBは2007年に行われている。2007年の有利子負債の大きな増加は、豪州ナショナルフーズの買収に加えて、協和発酵の買収も大きな理由であった。

　2000年に1,000億円の有利子負債が増額しているのは、この年にライオンネイサンを持分法適用会社から子会社に変更したため、従来ライオンネイサンが保有していた有利子負債がキリン連結のものとして乗ってきたためである。このように、キリン本体が新たに調達した有利子負債はなくても、子会社になった企業が多額の有利子負債を保有していれば、連結子会社となった瞬間にそのすべての有利子負債がキリン連結のBS上にオンバランスされることにも留意が必要だ。

### (1)有利子負債への分解

　キリンの過去10年間の有利子負債の推移を、長短の期間別かつ、借入金と

社債別に分けて図表10-5に示す。なお、短期の社債とあるのは、1年以内に償還期日が迫った社債に相当するもので、元来は長期の有利子負債だったものである。短期の資本市場からの調達に相当するCP（コマーシャル・ペーパー）の発行は、キリンにはない。

2007年12月期は突出して短期の借入金が増えている。これは同期に豪州ナショナルフーズ及び協和発酵工業を買収した際、一時的に短期借入金によって資金調達を行ったことに起因する。翌期には短期借入金が大きく減額する一方、長期の社債と借入金が増額している。M&Aという長期的に必要な資金を、長期間返済義務のない資金による調達にすぐに切り替えていることが読み取れる。2007年は特殊事情なので、これをはずした10年間における短期と長期の有利子負債比率を計算すると、おおむね2：8となっている。

短期の資産は短期の負債で、長期の資産は長期の負債で賄うことで、収支の期間バランスを保つことができる。これはすでに第9章で考察した固定長期適合率、あるいは流動比率の概念だ。念のためキリンの流動比率の推移を見ておこう。

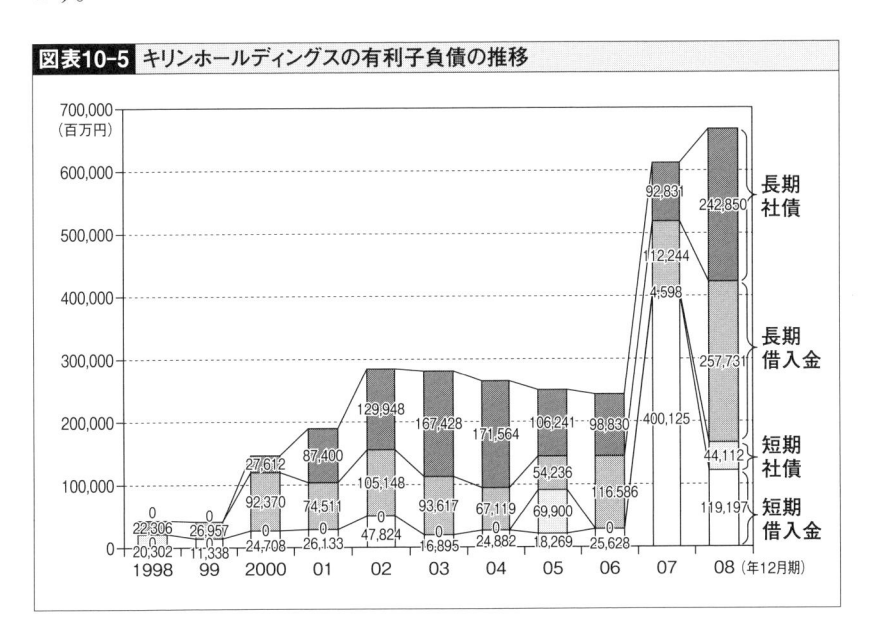

**図表10-5　キリンホールディングスの有利子負債の推移**

流動比率は一般的には120％以上、最低でも100％以上あることが短期の収支のバランスという点で良好とされている。短期のバランスが取れていれば、長期のバランスも取れていることとなる。確かに2007年12月期だけは流動比率で見ても異常値であり、一時的な特殊要因であることが確認できる。

　有利子負債の分解の1つ目の切り口である調達期間に関して、キリンは短期資産には短期負債で、長期資産には長期負債と純資産で、バランスを良好に保っていると、結論付けることができる。

　有利子負債の分解の2つ目の調達手段、3つ目の調達場所については、キリンが開示している有利子負債の明細を見ることで読み取っていこう。

　調達手段、すなわち社債か借入金かについては、2008年12月末現在、社債が2,869億円、借入金が4,367億円となっている。社債に対する借入金の比率は1.5倍程度と計算される。ここで留意したいのは、借入金等明細表の中にリース債務22億円、その他有利子負債（受入保証金573億円）が含まれている点だ。特に受入保証金は金額が大きい。一時的にキリンが何らかの保証金を預かり、それに対して1.29％の利息が発生している。ここまで議論してきた純

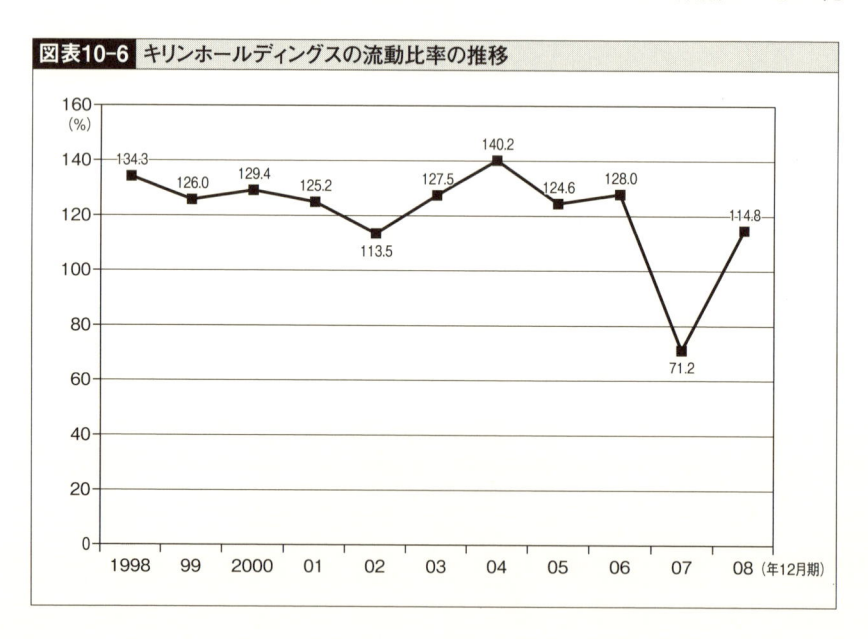

**図表10-6　キリンホールディングスの流動比率の推移**

| 年（12月期） | 流動比率(%) |
| --- | --- |
| 1998 | 134.3 |
| 99 | 126.0 |
| 2000 | 129.4 |
| 01 | 125.2 |
| 02 | 113.5 |
| 03 | 127.5 |
| 04 | 140.2 |
| 05 | 124.6 |
| 06 | 128.0 |
| 07 | 71.2 |
| 08 | 114.8 |

## 図表10-7 キリンホールディングスの社債明細表と借入金等明細表(2008年12月期)

【社債明細表】

| 会社名 | 銘柄 | 発行年月日 | 前期末残高(百万円) | 当期末残高(百万円) | 利率(%) | 担保 | 償還期限 |
|---|---|---|---|---|---|---|---|
| キリンホールディングス株式会社(注1) | 麒麟麦酒株式会社 第6回無担保社債 | 2002年3月19日 | 40,000 | 40,000 (40,000) | 1.20 | なし | 2009年3月19日 |
| キリンホールディングス株式会社 | キリンホールディングス株式会社 第1回無担保社債 | 2008年3月19日 | — | 79,979 | 1.09 | なし | 2013年3月19日 |
| キリンホールディングス株式会社 | キリンホールディングス株式会社 第2回無担保社債 | 2008年3月19日 | — | 29,989 | 1.27 | なし | 2015年3月19日 |
| キリンホールディングス株式会社 | キリンホールディングス株式会社 第3回無担保社債 | 2008年3月19日 | — | 69,987 | 1.69 | なし | 2018年3月19日 |
| キリンホールディングス株式会社 | キリンホールディングス株式会社 第4回無担保社債 | 2008年3月19日 | — | 19,985 | 1.86 | なし | 2020年3月19日 |
| LION NATHAN LTD.(注1)(注2)(注3)(注4) | 在外子会社私募債(米ドル建) | 2000年2月28日 | 22,993 {200,000 千米ドル} (4,598) | 16,427 {160,000 千米ドル} (4,112) | 8.65 | なし | 2009年2月28日〜2012年2月28日 |
| LION NATHAN LTD.(注4) | 在外子会社私募債(米ドル建) | 2003年8月28日 | 22,940 {200,000 千米ドル} | 20,273 {200,000 千米ドル} | 4.53 | なし | 2015年8月28日 |
| LION NATHAN LTD.(注4) | 在外子会社私募債(米ドル建) | 2003年8月28日 | 11,495 {100,000 千米ドル} | 10,260 {100,000 千米ドル} | 3.76 | なし | 2010年8月28日 |
| その他の社債 | — | — | — | 60 | — | — | — |
| 合計(注1)(注2) | — | — | 97,430 (4,598) | 286,963 (44,112) | — | — | — |

(注) 1 「当期末残高」欄の(内書)は、1年内償還予定の金額であります。
2 「前期末残高」欄の(内書)は、1年内償還予定の金額であり、連結貸借対照表上、流動負債の「短期借入金」に含めて表示しております。
3 在外子会社であるLION NATHAN LTD.の発行しているものを集約しております。
4 外国において発行したものであるため外貨建の金額を付記しております。

【借入金等明細表】

| 区分 | 前期末残高(百万円) | 当期末残高(百万円) | 平均利率(%) | 返済期限(平成年月日) |
|---|---|---|---|---|
| 短期借入金 | 321,557 | 89,851 | 2.49 | — |
| 1年以内に返済予定の長期借入金 | 78,568 | 29,345 | 3.72 | — |
| 1年以内に返済予定のリース債務 | 246 | 226 | 5.42 | — |
| 長期借入金(1年以内に返済予定のものを除く)(注1) | 112,244 | 257,731 | 5.68 | 2009年10月1日〜2018年3月30日 |
| リース債務(1年以内に返済予定のものを除く) | 2,459 | 2,200 | 7.96 | 2010年1月31日〜2028年10月3日 |
| その他有利子負債 受入保証金(注2) | 61,365 | 57,384 | 1.29 | — |
| 合計 | 576,442 | 436,740 | — | — |

(注) 1 連結子会社の決算日(9月30日)が連結決算日と異なるため、返済期限が連結決算日より1年以内であるものが含まれております。
2 現金担保として差入を受けたものであり、返済期限は設定されておりません。
3 平均利率は期中平均残高により算定しております。

出所:キリンホールディングス2008年12月期有価証券報告書

然たる有利子負債とは性格が異なるため、これまで描いてきたDEレシオのグラフ等には含めていない。受入保証金を除くと、社債に対する借入金の比率は1.3倍程度まで下がる。

　社債の発行、あるいは借入のタイミングにもよるため、単純な比較はできないが、それでも社債の金利のほうが明らかに低いことは確認できるだろう。キリンのような格付けも高く、投資家にもネームバリューの高い企業であれば、長期的な低利の資金調達手段として社債の活用は有効だ。前ページの図表10-7から、2008年3月19日に合計約2,000億円の社債発行を行ったことが分かる。豪州ナショナルフーズと協和発酵の買収のための長期資金の手当てである。これは2008年における単独1社での発行としては、国内最高額であった。4つの社債の償還期限が微妙に異なるのは、借入金の満期日と集中しないようにしたためである。

　借入金の相手先に関しても、単体ベース、すなわちキリンホールディングスという純粋持株会社が保有するものは、ある程度の情報開示がある。図表10-8の2つの表は、2008年12月期の同社有価証券報告書からの抜粋だが、銀行だけではなく生保からの借入も存在することが分かる。キリンは三菱グループの中核企業なので、やはり三菱グループの名前が多く見られることも納得性は高い。

　また、複数の銀行が1つにまとまって融資する、シンジケートローンの活用もされている。シンジケートローンの幹事行は金利の他に手数料収入が期待できる一方、参加する銀行からすればリスク分散にもなる。企業側も個別の銀行と1つ1つ交渉することなく、幹事行に窓口が集約したスムーズな契約を進めやすい。

　キリンホールディングス自体は純粋持株会社であって、実際に事業を直接行うことはない。にもかかわらず、大部分の社債や借入がホールディングスで調達されていることにも注目すべきだ。これによって、全社連結での最適な資金のマネジメントが可能となる。個別の事業会社で調達するよりも、格付けの高い持株会社で調達したほうが、調達コストも安いというメリットもあるだろう。

　有利子負債の3つ目の切り口は、調達場所である。すでに図表10-7から明らかなように、キリングループの社債の中には、豪州子会社のライオンネイサ

ンが発行している総額4億6,000米ドルもの社債が含まれている。米ドル建なので、金利水準も3.76〜8.65％と非常に高い。ライオンネイサンはこの時点ではキリンが議決権の46.1％を保有する子会社で、豪州及びニュージーランドの株式市場に上場していた。

　日本から見ると、キリングループ全体での資金管理によってライオンネイサンの調達コストをもっと下げられないものかと思えるが、上場企業としてのある程度の独立性が保たれている表れだったのかもしれない。

　すでにキリンは、2009年10月に約2,300億円を投下してライオンネイサンを100％子会社化することを発表している。また、保有していたフィリピン飲料・食品大手サンミゲル社の株式を売却し、同社ビール事業会社サンミゲルビール社の株式取得を2009年5月に完了している。これら2つの大型M&Aのための資金調達によって、2009年12月期決算ではキリンの有利子負債がさらに拡大し、DEレシオが上昇することは決定的である。

　ここまで、キリンの有利子負債を、調達期間、調達手段、調達場所の3つの切り口で分解してきた。

　調達期間については、短期：長期の比率を2：8におおよそ保ちながら、流動比率100％超の維持に見られるように、期間のバランスが保たれていた。

　調達手段については、低利の社債とシンジケートローンによる借入を有効に

### 図表10-8　キリンホールディングスの借入金の相手先（単体ベース、2008年12月期）

**短期借入金**

| 相手先 | 金額(百万円) |
| --- | --- |
| 株式会社三菱東京UFJ銀行 | 53,900 |
| シンジケートローン（注） | 15,000 |
| 明治安田生命保険相互会社 | 10,000 |
| 合計 | 78,900 |

（注）三菱東京UFJ銀行を幹事とするシンジケートローン

**長期借入金**

| 相手先 | 金額(百万円) |
| --- | --- |
| シンジケートローン（注） | 88,887 |
| 明治安田生命保険相互会社 | 40,000 |
| 株式会社三菱東京UFJ銀行 | 10,000 |
| 三菱UFJ信託銀行株式会社 | 10,000 |
| 株式会社みずほコーポレート銀行 | 5,000 |
| 農林中央金庫 | 5,000 |
| その他 | 5,000 |
| 合計 | 163,887 |

（注）三菱東京UFJ銀行を幹事とするシンジケートローン（83,887百万円）、みずほコーポレート銀行を幹事とするシンジケートローン（5,000百万円）

出所：キリンホールディングス2008年12月期有価証券報告書

活用した、積極的な有利子負債の拡大が見られた。大型M&Aのタイミングでの有利子負債の拡大は顕著であった。

最後に調達場所については、ライオンネイサンが豪州における上場企業ということもあり、外貨建で独自の資金調達をしていることが特徴的であった。すでに発表されたキリンによるライオンネイサンの100％子会社化を受けて、この高金利の社債に対してキリンの意思がどう反映されていくのかも1つの着眼点として興味深い。

キリンの2008年12月期の有価証券報告書の中で、資金調達に関して以下のように記述されている。

> 調達コストとリスク分散の観点から、直接金融と間接金融を組合わせ、長期と短期のバランスを見ながら、低コストかつ安定的な資金を確保するよう努めております。また、グループ各社における余剰資金の一元管理を図り、資金効率の向上と金融費用の削減を目的として、CMS（キャッシュマネジメントシステム）を導入しております。

ここまで見たように、長短のバランス、低コスト資金である有利子負債の活用、手元現預金の減少にみる余剰資金の効率化などが実際に見られた。CMSについても、ライオンネイサンの完全子会社化も含め、グローバルレベルでの資金調達と資金管理の最適化が図られていくことだろう。

### (2) 自己資本への分解

図表10-9に、キリンの自己資本とその構成要素の推移を示した。今回は純資産ではなく自己資本をDEレシオの分母に用いているので、少数株主持分はグラフから外している。また、キリンは自社株買いをそれほど積極的に行っていないため、これもグラフからは外した。

なお、少数株主持分については、買収した協和発酵がその後も協和発酵キリンとして上場を続けているなどから、多数の少数株主が存在している。よって、2008年12月期にはキリンのBS上の少数株主持分が一気に増加する現象が生じている。キリンビバレッジやライオンネイサンがそうであったように、ゆく

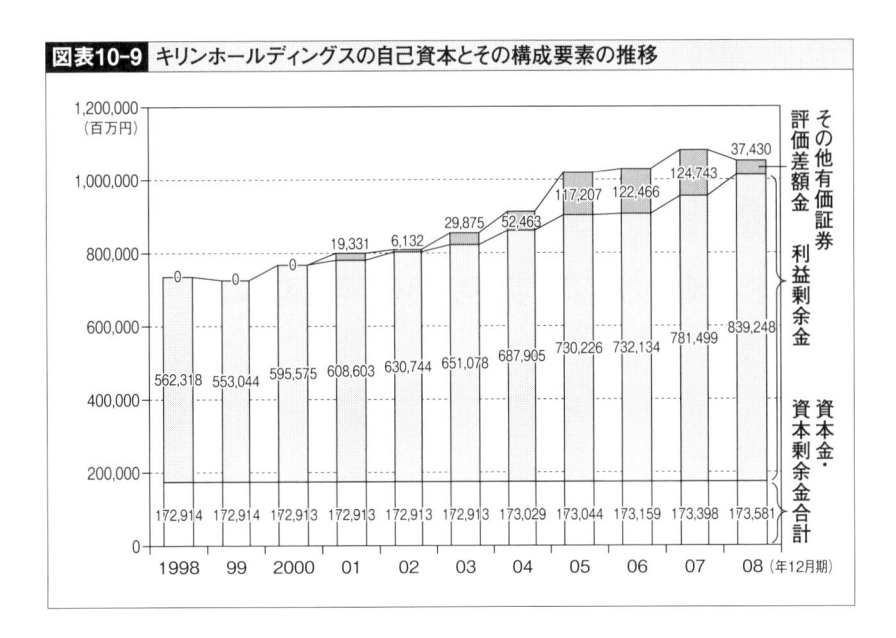

**図表10-9　キリンホールディングスの自己資本とその構成要素の推移**

| 年(12月期) | 資本金・資本剰余金合計 | 利益剰余金 | その他有価証券評価差額金 |
|---|---|---|---|
| 1998 | 172,914 | 562,318 | 0 |
| 99 | 172,914 | 553,044 | 0 |
| 2000 | 172,913 | 595,575 | 0 |
| 01 | 172,913 | 608,603 | 19,331 |
| 02 | 172,913 | 630,744 | 6,132 |
| 03 | 172,913 | 651,078 | 29,875 |
| 04 | 173,029 | 687,905 | 52,463 |
| 05 | 173,044 | 730,226 | 117,207 |
| 06 | 173,159 | 732,134 | 122,466 |
| 07 | 173,398 | 781,499 | 124,743 |
| 08 | 173,581 | 839,248 | 37,430 |

ゆくは協和発酵キリンの100％子会社化という流れも、資本の論理からすれば十分に想定できるシナリオではないだろうか。

　図表10-9より、資本金・資本剰余金は横ばいであること、利益剰余金は着実な右肩上がりであること、そしてその他有価証券評価差額金も右肩上がりの基調にあったが、2008年12月期の株式市場の暴落によってキリンの保有する投資有価証券の価値が大きく減少した影響が読み取れる。キリンは営業政策上、あるいは持ち合い株とも思われる多数多額の株式を保有している。株式市場が暴落すると、こうした形で自己資本を凹ませる影響が突然に生じる。

　図表10-5で見たように、キリンの拡大、具体的にはM&A攻勢に合わせるようにして、有利子負債は大きな拡大を見せたが、自己資本にはそのような動きはまったく見られない。資本金・資本剰余金が一定ということは、この間に一切の増資が行われていないことを意味するものだ。これは第9章で考察したイオンとは明らかに異なっている。

　キリンは縮小する国内市場への過度な依存から脱却し、成長する海外、特にアジア・オセアニア市場にM&Aによって一気に拡大していくという意思決定

を行った。拡大のためには、当然ながらその原資となる資金が必要である。こうしたキリンの過去の推移を見ることによって、キリンは飛躍的成長を遂げるという意思決定と同時に、そのために必要な資金は可能な限りすべて有利子負債で行うという意思決定も同時に行っていたことが推察されてくる。

## 3…キリンホールディングスの経営戦略と会計指標

　キリンが2006年12月に発表した「2007-2009年キリングループ中期経営計画～KV2015ステージⅠ～」の資料を見ると、「レバレッジ効果による資本コスト低減」「成長戦略実現のために必要な投資資金は、有利子負債により調達」「財務健全性の維持（を図りながら）、DEレシオを現状0.24⇨最大で0.5」という文字が見られる。計算の仕方にもよるが、キリンのDEレシオはすでに0.7倍程度にあるので、大幅な目標達成だ。

　著者はこれまで様々な企業の中期経営計画を見てきた。DEレシオを下げたい、すなわち「有利子負債を返済して、もっと健全な財務体質を目指したい」という目標は数多いが、キリンのように、DEレシオを上げたい、すなわち「財務体質の健全性は多少損なうことになるが、有利子負債を拡大しながら攻めの経営をしたい」というものは初めて見た。実はこれが、DEレシオのケーススタディでキリンを取り上げた理由でもある。実際にキリンの格付けは、2008年初頭の2,000億円の社債発行の際に引き下げられている（格付投資情報センター、米S&P）。

　2008年9月に端を発した世界的金融危機、米国有数の著名企業の経営混迷によって、行き過ぎたレバレッジが批判の目にさらされた。確かに、株主only主義によって身の丈に合わない過剰な有利子負債によるレバレッジに走った企業は批判されてしかるべきだ。それら多くの企業には、そのツケが破たん危機という形で訪れている。

　しかし、レバレッジそのものまで批判してしまう論調には、非常に違和感を覚える。レバレッジをかけないということは、株主からの資金だけで企業経営を行うことを意味する。しかし、実際に株主からそれほど巨額な資金を集めるのは容易ではない。仮に集められたとしても、その後に業績向上という結果を

出せなければ、株価は暴落し、企業経営に様々な支障が生じ始めていく。第9章のイオンの増資は一例だろう。結局のところ、株主軽視の経営は、過度なレバレッジと同じように、いざというときが来ればもろくも崩れ去るはずだ。

さて、国内では激しいシェア争いがいつも話題になるキリンとアサヒだが、ビール系飲料の市場シェアが両社合わせて8割近いという事実を知れば、他の業界からは羨望の眼差しだろう。しかし、国内ビール系飲料市場自体が毎年縮小しているという事実は、両社及びこれに続くサッポロやサントリーにとっても並々ならぬ危機感を抱かせるものであることは間違いない。

また、日本はビール系飲料の世界市場のわずか3％程度にしか過ぎない小さな市場だ。かつ縮小を続ける市場での熾烈なシェア争いだけでは、まさに井の中の蛙で終わってしまう。

キリンにとってライオンネイサンやサンミゲルといった有力な海外企業を、一早くグループ企業に取り込むことができたのは、成長のための大きな分岐点だったはずだ。そこで得た経験やノウハウ、人脈などが、その後のアジア、オセアニアを中心としたM&A攻勢に結び付いている。

キリンは、過去には国内ビールシェアが60％を超え、いかに独占禁止法に抵触しないかが1つの経営課題であった時期もあるような企業だ。一方のアサヒは、『スーパードライ』のヒット以前は、シェアの継続的な下降と劣悪な財務体質のため、瀕死の状態にあった企業である。その2社のシェアが逆転されたわけだから、キリンからすればまさに悪夢の出来事だったはずだ。多くの企業はそこで焦り、無謀なシェア争いにさらに走ることで、企業も従業員も疲弊し、さらに混とんとした状態に陥ることが多い。

しかしキリンは、国内ビール系飲料市場の動向、ビールだけでない総合酒類企業への進化、技術やブランドを生かした多角化事業の推進、そして成長市場である海外への拡大が、今後の成長のための柱であることを見きわめた。それを実現するための優秀な人材と、良好な財務体質に基づく資本調達力を保有していたのは、過去数十年にわたって業界の盟主だった恩恵である。

2006年5月に発表した「キリングループ長期経営構想 キリン・グループ・ビジョン2015」の中で、キリンは2015年の酒税込売上高3兆円の目標を掲げている。2006年12月期のキリンの売上は1.6兆円、アサヒの売上は1.4兆円

だったので、当時の両社が合併してようやく達成できるような数値だ。いくら9年も先の話とは言え、主力製品が縮小している下での売上2倍計画は、経営ビジョンにしては過激なものだ。

キリンが協和発酵、ナショナルフーズなど、立て続けに大型買収を発表したのは翌2007年であった。おそらく2006年の段階である程度のストーリーは出来つつあったのだろう。キリンの2008年12月期の売上高は2.3兆円なので、DEレシオと同様に着実に長期目標の数値に近づきつつある。2008年12月期の決算説明会資料の中では、財務戦略の項目の1つとして、「DEレシオは0.5倍を目安とするが、一時的に1.0倍程度も許容する」と表記されている。M&Aが思惑以上に順調に進んだ結果の、大幅目標達成である。

キリンの例は長期ビジョンに立った経営戦略と、それを遂行するための財務戦略が見事にマッチした事例として、多くの企業にとって非常に参考になるはずだ。多くの国内企業が昨今直面する経営課題のすべてに、キリンも真っ向から対峙している。具体的には、国内市場での主力製品の成熟、合従連衡が進まずに競争はさらなる激化、海外での拡張が生き残りの突破口、M&Aはそのための有望な手段、そしてそれを実現するためのキャッシュを保有、あるいはそれを調達する力を持っていることなどである。

ここまでを読まれた読者には、2009年7月に発表されたキリンとサントリーの経営統合も、もはや驚くには当たらないのではないだろうか。統合が実現するまで越えなくてはならない道のりは険しいものがある。しかし、世界の飲料・食品市場のリーダー企業になることが統合のビジョンなのであれば、本件は両社にとって実現しなくてはならない統合と言えよう。

2015年に向けて、これからさらに継続していくキリンの長期ビジョンではあるが、2009年の段階ではDEレシオの想定以上の上昇が示すように、当初の目論見以上の成功を収めてきたと評価できる。一方、本章の目的からそれるので言及してこなかったが、シナジー効果の創出による利益率の向上は、今後の課題として注目される。有利子負債の有効活用によって、成熟市場から脱却し、成長戦略を推進するという、まさに教科書通りの経営戦略と財務戦略をキリンは遂行している。国内企業のあるべき姿の1つとして、その成功の行方に期待したい。

## 3 ● アサヒビールの経営分析
【10】DEレシオ

　下記はアサヒビールのDEレシオを、過去6年度にわたって示したものだ。競合のキリンとは、以下の2点においてまったく異なる動きを示している。

- キリンのDEレシオは右肩上がりだったが、アサヒは右肩下がりである
- キリンの2つのDEレシオのグラフの間には、若干の開きと伸縮があったが、アサヒの2つの動きは差が僅少で、かつ並行である

　キリンがその成長戦略を有利子負債の拡大によって実現しているちょうどその時期に、アサヒは有利子負債の返済に力を入れ、DEレシオが順調に減少していった事実が判明する。2つのグラフの差が僅少であることから、必要ない手元現預金はできるだけ有利子負債の返済に回そうという意思も感じ取れる。2008年12月期には、ついにアサヒのDEレシオがキリンのDEレシオを下回っている。

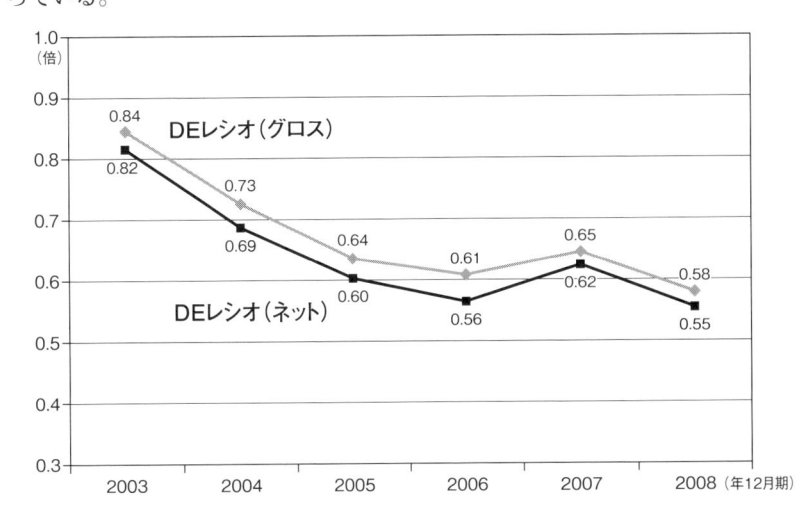

| 年（12月期） | 2003 | 2004 | 2005 | 2006 | 2007 | 2008 |
|---|---|---|---|---|---|---|
| DEレシオ（グロス） | 0.84 | 0.73 | 0.64 | 0.61 | 0.65 | 0.58 |
| DEレシオ（ネット） | 0.82 | 0.69 | 0.60 | 0.56 | 0.62 | 0.55 |

1980年代までは圧倒的なビール市場のシェアを誇ったガリバー企業キリンを、アサヒがシェア逆転したというだけで、ビール業界の未曾有の大逆転劇を語るストーリーは十分だったはずだ。しかし、今再び大逆転劇が起きている。ガリバー時代に蓄えた十分過ぎる利益の蓄積を誇るキリンのDEレシオが、有利子負債が過剰に膨らみ、一時は企業存続すら危ぶまれるほどに財務体質が劣悪だったアサヒのDEレシオを追い抜いたのだ。この事実は、もう1つの大逆転劇として、同業界の歴史に記録する価値があるものではないだろうか。

　もちろん、DEレシオの逆転自体が企業の成否を語るのではない。成否を決めるのは、あくまでDEレシオを高めてまで行った投資の成否である。逆にアサヒはそろそろDEレシオを高める、すなわち有利子負債による積極果敢な投資を行うための下地が整ったと言うことができるだろう。

---

**QUIZ[10]**

　2006年3月期にカネボウ化粧品を買収した花王のDEレシオは、直前期の0.05倍から0.8倍まで急増しました。その後、順調な有利子負債の返済によって、2009年3月期は0.5倍まで下降しています。一方、花王の2009年3月期の決算説明会資料には、「EVA視点で安定的に創出されるフリー・キャッシュフローを有効活用し、さらなる成長をめざす」というタイトルの下、具体的なキャッシュの活用先として次の3つを挙げています。

　①将来の成長に向けての設備投資及びM&A
　②安定的・継続的な配当
　③自己株式の取得と借入金などの有利子負債の返済

　上記に挙げられた、DEレシオ、EVA（拙著『企業価値を創造する会計指標入門』参照）、フリー・キャッシュフロー（第12章参照）、配当、自己株式の取得、有利子負債の返済のすべての側面から、花王の財務戦略を論じてください。

第11章

# インタレスト・カバレッジ・レシオ

## 身の丈に合った有利子負債かを判断する安全性の指標

営業利益と金融収益の和を支払利息で割って算出するのがインタレスト・カバレッジ・レシオ（ICR）だ。支払利息の何倍に相当する利益があるかを表すもので、ICRが高いほど有利子負債の水準が収益力に見合った安全性の高い企業と評価される。ICRは、営業利益、金融収益、支払利息へと分解して考察する。景気環境、原材料価格、海外買収脅威と事業提携策に連動する、新日本製鐵のICRを読む。

# 1●インタレスト・カバレッジ・レシオの読み方

## 1…ICRの算出方法

　インタレスト・カバレッジ・レシオ（以下ICR）は、その名前の通り、インタレスト（支払利息）が、企業の稼ぎ力によってどれだけカバーされているかを表す比率（レシオ）である。算式の分母には支払利息を置き、分子に企業の稼ぎ力を置く。この比率が高ければ高いほど、支払利息の何倍も稼いでいることになるので、企業の安全性が高いと評価できる。

$$\text{インタレスト・カバレッジ・レシオ（倍）} = \frac{\text{営業利益} + \text{金融収益}}{\text{支払利息}}$$

　式に示したように、分子の稼ぎ力として、本書では「営業利益＋金融収益」で議論を進めていく。金融収益としては、支払利息の原資となる、受取配当金と受取利息を含めていく。その他の選択肢として分子によく用いられるものに、キャッシュフロー計算書から引用する営業キャッシュフローがある。支払利息を返済する源泉はキャッシュフローなので、分子にキャッシュフローを置くことの合理性は高い。決算短信の中で企業はICRを計算表記する義務があるが、そこでは営業キャッシュフローを用いて計算されている。
　しかし営業キャッシュフローは、その年度の特殊要因によって比較的ブレやすい数値である。たとえば、たまたま年度末が休日だったために、その年の営業キャッシュフローが大きく減少し、その反動で翌年度は営業キャッシュフローが大きく増加することがある。それを用いたICRは非常にばらつくこととなるが、これは企業経営の実態を表していない。
　そこで本書ではキャッシュフローとは一致しないものの、指標としての安定性を優先し、PL上の数値である営業利益を用いることとする。実際にキャッ

シュの流入を伴う金融収益だけは支払利息返済の原資となるので、さらに加えることとした。なお、キャッシュフローと合わせるという点では、営業利益ではなく、減価償却費を足し戻したEBITDAを分子に用いるのも1案だろう。

## 2…ICRの業界別平均値

　有利子負債の過剰な企業は、今後の経営の安全性が不安視される。そこで、有利子負債の規模が適正なのかどうかを評価しようとする指標がICRだ。分母には有利子負債に伴って発生する支払利息を置く。分子には企業の身の丈を置くことで、有利子負債の規模が企業の身の丈に合っているかを確認しようとするものだ。

　有利子負債の金額そのものが大きいことには、何ら問題はない。問題アリと言ってしまうと、電力、ガス、鉄道・バス業界などはすべて問題のある業界となってしまう。これらは有利子負債の大きい代表的な業界だが、業界の経営が困窮しているということはない。問題なのは、有利子負債の金額が大きいこと

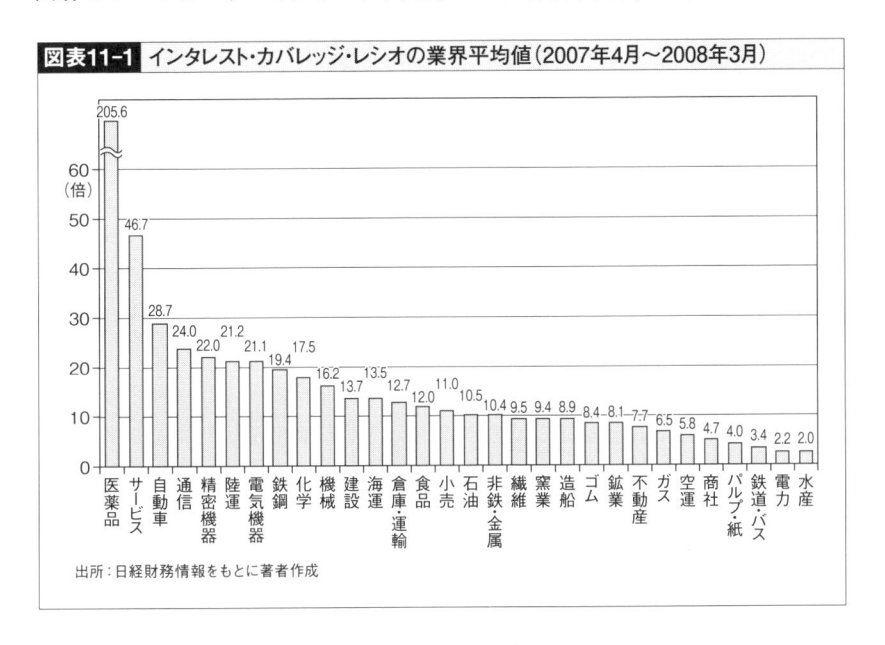

### 図表11-1　インタレスト・カバレッジ・レシオの業界平均値（2007年4月～2008年3月）

| 業界 | 倍率 |
|---|---|
| 医薬品 | 205.6 |
| サービス | 46.7 |
| 自動車 | 28.7 |
| 通信 | 24.0 |
| 精密機器 | 22.0 |
| 陸運 | 21.2 |
| 電気機器 | 21.1 |
| 鉄鋼 | 19.4 |
| 化学 | 17.5 |
| 機械 | 16.2 |
| 建設 | 13.7 |
| 海運 | 13.5 |
| 倉庫・運輸 | 12.7 |
| 食品 | 12.0 |
| 小売 | 11.0 |
| 石油 | 10.5 |
| 非鉄金属 | 10.4 |
| 繊維 | 9.5 |
| 窯業 | 9.4 |
| 造船 | 8.9 |
| ゴム | 8.4 |
| 鉱業 | 8.1 |
| 不動産 | 7.7 |
| ガス | 6.5 |
| 空運 | 5.8 |
| 商社 | 4.7 |
| パルプ・紙 | 4.0 |
| 鉄道・バス | 3.4 |
| 電力 | 2.2 |
| 水産 | 2.0 |

出所：日経財務情報をもとに著者作成

ではなく、有利子負債の金額が企業の身の丈に合っていないことなのだ。それを測ろうとするのが、ICRの狙いである。

業界別平均値では、医薬品業界のICRが200倍超と突出して高いことにまず目が行く。毎年払う支払利息の200年分に相当する利益を毎年稼いでいることを意味している。ここまで見てきた各指標でも医薬品業界は突出してどちらかにぶれていることが多々あった。ICRにおいては、すべての業界の中でも、突出して高い利益を稼ぐ力と、同じく他の業界と比較して突出して少ない有利子負債という、分子と分母の突出さから算出された特異値である。そもそも医薬品業界のように、財務体質が非常に健全で実質無借金会社が多く、企業経営の安全性が疑われることが皆無に近い業界において、ICRを計算すること自体に意味がないことの証と言うこともできよう。

医薬品の次にICRが高い業界は、サービス（46.7倍）、自動車（28.7倍）、通信（24.0倍）、精密機器（22.0倍）と続く。自動車や通信は有利子負債が少なくない業界だが、分子の利益率の良さがICRを牽引している。なお、自動車大手企業は販売金融事業を営むため、連結では有利子負債を多額に保有している。しかし、金融事業に伴う有利子負債からの支払利息は、営業外費用ではなく売上原価に算入されている。借金をしてきてそこに利ザヤを乗せた上で、ユーザーに自動車ローンを貸与するのが販売金融事業の1つの姿だ。小売業や商社が商品の仕入コストを売上原価に入れるように、販売金融事業では仕入れた有利子負債のコスト、すなわち支払利息を売上原価に計上することとなる。ICRの計算ではあくまで営業外に発生する支払利息を分母に置いている。販売金融事業に伴う支払利息は、ICRの分子の利益を減らす数値としてICRの計算過程に算入されることとなる。

サービス業には様々なサービスが含まれている。オリエンタルランドなどの特殊な例を除くと、どちらかと言えば設備を多く抱えないことは、第8章の図表8-1の有形固定資産回転率が4.26倍と高い水準にあることで確認できる。投資がそれほど大きくないため、借金もそれほど必要ない。第10章の図表10-1のDEレシオも0.27倍と非常に低い。また、売上イコール手数料的な商売であるため、利益率は悪くない。第2章の図表2-3から、売上高営業利益率は9.8％ある。これらの事実を合算した結果の、高いICRとなっている。

逆にICRが低い業界には、水産（2.0倍）、電力（2.2倍）、鉄道・バス（3.4倍）、パルプ・紙（4.0倍）がある。電力と鉄道・バスは装置産業であり、また地域に根差したリスクの低い事業なので、ローリスク・ローリターン型の有利子負債による調達が主であることに納得性は高い。

一般にICRが低いことへの不安は、景気悪化などによって分子の利益が下方向にぶれたときにすぐ赤字に陥る構造にあるからだ。しかし、鉄道・バスと電力は景気などの外部環境の影響を比較的受けにくく、利益の安定性が他の業界と比較して高い。燃料の高騰で電力は一時的に赤字に陥った企業もあったが、自動車や電機のような大きなリストラをしなくても、元に戻るのは時間の問題だ。よって、多少ICRが低くても納得できるものとなる。

水産業は薄利多売の商社型ビジネスに近いので、本来あまり資産に投資をしてはいけない。しかし扱う商品が水産であることや、自ら加工業者として製造業の活動も行うことから、一定量の在庫や設備を保有する必要が生じる。そのため、モノを流すことが中心となる商社に比べても、相応の在庫や設備への投資が必要となってくる。これを有利子負債の調達によって行うため、DEレシオも0.91倍とやや高い水準を示している。薄利だが有利子負債が多いので、ICRは鉄道・バスや電力並みの低い数値となってしまうわけだ。しかし、扱う商品が水産、つまり食品なのだから、利益のブレ度合いという点では一般的な商社と比べれば安定性は高い。すなわち、ICRの低さも許容できるものと考えられるだろう。

利益率が低く、これを有利子負債でカバーすることでICRが低い水準に陥っているのがパルプ・紙業界と言える。パルプ・紙業界も水産同様に事業リスクは比較的低いという側面もある。しかし、外国からの安価な紙が国内市場の競争環境をさらに激化させているように、環境は刻々と厳しくなっている。ICRが低い他の業界に比べると、パルプ・紙業界については、ICRは改善すべき重要な経営課題として指摘することができるのではないか。

なお、医薬品業界を除いたすべての業界のICRの単純平均値（2007年4月～2008年3月）は13.1倍となっている。

### 3…ICRを分解する

　ICRは、分子の利益と分母の支払利息に分解する。本書の分子の利益は「営業利益＋金融収益（受取利息＋受取配当金）」と定めたので、営業利益、受取利息、受取配当金の3つに分解できる。営業利益については第1章の売上高総利益率と第2章の売上高販管費率、第3章の損益分岐点比率の分析が活用できる。受取利息や受取配当金は、銀行預金、債券、株式などの保有により発生するものなので、それぞれ個別に保有する資産の内容と、その利回りという観点で分析する必要がある。

　一方、分母の支払利息は、第10章のDEレシオで見たような有利子負債の種類と金利水準への分解を行うことが有益となろう。

◉ICRを分解するステップ

（1）営業利益への分解（売上高、営業費用）
　　　⇩
（2）金融収益への分解（受取利息、受取配当金）
　　　⇩
（3）支払利息への分解（有利子負債、平均金利）

## 2 ● ケーススタディ──新日本製鐵
景気環境、原材料価格、海外買収脅威と事業提携策に連動するICR

### 1…新日本製鐵におけるICRの推移

　図表11-2は新日本製鐵（以降、新日鉄）のICRを過去8年度にわたって追ったものだ。2002年3月期の2.4倍という水準は、図表11-1で見た業界平均値と比較しても、かなり低い危険水域とも言える位置にある。これに対して、直近の2年度こそ下落傾向にあるものの、2007年3月期には40倍近くまで達するほど高い値を示している。特に2005年3月期と2006年3月期の上昇は際立っている。

第11章●インタレスト・カバレッジ・レシオ 305

**図表11-2** 新日本製鐵のICRの推移

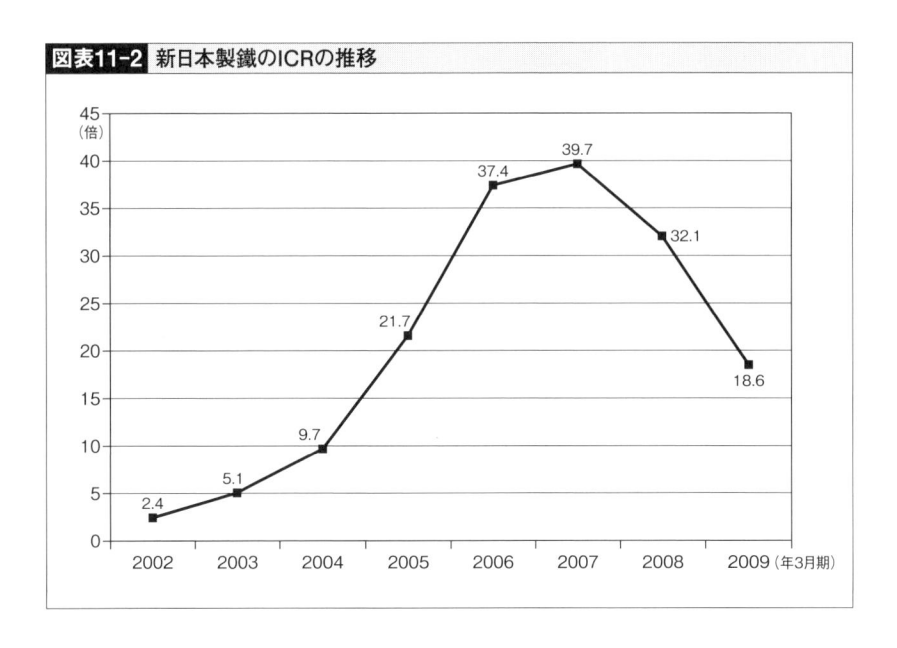

| 年(3月期) | ICR(倍) |
|---|---|
| 2002 | 2.4 |
| 2003 | 5.1 |
| 2004 | 9.7 |
| 2005 | 21.7 |
| 2006 | 37.4 |
| 2007 | 39.7 |
| 2008 | 32.1 |
| 2009 | 18.6 |

**図表11-3** 新日本製鐵の営業利益＋金融収益(ICRの分子)と支払利息(ICRの分母)の推移

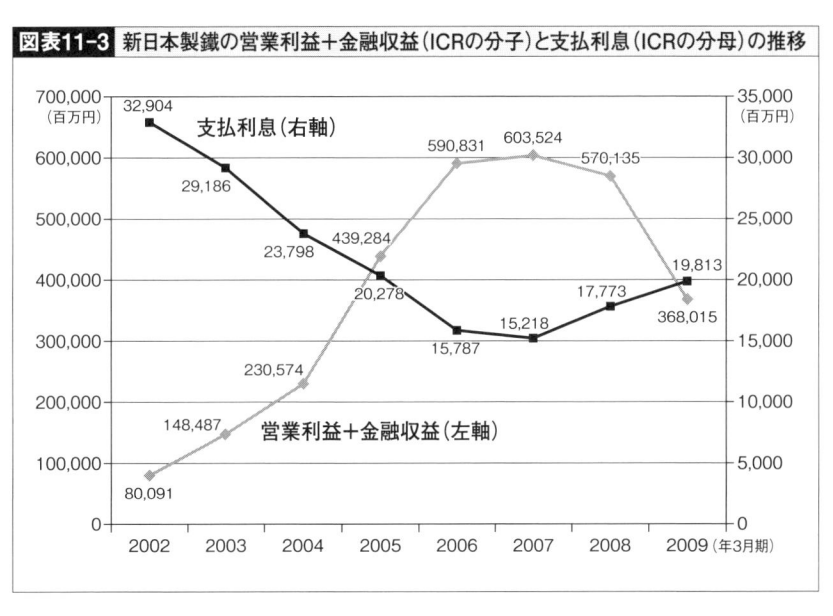

| 年(3月期) | 営業利益＋金融収益(左軸, 百万円) | 支払利息(右軸, 百万円) |
|---|---|---|
| 2002 | 80,091 | 32,904 |
| 2003 | 148,487 | 29,186 |
| 2004 | 230,574 | 23,798 |
| 2005 | 439,284 | 20,278 |
| 2006 | 590,831 | 15,787 |
| 2007 | 603,524 | 15,218 |
| 2008 | 570,135 | 17,773 |
| 2009 | 368,015 | 19,813 |

この要因を探るため、分子の営業利益＋金融収益と、分母の支払利息に分解したのが前ページの図表11-3だ。

　グラフより、ICRの継続的な上昇は分子の営業利益＋金融収益の増加と、分母の支払利息の減少の両方によって実現されていることが読み取れる。直近2年度のICRが下降を始めたのは、分子が下がり、分母が上がってしまったためだ。このように、新日鉄のICRの分子と分母には、負の関係性が非常に強いことが確認できる。つまり、利益水準の高いときは、有利子負債の削減が進むため、支払利息の負担が減る。しかし、利益水準が十分でないときは、企業活動に必要な資金を有利子負債で調達するため、支払利息が増えるということだ。

　ここから分子と分母への分解を行っていこう。分子は営業利益と金融収益（受取利息と受取配当金）に分解される。また、営業利益は売上高から営業費用（売上原価と販管費）への分解が可能だ。それぞれ細部への分解を行いながら、その背景を探っていく。

## 2…新日本製鐵のICRを分解する

### (1)売上高への分解

　図表11-4は、新日鉄の売上高と売上高営業利益率の推移を示したものだ。すでに図表11-3より、ICRの分子に乗る「営業利益＋金融収益」は、2007年3月期までは増加基調にあることが分かっていた。図表11-4から、それが売上高の成長と利益率の向上の両方によって実現されていたことが判明する。特に2005年と2006年3月期は、営業利益率が一気に上昇したことが、先のICRの急上昇につながっていたと分かる。2007年3月期の営業利益率は減少するが、売上高が継続して上昇したことから、「営業利益＋金融収益」は継続して上昇したものと想定される。

　次に図表11-5から、新日鉄の売上、営業利益、資産の8割超は製鉄事業から計上されていることを確認しておこう。他にも新日鉄エンジニアリングを中心とするエンジニアリング事業、新日鐵化学を中心とする化学事業など、多角化が進んだ企業グループではあるが、連結全体の売上に占めるインパクトは製鉄事業が圧倒的に高い。よって、ここでは製鉄事業に焦点を当てた分析を進め

第11章●インタレスト・カバレッジ・レシオ　307

**図表11-4** 新日本製鐵の売上高と売上高営業利益率の推移

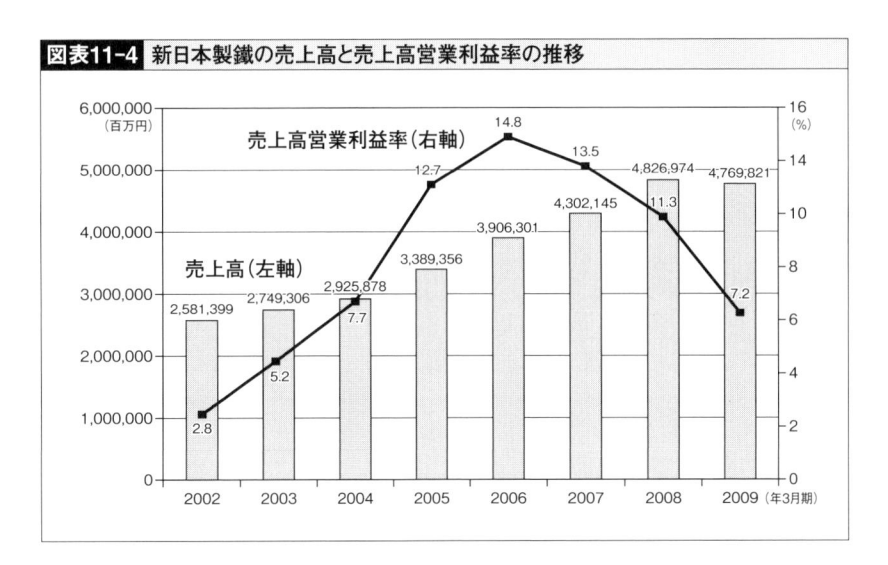

| 年（3月期） | 売上高（百万円） | 売上高営業利益率（％） |
|---|---|---|
| 2002 | 2,581,399 | 2.8 |
| 2003 | 2,749,306 | 5.2 |
| 2004 | 2,925,878 | 7.7 |
| 2005 | 3,389,356 | 12.7 |
| 2006 | 3,906,301 | 14.8 |
| 2007 | 4,302,145 | 13.5 |
| 2008 | 4,826,974 | 11.3 |
| 2009 | 4,769,821 | 7.2 |

**図表11-5** 新日本製鐵の事業セグメント情報（2009年3月期）

(百万円)

| | 製鉄事業 | エンジニアリング事業 | 都市開発事業 | 化学事業 | 新素材事業 | システムソリューション事業 | 計 | 消去又は全社 | 連結 |
|---|---|---|---|---|---|---|---|---|---|
| I　売上高及び営業損益 | | | | | | | | | |
| 　売上高 | | | | | | | | | |
| 　(1)外部顧客に対する売上高 | 3,969,685 | 340,230 | 65,781 | 205,420 | 59,627 | 129,075 | 4,769,821 | − | 4,769,821 |
| 　(2)セグメント間の内部売上高又は振替高 | 69,000 | 46,412 | 4,371 | 6,751 | 279 | 32,465 | 159,281 | (159,281) | − |
| 　　計 | 4,038,685 | 386,643 | 70,152 | 212,172 | 59,907 | 161,541 | 4,929,103 | (159,281) | 4,769,821 |
| 　営業費用 | 3,731,638 | 361,968 | 66,223 | 211,277 | 62,304 | 150,062 | 4,583,476 | (156,585) | 4,426,891 |
| 　営業利益 | 307,047 | 24,674 | 3,929 | 894 | △2,397 | 11,479 | 345,627 | (2,696) | 342,930 |
| II　資産、減価償却費及び資本的支出 | | | | | | | | | |
| 　資産 | 4,183,826 | 298,053 | 224,247 | 136,185 | 30,441 | 128,082 | 5,000,836 | (130,155) | 4,870,680 |
| 　減価償却費 | 256,085 | 3,235 | 2,279 | 9,192 | 2,848 | 1,833 | 275,475 | (1,730) | 273,744 |
| 　資本的支出 | 283,653 | 6,011 | 8,512 | 8,470 | 1,649 | 1,645 | 309,942 | (4,204) | 305,738 |
| 売上高構成比 | 81.9% | 7.8% | 1.4% | 4.3% | 1.2% | 3.3% | 100.0% | | |
| 営業利益構成比 | 88.8% | 7.1% | 1.1% | 0.3% | △0.7% | 3.3% | 100.0% | | |
| 資産構成比 | 83.7% | 6.0% | 4.5% | 2.7% | 0.6% | 2.6% | 100.0% | | |

出所：新日本製鐵2009年3月期有価証券報告書をもとに著者作成

ていく。
　言うまでもないが、製鉄事業から計上される売上高は、鉄製品の「販売量×売値」だ。そこで、両者の推移を時系列で追うことから始めてみよう。
　図表11-6は、新日鉄（単体ベース）の鋼材出荷量と販売価格の推移を示したものだ。2009年3月期の鋼材出荷量を除いて、どちらも右肩上がりの傾向にある。鋼材出荷量は2002年3月期の2,631万トンから、ピークの2008年3月期の3,290万トンに至るまで、正味25％成長している。これと比較して、販売価格は同期間に50.1千円／トンから79.8千円／トンまで60％成長している。よって、売上高成長率への貢献は、出荷量より販売価格が大きいことが判明する。新日鉄の販売価格の上昇は後に見る原料価格の増加が主な背景ではあるが、同時に汎用鋼材から新日鉄が得意とする高級鋼材への製品構成シフトを目指したことも見逃してはならない。仮に出荷量にまったく伸びがなくても、高価格設定が可能な高級鋼材の比率が高まれば、その分だけ売上高の向上につながっていく。
　2005年と2006年3月期の「営業利益＋金融収益」とICRの成長は特に著し

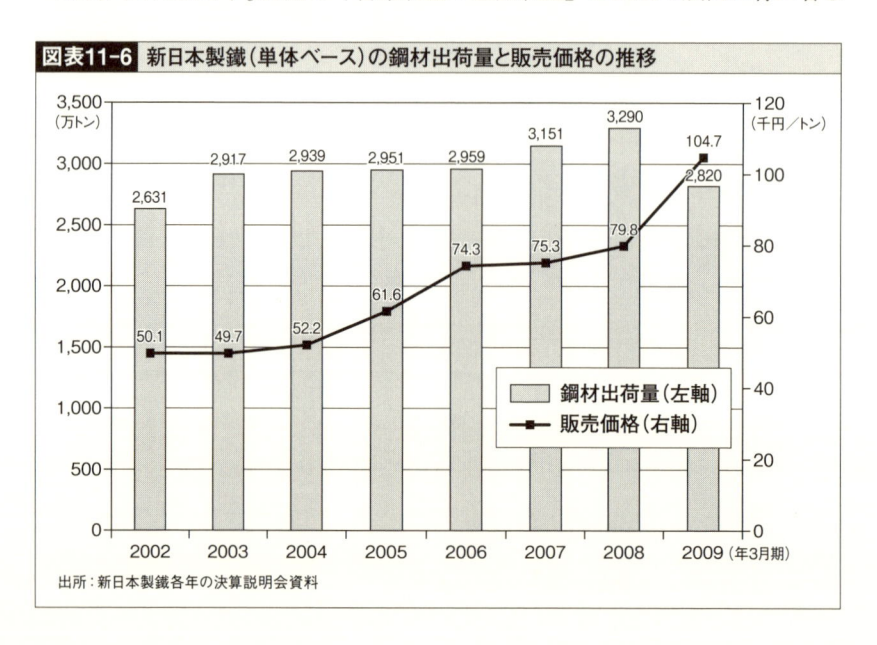

**図表11-6　新日本製鐵（単体ベース）の鋼材出荷量と販売価格の推移**

| 年3月期 | 鋼材出荷量（万トン） | 販売価格（千円／トン） |
|---|---|---|
| 2002 | 2,631 | 50.1 |
| 2003 | 2,917 | 49.7 |
| 2004 | 2,939 | 52.2 |
| 2005 | 2,951 | 61.6 |
| 2006 | 2,959 | 74.3 |
| 2007 | 3,151 | 75.3 |
| 2008 | 3,290 | 79.8 |
| 2009 | 2,820 | 104.7 |

出所：新日本製鐵各年の決算説明会資料

いものだったが、図表11-6から、この期間は鋼材出荷量にほとんど伸びがないことが分かる。2年続けて10千円／トン前後の販売価格の上昇を実現していることが、ICRの急伸の主要因と判断できる。

また、2009年3月期における、営業利益の急落が引き起こしたICRの減少は、販売価格ではなく鋼材出荷量の急減によるものだったことも判明する。新日鉄の鉄製品の主な需要家である自動車やゼネコンなどとの価格交渉は、年度の初めにおおよそ決定されることが多い。世界的金融危機による販売量の急減は2008年度の下半期から起きたため、そのあおりで出荷量は急減したものの、年度内の販売価格についてはすでに大方が決定されていたため、2009年3月期は上昇を続けたというわけだ。

需要と販売価格に高い相関性があることは、新日鉄の過去7年間の鋼材出荷量と価格を見るまでもなく明らかだ。となれば、今後景気低迷から需要の減退がしばらく続くこととなれば、販売価格の下落が当面続くことも避けられない。その場合には、ICRがさらに減少を続けることも十分に予測されてくる。

### (2)営業費用への分解

売上の継続的な上昇が、鋼材出荷量と販売価格の継続的な上昇にあることは分かった。両者には強い相関性が存在している。すなわち需要が多ければ価格が上昇し、需要が下がれば価格は下落する。また、この間の製鉄事業における新日鉄のシェアに大きな変化は起きていない。これらすべての事実を合わせれば、新日鉄のICRの上げ下げには、市場の需要が最も大きな要因として働いていると、一応は結論付けることができるだろう。しかし、需要だけがすべての要因ではないはずだ。そこで、さらにICRの構成要素に分解していく。

ICRの分子に乗る営業利益は、売上高から営業費用（売上原価と販管費）を差し引いて計算される。そこで、営業利益に至るまでの売上高総利益率と売上高販管費率の推移をグラフに表してみよう。

2007年3月期の新日鉄は増収増益だったにもかかわらず、売上高営業利益率が下降を始めた。311ページの図表11-7を見ると、その要因が売上高総利益率の急落にあったことが分かる。販売価格は上昇を続け、鋼材出荷量は増加を続けた。それでも売上高総利益率が減少した事実は、原価が増大したことを

意味している。原価には製鉄所の減価償却費や労務費も含まれるが、やはりインパクトが大きいのは原材料だ。そこで原材料価格の推移を追ってみる。

　図表11-8より、鋼材の主な原料となる鉄鉱石の価格は、2008年度まで一貫して上昇傾向にあったことが分かる。急上昇する2008年度を除いても、2003年度から2007年度までの4年度だけで約3倍まで上昇している。同期間の鋼材の販売価格の上昇は、図表11-6から約1.5倍程度なので、明らかに原料の上昇分を価格に転嫁できていないことが分かる。この事実が、2007年3月期以降の売上高上昇局面での営業利益率の下落と、ICRの横ばいから下降への背景にあることが分かる。

　新日鉄の場合、トヨタ自動車をはじめとする国内大手需要家との取引規模が大きいため、原料価格に合わせて販売価格を自由に変動させる柔軟性が比較的低い。新日鉄にも需要と価格に連動性があるとは言え、海外市場のように需要と供給の関係で価格が柔軟に変動する市場と比べると、感応度は高くないのが実態である。これは2009年3月期の急速な不況進行でも、販売価格の下がり方が緩慢になるというメリットにもつながる。しかし、好況期で原料価格が上昇する局面にあっては、コスト上昇分を販売価格に反映させるのが容易ではないというデメリットももたらしている。

　それでも2006年3月期まで売上高総利益率が上昇を続けたのは、好景気下の量産による稼働率の向上がもたらした恩恵も大きい。2007年3月期からついに利益率が下落を始めるのは、原料価格高騰を販売価格へ転嫁できなかった不足分が、量産効果による原価低減を上回ったことを意味している。

### (3)金融収益(受取利息と受取配当金)への分解

　312ページの図表11-9は、新日鉄の金融収益（受取利息と受取配当金）の推移を示している。2005年3月期以降の受取配当金の伸びによって、金融収益が一気に拡大していることが窺える。とはいえ、2009年3月期の金融収益の合計250億円は同期の支払利息198億円の1.3倍程度に過ぎないので、ICR増大への貢献という点ではインパクトは限定的だ。

　受取配当金が増えるのは保有株式が増加している、あるいは株式を保有する企業が業績好調のため配当金の支払いを増加していることに他ならない。そこ

第11章●インタレスト・カバレッジ・レシオ　311

**図表11-7** 新日本製鐵の売上高総利益率、売上高販管費率、売上高営業利益率の推移

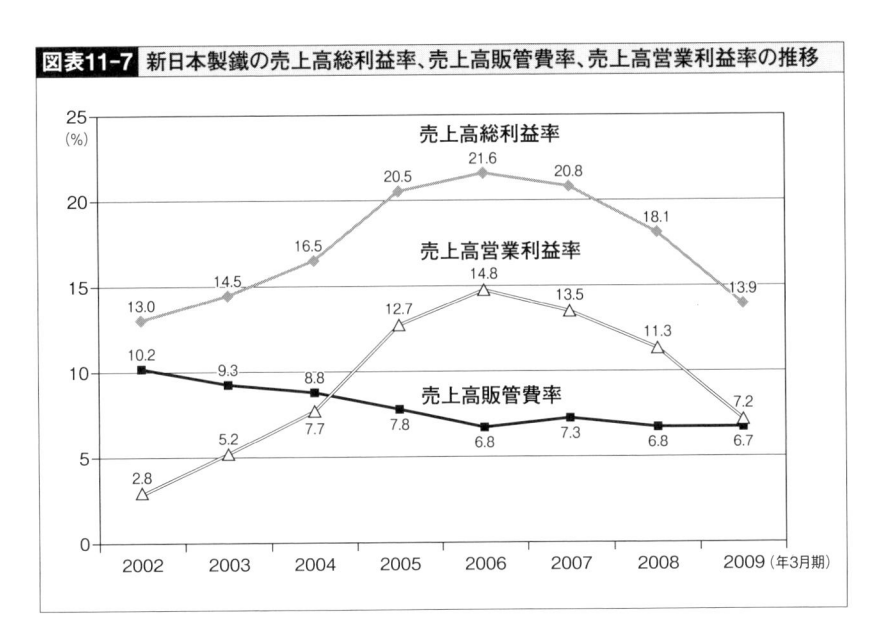

**図表11-8** 新日本製鐵の主原料価格動向

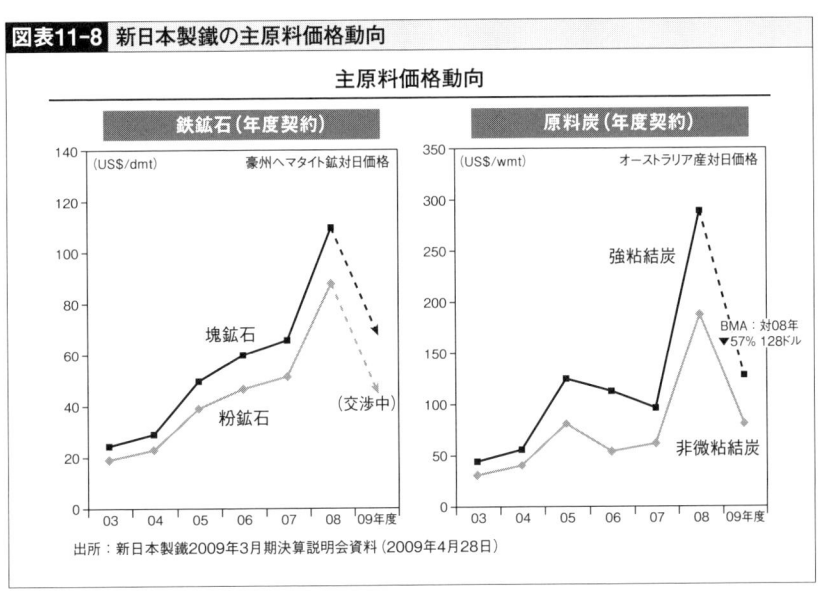

主原料価格動向

鉄鉱石（年度契約）　豪州ヘマタイト鉱対日価格
塊鉱石／粉鉱石／（交渉中）

原料炭（年度契約）　オーストラリア産対日価格
強粘結炭／非微粘結炭
BMA：対08年 ▼57% 128ドル

出所：新日本製鐵2009年3月期決算説明会資料（2009年4月28日）

で、新日鉄が保有する投資有価証券の推移を、有価証券報告書から見てみよう。
　図表11-10は、新日鉄が連結BS上で保有する投資有価証券の推移を示したものだ。なお、投資有価証券には、株式だけではなく長期保有目的の債券も含まれていることを留意したい。しばらく上昇を続けた後、2008年3月期から下降を始める姿は、ここまで見た新日鉄のICRや営業利益と動きを一にしている。これらには何らかの関係性があるのだろうか。新日鉄（単体ベース）が2008年3月期に100億円以上の規模で保有する主な投資有価証券の金額を、2008年と2009年3月期の有価証券報告書から抜粋したのが図表11-11だ。
　新日鉄はこれら主要な銘柄を含めて、約400銘柄の株式を保有している。連結BS上での投資有価証券額には、関連会社株式の保有額も含めて記載されているが、図表11-11では含めていない。
　新日鉄が保有する主要な銘柄には、トヨタ自動車、本田技研工業、パナソニックなどの需要家の名前がまず目立つ。三菱商事の名前があるのは、海外への鉄の輸出や、海外からの原料の輸入において、商社との密接な取引があることが背景にあろう。また、三菱UFJ、三井住友、みずほのメガバンク3社の名前

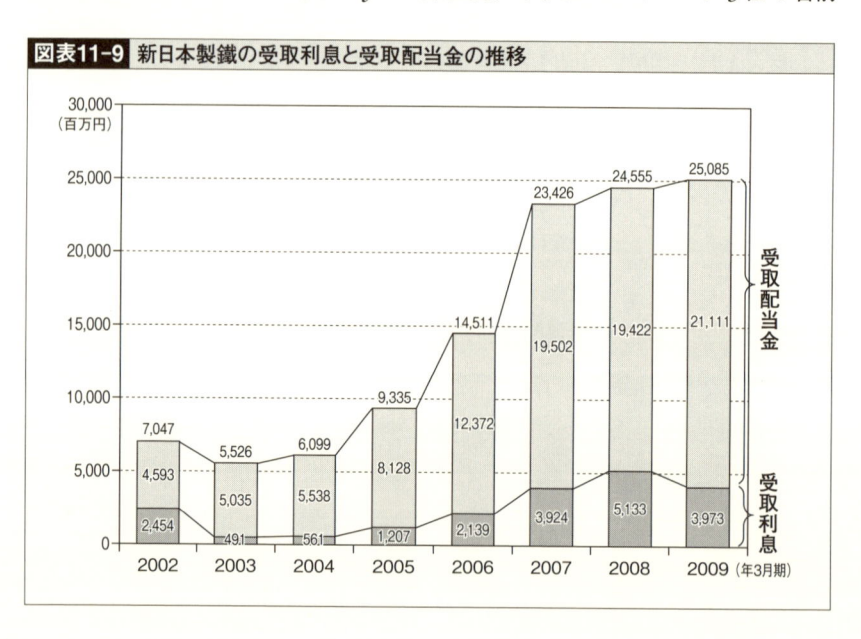

**図表11-9　新日本製鐵の受取利息と受取配当金の推移**

| 年3月期 | 受取利息 | 受取配当金 | 合計 |
|---|---|---|---|
| 2002 | 2,454 | 4,593 | 7,047 |
| 2003 | 491 | 5,035 | 5,526 |
| 2004 | 561 | 5,538 | 6,099 |
| 2005 | 1,207 | 8,128 | 9,335 |
| 2006 | 2,139 | 12,372 | 14,511 |
| 2007 | 3,924 | 19,502 | 23,426 |
| 2008 | 5,133 | 19,422 | 24,555 |
| 2009 | 3,973 | 21,111 | 25,085 |

## 図表11-10　新日本製鐵の投資有価証券の推移（連結ベース）

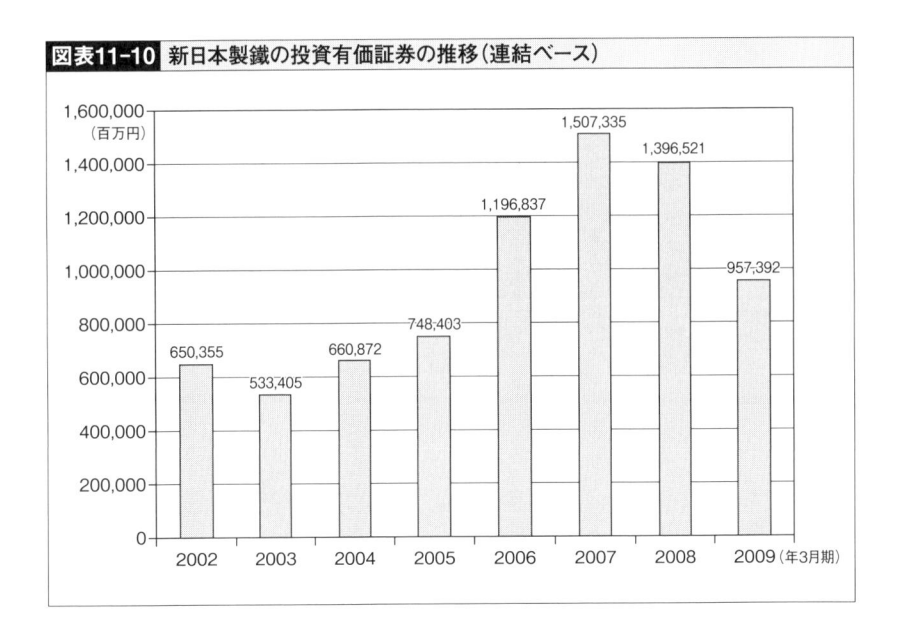

| 年（3月期） | 金額（百万円） |
|---|---|
| 2002 | 650,355 |
| 2003 | 533,405 |
| 2004 | 660,872 |
| 2005 | 748,403 |
| 2006 | 1,196,837 |
| 2007 | 1,507,335 |
| 2008 | 1,396,521 |
| 2009 | 957,392 |

## 図表11-11　新日本製鐵が保有する主な投資有価証券（単体ベース、2008年、2009年3月期）

| 銘柄 | BS計上額（百万円）2008年3月期 | BS計上額（百万円）2009年3月期 | 増減額（百万円） | 増減比（％） |
|---|---|---|---|---|
| POSCO ADR | 209,557 | 115,405 | △94,152 | △45% |
| 住友金属工業㈱ | 170,765 | 88,997 | △81,768 | △48% |
| トヨタ自動車㈱ | 74,675 | 46,878 | △27,797 | △37% |
| 日新製鋼㈱ | 31,478 | 15,054 | △16,424 | △52% |
| ㈱神戸製鋼所 | 30,485 | 13,525 | △16,960 | △56% |
| ㈱三菱ＵＦＪフィナンシャル・グループ | 30,401 | 16,826 | △13,575 | △45% |
| 本田技研工業㈱ | 28,677 | 23,335 | △5,342 | △19% |
| 大同特殊鋼㈱ | 22,813 | 10,764 | △12,049 | △53% |
| パナソニック㈱ | 17,463 | 8,642 | △8,821 | △51% |
| スズキ㈱ | 13,755 | 8,909 | △4,846 | △35% |
| 三菱商事㈱ | 12,750 | 5,443 | △7,307 | △57% |
| ㈱三井住友フィナンシャルグループ | 12,017 | 6,246 | △5,771 | △48% |
| 東海旅客鉄道㈱ | 11,438 | 6,152 | △5,286 | △46% |
| Mizuho Preferred Capital (Cayman) | 10,000 | 10,000 | 0 | 0% |

出所：新日本製鐵2009年3月期有価証券報告書

があるのも、有利子負債が多い当社の実情からして納得できる事実だ。

　これらは新日鉄の企業運営上、不可欠な株式の持ち合いと表現できる。しかし一方、敢えて否定的に見るならば、製鉄という事業を遂行するために、果たして数千億円相当の持ち合いが本当に必要なのかと問い直すこともできるだろう。これら株式は売却目的で保有しているという考え方の前提から、会計上では期末に時価評価を行う義務がある。これら株式の価値が2008年3月期から2009年3月期にかけて5割前後下がっているのは、何も一部の株式を売却したからではない。純粋にその分の株価が下落したことを意味している。図表11-11に挙げた主要な銘柄だけでも、合計3,000億円の価値が1年間で喪失されたことになる。

　読者がやや違和感を持ってとらえたであろう銘柄は、POSCO（アルセロール・ミッタル、新日鉄、宝山鋼鉄に次ぐ、世界第4位の韓国の製鉄会社）、住友金属工業、日新製鋼、神戸製鋼所、大同特殊鋼ではないだろうか。これらはすべて新日鉄の競合企業でもある。競合同士の持ち合い株が日本にないわけではないが、金額の規模がここまで大きい持ち合いが行われているのは、あまり例がない。

　2006～2008年度までの中期経営計画において、新日鉄は製鉄事業の方針の1つとして「アライアンスの深化」を挙げている。そこには「住友金属工業、神戸製鋼所、POSCO、アルセロール等との国内外アライアンスの深化による相互メリットの追求と推進」の表記がある。

　当初は住友金属の経営低迷に端を発した数十億円程度の持ち合い株であった。また、川崎製鉄とNKKが経営統合してできたJFEホールディングスに対する3社連合といった意味合いも少なからずあっただろう。しかしその後は、海外市場でのM&Aによって頭角を現した印アルセロール・ミッタルへの買収防衛策の色合いも強く、新日鉄、住友金属、神戸製鋼所の間で持ち合い株が進んでいった。2009年3月末現在でも、新日鉄は住友金属の株式の9.4%を保有しており、住友商事に次ぐ第2位の大株主である。同様にして、住友金属もまた新日鉄の株式を4.2%保有しており、銀行などを除けば筆頭株主の位置にある。

　図表11-12は、2009年3月期の決算説明会資料の中で新日鉄が示したグローバルネットワークである。世界全方位的に、あらゆる製品ラインナップに対

応して、出資比率も柔軟に組み替えながら、その包囲網を拡大していることが窺える。アルセロール・ミッタルとも、ミッタルが買収する前のアルセロールと欧州事業で提携関係にあったため、敵対的な動きを牽制しながらも事業上は提携を継続していることが分かる。

　グループ会社化していても、多くの場合は子会社ではなく、持分法適用関連会社としての投資形態を選択している。新日鉄の出資を仰ぐ側からすれば、新日鉄の過度な支配を受けることがない半面、将来のグループ強化への含みを残すことができる。新日鉄からしても、投資額を抑え、過度にグループ内に抱え過ぎることなく、かつ今後の市場やアルセロール・ミッタルなどの動きを見ながら出資比率を変えていく選択肢を残しておくことが可能だ。これら持分法適用関連会社には、合同製鐵、山陽特殊製鋼、日亜鋼業、ブラジルのウジミナス、中国の宝鋼新日鐵自動車鋼板有限公司などの鉄鋼会社が数多く含まれている。

　新日鉄と同様に、これら企業の業績は世界の鉄鋼市場、ひいては景気動向に密接に影響される。業績が低迷すれば株価の低迷につながる。先に見たように、新日鉄のBS上に計上される投資有価証券の金額の動向が、新日鉄の営業利益

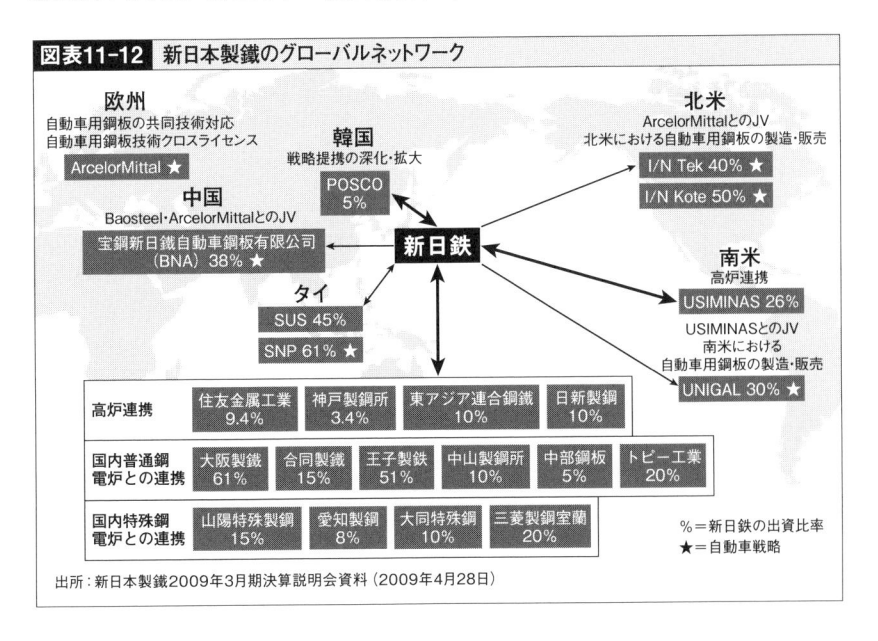

**図表11-12　新日本製鐵のグローバルネットワーク**

**欧州**
自動車用鋼板の共同技術対応
自動車用鋼板技術クロスライセンス
ArcelorMittal ★

**中国**
Baosteel・ArcelorMittalとのJV
宝鋼新日鐵自動車鋼板有限公司
（BNA）38% ★

**韓国**
戦略提携の深化・拡大
POSCO 5%

**北米**
ArcelorMittalとのJV
北米における自動車用鋼板の製造・販売
I/N Tek 40% ★
I/N Kote 50% ★

**南米**
高炉連携
USIMINAS 26%
USIMINASとのJV
南米における自動車用鋼板の製造・販売
UNIGAL 30% ★

**タイ**
SUS 45%
SNP 61% ★

新日鉄

| 高炉連携 | 住友金属工業 9.4% | 神戸製鋼所 3.4% | 東アジア連合鋼鐵 10% | 日新製鋼 10% | | |
| --- | --- | --- | --- | --- | --- | --- |
| 国内普通鋼電炉との連携 | 大阪製鐵 61% | 合同製鐵 15% | 王子製鉄 51% | 中山製鋼所 10% | 中部鋼板 5% | トピー工業 20% |
| 国内特殊鋼電炉との連携 | 山陽特殊製鋼 15% | 愛知製鋼 8% | 大同特殊鋼 10% | 三菱製鋼室蘭 20% | | |

％＝新日鉄の出資比率
★＝自動車戦略

出所：新日本製鐵2009年3月期決算説明会資料（2009年4月28日）

の動向と同じような動きを示していたのは、決して偶然ではないことになる。

　また、保有する株式から新日鉄に支払われる配当金は、新日鉄の連結PL上に受取配当金として計上される。受取配当金については、期末配当の支払いは翌期に行われるなど、時間的なラグが生じる。このことから、景気が悪化した2009年3月期も新日鉄の受取配当金は微増の状況だ。受取配当金のICRへの影響度は決して大きくはなかったが、それでも2007年3月期から2009年3月期は受取配当金によってすべての支払利息を賄えるだけの規模にあったのは事実である。

　新日鉄に限らず国内企業の受取配当金は今後しばらく減少するが、ここ数年同業他社との株式の持ち合いを進めてきた新日鉄には、その影響は大きいものとなる。特に新日鉄の場合は、自らの事業が稼ぎだす営業利益と、受取配当金、さらに持分法投資利益の3つの連動性が、上昇時も下降時も非常に高いのが特性と言うことができる。

## (4) 支払利息への分解

　新日鉄の2008年度中期連結経営計画（2005年12月14日発表）の中で、有利子負債に関しては、2008年度末に残高1兆円以下、DEレシオ0.5倍以下にそれぞれすることを掲げていた。しかし現実には、図表11-13から分かるように、中計初年度の2006年度（2007年3月期）より有利子負債は増加を始めている。ここまでの分析から、原材料価格高騰による運転資金としての有利子負債と、敵対的買収脅威への意味合いも強い同業他社との持ち合い株の進展の2つが大きな背景にある。

　図表11-13の各年度と前年度の有利子負債を足して2で割った金額で、各年度の支払利息を割ることにより、各年度の平均金利が計算できる。ほぼ1.3～1.5％程度と算出されるので、支払金利自体の変動はこの間、ほとんどなかったと仮定して良いだろう。新日鉄は格付投資情報センター（R&I）から「AA-」、ムーディーズジャパンから「A1」など、高い長期格付を取得しているため、金利水準も非常に低い。金利水準の変動はほとんどない中での支払利息の減少は、有利子負債の減少によるものに他ならない。

　2006年3月期までは業績改善から順調に有利子負債の金額が減少している

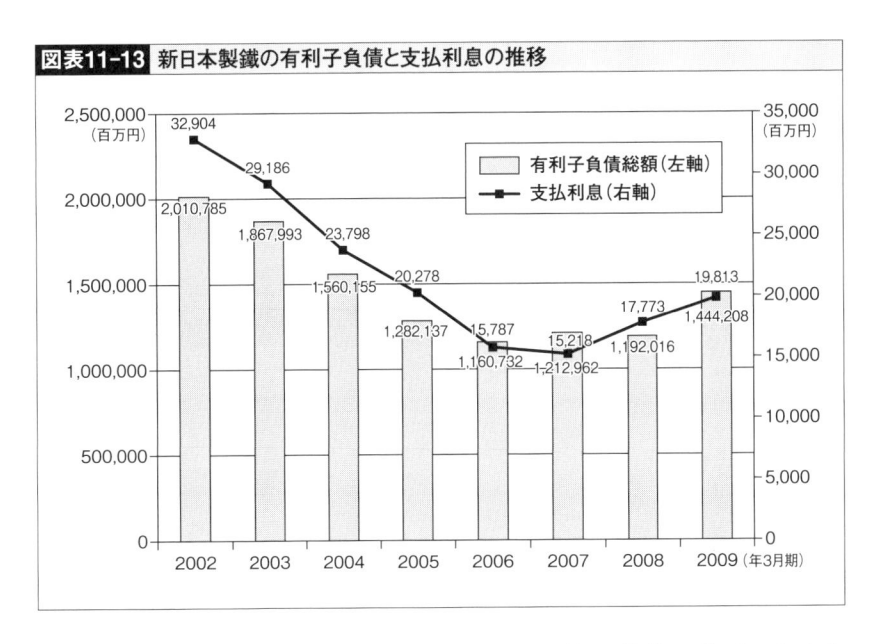

## 図表11-13 新日本製鐵の有利子負債と支払利息の推移

| 年3月期 | 有利子負債総額（百万円） | 支払利息（百万円） |
|---|---|---|
| 2002 | 2,010,785 | 32,904 |
| 2003 | 1,867,993 | 29,186 |
| 2004 | 1,560,155 | 23,798 |
| 2005 | 1,282,137 | 20,278 |
| 2006 | 1,160,732 | 15,787 |
| 2007 | 1,212,962 | 15,218 |
| 2008 | 1,192,016 | 17,773 |
| 2009 | 1,444,208 | 19,813 |

が、2007年3月期と2008年3月期は1兆2,000億円前後で横ばいとなり、2009年3月期は一気に1兆4,000億円まで上昇していることが分かる。2007年3月期は業績好調であったので、そのままであれば有利子負債は前年度同様に減っていたはずだ。しかし同年度に新日鉄は、製鉄会社同士の持ち合い株取得などを中心として、1,781億円を投資有価証券の取得に使っている。また、原材料高騰による購買コスト上昇や、自社株買いを1,000億円相当行ったこともあって、有利子負債は若干増加する結果となった。2008年3月期も継続して1,828億円の投資有価証券の取得が行われたことが、5,455億円の営業利益を稼ぎながらも有利子負債が微減にとどまった背景としてある。

2009年3月期の有利子負債2,500億円超の純増は、業績の急速な悪化によるものだ。新日鉄の決算説明会資料によると、棚卸資産や仕入債務といった運転資金のバランスによって、2,700億円の資金繰りの悪化が生じたとある。これとほぼ同額の資金調達を、有利子負債によって行ったことになる。

2008年度下半期以降の景気低迷を受けて急速に減産を進めており、また鉄鉱石などの原材料価格が下がっていることから、運転資金のバランスは徐々に

改善されるだろう。しかし肝心の売上サイドの低迷が続くようであれば、利益からのキャッシュ収入の減速は避けられない。この場合、足りない資金はさらに有利子負債による調達を行う可能性も高まり、新日鉄の有利子負債のさらなる上昇と、ICRの分母の支払利息からの一段の悪化も、当面は想定しておく必要がある。

### 3…新日本製鐵の経営戦略と会計指標

ICRを分子と分母に分解するプロセスを通じて、新日鉄の過去8年度における経営環境を概観してきた。ここまでの結論から、新日鉄の経営環境とICRの推移は、大きく3つのステージに分けることができる。

① （～2006年3月期）好景気を受けた世界的鉄鋼市場の急拡大。増収増益と有利子負債返済によって、ICRは上昇
② （2006～2008年3月期）好景気の副産物とも言えるが、買収攻勢で頭角を現したアルセロール・ミッタルからの敵対的買収の脅威に備えて、同業他社との持ち合い株を推進。鉄鉱石価格の高騰による利益成長率鈍化と、運転資金への負の影響もあって、業績良好ながら有利子負債は横ばいの推移を示し、ICRは横ばいから減少へと転換
③ （2009年3月期～）世界的金融危機による急速な減収減益と運転資金の悪化によって、有利子負債は大幅に増大。分子の急減と分母の急増で、ICRは大きく減少

新日鉄の考察を通して、自動車、建設、造船など最終需要家の景気動向の影響を非常に受けやすいのが鉄鋼会社であることを見てきた。設備の規模も大きいため、好景気に行った大型設備投資の意思決定が完了する頃には、すでに不景気がやってきているとも限らない。中国市場を中心とする世界需要の増加に備えて設備容量を維持しながらも、不況時には柔軟に設備稼働を調整できる備えが要求される。

幸いにしてここ数年の好景気の時代に、新日鉄をはじめ鉄鋼大手各社は有利

子負債の削減を積極的に進めてきた。確かに新日鉄の有利子負債は2009年3月期に1兆4,000億円程度まで増加したが、それでも2002年3月期の2兆円に比べれば7割程度の規模である。ICRも2002年の2倍台という数値と比べれば、18.6倍という水準は未だ優良企業と呼べる位置にある。

今後、景気低迷が長期化すればICRがさらに下がることは避けられない。しかし新日鉄は2007年3月期に、金融機関を引受先として3,000億円の優先出資証券（純資産の中の少数株主持分に算入されている）による増資を成功させていることもあり、以前の水準にまで有利子負債が拡大することは考えにくい。

ただし、2009年3月期の決算がそうであったように、持ち合い株を進めた結果、株価の変動が新日鉄の利益に与える影響度が高くなったのは紛れもない事実だ。しかも、一般に持ち合い株と言われる販売先や金融機関と異なり、その多くが同業他社である。よって、新日鉄自身の業績との連動性が非常に高く、新日鉄の営業利益が良いときは、受取配当金や持分法投資利益といった営業外収益も増大するが、新日鉄の営業利益が低迷するときは、営業外収益が急減する。関連会社の多くが赤字に陥る事態となれば、最悪の場合、営業黒字でも経常赤字となりかねない。

持ち合い株の推進は、鉄鋼市場の成長が大前提にあった。そのストーリーが一時的とはいえ崩れた2009年現在、持ち合い株を進めた企業との事業提携、資本関係は今後どのように進んでいくのだろうか。関連会社は子会社化、純投資は関連会社化などが想定される次のステップだが、市場が低迷してからのそうした動きでは、グループ強化を進めてもメリットは少ないように思えてくる。

急速な景気環境の変化で今は足元の在庫や設備稼働を最適に回しながら、有利子負債の水準を見きわめることが優先だが、市場が落ち着きを取り戻したときは次のステップのチャンスでもある。幸いなことに、世界的金融危機による不況によって最も打撃を受けたのはアルセロール・ミッタルである。しばらくは敵対的な動きなどは取れないのが実態だ。しかし、この危機を乗り越えることがあれば、今度はこうした危機でも乗り越えることができるだけの、市場規模や技術力獲得のために、敵対的な動きを加速してくるとも限らない。

次ページの図表11-14に示したように、鉄鋼メーカーの世界上位10社の粗鋼生産量合計（376百万トン）は、世界市場（1,326百万トン）の3割に満た

ない。一方、主な原料となる鉄鉱石は、3社で世界シェアの7割を握るという寡占状態だ。上位の中でさらに経営統合を目指すような動きも見られている。

　こうした川上の鉄鉱石と川下の鉄鋼メーカーの間の市場シェアの違いによって、鉄鋼メーカー側は需給ひっ迫時における価格交渉力の弱さが露呈する。この対策として自ら川上の資源開発へと踏み込み、資源権益への投資を行うこともすでに実施している。しかし、当然ながらその規模は、資源メジャー3社の比較になるレベルにはない。よって、もう1つの選択肢は、自らの業界での経営統合を目指すこととなる。

　世界的金融危機による株価暴落によって、確かに新日鉄が保有する資産価値としての株価は下落した。しかし、ここまで進めてきた事業提携の関係に何ら支障が生じたわけではない。これまでに進めた出資を伴う事業提携によって、新日鉄が業界再編に向けて絶好のポジションにあることは間違いない。下落したといっても、優良な水準にある新日鉄のICRは、同社の収益面と財務面の競争優位性を物語っている。次の一手に注目したい。

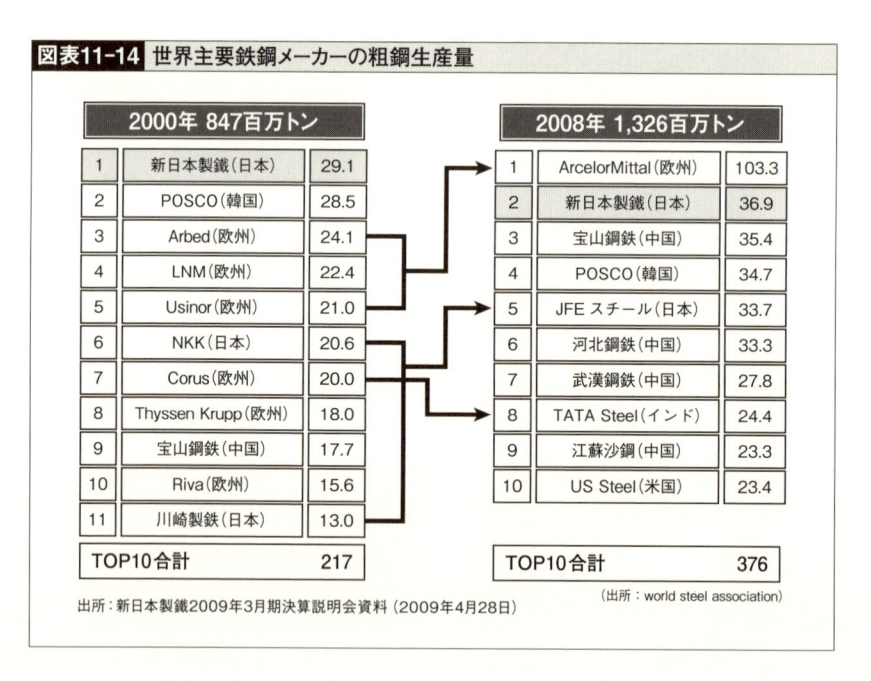

**図表11-14　世界主要鉄鋼メーカーの粗鋼生産量**

2000年 847百万トン

| | | |
|---|---|---|
| 1 | 新日本製鐵（日本） | 29.1 |
| 2 | POSCO（韓国） | 28.5 |
| 3 | Arbed（欧州） | 24.1 |
| 4 | LNM（欧州） | 22.4 |
| 5 | Usinor（欧州） | 21.0 |
| 6 | NKK（日本） | 20.6 |
| 7 | Corus（欧州） | 20.0 |
| 8 | Thyssen Krupp（欧州） | 18.0 |
| 9 | 宝山鋼鉄（中国） | 17.7 |
| 10 | Riva（欧州） | 15.6 |
| 11 | 川崎製鉄（日本） | 13.0 |
| TOP10合計 | | 217 |

2008年 1,326百万トン

| | | |
|---|---|---|
| 1 | ArcelorMittal（欧州） | 103.3 |
| 2 | 新日本製鐵（日本） | 36.9 |
| 3 | 宝山鋼鉄（中国） | 35.4 |
| 4 | POSCO（韓国） | 34.7 |
| 5 | JFEスチール（日本） | 33.7 |
| 6 | 河北鋼鉄（中国） | 33.3 |
| 7 | 武漢鋼鉄（中国） | 27.8 |
| 8 | TATA Steel（インド） | 24.4 |
| 9 | 江蘇沙鋼（中国） | 23.3 |
| 10 | US Steel（米国） | 23.4 |
| TOP10合計 | | 376 |

出所：新日本製鐵2009年3月期決算説明会資料（2009年4月28日）
（出所：world steel association）

## 3 ● アサヒビールの経営分析
【11】インタレスト・カバレッジ・レシオ

アサヒビールの2008年12月期のICRは、下記のように18.5倍の高い水準にある。これは経営の安定性が高く、有利子負債が比較的少ない食品業界のICR平均値12.0倍と比較しても、6.5倍上回る水準である。

ICR ＝ （営業利益＋受取利息＋受取配当金）÷ 支払利息
　　 ＝ （94,520百万円 ＋ 312百万円 ＋ 1,485百万円）÷ 5,193百万円
　　 ＝ 18.5倍

第10章のDEレシオで考察したように、アサヒの有利子負債は決して低い水準にはない。しかし、第9章の固定長期適合率の考察によって、短期借入金を優先して金利水準の低減に結び付けていることを見た。また、第1章の売上高総利益率、第2章の売上高販管費率と営業利益率の考察から、食品業界の中では突出して高い利益水準を誇ることを見た。

これらの事実から、アサヒの高いICRを牽引しているのは、分母の支払利息ではなく、分子の営業利益であると言えるだろう。もちろん、有利子負債の調達によって設備投資やM&Aを拡大することで、営業利益が伸長していることは忘れてはならない。巨額ではないが受取利息と受取配当金も分子に貢献した結果、ICR18.5倍と非常に高い水準を達成している。

### QUIZ[11]

図表11-1より、陸運業界のICRは21.2倍と高い水準にあることが分かります。業界最大手の1社であるヤマトホールディングスの2009年3月期の同比率は、59.2倍と業界を大きく上回っています。一方、業界最大手のもう1社である日本通運の同期同比率は、9.1倍と業界平均を大きく下回っています。

同じ業界大手の2社でありながら、なぜICRに大きな差が見られるので

しょうか。ICRの時系列での分析を通して、両社の経営戦略、強み、弱み、今後の経営課題を考察してください。

第12章

# フリー・キャッシュフロー成長率

## 企業価値を高めるための源となるCF指標

フリー・キャッシュフロー(FCF)はCF計算書上の営業CFと投資CFの和によって計算されるもので、本業の活動から生み出す使途自由なキャッシュフローを意味する。その成長率は企業価値の成長そのものに結び付く。FCFは営業CFと投資CFに分解して考察する。日本におけるネット広告市場No.1のヤフーが生み出すFCF成長率とその使い道を読む。

# 1 ● フリー・キャッシュフロー成長率の読み方

## 1…FCF成長率の算出方法

フリー・キャッシュフロー（以下FCF）は、序章で紹介したキャッシュフロー計算書における、最初の2つのキャッシュフローの和に相当する。すなわち、営業キャッシュフローと投資キャッシュフローを合計して計算される。

フリー・キャッシュフロー（FCF）
＝営業キャッシュフロー（CF）＋投資キャッシュフロー（CF）

本章では、このFCFの毎年の成長率を考察していきたい。

$$FCF成長率（\%）＝\frac{（今年度のFCF － 前年度のFCF）}{前年度のFCF}$$

営業CFは仕入や製造、販売といった、本業の活動に関わるキャッシュの流れだ。これに対して投資CFは設備投資やM&Aといった投資活動に関わるキャッシュの流れである。一般的に最もよく見られる姿は、営業CFはプラスの数値、投資CFはマイナスの数値となり、両者の和であるFCFが正味でプラスになるというものだ。

FCFは、本業で稼ぎだした営業CFから、将来のために投資した投資CFを差し引くことで、正味どれだけのキャッシュを創出したかを表すこととなる。FCFは配当や自社株買いといった株主への還元や、有利子負債の返済のための源泉となる。また、当面は手元に置いておくことで財務の健全性を維持したり、あるいは将来の大きな投資のための原資となったりしていく。どれもが企業経営における不可欠なキャッシュの使い道であることには変わりない。「フリー」なキャッシュフローと言われるゆえんは、このように使い道が自由であること

に由来する。

「キャッシュフロー重視の経営」が叫ばれて久しい。キャッシュフロー重視の経営が達成された1つの理想的な姿として、このFCFの持続的な成長の実現を挙げることができるだろう。

## 2…FCFが大きい企業上位30社の特性

序章でCF計算書について概観した際、PLやBSに比べると、キャッシュフローに関しては、何らかの会計指標を業界他社と比べるより、1つの企業を時系列で表すほうが有益であるとした。これは、設備投資やM&Aのタイミングは各社固有のものなので、キャッシュフローの動きは企業間でかなりばらつきが激しいという背景による。そこで、ここでは業界平均値ではなく、2008年度のFCFが大きな30社をとらえ、その特性について考察していく。

次ページの図表12-1を見れば明らかなように、2008年度にFCFが大きい企業上位30社は、特に何らかの法則があって並んでいるものではないことが感じられる。確かに、NTTやNTTドコモ、ソフトバンクといった通信や、JR東日本やJR東海といった鉄道など、2008年度の世界的不況下でも堅実な業績を残した企業のFCFは大きい。

しかし、2008年度は大手自動車3社で、唯一PL上の黒字を達成したのは本田技研工業だったが、本田の名前は上位30社に見られない。反対に大幅赤字に陥ったトヨタ自動車と日産自動車のFCFが、上位に位置付けられている。この背景の1つには、本田は2008年度も継続して在庫が増加したため、FCFはマイナスに陥っている。しかし、トヨタと日産は、業績が悪化したがゆえに早めの在庫調整を行ったので、在庫へのキャッシュの投下が限定的となり、FCFはプラスに終わっている。規模の大きい2社なので、少しでも黒字のキャッシュフローになれば、それは大きな金額となって表れ、上位にランクされてくるというわけだ。

このように、業績悪化から在庫や設備への投資を抑えれば、一時的に資金繰りは改善する、すなわちFCFは黒字に終わるということも十分起こりうる。こうした個々の企業の活動が如実に表れるのがCF計算書だ。よって図表12-1

**図表12-1** FCFの大きな国内企業上位30社

(百万円)

| | 企業名 | 2008年度 | | | 2007年度 | | | FCF 成長率 |
|---|---|---|---|---|---|---|---|---|
| | | FCF | 営業CF | 投資CF | FCF | 営業CF | 投資CF | |
| 1 | 日産自動車 | 317,142 | 890,726 | △573,584 | 474,661 | 1,342,284 | △867,623 | △33.2% |
| 2 | 三井物産 | 291,774 | 582,666 | △290,892 | 311,013 | 415,791 | △104,778 | △6.2% |
| 3 | トヨタ自動車 | 246,685 | 1,476,905 | △1,230,220 | △893,262 | 2,981,624 | △3,874,886 | n/a |
| 4 | ＮＴＴ | 244,442 | 2,514,100 | △2,269,658 | 1,100,150 | 3,090,792 | △1,990,642 | △77.8% |
| 5 | ＪＴ | 210,263 | 275,271 | △65,008 | △1,523,604 | 145,030 | △1,668,634 | n/a |
| 6 | 東日本旅客鉄道 | 187,564 | 584,359 | △396,795 | 74,811 | 475,600 | △400,789 | 150.7% |
| 7 | ソフトバンク | 181,562 | 447,857 | △266,295 | △164,204 | 158,257 | △322,461 | n/a |
| 8 | 新日鉱ホールディングス | 181,293 | 275,068 | △93,775 | △57,561 | 56,830 | △114,391 | n/a |
| 9 | セブン＆アイ・ホールディングス | 170,439 | 310,007 | △139,568 | 228,196 | 465,380 | △237,184 | △25.3% |
| 10 | アステラス製薬 | 168,804 | 197,791 | △28,987 | 178,514 | 186,930 | △8,416 | △5.4% |
| 11 | 東海旅客鉄道 | 167,086 | 459,597 | △292,511 | 234,322 | 500,864 | △266,542 | △28.7% |
| 12 | 出光興産 | 149,204 | 235,340 | △86,136 | △18,514 | 59,934 | △78,448 | n/a |
| 13 | キヤノン | 144,204 | 616,684 | △472,480 | 406,784 | 839,269 | △432,485 | △64.6% |
| 14 | 中部電力 | 143,746 | 358,880 | △215,134 | 199,217 | 471,958 | △272,741 | △27.8% |
| 15 | ＮＴＴドコモ | 142,694 | 1,173,677 | △1,030,983 | 801,291 | 1,560,140 | △758,849 | △82.2% |
| 16 | 東燃ゼネラル石油 | 138,623 | 145,092 | △6,469 | △12,797 | 6,682 | △19,479 | n/a |
| 17 | 新日本石油 | 116,561 | 441,202 | △324,641 | △96,493 | 103,216 | △199,709 | n/a |
| 18 | 任天堂 | 113,437 | 287,800 | △174,363 | 565,584 | 332,378 | 233,206 | △79.9% |
| 19 | 住友金属鉱山 | 99,614 | 128,000 | △28,386 | 30,970 | 157,383 | △126,413 | 221.6% |
| 20 | 双日 | 86,531 | 103,729 | △17,198 | △33,316 | 35,407 | △68,723 | n/a |
| 21 | オリエンタルランド | 83,873 | 78,122 | 5,751 | △1,857 | 57,718 | △59,575 | n/a |
| 22 | 花王 | 78,441 | 121,597 | △43,156 | 127,933 | 180,322 | △52,389 | △38.7% |
| 23 | 沖電気工業 | 76,398 | 18,941 | 57,457 | 19,667 | 42,543 | △22,876 | 288.5% |
| 24 | ファナック | 70,279 | 97,636 | △27,357 | 113,079 | 137,892 | △24,813 | △37.8% |
| 25 | 豊田通商 | 68,933 | 123,760 | △54,827 | 68,010 | 104,727 | △36,717 | 1.4% |
| 26 | 大京 | 62,954 | 48,899 | 14,055 | △41,309 | △42,111 | 802 | n/a |
| 27 | ヤマトホールディングス | 61,368 | 84,462 | △23,094 | 4,856 | 116,895 | △112,039 | 1163.8% |
| 28 | 村田製作所 | 58,415 | 76,521 | △18,106 | 40,766 | 106,357 | △65,591 | 43.3% |
| 29 | 富士フイルムホールディングス | 56,725 | 209,506 | △152,781 | 38,395 | 298,110 | △259,715 | 47.7% |
| 30 | ＨＯＹＡ | 56,647 | 90,975 | △34,328 | 6,773 | 119,809 | △113,036 | 736.4% |

出所：ブルームバーグ社のデータをもとに著者作成

は、あくまで上位30社の順位という事実としてとらえる分には良いが、そこから何らかの有益なメッセージを導くことは実質的にはできないと考えてよいだろう。

また、あまり意味のない数値だが、2008年度のFCF上位30社の2007年度比の成長率も記載した。特に経営環境が大きく変化した2年度なので、多くの企業のFCFがマイナス方向に動いていることが分かる。この成長率についても、議論してもあまり意味のない数値であることは明らかだ。

こうした事実から、キャッシュフロー計算書は、同業他社と比較するよりも1つの企業を時系列で追ったほうが有益と解説している。その名がキャッシュのフローというように、キャッシュフローはPLやBSの勘定以上に個社ベースで時系列のフローを見ることで、意味のある分析を行うことが可能となる。

### 3…FCFを分解する

FCFは営業CFと投資CFの差額なので、この2つに分解して考えるのが王道だ。CFのプラス、マイナスの符号は、そのまま正味の入金が多かったのか、あるいは正味の支出が多かったのかを表している。その結果計算されるFCFのプラス、マイナスの符号は、以下の6つのパターンによって形成することが可能だ。それぞれに想定される経営環境と分析の着眼点について、簡単にまとめてみよう。

|   | 営業CF | 投資CF | FCF | 想定される経営環境と分析の着眼点（例） |
|---|---|---|---|---|
| ① | ＋ | ＋ | ＋ | 本業でCFをしっかりと稼ぎだす一方、固定資産（有形、無形）や投資有価証券などの売却収入もあったため、潤沢なFCFを創出した。このFCFが今後どこに向かうのかに注視したい |
| ② | ＋ | △ | ＋ | 本業でCFをしっかりと稼ぎだし、その範囲内で企業活動に必要な固定資産や投資有価証券への投資を行ったため、正味のFCFはプラスで確保。もっともオーソドックスなFCFの構造 |

| | 営業CF | 投資CF | FCF | 想定される経営環境と分析の着眼点（例） |
|---|---|---|---|---|
| ③ | + | △ | △ | 本業でCFをしっかりと稼ぎだす一方、固定資産や投資有価証券などへの何らかの大きな投資が行われたため、正味のFCFがマイナスとなっている。FCFをマイナスにしてしまうほどの投資の中身は一体何だろうか。巨額な投資が適正なものであれば、将来のさらなる成長への期待を抱かせる |
| ④ | △ | + | + | 本業ではCFを失っているものの、固定資産や投資有価証券などの何らかの大きな売却収入があったため、正味のFCFはプラスとなっている。今後の営業CFが早期にプラスに転じるのかと、売却された物件の妥当性（中身、売却価額など）を評価したい |
| ⑤ | △ | + | △ | 本業ではCFを失っている。固定資産や投資有価証券など何らかの売却収入はあったものの、それだけでは賄い切れずに、正味のFCFはマイナスとなっている。今後の営業CFが早期にプラスに転じるのかと、売却された物件の妥当性を評価したい |
| ⑥ | △ | △ | △ | 本業ではCFを失っている一方、固定資産や投資有価証券などへの継続的な投資は行われており、FCFはマイナスとなっている。そのための原資となるキャッシュが一体どこから（手元現預金、株主、金融債権者など）もたらされているのかを確認したい。FCFの姿として長く続くには望ましくない姿なので、今後の営業CFが早期にプラスに転じるかどうかを評価したい |

FCFの考察の際には、FCFの符号とその構成要素となる営業CFと投資CFの符号を、まずは上記の6つのパターンにあてはめることから始めてみよう。そして、その背景となる経営環境について、上記の「分析の着眼点」を参考にしながら1つ1つ掘り下げていってほしい。

●FCFを分解するステップ
（1）営業CFへの分解（税引前純利益、減価償却費、運転資金、法人税支払額など）
　　　⇩
（2）投資CFへの分解（投資有価証券、有形固定資産、無形固定資産、M&Aなど）

## 2●ケーススタディ──ヤフー
ネット広告市場No.1企業が生み出すFCF成長率とその使い道

### 1…ヤフーにおけるFCFの推移

図表12-2は、日本最大のポータルサイト「Yahoo! JAPAN」を運営するヤフーのFCFと、その構成要素となる営業CF、投資CFの推移を描いたものだ。

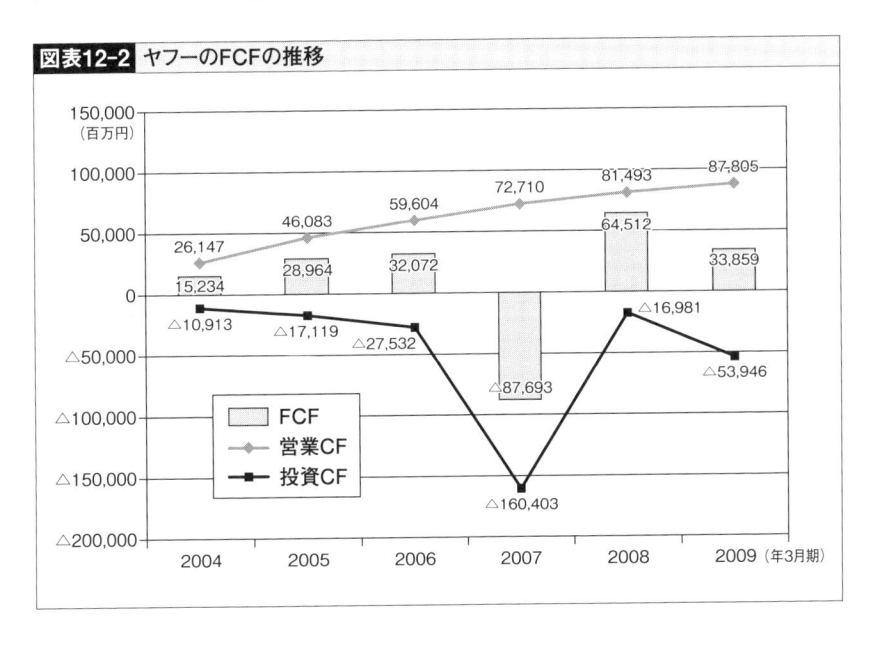

**図表12-2　ヤフーのFCFの推移**

| 年3月期 | 2004 | 2005 | 2006 | 2007 | 2008 | 2009 |
|---|---|---|---|---|---|---|
| 営業CF | 26,147 | 46,083 | 59,604 | 72,710 | 81,493 | 87,805 |
| FCF | 15,234 | 28,964 | 32,072 | △87,693 | 64,512 | 33,859 |
| 投資CF | △10,913 | △17,119 | △27,532 | △160,403 | △16,981 | △53,946 |

（単位：百万円）

ヤフーが東証一部に上場したのは2004年3月期なので、それ以降の6年度を時系列で追っている。

ヤフーのFCFはおおむね右肩上がりで推移している。しかし、投資CFがマイナス方向に拡大した2007年3月期と2009年3月期は、前年度に比較してFCFが減少している。特に2007年3月期は、本業で稼ぎだした営業CF以上の投資CFへの資金投下が大きいため、FCFはマイナスに陥っている。

2009年3月期で、実はヤフーはサービス開始以来の12期連続での増収増益を達成している。つまり、PL上の売上・利益は継続して上昇している下で、FCFは上下に振れているわけだ。このように、FCFはPL上の売上高や営業利益と比較すると、各社固有の大型投資の発生のタイミングなどによって、経年でぶれやすい傾向がある。このことから、年度ごとの成長率を計算する場合などには、特殊要因に十分注意することが必要だ。場合によっては、特殊要因を除いてFCF成長率を計算するのも一案だ。よって、もう少しFCFの中身を見てから判断する必要があるため、この時点ではFCF成長率の計算は行わないこととしよう。

FCFに比べて、営業CFはきれいな右肩上がりの傾向にあることが分かる。2005年から2009年3月期までの5年度の営業CFの年平均成長率を計算すると、27.4%と算出される。本業のキャッシュ創出力が毎年30%近く成長しているというのだから、相当な優良企業であることは間違いない。

しかし、右肩上がりの傾きは徐々に緩やかになってきていることも感じられる。つまり成長率は鈍化しているということだ。2005年3月期からの5年度の対前年度比の営業CF成長率を計算すると、「76.2%（2005年3月期）⇨29.3%⇨22.0%⇨12.1%⇨7.7%（2009年3月期）」となっている。企業規模が大きくなってきているので仕方ないことではあるが、本業のキャッシュ創出力の成長性は徐々に鈍化してきていることが確認できる。

## 2…ヤフーのFCFを分解する

前節で解説したFCFの符号の6つのパターンと比較すると、FCFが大きくマイナスになった2007年3月期を除いて、すべて②の最もオーソドックスな

パターンに当てはめることができる。すなわち、本業でCFをしっかりと稼ぎだすため、営業CFはプラス。その金額の範囲内で将来に向けた投資が行われるので、投資CFはマイナス。結果として潤沢なFCFをプラスで創出するという姿だ。

2007年3月期は、営業CFが継続して右肩上がりだったものの、投資CFのマイナス金額が大きかったため、FCF全体も大幅なマイナス金額となっている。つまり、③のパターンだ。何らかの大きな投資が行われたことが想定できる。それではここから、FCFの2つの構成要素となる、営業CFと投資CFへの分解、さらに各CFでの中身への分解を行うこととしよう。

## (1) 営業キャッシュフローへの分解

営業CFは継続的な成長を遂げていることと、その成長率は鈍化していることが、ここまでで読み取れた。直近の2年度のCF計算書から、実際のその中身を見てみよう（次ページの図表12-3）。

営業CFは間接法を用いて記述される。間接法とは、損益計算書上の税引前純利益からスタートして、キャッシュと利益がずれているところを調整しながら、キャッシュフローを導くという形式だ。たとえばPL上では減価償却費が差し引かれるが、実際のキャッシュは何ら流出していない。よって、税引前純利益に減価償却費を足し戻すことで、キャッシュフローに一歩近づくことになる。

その他、一般に比較的大きい調整項目には、売上債権、棚卸資産、仕入債務などの運転資金が挙げられる。たとえば、PL上でいくら売上や利益が計上されても、実際のキャッシュが回収されていなければ、その分だけ利益よりもキャッシュは少ないこととなる。よって、売上債権が前年度から増加した分だけ、税引前純利益より差し引くことでキャッシュフローに近づいていく。

ヤフーの2年度の営業CFを見ると、先頭の税引前純利益が唯一1,000億円台の規模にあり、圧倒的に大きい数値であることが分かる。次は数百億円台の金額を示す減価償却費と法人税等の支払額だ。これら大きな3つのキャッシュフローを合計すると、営業CFの数値にほぼ近い値が得られる。

これら3つ以外には、すべて数十億円台以下の数値となっており、全体から

**図表12-3** ヤフーの営業キャッシュフロー（2008年、2009年3月期）

(百万円)

| | 2008年3月期 | 2009年3月期 |
|---|---:|---:|
| 営業活動によるキャッシュフロー | | |
| 　税金等調整前当期純利益 | 113,989 | 126,375 |
| 　減価償却費 | 10,179 | 11,516 |
| 　のれん償却額 | 3,432 | 1,153 |
| 　貸倒引当金の増減額（△は減少） | △209 | △601 |
| 　ポイント引当金の増減額（△は減少） | 367 | 475 |
| 　役員賞与引当金の増減額（△は減少） | △4 | 1 |
| 　固定資産除却損 | 291 | 1,151 |
| 　移転費用 | 358 | 657 |
| 　投資有価証券評価損益（△は益） | 4,144 | 4,267 |
| 　投資有価証券売却損益（△は益） | 16 | △1,149 |
| 　持分法による投資損益（△は益） | 3,059 | 1,064 |
| 　持分変動損益（△は益） | 118 | △76 |
| 　受取利息及び受取配当金 | △359 | △310 |
| 　支払利息 | 624 | 462 |
| 　たな卸資産の増減額（△は増加） | △66 | 30 |
| 　売上債権の増減額（△は増加） | △3,894 | 5,348 |
| 　仕入債務の増減額（△は減少） | 5,583 | △1,292 |
| 　その他の流動資産の増減額（△は増加） | △4,192 | △4,187 |
| 　その他の流動負債の増減額（△は減少） | △2,446 | △1,198 |
| 　未払消費税等の増減額（△は減少） | 2,227 | △734 |
| 　その他 | △586 | 222 |
| 　小計 | 132,632 | 143,176 |
| 　法人税等の支払額 | △51,139 | △55,371 |
| 営業活動によるキャッシュフロー | 81,493 | 87,805 |

出所：ヤフー2009年3月期有価証券報告書

すれば分析の優先順位は高くない。たとえば、製造業や小売業であれば重要な項目となる棚卸資産の推移だが、在庫商売ではないヤフーの棚卸資産の動きは、非常に限定的だ。よって、ここではこの3つ（税引前純利益、減価償却費、法人税等支払額）の推移について考察を図ることとしよう。

営業CF＝税引前純利益＋減価償却費－法人税等支払額≒実際の営業CF
2008年3月期＝113,989＋10,179－51,139＝73,029≒81,493百万円
2009年3月期＝126,375＋11,516－55,371＝82,520≒87,805百万円

営業CFの源泉は、潤沢なPL上の利益である。最初に利益の内訳を調べるた

### 図表12-4　ヤフーの事業セグメント情報（2009年3月期）

(百万円)

| | 広告事業 | ビジネスサービス事業 | パーソナルサービス事業 | 計 | 消去または全社 | 連結 |
|---|---|---|---|---|---|---|
| 売上高および営業損益 | | | | | | |
| 売上高 | | | | | | |
| (1)外部顧客に対する売上高 | 138,887 | 54,207 | 72,659 | 265,754 | — | 265,754 |
| (2)セグメント間の内部売上高または振替高 | 0 | 347 | 11 | 360 | (360) | — |
| 計 | 138,888 | 54,554 | 72,671 | 266,114 | (360) | 265,754 |
| 営業費用 | 65,425 | 33,778 | 19,946 | 119,150 | 11,985 | 131,135 |
| 営業利益 | 73,462 | 20,776 | 52,724 | 146,963 | (12,345) | 134,618 |
| 売上高構成比 | 52.2% | 20.5% | 27.3% | 100.0% | | |
| 営業利益構成比 | 50.0% | 14.1% | 35.9% | 100.0% | | |

| 事業区分 | 主要サービス |
|---|---|
| 広告事業 | インターネット広告による売上、またはそれに付随する売上。<br>・ディスプレイ広告（バナー、テキスト、メール、動画）、企画広告制作費<br>・成果連動広告（検索連動型広告、興味関心連動型広告、コンテンツ連動型広告、アフィリエイト広告）等 |
| ビジネスサービス事業 | 広告以外の法人向けビジネスによる売上。<br>・「Yahoo!リクナビ」「Yahoo!不動産」「Yahoo!自動車」等の情報掲載料<br>・「Yahoo!オークション」「Yahoo!ショッピング」のテナント料・手数料<br>・「Yahoo! BB」新規獲得インセンティブ・継続インセンティブ<br>・「Yahoo!リサーチ」「Yahoo!ビジネスエクスプレス」「Yahoo!ウェブホスティング」等の売上 |
| パーソナルサービス事業 | 個人向けビジネスによる売上。<br>・「Yahoo!オークション」のシステム利用料<br>・「Yahoo!プレミアム」の売上<br>・「Yahoo! BB」のISP料金、コンテンツ料金等 |

出所：ヤフー2009年3月期有価証券報告書

め、ヤフーの事業セグメント情報を見る。

　図表12-4の事業セグメント上に連結営業利益は1,346億円と記されている。CF計算書は税引前純利益からスタートするが、ヤフーの場合には税引前純利益と営業利益に大きな差は見られない。すなわち、営業外収支や特別損益の動きが大きくはない、あるいは相殺されているという仮説が立つ。

　営業外収支や特別損益の金額の中でも、金額的な影響が特に大きいのは、一般に特別損失の動向だ。そして、有形固定資産や投資有価証券の評価損、除却損など、特別損失の多くは、キャッシュの流出を伴わない。これらは利益とキ

ャッシュがずれることを意味するので、営業CF上の調整勘定として表れる。しかし、図表12-3に示したヤフーの営業CFから明らかなように、この2年間において、ヤフーにはそれほど大きな特別損失は発生していない。よって、事業セグメント情報の営業利益の分析を、そのままCF計算書のスタートにある税引前純利益の分析としても、差し支えないだろう。

　ヤフーの連結営業利益のうち、ちょうど半分程度が広告事業からもたらされていることが分かる。半分程度というのは、読者によっては意外に少ないと感じる数値かもしれない。ヤフーには広告以外の事業からもたらされる、もう半分の利益が存在するということになる。

　残りの半分のうちの7割程度はパーソナルサービス事業（個人向けビジネス）、3割はビジネスサービス事業（広告以外の法人向けビジネス）となっている。しかし図表12-4を見れば明らかなように、これらの大部分が広告事業と同様に、ヤフーのポータル上で行われているサービスであることには違いない。ヤフーはあくまで「Yahoo! JAPAN」というポータルサイトを軸にした、インターネット上での総合サービスを営む企業である。

　図表12-5は、ヤフーの事業セグメント別の営業利益の推移を、過去4年間で示したものだ。4年間の年平均成長率は広告事業が25.4%なのに対して、ビジネスサービスとパーソナルサービスはともに11.5%となっている。特に景気の悪化を受けて、ビジネスサービス事業の2009年3月期は減益となっている。

　広告事業についても、業績悪化から企業が広告出稿を制限した影響を受けて、ヤフーの2008年度第4四半期は決して順風満帆ではなかった。営業CFの成長の源泉はPL上の利益、そして利益の中でも広告事業からの利益が、規模、成長力ともに最大であることは間違いない。今後のヤフーを占う上では、当面は景気動向に伴う広告事業からの営業利益の推移を、そして中長期的には、インターネット広告市場全体の成長の持続性へ注目することが必要だ。ヤフーは国内インターネット広告市場の約3割を占めるトップ企業だ。ネット広告市場自体の鈍化は、そのままヤフーの利益成長の鈍化を意味している。同時に広告事業以外からの利益動向の伸びも注目される。

　図表12-6に、営業CFの中でも比較的金額が大きな残りの2つとなる減価償却費と法人税等の支払額の推移を示した。業態を考えれば、工場や営業所など

**図表12-5** ヤフーの事業セグメント別営業利益の推移

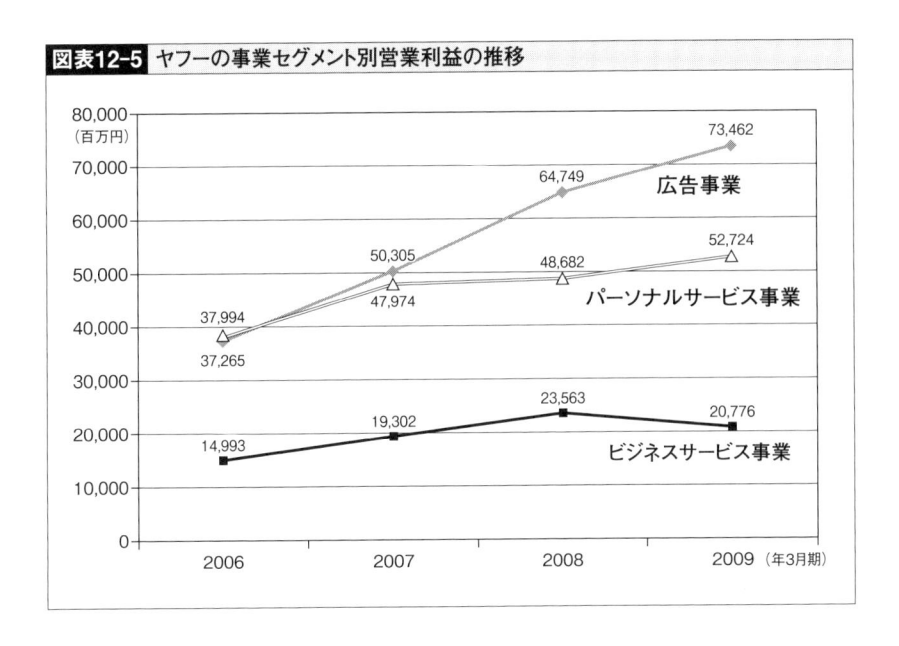

(百万円)

| 年3月期 | 2006 | 2007 | 2008 | 2009 |
|---|---|---|---|---|
| 広告事業 | 37,265 | 50,305 | 64,749 | 73,462 |
| パーソナルサービス事業 | 37,994 | 47,974 | 48,682 | 52,724 |
| ビジネスサービス事業 | 14,993 | 19,302 | 23,563 | 20,776 |

**図表12-6** ヤフーの減価償却費と法人税等の支払額の推移

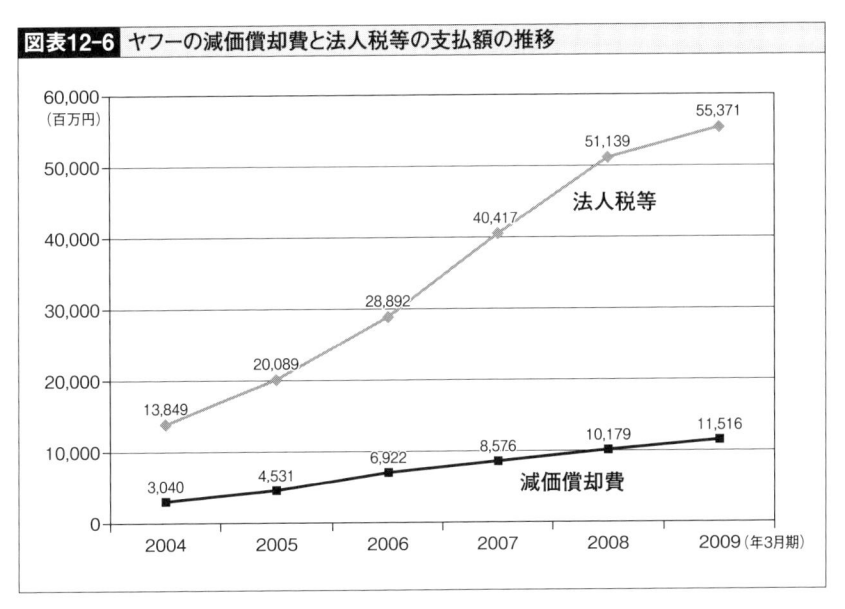

(百万円)

| 年3月期 | 2004 | 2005 | 2006 | 2007 | 2008 | 2009 |
|---|---|---|---|---|---|---|
| 法人税等 | 13,849 | 20,089 | 28,892 | 40,417 | 51,139 | 55,371 |
| 減価償却費 | 3,040 | 4,531 | 6,922 | 8,576 | 10,179 | 11,516 |

は一切抱えないので、減価償却費は少ないであろうことは想像に難くない。一方、12期連続の増益を続けている企業であれば、法人税の支払いも12期連続して増額していてもおかしくないこととなる。

　法人税を見る際に1つだけ気を付けたい点は、あくまでキャッシュ支払ベースによるものだということだ。すなわち年度決算が確定し、法人税を実際に支払うのは、すでに翌年度に入った時期となる。極端な話、営業CFのスタートにある税引前純利益が赤字でも、前年度が巨額の黒字であれば、その赤字以上の法人税等を支払う姿が現れることとなる。

　減価償却費についてはどうだろうか。有価証券報告書上から、ヤフーが保有する償却対象となる資産を確認しておこう。この際、単体ベースのほうが、固

**図表12-7　ヤフーの固定資産の概要（単体ベース）**

（2009年3月期末、百万円）

| 資産の種類 | 前期末残高 | 当期増加額 | 当期減少額 | 当期末残高 | 当期末減価償却累計額又は償却累計額 | 当期償却額 | 差引当期末残高 |
|---|---|---|---|---|---|---|---|
| 有形固定資産 | | | | | | | |
| 　建物 | 4,081 | 5,342 | 1,164 | 8,259 | 2,789 | 466 | 5,469 |
| 　構築物 | — | 304 | — | 304 | 32 | 0 | 271 |
| 　機械及び装置 | — | 7,166 | — | 7,166 | 2,484 | 3 | 4,682 |
| 　工具、器具及び備品 | 35,456 | 5,612 | 3,447 | 37,621 | 27,216 | 7,016 | 10,405 |
| 　土地 | — | 5,001 | — | 5,001 | — | — | 5,001 |
| 　建設仮勘定 | — | 2,114 | — | 2,114 | — | — | 2,114 |
| 有形固定資産計 | 39,537 | 25,541 | 4,611 | 60,467 | 32,522 | 7,486 | 27,945 |
| 無形固定資産 | | | | | | | |
| 　のれん | — | 1,078 | — | 1,078 | 224 | 224 | 853 |
| 　商標権 | 2 | — | — | 2 | 0 | 0 | 1 |
| 　特許権 | 6 | — | — | 6 | 1 | 0 | 4 |
| 　ソフトウエア | 13,647 | 5,757 | 1,472 | 17,932 | 7,327 | 3,043 | 10,605 |
| 　電話加入権 | 6 | 0 | — | 6 | — | — | 6 |
| 　その他 | 3 | 160 | — | 164 | 132 | 131 | 31 |
| 無形固定資産計 | 13,665 | 6,997 | 1,472 | 19,189 | 7,686 | 3,400 | 11,503 |
| 長期前払費用 | 100 | 281 | 85 | 296 | — | — | 296 |

注：当期増加額のうち主なものは次のとおり。建物：合併によるもの5,155百万円。機械及び装置：合併によるもの7,166百万円。工具、器具及び備品：サーバー・ストレージの購入2,099百万円、ネットワーク関連機器の購入241百万円、バックアップサーバー等の購入1,563百万円。土地：合併によるもの5,001百万円。ソフトウエア：合併によるもの1,785百万円
出所：ヤフー2009年3月期有価証券報告書

定資産に関してより詳しい情報が開示されるのが一般的だ。幸いにしてヤフーの2009年3月期の連結売上高は2,657億円、単体売上高は2,245億円なので、それほど変わらない。連単倍率は1.18倍だ。そこで、ここでは単体ベースの固定資産の概要を見ることにしよう。

　2009年3月期では、単体ベースの減価償却費合計108億円は、連結ベースの合計115億円の9割強を占めており、減価償却費についてもやはり単体＝連結の姿に近いことが確認できる。「有形：無形」の比率は「74億円：34億円」だ。有形固定資産の減価償却費の大部分は建物ではなく、工具器具備品である。2009年3月期も多額に投資しているサーバー、ストレージ、ネットワーク関連機器、パソコンなどが挙げられよう。無形固定資産は言うまでもなくソフトウェアが中心だ。

　これら固定資産は建物と比較しても償却年数が短いのが特徴なので、早め早めの償却が進行することも指摘できるだろう。

## (2)投資キャッシュフローへの分解

　図表12-2から投資CFは、2007年3月期と2009年3月期に大きくマイナス方向にぶれている以外は、100億円から300億円の間で比較的安定的な動きをしているのが特徴である。投資CFの中で継続して大きな勘定となっているのは、有形固定資産の取得、無形固定資産の取得、投資有価証券の取得、そして連結の範囲の変更を伴う子会社株式の取得の4つの支出だ。この4つのCFと投資CFの金額について、過去6年間の推移をグラフにしたのが次ページの図表12-8だ。

　グラフより、2007年3月期は投資有価証券の取得による支出が大きかったこと、2009年3月期は連結の範囲の変更を伴う子会社株式の取得による支出が大きかったことがそれぞれ読み取れる。つまり、2007年は経営の支配権を伴う株式取得ではないものの、金額的には巨額の投資有価証券の取得を行ったこと、そして2009年は2007年ほどの金額ではないものの、支配権を伴う買収を行ったことが、それぞれ想定されてくる。

　これらの2つの金額に比べると、有形固定資産と無形固定資産の取得に関わる投資は比較的小規模かつ安定的であることが分かる。これは、先ほどの営業

CFの中で減価償却費を考察した際に、保有する有形、無形の固定資産の規模が限定的であった事実と一致する。

2007年3月期の巨額の投資有価証券の取得による支出のうち1,200億円は、ヤフーの親会社であるソフトバンクがその子会社であるモバイルテックの子会社BBモバイルを通じてボーダフォン日本法人（現ソフトバンクモバイル）を買収するにあたり、BBモバイル宛に出資（優先株式の引受及び新株予約権の取得）を実施したものだ。前年度までのヤフーは実質的に無借金企業であったが、本出資に絡んで800億円の有利子負債も調達している。

その高い収益力と、在庫や設備投資などへの大きなキャッシュを必要としない事業特性から、ヤフーは2006年3月期末の段階で1,000億円近いキャッシュを保有していた。一方、親会社のソフトバンクは財務体質が必ずしも芳しい企業ではない。ヤフーによる携帯電話事業者への突然の出資表明は、ソフトバンクの強い意志が働いたものではないかと揶揄する向きもあった。

携帯電話事業者への初の出資が完了した2007年6月14日の「日本経済新聞」の記事で、記者の「創業以来初の借金をしての出資。ヤフーにとっての成果は

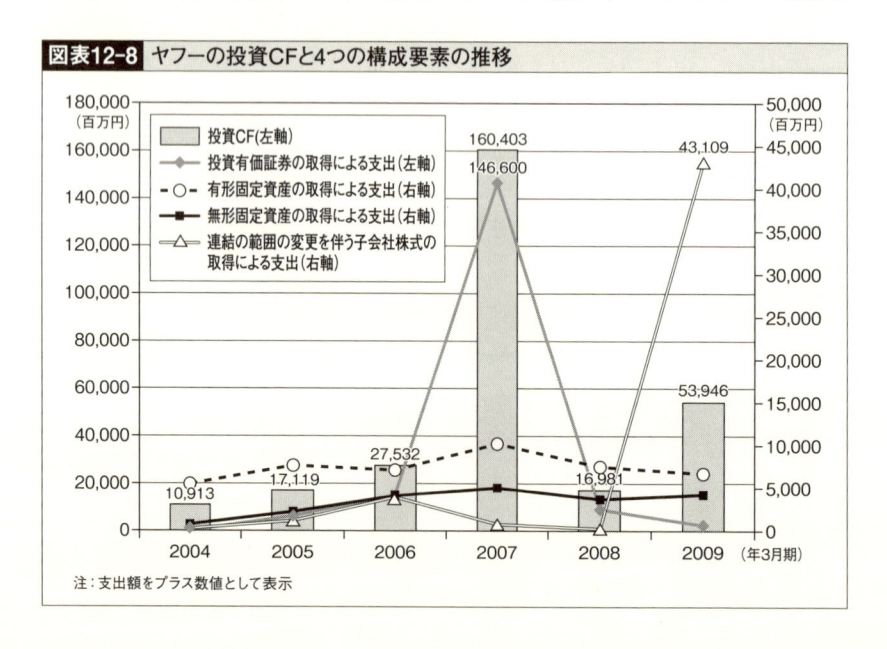

**図表12-8　ヤフーの投資CFと4つの構成要素の推移**

| 年3月期 | 投資CF | 投資有価証券の取得による支出 | 有形固定資産の取得による支出 | 無形固定資産の取得による支出 | 連結の範囲の変更を伴う子会社株式の取得による支出 |
|---|---|---|---|---|---|
| 2004 | 10,913 | | | | |
| 2005 | 17,119 | | | | |
| 2006 | 27,532 | | | | |
| 2007 | 146,600 | 160,403 | | | |
| 2008 | 16,981 | | | | |
| 2009 | 53,946 | | | | 43,109 |

注：支出額をプラス数値として表示

いつどういう形で出るのか」という質問に対して、ヤフーの井上雅博社長は「もう少し時間がかかる。ネット広告市場は約三千億円だが、携帯はまだ四百億円弱。携帯の普及台数からすれば広告市場はパソコンより携帯の方が大きくならないとおかしい。五年か十年か分からないが、携帯による電子商取引もパソコンより大きくなるだろう。その時にヤフーへの収益貢献も期待できる」と述べている。

それから2年が経った現在、インターネットと言えばPC上のみという価値観はすでになくなった。携帯電話でショッピングやオークションをしたり、ゲームや動画を楽しんだり、あるいはSNS（ソーシャル・ネットワーキング・サービス）やブログに興じることは、今や常識となった。PCで行うことで、携帯電話では行えないことを探すのが難しいのが現状だ。

もちろん、携帯電話向けの広告市場が伸びても、それをヤフーが収益に結び付けられるか否かはまったく別の話だ。ましてや、携帯電話大手事業者の1社に資本関係があることは、ビジネスの遂行上の優位性にこそなれ、決定的な競争優位性をもたらすものではない。

また、同年度にヤフーは、日本初のネット専業銀行のジャパンネット銀行へ258億円出資している。ヤフーのポータル上でユーザーが買い物を行えば、必ず決済が発生する。この決済を自社が出資する銀行で行うことで、顧客サービスの充実とともに、手数料の安定的な確保を狙ったものである。

2009年3月期のヤフーのM&Aもまた、市場に驚きをもたらした。これは、ソフトバンクの子会社でデータセンター事業を運営するソフトバンクIDCソリューションズ（現IDCフロンティア）を450億円で買収したものだ。その後ソフトバンクIDCはヤフーに吸収合併されており、2010年3月期からはヤフー単体の決算にも表れてくる。買収ではなく合併とした背景には、ソフトバンクIDCの多額の繰越欠損金を、ヤフー既存の事業からもたらされる今後の利益と相殺して、節税効果を得ることも挙げられる。ヤフーの2009年3月期の決算説明会資料によると、この節税効果が220億円に達するという。

このことから、今後のFCFにおいて、ヤフーの法人税等の支払額は減少することになる。2009年3月期にはキャッシュフロー・ベースで553億円の法人税等を支払っていたヤフーだ。単発的な要因とはいえ、220億円の節税効果

は、ヤフーにとっても非常に大きな金額であることは間違いない。同時に、単純計算をすれば、実質的に230億円（450億円－220億円）の対価によって、ソフトバンクIDCをM&Aしたと言えるだろう。

　ヤフーはそれまで自社でデータセンターを保有しておらず、他社でのサーバーの運用を行っていた。ソフトバンクIDCは国内9ヵ所にデータセンターを所有する、いわば装置産業だ。これまでは「持たざる経営」の代名詞のような企業だったヤフーが、データセンターという箱を所有してこれを賃借するという、言わば不動産事業に参入するようなイメージだ。

　やや唐突感を感じさせたこのM&Aもまた、ソフトバンクの資金繰りの側面支援のように揶揄する向きがあったのは事実だ。ソフトバンクが保有していた、2015年3月末に満期となる500億円のユーロ円建新株予約権付社債が、期限前の2009年3月に全額繰り上げ償還となった。これは、同社債の保有者が、世界的金融危機を受けて発行条件に定めてある繰り上げ償還の権利を行使したためだ。両者の金額がほぼ一致しているのは偶然の産物だろうが、タイミングが絶妙であった事実は否めない。

　ヤフーの2009年3月期決算説明会の資料では、本株式取得及び吸収合併の事業上の目的として以下の3つを挙げている。

- 需要の増加への対応、サービス増強のための体制・設備確保
- 関連コストの大幅削減、調達の効率化、サービス投入のスピードアップ、より計画的な事業遂行の実現
- SaaSをはじめとしたクラウドコンピューティング領域への積極的進出に向けた具体的な検討の進展

　このうち、最初の2つについては、データセンターを自ら保有しなければ実現しえないものなのか、今後の数値としての具体的な進捗が期待されるところだ。少なくとも1996年1月の操業以来、12期連続の増収増益の過程の中でも「持たざる経営」に特化してきたヤフーである。このタイミングで言わば装置産業を自社内に抱え込むことが、いかなるサービス増強やコストの大幅削減につながるかの具体的な進捗開示が待たれる。

一方、3つ目のクラウドコンピューティング領域への積極的進出については、まさに今このタイミングで刻々と進化する事象として注目が集まる。クラウドコンピューティングとは、ユーザーがインターネットを経由して様々なコンピュータ処理をサービスとして受け取ることができるというものだ。極端に言えば、ユーザーは最低限の接続環境のみを目の前に置くだけで良い。あとは接続されたネットの向こう側にあるハードウェアやソフトウェアにアクセスして、利用度などに応じてサービス料金を支払うというものだ。

　米国では、マイクロソフト、グーグル、セールスフォース・ドットコム、アマゾンなどがクラウドコンピューティングの有力なプレーヤーとして、その名を挙げられることが多い。現に米マイクロソフトは、多くのデータセンターを所有し、6～12ヵ月ごとに1つのデータセンターを増やしているという(『週刊東洋経済』2008年12月13日号、クレイグ・マンディ　マイクロソフト最高研究戦略責任者)。

　これまで、国内においてプラットフォームのオープン化を積極的に進め、多くの企業とのパートナーシップを図ってきたヤフーが、いよいよ日本発のクラウドコンピューティング事業者に向けて動き出したという象徴的な出来事だ。日本のネット市場を知り尽くした同社だからこそ、提供するクラウドサービスへの期待は大きい。ただし、上記に「具体的な検討の進展」とある通り、具現化にはまだかなり時間がかかりそうな印象も強い。その先鞭をつけるための投資額だとすれば、クラウドコンピューティング事業の成功の暁には、今般の買収を絶妙のタイミングでの投資だったと評価される日が来るだろう。

　最後に、ヤフーの投資CFから、比較的金額が大きく、かつ特異性の強い携帯電話事業者への出資1,200億円、ジャパンネット銀行への出資258億円、そしてデータセンター事業者買収のための支出450億円を除いた投資CFを考えてみる。これをグラフ化したものが次ページの図表12-9だ。

　上記の特殊要因を除くと、2007年3月期と2009年3月期の投資CFはそれぞれ146億円と89億円に圧縮される。2009年3月期はデータセンター事業者買収以外の投資CFは比較的小さかったことも影響しているが、5年間のFCFの年平均成長率は38.9％と計算され、そのままの数値を用いて計算した場合に得られる17.3％より、現実的な数値を得ることができた。

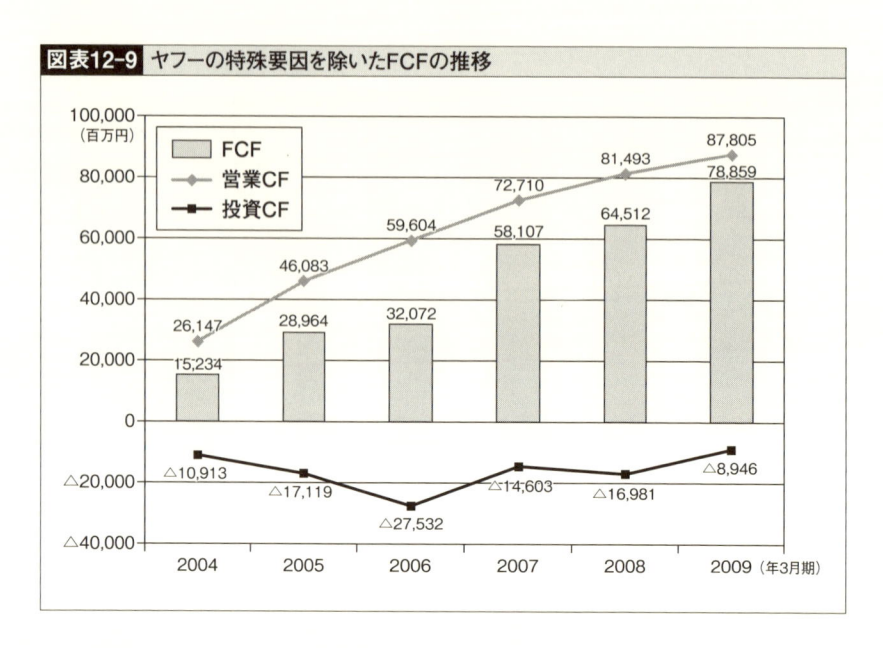

**図表12-9　ヤフーの特殊要因を除いたFCFの推移**

| 年（3月期） | 2004 | 2005 | 2006 | 2007 | 2008 | 2009 |
|---|---|---|---|---|---|---|
| FCF | 15,234 | 28,964 | 32,072 | 58,107 | 64,512 | 78,859 |
| 営業CF | 26,147 | 46,083 | 59,604 | 72,710 | 81,493 | 87,805 |
| 投資CF | △10,913 | △17,119 | △27,532 | △14,603 | △16,981 | △8,946 |

　またグラフから、大型特殊要因を除くと、ヤフーの投資CFのマイナス額は縮小傾向にあることが分かる。図表12-8からも読み取れるが、この間の有形固定資産、無形固定資産への投資額は、横ばいから若干の減少傾向にある。ヤフーが一定の企業規模に達したための投資の効率化の推進もあるだろうし、また景気低迷期に差し掛かって、投資を抑制した効果とすることもできるだろう。こうした堅実な努力こそが、FCFの着実な成長のベースにあることも、決して見過ごしてはならない。

## 3…ヤフーの経営戦略と会計指標

　図表12-10は、過去10年間のヤフーの株価の推移を示したものだ。2000年以降のネットバブル崩壊直後ほどではないものの、2006年初頭のピークからは、ヤフーの株価はおおむね下落基調にある。この間に行われた携帯電話事業者への出資も、クラウドコンピューティングに向けたデータセンター事業者の買収も、株式市場は特に肯定的にはとらえていない。この間は当然ながら、12

**図表12-10 ヤフーの過去10年間の株価の推移**

注：分割による調整値。2009年7月1日現在

期連続の増収、増益、そして実質的な増FCFの最中である。

　将来のFCFを、株主・金融債権者の要求リターンに相当する資本コスト（WACC）を用いて現在価値に割り引いた総和を、企業価値と呼ぶ。本書の目的からは多少外れるため、この企業価値の考え方については詳細に触れないこととする。興味のある読者は、拙著『企業価値を創造する会計指標入門』の序章、及び第6章のFCFを参照してほしい。

$$\sum \frac{FCF_n}{(1+WACC)^n} = \sum \frac{株主・金融債権者に属するFCF}{株主・金融債権者の要求リターンで割り引く}$$

$$= 株主・金融債権者にとっての価値$$

$$\Downarrow$$

$$企業価値$$

　企業価値は、株主と有利子負債債権者に帰属するものだ。よって、株価向上のための王道は、企業価値を向上させること、そしてその計算式の分子に乗る

FCFの成長は、企業価値向上のための重要な要素となる。

　ヤフーのFCFは継続的に上昇しているにもかかわらず、株価が下落を続けている理由は、FCFの成長率の鈍化に他ならない。あくまで企業価値の源泉は将来すべてのFCFの現在価値なので、成長率の鈍化は価値の下落に通じる。ただし2009年5月現在、ヤフーの株価は株価収益率（PER）で20倍程度あり、決して割安と言える水準ではない。

　景気の低迷が長く続けば、広告市場全体への打撃は計り知れない。テレビや新聞・雑誌に比較して未だ成長性が期待されるインターネット広告市場だが、2008年の金融危機に直面しては、ヤフーですら広告出稿数激減の打撃を受けた。そんな中で、ヤフーが得意とするPC上でのポータルから、携帯電話への市場のシフトもじわじわと起きつつあるのも事実である。

　そうした足もとの環境変化の中で、さらに10年先を見据えて、クラウドコンピューティングを提供する事業者になる可能性を、具体的な形でヤフーが示したのが2009年であった。幸いにして、ヤフーはネット広告市場での3割に達するシェアからもたらされる潤沢な営業CFと、在庫や設備などへの投資をあまり必要としないネットポータルという事業特性から、安定的なFCFは今後も見込みやすい。親会社のソフトバンク、およびそのグループ会社との連携も力強い。

　こうした環境変化の中にあって、ヤフーがどのような手綱さばきで広告市場の激動を乗り越えるのか、そのときにFCFにどのような変化が表れるのか、そして株式市場はそれをどう評価するのか。ヤフーの次の打ち手に注目したい。

# 3 ● アサヒビールの経営分析
### 【12】フリー・キャッシュフロー成長率

　右ページのグラフは、アサヒビールの連結CF計算書における営業CF、投資CFと、そこから計算されるFCFの推移を示したものだ。本章のヤフーや序章のキヤノンのFCFが右肩上がりのトレンドを示していたのに比べると、アサヒのFCFは、一見すると各年のデコボコが激しいように思われる。

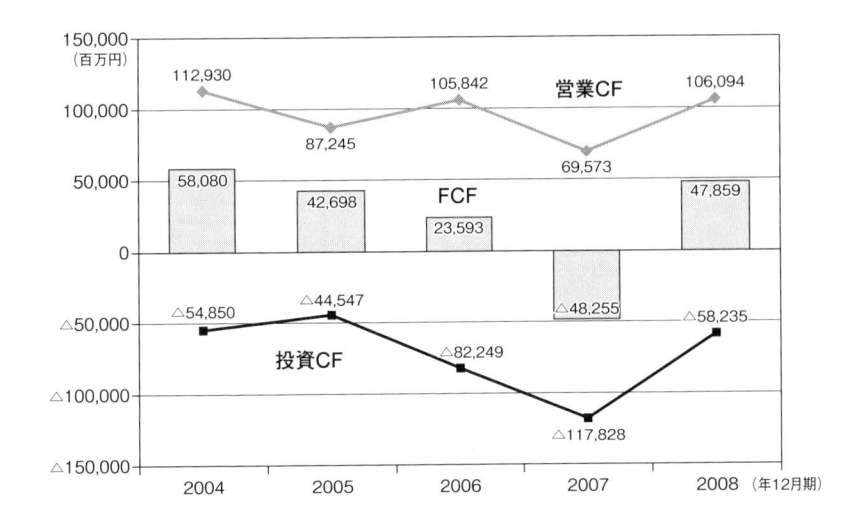

```
150,000
(百万円)
                                          営業CF
         112,930              105,842                    106,094
100,000
                   87,245
                                             69,573
 50,000   58,080
                   42,698    FCF                         47,859
                             23,593
      0
                                             △48,255
          △54,850
          △44,547
△50,000
                   投資CF     △82,249                    △58,235

△100,000
                                             △117,828
△150,000
           2004    2005      2006            2007        2008 (年12月期)
```

　しかし、FCFの落ち込んでいる2006年12月期と2007年12月期は、投資CFが大きくマイナスに振れている事実をとらえれば、ヤフーと同様に同2年度に大型M&Aや株式出資などの特殊要因があったのではないかと想定される。

　2006年12月期は、和光堂の株式公開買付けや、カゴメとの資本提携に伴う株式取得、2007年12月期は天野実業の株式取得や、アサヒ飲料を完全子会社とするために追加の株式取得を実施したことなどが主な要因である。

　競合のキリンのFCFは2006年12月期以降、3年度にわたってマイナスになっている。すなわち、営業CF以上の資金を投資CF、具体的にはM&Aに投下しているわけだ。アサヒも2007年12月期は同様のマイナスのFCFとなっている。しかし、キリンに比べると、PL上の売上高や営業利益の増大には結び付いていない。キリンとアサヒの株式取得にはどういった違いがあるのだろうか。

　1つはアサヒの株式取得は、キリンに比べれば金額の規模が小さいことが挙げられよう。もう1つの違いには、比較的金額の大きかった株式取得であるアサヒ飲料は、もともと子会社であった企業の完全子会社化（100％の株式取得）、カゴメへは10％程度の経営権の移動を伴わない純投資に過ぎないため、どちらも連結ベースの売上高や営業利益には一切影響を与えていないという背景が

ある。

　キリンがアジア、オセアニアを中心に大型企業の子会社化を伴うM&Aを積極的に進めている事実に比べると、アサヒの株式取得は、目的や規模からしてもそれほど大きなものでない。ましてや子会社化を伴うものが少ないため、PL上にはほとんど影響を与えていない結果になっている。

### QUIZ[12]

　下図は、東芝の過去6年度のFCFとその構成要素の推移を示したものです。2007年3月期以降、3年度にわたってFCFがマイナスに陥っている姿はキリンと同じです。しかし、キリンのFCFのマイナスが投資CFの拡大にあったことと異なり、東芝のそれは、営業CFの急落の要素が大きいことが分かります。2009年3月期は、営業CFそのものもマイナスに陥っています。東芝のFCFとその構成要素の推移の分析を通して、東芝の今後の経営課題を考察してください。

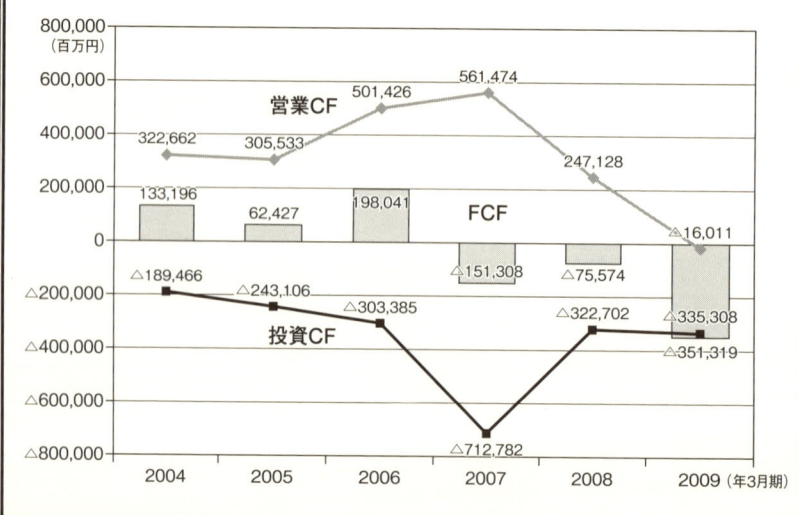

| 年3月期 | 2004 | 2005 | 2006 | 2007 | 2008 | 2009 |
|---|---|---|---|---|---|---|
| 営業CF | 322,662 | 305,533 | 501,426 | 561,474 | 247,128 | △16,011 |
| FCF | 133,196 | 62,427 | 198,041 | △151,308 | △75,574 | △335,308 |
| 投資CF | △189,466 | △243,106 | △303,385 | △712,782 | △322,702 | △351,319 |

終章

# 会計指標の選択手法

ROEから分解して進める優先順位のとらえ方

# 1 • ROE活用による指標選択

## 1…ROEは株主のための指標

　ここまで12の指標に関して、指標の読み方や業界別の平均値、分析手法としての分解のアプローチを解説してきた。また、それぞれの指標を用いた実際の分析プロセスを理解するため、著者が適切と考える企業をケースとして取り上げ、考察を進めてきた。

　本章では、視点を逆の立場に置いてみたい。つまり、ある企業の経営分析に読者が直面した際に、どの指標に優先順位を置いて分析を行えば良いのかという視点だ。前章までに行ってきた**「会計指標の理解⇨企業分析」**の反対のアプローチ、すなわち**「ある企業の経営分析に直面⇨適切な会計指標の選択」**という視点について、考察を深めるのが本章の目的である。

　分析のスタート地点として、ROEという指標の解説から始めよう。ROEはReturn On Equityの略で、その言葉の通りReturn（当期純利益）をEquity（自己資本）で割って算出する。日本語では「自己資本利益率」と呼ばれる。

$$\text{ROE（自己資本利益率）（\%）} = \frac{\text{当期純利益}}{\text{自己資本}}$$

　第10章で自己資本比率を紹介した際に述べたように、自己資本とは「純資産－少数株主持分－新株予約権」によって算出される。そしてROEは株主の持分に相当する自己資本に対して、当該年度に生み出された、株主に帰属する純利益の比率を計算している。すなわち、株主にもたらされる1年間のフローの利益を、株主の持分であるストックで割っている。よって、あくまで決算書という帳簿上の数値に基づくものだが、ROEは「株主の利回り」に相当する

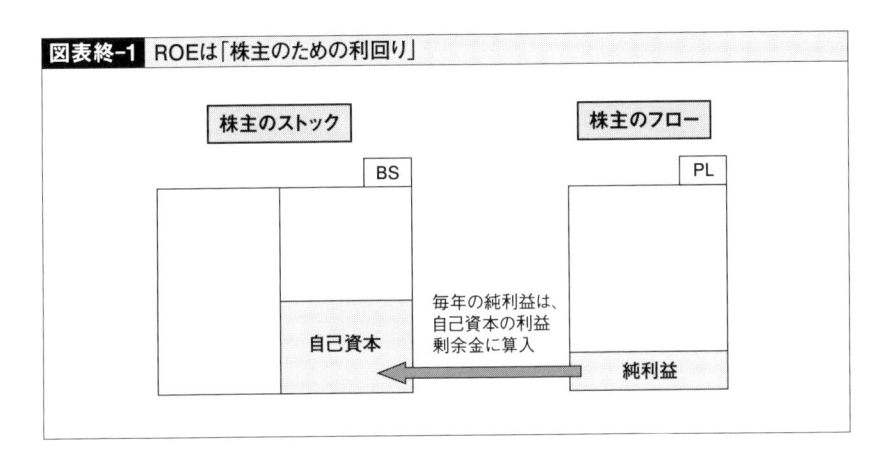

**図表終-1　ROEは「株主のための利回り」**

株主のストック　　　　　　　株主のフロー

BS　　　　　　　　　　　PL

自己資本　←　毎年の純利益は、自己資本の利益剰余金に算入　　純利益

ことが分かる。株主の視点に立った投資効率の指標であり、一般的にはこの指標が高いほど、株主にとっての投資収益性が高いと考える。

なお、ROEの分子の純利益は、特別損益の計上などで比較的経年での振れの激しい利益数値である。そのため、企業によっては複数年度のROEの平均値を用いたり、あるいは特別損益がなかったと仮定した「みなし純利益」を用いたりするなどして、評価するのが適切だろう。

右肩上がりの高度経済成長時代は終わり、成熟・縮小する国内市場において、企業間競争は激化の一途をたどっている。まさに、企業の存続自体が問われる時代となった。また、持ち合い株の終焉、外国人株主比率の上昇、モノを言う株主の台頭など、株主側の変化も同時に起きている。こうした背景から、上場企業は株主を重視した経営への意識を強めている。あるいは、強めなければならない環境に追い込まれている。

その1つの具体的な姿として、企業の中期経営計画の中でROEの目標数値の設定を行うことが挙げられる。株主を重視し、それに報いることが重要と考えるのであれば、株主の利回りに相当するROEを企業目標の1つとして定めることは、至極当然と言える。

本書の目的は経営分析に主眼を置くため、経営目標としてのROEの考察についてはこれ以上掘り下げることはしない。経営目標としての意義に関しては、拙著『企業価値を創造する会計指標入門』(ダイヤモンド社)に詳述している

ので、これを参照してほしい。ここでは、経営分析のツールとして、特に経営分析のスタート時における適切な指標の選択という点からROEの活用について解説していきたい。

## 2…ROEを活用して企業特性の大局観をつかむ

仮にROEが12%の企業があったとしよう。ROEの国内平均値はおおよそ8〜9%なので、12%というのは国内では優れた数値である。次に問うべきは、なぜその企業のROEが優れているかだ。

反対に、世間一般では優良企業と思われている企業のROEが、常に5%台にとどまっているとしよう。優良企業のはずなのに、その企業のROEはなぜ国内企業の平均値を大きく下回っているのだろうか。

ここまで議論してきたように、「なぜ？」を知りたい場合の解決のアプローチは、分解することにある。ROEについても、そのアプローチは変わらない。

ROEの高低の源泉をより詳しく分析するために、「デュポンシステム」と呼ばれる分解がよく行われる。米国化学会社のデュポン社が最初に実施した考え方であることから、このように呼ばれることが多い。

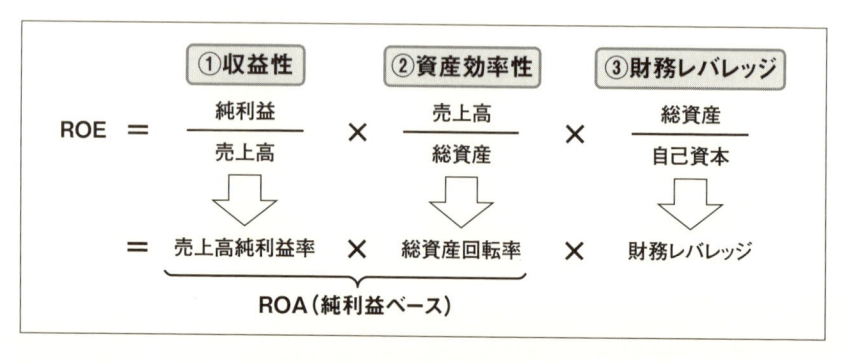

$$\text{ROE} = \underbrace{\frac{\text{純利益}}{\text{売上高}}}_{\text{①収益性}} \times \underbrace{\frac{\text{売上高}}{\text{総資産}}}_{\text{②資産効率性}} \times \underbrace{\frac{\text{総資産}}{\text{自己資本}}}_{\text{③財務レバレッジ}}$$

$$= \underbrace{\text{売上高純利益率} \times \text{総資産回転率}}_{\text{ROA（純利益ベース）}} \times \text{財務レバレッジ}$$

デュポンシステムが示すように、ROEを高めるには3つの手段があることが分かる。
①売上高純利益率を高める ⇨ 売上高に対する収益性を高める
②総資産回転率を高める ⇨ 少ない資産で大きな売上高を達成する

③財務レバレッジを高める ⇨ 資本調達における自己資本の比率を下げる（負債を有効活用する）

ここで、業界別のROEとその構成要素（売上高純利益率、総資産回転率、財務レバレッジ）の平均値を示してみよう。

4つのグラフが混在しているので若干分かりにくいかもしれないが、業界としてのROEの相対的な位置付けと、その牽引役（プラス面、マイナス面）が3つの構成要素のどこにあるかは、おおむねつかめるだろう。30の業界平均を単純平均した値は、ROEが9.1%、売上高純利益率が3.8%、総資産回転率が1.0倍、財務レバレッジが2.8倍（自己資本比率は38.5%）となっている。

たとえば、ROEが最も高いのは海運業界だが、3つの構成要素のすべてが全体の平均値を上回っている。一般に、利益率の高い企業は、それを実現するために巨額の資産を保有するので、総資産回転率が低くなる傾向があること、利益率の高い企業は、それを内部留保することで財務レバレッジが下がる（自己資本比率が上がる）傾向があることは、これまでの12章の中でも時折触れ

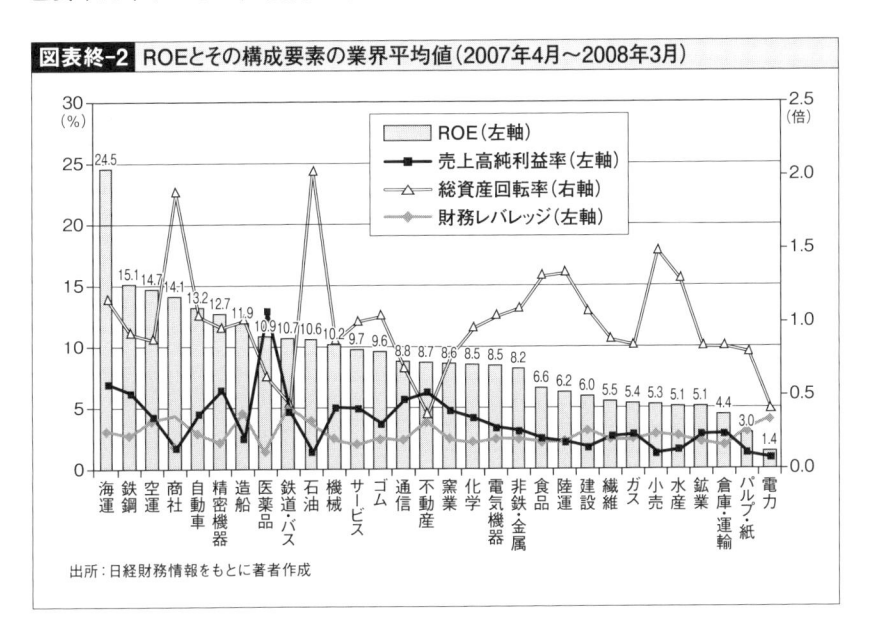

**図表終-2　ROEとその構成要素の業界平均値（2007年4月～2008年3月）**

出所：日経財務情報をもとに著者作成

てきた。しかし、様々な背景から、海運業界には必ずしもそれが起きていないこととなる。なぜ海運業界は3つの構成要素すべての平均値を上回ることで、高いROEを実現できるのだろうか。そして、それは今後も持続性の高いものなのだろうか。これは、本章最後のクイズとして、読者に課したい問いかけだ。

さて、図表終-2からも分かるように、日本企業のROEの平均値はおおよそ8〜9％程度である。ROEの目標値を10％に設定する企業がよく見られるが、国内平均値を上回り、かつ2ケタという見栄えの良さからして、確かに妥当性が高いように思われる。

それぞれの意味するところをつかむため、具体的な数値で考えてみよう。たとえば、あるメーカーA社の売上高営業利益率が、国内では優良企業のベンチマークとして用いられることの多い10％だとしよう。営業外収支や特別損益の数値に大きなものがなければ、営業利益の約4割は税金として流出する。よって、ROEの分解の1番目の売上高純利益率は6％（10％の営業利益率×〈1−税率40％〉）となる。

ROEの分解の2番目の総資産回転率は、第5章で扱ったように、メーカーの一般的な平均値は1倍であった。A社の同比率も平均的な1倍としてみよう。ROEの分解の3つ目の財務レバレッジは一見すると分かりにくい指標だが、逆数にすれば「自己資本÷総資産」、すなわち自己資本比率であることが分かる。国内の自己資本比率の平均値は35％程度なので、その逆数の財務レバレッジは2.86倍（1÷自己資本比率35％）と計算される。

仮にこれら3つの指標を保有する企業であれば、ROEは次のようになる。

| | | | | | | |
|---|---|---|---|---|---|---|
| ROE | = | 売上高純利益率 | × | 総資産回転率 | × | 財務レバレッジ |
| | = | 6％ | × | 1倍 | × | 2.86倍 |
| | = | 17.2％ | | | | |

ROEの国内平均値は8〜9％だから、ROE17.2％はかなり高く、優良な数値であると評価されるだろう。このように、ROEの分解によってA社の収益性、資産効率性、財務レバレッジに関する大きな特性をつかむことができた。本事例では、総資産回転率と財務レバレッジには、国内製造業の平均的な数値を用いている。よって、17.2％という優良なA社のROEの値と、その分解から得

られるメッセージとして、分析の優先順位が高いのは、売上高純利益率、すなわち収益性の高さに関する分析ということになっていく。

幸い、ここまでに12の指標を学んだことで、それぞれを掘り下げるための材料は揃っている。下記に示すように、収益性の分析のツールには、売上高総利益率（第1章）、売上高販管費率（第2章）、損益分岐点比率（第3章）、EBITDAマージン（第4章）がある。他にも本章末に示す、オペレーティングマージン、労働分配率なども活用できるだろう。

こうした指標を活用しながら、なぜA社の収益性が高いのか、そのトレンドはどちらに向かっているのか、そして今後A社が継続して高い収益性を維持するための経営課題は何か、などと考察を深めていく。もちろんA社の当事者であれば、分析するだけでは何も変化は起こらない。最終的には、具体的なアクションプランと実行へと結び付けることによって、初めて経営分析が企業活動に生きていくこととなる。

なお、3つ目の財務レバレッジは、その逆数が安全性を評価する代表的な指標である自己資本比率となるため、安全性指標へ分解するスタートとして位置付けている。

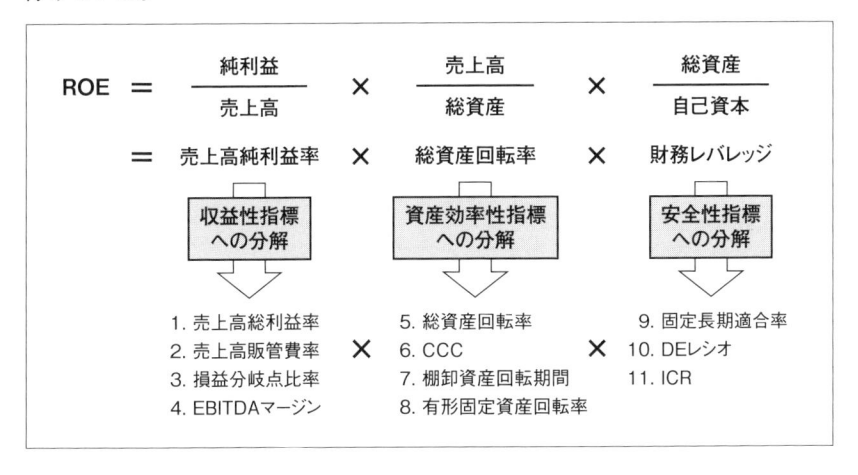

$$\text{ROE} = \frac{\text{純利益}}{\text{売上高}} \times \frac{\text{売上高}}{\text{総資産}} \times \frac{\text{総資産}}{\text{自己資本}}$$

$$= \text{売上高純利益率} \times \text{総資産回転率} \times \text{財務レバレッジ}$$

| 収益性指標への分解 | 資産効率性指標への分解 | 安全性指標への分解 |
|---|---|---|
| 1. 売上高総利益率<br>2. 売上高販管費率<br>3. 損益分岐点比率<br>4. EBITDAマージン | 5. 総資産回転率<br>6. CCC<br>7. 棚卸資産回転期間<br>8. 有形固定資産回転率 | 9. 固定長期適合率<br>10. DEレシオ<br>11. ICR |

（収益性指標 × 資産効率性指標 × 安全性指標）

## 2 ● アサヒビールの分解アプローチ

### 1…ROEとその構成要素への分解

では、ここまで12章にわたって分析を進めてきたアサヒビールを用いて、ROEと3つの構成要素、さらには各指標への分解のアプローチを実際に行っていこう。

```
アサヒビールのROE（2008年12月期）
　＝　売上高純利益率　×　総資産回転率　×　財務レバレッジ
　＝　　　3.1%　　　　×　　1.12倍　　　×　　2.49倍
　＝　8.7%
```

また、アサヒビールの売上高に酒税が4割程度含まれることから、酒税を除いた実質売上高1兆円を想定して、前章までの各指標を計算してきた。ROEについても酒税を考慮してROEの分解を計算し直すと、次のようになる。

```
アサヒビールのROE（2008年12月期）
　＝　売上高純利益率　×　総資産回転率　×　財務レバレッジ
　＝　　　4.5%　　　　×　　0.76倍　　　×　　2.49倍
　＝　8.7%
```

アサヒのROE8.7%は、ほぼ国内平均の数値と言える。構成要素については、まず売上高純利益率4.5%を税引前に戻すため0.6で割り戻せば、売上高税引前純利益率7.5%と算出される。2007年度の売上高営業利益率の平均値は、全業種で7.1%、製造業のみで6.9%と算出されるため、平均より若干上回った数値であることが分かる。

なお、営業利益と税引前純利益の間には、営業外収支と特別損益があるので、これらの入り繰りが大きいほど、営業利益率と税引前純利益率に相違が生まれ

る。アサヒのこの点については、後に触れることとしよう。

一方、総資産回転率は製造業の平均値である1倍を下回っている。また、財務レバレッジ2.49倍の逆数である自己資本比率は40.2%であるため、全業種の平均値35%を若干上回っている。

よって、収益性は平均を上回る水準であるものの、資産効率性と財務レバレッジが平均を下回ることにより、これら3つの掛け算からROEも平均的な数値として算出されていることが見えてくる。アサヒの場合は、3つの分解のうちの特段どこかの数値がROEをプラスやマイナスに大きく牽引しているのではなく、ほぼ平均的な数値であることが判明した。同時に、ROEの分解から、経営分析を進める上での大局観として、収益性はなぜ平均値を上回るのか、資産効率性はなぜ平均値を下回るのか、そして財務レバレッジはなぜ平均値を下回るのか（安全性はなぜ平均値を上回るのか）、をそれぞれ解明していくことが分析の目的だとつかむことができた。

## 2…アサヒビールの分析結果一覧

下記に収益性、資産効率性、安全性を評価する10の指標を用いて、各章末で行ったアサヒビールの分析結果を再掲する。ここで、可能であれば、序章の12ページで書き出したアサヒビールに関する想像と、決算書上での仮説を今一度読んでみてほしい。仮説と合致したところとそうでなかったところの違いが明確になるとともに、仮説を立ててから決算書を読むことの意義を再度実感できるはずである。

| 【収益性】 | | |
|---|---|---|
| 第1章 | 売上高総利益率 | 酒税を除いた実質的な同比率は安定的に50%程度あり、食品業界の平均値を大きく上回る。BtoCを主体とした企業なので、ブランド力などの差別化によって高い販売価格設定による、高い総利益率を確保している |

| | | | |
|---|---|---|---|
| 第2章 | 売上高販管費率<br>⇩<br>売上高営業利益率 | | 酒税を除いた実質的な同比率は安定的に40%程度あり、食品業界の平均値を大きく上回る。販売奨励金及び手数料、従業員給料手当及び賞与、広告宣伝費、運搬費の順に多く、食品企業として投下しなくてはならない費目が目立つ。それでも結果として、酒税を除く実質的な売上高営業利益率10%を達成する優良企業である。なお、上述した売上高税引前純利益率の試算7.5%との差（実際は有税対象とならない費用も存在するため、同年度のアサヒの売上高税引前純利益率は5.7%）は、特に特別損失の大きさによるものである |
| 第3章 | 損益分岐点比率 | | 原材料費、販売奨励金及び販売手数料、運搬費の3つを変動費と仮定して、簡易に計算したアサヒの損益分岐点比率（酒税抜きベース）は78.8%である。食品業界の平均値に比較してアサヒの営業利益は高いので、損益分岐点比率においても食品業界を9%程度下回る良好な数値を示している |
| 第4章 | EBITDAマージン | | 酒税を除いた実質的な同比率は安定的に14%程度あり、食品業界の平均値を大きく上回る。営業利益率が優れていることに加えて、足し戻す減価償却費も大きい。この事実から、アサヒの設備投資やM&Aは業界平均を上回る規模にあることと、設備投資を除いて計算されるアサヒの収益性は、業界平均を圧倒的に上回ることが確認できる |
| 【資産効率性】 | | | |
| 第5章 | 総資産回転率 | | 酒税を除いた実質的な同比率0.76倍は、食品業界の平均値を大きく下回る。ただし、ROAの構成要素に負の関係性がある点から考察すれば、低い資産効率性を十分に吸収するだけの収益性を保持しており、結果としてROAは食品業界を上回っている |

| 第6章 | キャッシュ・コンバージョン・サイクル（CCC） | 酒税の影響を考慮して計算する実質的CCCは、「売上債権回転期間（70日）＋棚卸資産回転期間（70日）－仕入債務回転期間（107日）＝ 33日」なので、食品業界の平均値を下回っている。ビールは醸造工程に時間を要するため、一般の食品企業より棚卸資産は多いが、「売上債権回転期間 ＜ 仕入債務回転期間」によって、CCCの圧縮は実現できている |
|---|---|---|
| 第7章 | 棚卸資産回転期間 | 酒税を除いた実質的な同期間70日は、食品業界の平均値を大きく上回る。棚卸資産の構成要素が開示されている単体アサヒの分析から、原材料、半製品、製品・商品の3つがほぼ同額規模で保有されていることが分かる。主な原材料は大麦と容器、半製品はビール系飲料の発酵過程、そして製品・商品は「鮮度が命」によって、素早く後工程に送られている |
| 第8章 | 有形固定資産回転率 | 酒税を除いた実質的な同比率1.63倍は、食品業界の平均値を大きく下回る。建物及び構築物、機械装置及び運搬具、そして土地のどれもが純額ベースで1,500億円を超える大きな規模である。その背景には、本社と全国9ヵ所のビール工場を保有していること、50社の子会社の連結BSであることに加えて、親会社の工場の生産設備に定額法を採用していることなどが挙げられる |
| 【安全性】 | | |
| 第9章 | 固定長期適合率 | 同比率113.2%は、すべての業界の平均値を上回る。構成要素への分解によって、その主たる要因は積極的な短期借入金にあることが判明する。金融機関との信用力から、実質的には長期借入金化していると考えれば、同比率は100%を切る優良な水準と判断される |

| 第10章 | DEレシオ | 同比率0.58倍は、食品業界の平均値を上回る。業界平均よりも大きな棚卸資産や有形固定資産、あるいはM&Aへの投下資本の一部は、有利子負債によって調達していると見ることができる。毎年の有利子負債の返済によって、同比率は年々縮小傾向にある |
|---|---|---|
| 第11章 | インタレスト・カバレッジ・レシオ（ICR） | 同比率18.5倍は、食品業界の平均値を大きく上回る。構成要素の分解を行い、ここまでの各指標の考察を適用することで、同比率の主たる牽引役は、分子の営業利益であると結論付けられる |

　第12章のFCFについては、ROEの3つの分解のうち、最初の2つの構成要素の向上と密接に関連するものと言うことができる。FCFの中で主要な勘定のみを抜き出して表現すれば、以下のようになる。

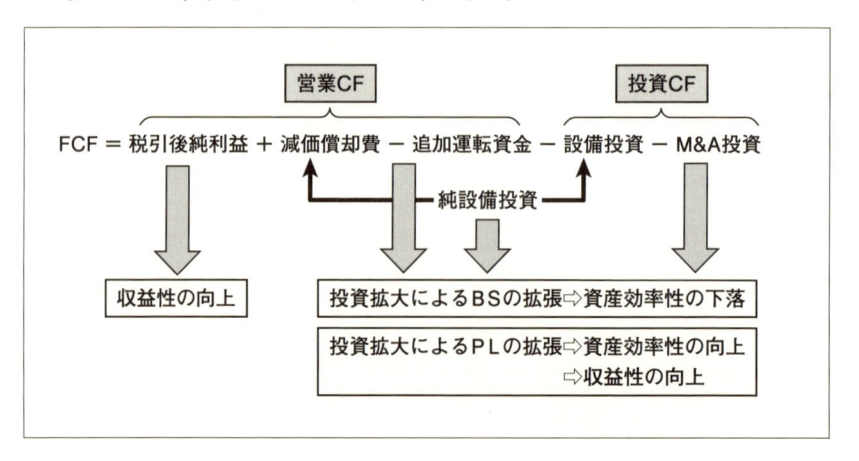

```
                    営業CF              投資CF
FCF = 税引後純利益 + 減価償却費 − 追加運転資金 − 設備投資 − M&A投資
                        └─── 純設備投資 ───┘

  ↓                ↓           ↓           ↓
収益性の向上    投資拡大によるBSの拡張⇒資産効率性の下落
              投資拡大によるPLの拡張⇒資産効率性の向上
                                  ⇒収益性の向上
```

　ROEの最初の2つの構成要素と言えば、実はそれはROA（総資産利益率）を意味している。上記の文言が明示するように、FCFは言わばROA（または、投下資本をより明確化したROIC）について、キャッシュフローを主語として語っているのである。

これらは、収益性、資産効率性、安全性を掘り下げる上で代表的な指標となる。実際には360〜361ページに示すさらなる分解によって、詳細な経営分析を行っていくこととなる。

ある企業の経営分析に直面した際に、どのようなステップで適切な会計指標を選択するのか、すなわち分析の優先順位を定めるべきかについて解説してきた。ここまでの論点を下記にまとめておこう。

●適切な会計指標を選択するステップ

(1) ROEの数値を国内平均値8〜9％と比較して、全社レベルでの指標の位置付けを確認
　　⇩
(2) ROEを売上高純利益率（収益性）、総資産回転率（資産効率性）、財務レバレッジ（安全性の逆数）の3つに分解して、ROEのプラス・マイナス面の牽引役を抽出
　　⇩
(3) 収益性指標への分解（売上高総利益率、売上高販管費率、損益分岐点比率、EBITDAマージン）、さらなる分解（360〜361ページのツリーを参照）
　　⇩
(4) 資産効率性への分解（総資産回転率、CCC、棚卸資産回転期間、有形固定資産回転率）、さらなる分解（ツリーを参照）
　　⇩
(5) 安全性への分解（固定長期適合率、DEレシオ、ICR）、さらなる分解（ツリーを参照）

### QUIZ[13]

海運業界は、なぜ2007年度のROEが最も高いのでしょうか。具体的に海運業界大手の商船三井と日本郵船を参照しながら、3つの構成要素に分解した上で、それぞれが優れている背景を分析してください。また、それは今後も持続性の高いものなのでしょうか。今後の海運業界の経営課題、リスクについても、ROEの分解に沿って考察してください。

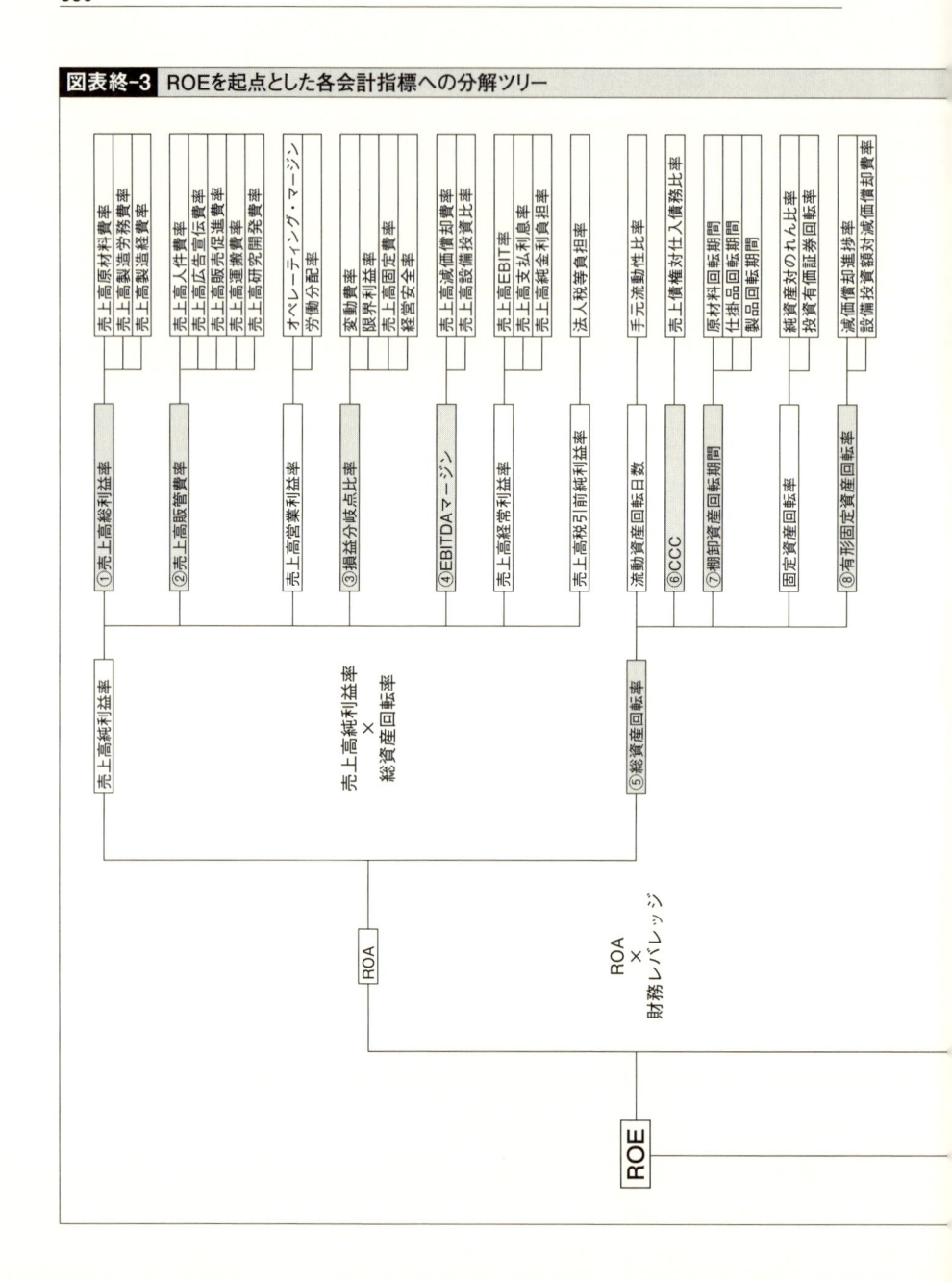

**図表終-3　ROEを起点とした各会計指標への分解ツリー**

- ①売上高総利益率
  - 売上高原材料費率
  - 売上高製造労務費率
  - 売上高製造経費率
- ②売上高販管費率
  - 売上高人件費率
  - 売上高広告宣伝費率
  - 売上高販売促進費率
  - 売上高運搬費率
  - 売上高研究開発費率
- 売上高営業利益率
  - オペレーティング・マージン
  - 労働分配率
- ③損益分岐点比率
  - 変動費率
  - 限界利益率
  - 売上高固定費率
  - 経営安全率
- ④EBITDAマージン
  - 売上高減価償却費比率
  - 売上高設備投資比率
- 売上高経常利益率
  - 売上高EBIT率
  - 売上高支払利息率
  - 売上高純金利負担率
- 売上高税引前純利益率
  - 法人税等負担率

売上高純利益率

売上高純利益率 × 総資産回転率

- 流動資産回転日数
  - 手元流動性比率
- ⑥CCC
  - 売上債権対仕入債務比率
- ⑦棚卸資産回転期間
  - 原材料回転期間
  - 仕掛品回転期間
  - 製品回転期間
- 固定資産回転率
  - 純資産対のれん比率
  - 投資有価証券回転率
- ⑧有形固定資産回転率
  - 減価償却進捗率
  - 設備投資額対減価償却費率

⑤総資産回転率

ROA

ROA × 財務レバレッジ

ROE

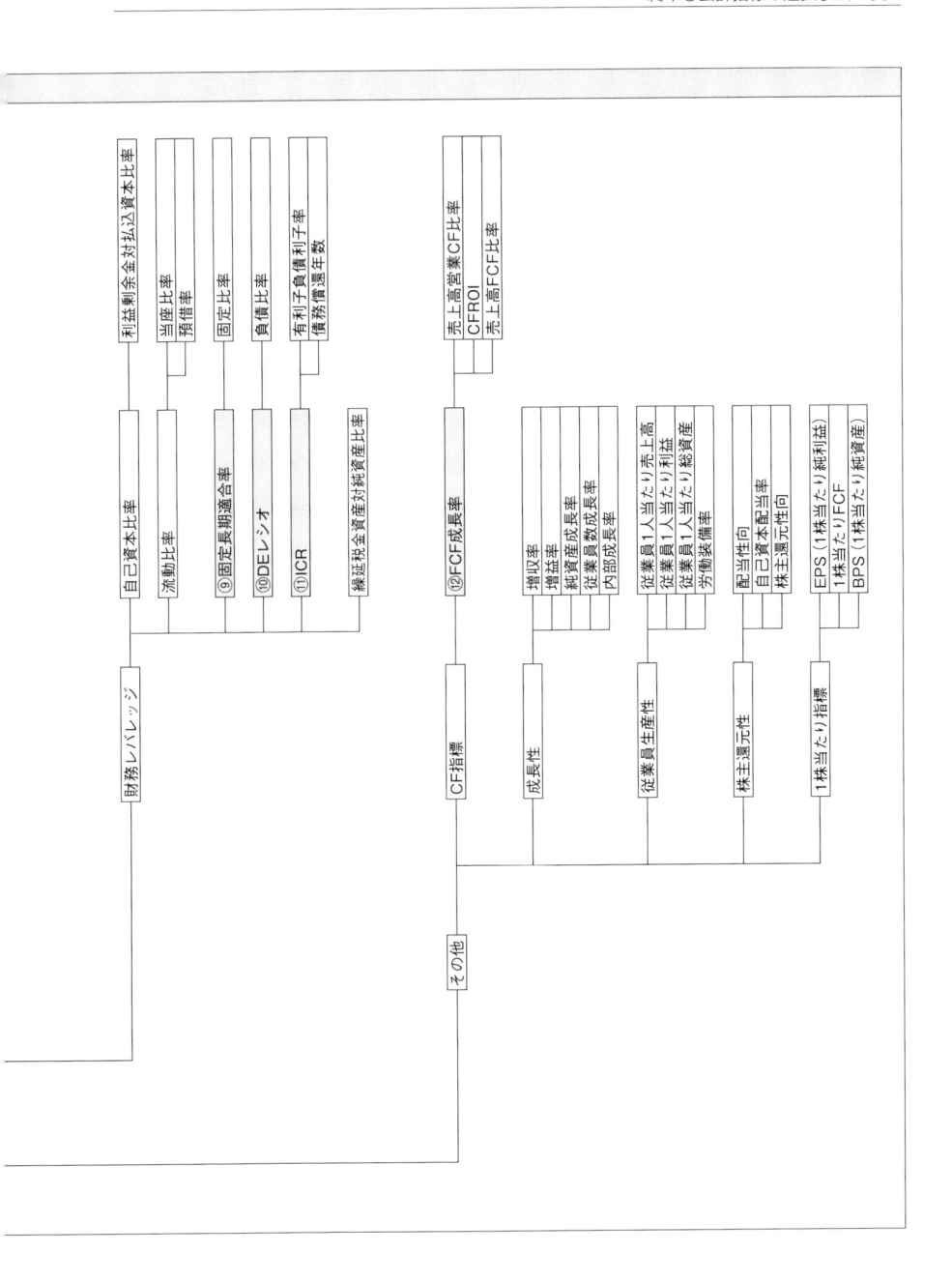

```
                                              ┌─ 利益剰余金対払込資本比率
                     ┌─ 自己資本比率 ─────────┤
                     │                        └─ 当座比率
                     ├─ 流動比率 ──────────── 預借比率
財務レバレッジ ──────┤
                     ├─ ⑨固定長期適合率 ───── 固定比率
                     ├─ ⑩DEレシオ ────────── 負債比率
                     ├─ ⑪ICR ─────────────┬─ 有利子負債利子率
                     │                    └─ 債務償還年数
                     └─ 繰延税金資産対純資産比率

                                              ┌─ 売上高営業CF比率
          ┌─ CF指標 ──── ⑫FCF成長率 ────────┤─ CFROI
          │                                   └─ 売上高FCF比率
          │
          │              ┌─ 増収率
          │              ├─ 増益率
          ├─ 成長性 ─────┼─ 純資産成長率
          │              ├─ 従業員数成長率
          │              └─ 内部成長率
          │
          │                   ┌─ 従業員1人当たり売上高
その他 ───┼─ 従業員生産性 ────┼─ 従業員1人当たり利益
          │                   ├─ 従業員1人当たり総資産
          │                   └─ 労働装備率
          │
          │              ┌─ 配当性向
          ├─ 株主還元性 ─┼─ 自己資本配当率
          │              └─ 株主還元性向
          │
          │                      ┌─ EPS（1株当たり純利益）
          └─ 1株当たり指標 ──────┼─ 1株当たりFCF
                                  └─ BPS（1株当たり純資産）
```

## ●その他の会計指標一覧

本文では取り上げなかった会計指標のうち、経営分析のツールとして特に有益と思われるものを以下に紹介する。終章で解説した指標選択のアプローチを踏まえて、対象企業や自社の特性に合った指標を選択・活用していただきたい。

## 1…収益性指標

### ◉オペレーティング・マージン

オペレーティング・マージン(％)＝営業利益÷売上総利益

仕入販売型事業で、売上高総利益率の低い商社・卸売業や広告代理店などでは、売上高営業利益率の数値が小さくなるため、優劣の判断が難しい。また総利益率は薄利だが、売上の拡大によって利益額を創出するのがこれら業界の特性である。販管費は人件費など固定費的なものが多いので、この収益モデルが成功すれば販管費率は相対的に低くなる。これら背景を1つの指標で表すのがオペレーティング・マージンだ。薄利の業界でも「売上拡大⇨売上総利益拡大⇨販管費の相対的抑制」が実現されれば、同指標は向上する。売上高営業利益率に比べて、大きな数値として計算されるので優劣の判断もしやすい。

### ◉労働分配率

労働分配率(％)＝人件費÷売上総利益

売上総利益の中からどれだけ人件費に回されたかを表す指標で、組合の賃金交渉などにも活用される指標。企業側からすれば、同指標が過度に上昇しないことで、人件費を一定の水準に保つことが可能となる。財務省が発表する法人企業統計では、人件費に経常利益、支払利息、減価償却費を加えた合計を付加価値とし、そのうちの人件費の比率を労働分配率と呼んでいる。

●経営安全率

　経営安全率(%)＝営業利益÷限界利益

　安全余裕率とも呼ぶ。オペレーティング・マージンと似た指標だが、分母は限界利益で計算されるため、売上原価に含まれる固定費も分母に含まれている。原価に占める固定費はすぐには改善できない、または担当者が直接コントロールできないものも多い。限界利益により焦点を当てた収益性指標として優れている。「1－経営安全率＝損益分岐点比率」である。

●売上高経常利益率

　売上高経常利益率(%)＝経常利益÷売上高

　営業外収支に金額の大きな勘定の多い企業では、営業利益率より経常利益率の重要性が高い。営業外収支の中で特に影響の大きな傾向を示す勘定として、受取配当金、受取利息、持分法投資損益、為替差損益、支払利息、棚卸資産廃棄損などが挙げられる。

●売上高EBIT率

　売上高EBIT率(%)＝EBIT÷売上高

　EBITは、Earnings Before Interest and Taxesの略で、支払利息・税金控除前の利益を意味する。国内では営業利益を代替してEBITと呼ぶことも多いが、営業利益との違いを明確にするのなら、営業外収益までは足したものをEBITと呼ぶのが望ましい。受取配当金、受取利息、持分法投資利益などの大きな企業であれば、営業利益率よりEBIT率の重要性が高い。

●売上高支払利息率

　売上高支払利息率(%)＝支払利息÷売上高

　インタレスト・カバレッジ・レシオ（ICR）が支払利息の何倍の利益を創出しているかを評価するのに対して、本指標は売上高に対する支払利息の影響度を見ている。支払利息を払う原資はあくまで利益なので、ICRと比べると有益性は下がる。しかし、支払利息をしばらくは変化しない固定費としてとらえたい場合や、一時的に営業赤字に陥っている企業では本指標の意義が高まる。

## ●売上高純金利負担率

売上高純金利負担率(%)＝(支払利息－受取利息)÷売上高

有利子負債を調達して支払利息が発生しても、調達した資金の一部が預金や有価証券で運用されていれば、受取利息としての収益が発生する。よって、正味の金利負担度合いを評価しようとするのが本指標だ。売上高支払利息率との差が大きい企業であれば、その背景と、有価証券の中身、及び保有の意義についての分析が望まれる。

## ●売上高税引前純利益率

売上高税引前純利益率(%)＝税引前純利益÷売上高

米国会計基準には経常利益が存在しないため、PL上で営業利益率の次に来る収益性指標は本指標となる。日本会計基準でも、特別損益の動向が毎年大きな企業は、経常利益率ではなく本指標による評価の重要性が高い。

## ●法人税等負担率

法人税等負担率(%)＝法人税等支払額÷税引前純利益

PL上では費用（収益）であっても、税金計算上の損金（益金）には算入できない費用は多い。こうした差異には、一時的なものと永久のものが存在している。日本の法定実効税率は約40%なので、本指標で計算される数値と著しく乖離している場合には、その背景をつかんでおくことが望まれる。法定実効税率と税効果会計適用後の法人税等負担率との差異の原因の主な項目は、有価証券報告書上で開示されている。

## 2…資産効率性指標

## ●流動資産回転日数

流動資産回転日数(日)＝流動資産÷(売上高／365)

流動資産は現預金そのものと、1年以内に現金化するもの、及び1年以内に費用化するものが含まれる。現預金以外にも、売上債権、有価証券、棚卸資産、

未収入金、仮払金などは、比較的現金に近い勘定としてとらえられる。本指標はこうした資産が含まれる流動資産が何日分の日商に相当するかを表すもので、高いほど資金繰りは安定していると評価される。ただし、不良債権や不良在庫が多い企業でも本指標は高い値として計算されてしまうので、安全性が懸念される企業では、個別勘定の裏付けを確認しなくてはならない。

### ●手元流動性比率

手元流動性比率(日)＝(現預金＋有価証券)÷(売上高/365)

流動資産の中でも、現預金そのものと、短期債券や譲渡性預金などが含まれる有価証券といった、限りなく現金に近い勘定のみで評価している。流動資産回転日数に比較しても、手元の資金の潤沢さをより正確に示している。ただし、本文のケースで用いたアサヒビールのように、本指標が常に5日以内であっても、健全な企業はある。企業の資金繰りは、最終的にはキャッシュのフローで評価すべきであって、本指標のようなキャッシュのストックでの結論には限界がある。

### ●売上債権対仕入債務比率

売上債権対仕入債務比率(倍)＝売上債権÷仕入債務

本文で取り上げたキャッシュ・コンバージョン・サイクル（CCC）と比較すると、棚卸資産が含まれていない点と、金額ベースで比較している点が異なる。メーカーであれば本数値は1倍を上回るのが通常だが、サイトの調整によってできるだけ1倍に近づけることで、企業は運転資金として必要な資金調達を抑えることが可能となる。本文で用いたメディパルは、本指標が1倍を下回っていることが最大の特徴として取り上げられている。

### ●固定資産回転率

固定資産回転率(倍)＝売上高÷固定資産

有形固定資産回転率は分母が有形固定資産のみであったのに対して、本指標は固定資産全体を分母に置いている。有形固定資産以外の固定資産（無形固定資産、投資その他資産）が大きな企業では、それら資産の保有が売上に結び付

いているかを評価する上で有益だ。無形固定資産では、ソフトウェアとのれん、投資その他資産では、投資有価証券（持ち合い株、長期の資金運用に過ぎない各種長期債券）と敷金及び差入保証金などが、特に考察を要する固定資産として挙げられる。

### ●純資産対のれん比率

　純資産対のれん比率（倍）＝純資産÷のれん

　のれんは減損対象であるため、減損された場合の純資産に対する影響度合いを評価している。本指標が小さいほど、万が一の時の負の影響は大きい。第4章の139ページにのれんの大きな企業上位30社（2008年度）について本指標を算出しているので、参照されたい。純資産の代わりに利益剰余金を用いれば、利益剰余金がマイナス（欠損金）に陥る可能性度合いの評価となる。

### ●投資有価証券回転率

　投資有価証券回転率（倍）＝売上高÷投資有価証券

　固定資産回転率から、さらに投資有価証券のみに焦点を当てて算出している。持ち合い株が多いものの売上高に結び付いていない企業や、過去の利益の蓄積の投資先に苦慮して長期の債券で運用しているに過ぎない企業では、本指標が小さくなりやすい。本指標が低位で推移する企業は、株主の視点からすれば、事業投資への有効活用や株主還元の強化といった要望が強まりやすい。

### ●減価償却進捗率

　減価償却進捗率（％）＝減価償却累計額÷償却対象有形固定資産取得価額

　本指標が競合に比較して大きければ、相対的に設備が古いと評価できる。建物や機械など、耐用年数の長さが資産の種類によって大きく異なるため、建物は建物、機械は機械で、本指標を時系列や競合間で比較することが望ましい。また、定率法と定額法、耐用年数の設定など、企業によって減価償却方法が異なる部分は多いため、公開情報だけで計算される本指標の評価には、多くの限界を念頭に置く必要はある。

## ●設備投資額対減価償却費率

設備投資額対減価償却費(倍)＝設備投資額÷減価償却費

仮に毎年同じ設備投資を行い、同じ耐用年数で最後まで使い切る企業であれば、毎年の設備投資額と減価償却費は均衡し、本指標は1倍となる。企業が設備投資に積極的な時期には、「設備投資 ＞ 減価償却費」なので本指標は1倍超、消極的な時期には、「設備投資 ＜ 減価償却費」なので本指標は1倍未満となる。多角化する企業では事業セグメントごとに本指標を計算して、各事業における投資の姿勢や全社資金の配分の評価も可能となる。土地などの減価償却対象でない資産は、分子の設備投資額から控除して計算するのが望ましい。

## 3…安全性指標

## ●利益剰余金対払込資本比率

利益剰余金対払込資本比率(倍)＝利益剰余金÷(資本金＋資本剰余金)

株主の払込資本に相当する資本金と資本剰余金の和に対して、利益剰余金がどの程度に相当するかを評価している。利益の蓄積が潤沢である一方、その範囲内での投資に終始する企業であれば、本指標は大きな数値となる傾向がある。逆に利益の蓄積が潤沢であっても、それを超過するような巨額の投資が継続する企業であれば、本指標は小さくなる傾向がある。本文で用いた企業の中で両極端なケースとして、任天堂は65.8倍、イオンは0.94倍と、それぞれ算出される（共に2008年度）。

## ●流動比率

流動比率(％)＝流動資産÷流動負債

1年以内に現金化するもの、及び費用化するものが含まれる流動資産が、1年以内に現金として流出するもの、及び収益となるものが含まれる流動負債の何倍に当たるかを評価する指標で、企業の短期の資金繰りを評価する代表的な指標。第10章の288ページでキリンの流動比率の推移を示しているので、参照されたい。なお、あくまでストック情報のみからの評価であるため、最終的

な安全性の評価は、フロー情報も考慮した上で行わなくてはならない。

◉当座比率

　当座比率(％)＝当座資産÷流動負債

　流動資産の中でも、特に短期的な換金性の高い現預金、売上債権、有価証券を合わせて当座資産と呼ぶ。これとの流動負債との比率を計算しているので、流動比率より厳しく見た短期の資金繰り評価の指標と言える。これら3つの資産以外でも、短期的な換金性が高いと判断される資産（未収入金、仮払金など）であれば、当座資産として含めることが望ましい。

◉預借率

　預借率(倍)＝現預金÷有利子負債

　本指標が1倍を上回っていれば、実質無借金企業と評価できるが、通常は1倍未満の数値を示す。本指標のみで経営の安全性を評価できるものではなく、あくまで有利子負債の金額に対して、どの程度の現預金を保有しているかを表す指標。分子には現預金だけではなく、実質的には現預金と判断できる有価証券や長期債券での運用額などを含めても良い。

◉固定比率

　固定比率(％)＝固定資産÷純資産

　固定長期適合率が分母に純資産と固定負債を含めるのに対して、本指標では純資産のみで算出している。本指標が100％を下回っていれば、長期の投資が返済義務のない株主からの純資産ですべて賄われていることを示すため、経営の安全性は高い。ただし、過度な株主の資本の留保は、ROEの下落や株主還元要求の高まりを招く懸念も念頭に置く必要がある。

◉負債比率

　負債比率(％)＝負債÷純資産

　DEレシオと異なるのは、分子に有利子負債ではなく、負債総額を置いている点。負債とは返済義務を伴う資金調達を意味するので、経営の安全性のみか

ら判断すれば、DEレシオと同様に本指標は小さいほうが良い。純資産と自己資本の数値があまり変わらない企業であれば、本指標は、（1－自己資本比率）と同じ値になる。

### ◉有利子負債利子率

有利子負債利子率(％)＝支払利息÷有利子負債

有利子負債の平均利子率を、決算書から算出しようとする指標。分子がフロー情報であるのに対して、分母はストック情報となっている。よって、期中の返済や新たな借入が多い企業では、本指標で算出される数値が平均利子率から乖離する可能性もあることに留意する必要がある。

### ◉債務償還年数

債務償還年数(年)＝有利子負債÷EBITDA

有利子負債の多い企業が、本業の収益力の何年分に相当する有利子負債を保有しているかを計算する指標。本指標が小さいほど、収益力に見合った有利子負債の水準と評価できる。分母にEBITDAを用いることから、特に設備投資やM&Aが大きく、かつそうした投資を有利子負債の活用で行っている業界（鉄道・バス、不動産、通信業）や、企業（JT、キリン、オリエンタルランドなど）にて有効な指標となる。

### ◉繰延税金資産対純資産比率

繰延税金資産対純資産比率(％)＝繰延税金資産÷純資産

繰延税金資産は税金の前払いに相当する勘定で、企業の将来の課税対象利益と相殺して税金を減らす効果がある。しかし、将来の利益が見込めなくなった企業では、繰延税金資産は取り崩すこととなるため、その額はそのままPL上の純利益とBS上の利益剰余金を減少させることとなる。万が一繰延税金資産の取り崩しが起きた場合の負の影響度を評価するのが本指標で、大きいほど注意を要する。純資産の代わりに利益剰余金を用いても良い。

## 4…その他の指標

### ◉売上高営業CF比率

売上高営業CF比率(%)＝営業CF÷売上高

売上高営業利益率の営業利益の代わりに営業CFを用いることで、CFに基づいた経営指標となる。営業CFは営業利益に比較すると、様々な理由によってぶれる数値のため、3ヵ年の平均値などを用いて評価するのが望ましい。

### ◉CFROI

CFROI(%)＝CF÷投下資本(有利子負債＋純資産)

投下資本からどれだけのCFが生み出されたかを表す指標で、投資家（株主と金融債権者）の視点から捉えた利回りを表す。分子のCFは、簡易には純利益＋減価償却費で算出される。分子には営業利益、EBITやEBITDAなど、目的に応じて様々な数値を置いても良い。また、分母を資産サイドから計算するのであれば、簡易には運転資金＋固定資産で計算できる。事業セグメントごとの投資収益性を評価する指標としても有益。

### ◉売上高FCF比率

売上高FCF比率(%)＝FCF÷売上高

営業CFから投資CFが引かれたFCFの対売上比率であるため、売上高営業CF比率と比較すると、実際に企業に残るCFに基づいて算出されている。本文で述べたようにFCFも年度ごとのぶれが大きな数値であるため、3ヵ年の平均値などを用いて評価するのが望ましい。

### ◉増収率

増収率(%)＝(今期売上高－前期売上高)÷前期売上高

本文で述べてきたように、売上高を計上する概念は製造業、商社や小売業、そしてサービス業などの業界ごとにかなり異なる。よって、増収率は全社ベー

スより、個別の事業セグメントごとに算出する意義が高い。同時に、M&Aや事業売却の影響を除いた継続事業の増収率（一般に、organic growthと呼ぶ）を系年比較することがより望ましい。

● **増益率**

増益率(%)＝(今期利益－前期利益)÷前期利益

売上高に比べると、業界特性の影響も少ないため、異なる業界の企業間や、企業内での事業セグメント横断での比較でも一定の意義がある。増収率同様に、継続事業のみでの増益率を系年比較する意義は高い。利益には営業利益に限らず、売上総利益、経常利益、純利益など、様々な利益を用いて計算することが可能。増益率が増収率を上回れば、売上高利益率は向上しており、1つの理想と言える。

● **純資産成長率**

純資産成長率(%)＝(今期純資産－前期純資産)÷前期純資産

企業が成長を継続すれば、売上や利益が成長するのと同様にして、純資産も成長を続ける。具体的には利益の蓄積である利益剰余金の増加や、新たな資本の調達によって資本金が増加することによるものだ。具体的な経営分析においては、第10章のDEレシオで純資産（キリンのケースでは自己資本）を分解したように、個別の勘定ごとでの成長率を評価する必要がある。

● **従業員数成長率**

従業員数成長率(%)＝(今期従業員数－前期従業員数)÷前期従業員数

規模の経済や経験曲線を考えれば、増収率や増益率に比較して、従業員数成長率は低い数値に抑えられているのが望ましい。ただし、人が主体となるサービス業と機械による自動化の進んだ製造業とでは、自ずと本指標の意義は異なっている。あくまで従業員がどのような職務に従事し、それとの売上・利益の連動性がどれだけ高いのかを考慮した上での判断が望まれる。

## ●内部成長率

　内部成長率(%)＝ROE×内部留保率

　内部留保率とは、（1－配当性向）で算出されるもので、配当として株主に還元されずに内部留保される率を示す。この内部留保率に株主の利回りに相当するROEを掛けることで、本指標は自己資本の成長率を示している。サステイナブル成長率とも呼ばれる。

## ●従業員1人当たり売上高 or 従業員1人当たり利益

　従業員1人当たり売上高(円)＝売上高÷従業員数
　従業員1人当たり利益(円)＝利益÷従業員数

　業界特性により、従業員数が多い事業とそうでない事業がある。よって、事業セグメントごとでの本指標の計算が有益だ。また、同じ業界であっても、例えば販売機能を自社で保有するのか、あるいは外部の卸や商社を活用するかによって、従業員数は大きく異なる。製造についても外注が主体の企業であれば、従業員数は少なくなる。こうした従業員数に影響を与える販売や製造などの経営戦略の違いを十分考慮した上で各指標を評価することが望まれる。また、従業員数を正社員のみとする場合と、臨時従業員を含めた場合の両方の計算を行うことが可能である。

## ●従業員1人当たり総資産 or 労働装備率

　従業員1人当たり総資産(円)＝総資産÷従業員数
　労働装備率(円)＝有形固定資産÷従業員数

　たとえば製造の外注を行えば、分子の有形固定資産（ひいては総資産）は減少するが、分母の従業員数も減少する。選択した経営戦略が分子と分母にいかなる影響を与えるのか、一方のみに影響するのかなど、十分考慮しながら、それぞれの指標を評価する必要がある。

## ●配当性向

　配当性向(%)＝配当÷当期純利益

　純利益の中からどれだけの金額を配当として株主に還元したかを示している。

企業の株主還元度合いを評価する最も代表的な指標で、企業側も経営指標として、中期計画などで目標設定することも多い。2007年度の国内平均値は約30％であった。世界的金融危機の影響を受けた2008年度のように、純利益が急激かつ大幅に減少した企業では、突発的に異常値と言える高い配当性向が算出されてしまうことに注意を要する。

### ●自己資本配当率

自己資本配当率(％)＝配当÷自己資本

簿価ベースではあるものの、株主の持ち分である自己資本に対する配当の比率を計算しているため、株主にとっての配当収入の利回りを意味する。分母に株式時価総額を用いた時価ベースでの比率は配当利回りと呼ばれ、株価の妥当性を評価するバリュエーション指標として株式市場でも頻繁に用いられる。

### ●株主還元性向

株主還元性向(％)＝株主還元(配当＋自己株取得)÷純利益

配当性向の分子に、配当だけではなく自己株取得額も加えることで、純利益のどれだけの金額が株主に実質的に還元されたかを示している。2007年度の自己株取得額の平均値は、純利益の約20％程度であった。よって、先の配当性向30％と合わせると、2007年度の株主還元性向は約50％であったと評価できる。

### ●EPS（1株当たり純利益）

EPS(円)＝純利益÷株式数

EPSに株価収益率（PER）を掛けたものが株価であり、1株配当額をEPSで割ったものが配当性向である。よって、EPSは株主の価値へと直結する指標となるため、経営指標としても活用されることが多い。EPSを高めるには、分子の純利益を向上するだけではなく、自己株取得によって株式数を減らすという手段もある。

### ● 1株当たりFCF

1株当たりFCF（円）＝FCF÷株式数

　FCFは企業価値の源泉であり、その1株当たりの価値を算出している。よって、キャッシュフローの創出が株主メリットまで結び付くことをより明らかにできる指標となる。成長するFCFを原資として自社株買いを進めれば、分子の増加と分母の減少の両方のインパクトによって、同指標を一気に高めることが可能となる。

### ●BPS（1株当たり純資産）

BPS（円）＝純資産÷株式数

　BPSに株価純資産倍率（PBR）を掛けたものが株価となる。BPSは簿価ベースの株価に相当するため、株価の最低水準としてのベンチマークとなる。株価がBPSを下回れば、株価純資産倍率（PBR）は1倍を割っている。

## ●会計指標の業界別平均値（2008年4月～2009年3月）

| | 食品 | 繊維 | パルプ・紙 | 化学 | 医薬品 | 石油 | ゴム | 窯業 | 鉄鋼 | 非鉄・金属 | 機械 | 電気機器 | 造船 |
|---|---|---|---|---|---|---|---|---|---|---|---|---|---|
| **収益性指標** | | | | | | | | | | | | | |
| 売上高総利益率(%) | 27.4 | 20.1 | 18.6 | 25.9 | 69.4 | 1.6 | 28.8 | 25.0 | 14.0 | 14.1 | 21.0 | 24.7 | 12.7 |
| 売上高販管費率(%) | 23.1 | 18.0 | 15.7 | 22.4 | 52.6 | 3.4 | 25.4 | 19.2 | 7.8 | 13.3 | 16.4 | 23.7 | 9.8 |
| 売上高営業利益率(%) | 4.3 | 2.1 | 2.9 | 3.5 | 16.9 | △1.8 | 3.4 | 5.8 | 6.2 | 0.8 | 4.6 | 1.0 | 2.9 |
| EBITDAマージン(%) | 7.4 | 7.5 | 9.3 | 9.8 | 22.1 | △0.3 | 9.3 | 13.6 | 11.6 | 5.5 | 9.0 | 7.4 | 5.9 |
| **資産効率性指標** | | | | | | | | | | | | | |
| 総資産回転率(倍) | 1.33 | 0.87 | 0.79 | 0.93 | 0.63 | 2.15 | 1.03 | 0.74 | 0.92 | 0.99 | 0.81 | 0.95 | 0.93 |
| CCC(日) | 47.6 | 99.8 | 73.5 | 90.9 | 158.4 | 46.4 | 96.5 | 90.6 | 72.4 | 82.3 | 123.2 | 73.2 | 98.7 |
| 売上債権回転期間(日) | 40.4 | 73.1 | 85.2 | 77.8 | 90.7 | 37.2 | 67.8 | 75.0 | 50.2 | 78.0 | 94.1 | 70.7 | 90.1 |
| 棚卸資産回転期間(日) | 37.6 | 83.2 | 53.7 | 73.0 | 145.6 | 36.5 | 81.3 | 77.1 | 88.0 | 58.4 | 104.1 | 63.5 | 119.8 |
| 仕入債務回転期間(日) | 30.4 | 56.5 | 65.4 | 59.8 | 77.9 | 27.3 | 52.7 | 61.6 | 65.8 | 54.0 | 75.0 | 61.0 | 111.2 |
| 有形固定資産回転率(倍) | 4.06 | 2.25 | 1.56 | 2.73 | 4.21 | 6.87 | 2.78 | 1.75 | 2.39 | 2.93 | 3.40 | 4.19 | 4.23 |
| **安全性指標** | | | | | | | | | | | | | |
| 固定長期適合率(%) | 93.3 | 91.2 | 110.8 | 81.2 | 57.0 | 106.6 | 85.8 | 94.3 | 94.6 | 86.1 | 68.2 | 82.0 | 87.2 |
| DEレシオ(倍) | 0.47 | 0.95 | 1.79 | 0.53 | 0.11 | 1.31 | 0.85 | 0.83 | 0.95 | 0.76 | 0.63 | 0.50 | 1.20 |
| ICR(倍) | 9.1 | 3.0 | 3.5 | 7.7 | 75.5 | △6.7 | 3.9 | 5.9 | 11.3 | 1.6 | 8.7 | 4.1 | 6.7 |
| **総合指標** | | | | | | | | | | | | | |
| ROE(自己資本純利益率)(%) | 4.8 | △5.4 | 0.2 | 1.5 | 9.5 | △13.5 | △0.3 | △2.7 | 4.0 | △4.9 | 2.1 | △7.9 | 5.3 |
| 売上高純利益率(%) | 1.7 | △2.4 | 0.1 | 0.8 | 10.7 | △1.6 | △0.1 | △1.5 | 1.6 | △2.0 | 1.1 | △3.3 | 1.2 |
| 総資産回転率(倍) | 1.33 | 0.87 | 0.79 | 0.93 | 0.63 | 2.15 | 1.03 | 0.74 | 0.92 | 0.99 | 0.81 | 0.95 | 0.93 |
| 財務レバレッジ(倍) | 2.21 | 2.76 | 3.62 | 2.14 | 1.44 | 4.11 | 2.77 | 2.54 | 2.83 | 2.56 | 2.44 | 2.71 | 5.19 |
| ROA(総資産営業利益率)(%) | 5.7 | 1.8 | 2.3 | 3.3 | 10.6 | △3.8 | 3.5 | 4.3 | 5.7 | 0.8 | 3.8 | 1.0 | 2.7 |

注：上表は、2008年4月～2009年3月に決算期を迎えた企業の決算書から算出された業界別平均値である。世界的金融危機の影響でやや特異値とも言える数値が多いため、本文中では2007年4月～2008年3月の数値を用いている。
出所：日経財務情報をもとに著者作成

| 自動車 | 精密機器 | 水産 | 鉱業 | 建設 | 商社 | 小売 | 不動産 | 鉄道・バス | 陸運 | 海運 | 空運 | 倉庫・運輸関連 | 通信 | 電力 | ガス | サービス |
|---|---|---|---|---|---|---|---|---|---|---|---|---|---|---|---|---|
| 16.8 | 40.0 | 20.3 | 15.2 | 11.3 | 8.2 | 33.1 | 21.7 | 25.2 | 7.2 | 14.6 | 19.4 | 11.6 | 61.9 | 3.6 | 31.6 | 29.4 |
| 17.1 | 34.8 | 19.2 | 10.5 | 8.5 | 6.1 | 30.7 | 11.6 | 14.4 | 4.2 | 7.1 | 18.7 | 6.7 | 51.0 | 1.0 | 27.7 | 21.0 |
| △0.3 | 5.2 | 1.1 | 4.7 | 2.8 | 2.2 | 2.4 | 10.1 | 10.8 | 3.0 | 7.5 | 0.7 | 4.9 | 10.9 | 2.6 | 3.9 | 8.4 |
| 6.2 | 10.8 | 3.8 | 8.9 | 3.8 | 3.0 | 4.5 | 13.7 | 20.7 | 6.4 | 11.8 | 8.6 | 9.0 | 27.0 | 15.9 | 12.1 | 10.8 |
| 0.89 | 0.85 | 1.27 | 0.95 | 1.09 | 1.98 | 1.48 | 0.35 | 0.43 | 1.33 | 1.07 | 0.79 | 0.84 | 0.65 | 0.42 | 0.91 | 1.03 |
| 53.1 | 110.4 | 100.6 | 53.1 | 79.9 | 29.0 | 6.1 | 209.5 | 46.9 | 27.7 | 7.8 | △2.5 | 19.9 | 13.9 | 76.7 | 26.2 | 15.6 |
| 52.4 | 83.6 | 47.2 | 55.4 | 80.4 | 55.1 | 17.7 | 9.9 | 27.3 | 60.2 | 33.1 | 34.0 | 53.1 | 70.5 | 25.0 | 37.4 | 53.9 |
| 42.1 | 99.8 | 78.1 | 27.2 | 86.3 | 20.4 | 39.9 | 243.8 | 48.1 | 3.2 | 8.3 | 18.3 | 0.8 | 27.5 | 68.4 | 22.2 | 26.5 |
| 41.4 | 72.9 | 24.6 | 29.5 | 87.1 | 46.5 | 51.5 | 44.2 | 28.4 | 35.6 | 33.6 | 54.9 | 34.0 | 84.0 | 16.7 | 33.4 | 64.8 |
| 3.00 | 4.48 | 4.80 | 2.71 | 5.88 | 14.60 | 3.86 | 0.64 | 0.54 | 2.82 | 1.87 | 1.32 | 1.51 | 1.34 | 0.60 | 1.45 | 4.22 |
| 96.2 | 66.8 | 89.9 | 84.1 | 70.4 | 76.5 | 107.0 | 94.0 | 115.7 | 87.2 | 104.7 | 103.3 | 95.6 | 106.2 | 101.3 | 98.5 | 69.9 |
| 1.18 | 0.71 | 1.66 | 0.44 | 0.69 | 1.78 | 0.83 | 1.97 | 2.11 | 0.40 | 1.51 | 2.61 | 0.50 | 0.75 | 2.40 | 0.94 | 0.30 |
| 0.5 | 9.9 | 1.7 | 9.7 | 10.5 | 6.2 | 9.4 | 4.4 | 3.2 | 15.0 | 9.2 | 0.7 | 9.9 | 11.0 | 1.2 | 5.4 | 38.5 |
| △3.7 | △0.8 | △7.7 | 0.5 | 2.0 | 9.2 | 0.5 | 3.7 | 8.6 | 3.9 | 12.9 | △1.6 | 3.5 | 7.7 | △1.2 | 4.5 | 4.0 |
| △1.4 | △0.4 | △2.1 | 0.3 | 0.6 | 1.1 | 0.1 | 2.6 | 4.0 | 1.4 | 3.8 | △0.5 | 2.2 | 4.6 | △0.7 | 2.1 | 2.0 |
| 0.89 | 0.85 | 1.27 | 0.95 | 1.09 | 1.98 | 1.48 | 0.35 | 0.43 | 1.33 | 1.07 | 0.79 | 0.84 | 0.65 | 0.42 | 0.91 | 1.03 |
| 3.04 | 2.33 | 3.47 | 1.99 | 3.41 | 4.28 | 2.95 | 4.16 | 4.94 | 2.11 | 3.25 | 5.45 | 1.93 | 2.64 | 4.37 | 2.45 | 2.01 |
| △0.2 | 4.4 | 1.3 | 4.5 | 3.0 | 4.3 | 3.5 | 3.5 | 4.6 | 4.0 | 8.0 | 0.5 | 4.1 | 7.1 | 1.1 | 3.5 | 8.6 |

## ●索引

### ●アルファベット

BPS（1株当たり純資産）——— 361, 375
BS　⇨貸借対照表
CCC　⇨キャッシュ・コンバージョン・サイクル
CFROI——————————— 361, 371
DEレシオ——— 273-298, 353, 358, 361
EBITDA ——— 116-117, 120, 128, 301
EBITDAマージン——— 115-144, 353, 356, 360, 376-377
EPS（1株当たり純利益）——— 361, 374
FCF成長率　⇨フリー・キャッシュフロー成長率
ICR　⇨インタレスト・カバレッジ・レシオ
JR東日本　⇨東日本旅客鉄道
JT　⇨日本たばこ産業
M&A ——— 16-18, 116-117, 121-122, 126, 138, 279, 325, 358
PL　⇨損益計算書
ROA（総資産利益率）——— 148-151, 226, 350, 358, 360
ROE（自己資本利益率）— iii, 348-355, 360
WACC（加重平均資本コスト）——— 278, 343

### ●あ行

アサヒビール ———————iii, 6, 12-15, 21, 55-56, 81-82, 112-113, 143-144, 171, 196-199, 221-222, 247-248, 270-271, 284, 297-298, 321, 344-346, 354-358
アマゾン・ドット・コム ——— 24-26, 199
安全性 ——— iii, 250, 274, 277, 300-301, 353, 357-358, 368
イオン——————— 139-140, 255-270
医薬品業界——— 32, 59-60, 63, 98, 119, 147, 150, 177, 120, 203-205, 225, 253, 275, 301, 351, 376-377
インタレスト・カバレッジ・レシオ — 299-322, 353, 361
受取手形———————————175
受取配当金 ————————5, 304, 310
受取利息—————————5, 304, 310
売上原価 ——— 2-4, 30-31, 33-34, 38, 51, 58, 67, 91-92, 175-176, 202-203
売上債権——— 151, 174-175, 179-183, 186, 252, 331
売上債権回転期間 ——— 174-175, 177, 181-183
売上債権対仕入債務比率 ——— 360, 366
売上総利益 ——— 2, 4, 30-31, 33, 58, 67
売上高 ——— 2-5, 7, 30-31, 33, 38, 51, 58, 60, 62, 84, 86, 116, 119-120, 124, 146-148, 151, 154, 175-177, 224-229, 234, 306, 330, 350, 353
売上高EBIT率 ——————— 360, 364
売上高FCF比率 ——————— 361, 371
売上高営業CF比率 —————— 361, 371
売上高営業利益率 ——— 22, 62-63, 118-120, 149, 229, 356, 360, 376-377
売上高経常利益率 ——————— 360, 364
売上高減価償却費率———118-120, 360

索引 379

売上高原価率 —— 41
売上高固定費率 —— 85, 87, 360
売上高支払利息率 —— 360, 364
売上高純金利負担率 —— 360, 365
売上高純利益率 —— 350-353, 360
売上高総利益率 —— 29-56, 59-60, 353, 355, 360, 376-377
売上高販管費率 —— 57-82, 353, 356, 360, 376-377
売上高変動費率 —— 85, 87
売上高利益率 —— 148, 151
売上高税引前純利益率 —— 354, 360, 365
売掛金 —— 40-41, 73, 175, 186-187, 191, 215
売出費 —— 70-71, 74-76, 79
売り手と買い手の力関係 —— 90-91, 182-183, 189, 193
売値 —— 31, 33-35, 67, 84, 86-87, 90, 102
運転資金日数 —— 174
運搬費 —— 58, 61, 66, 91
営業外収益 —— 4-5
営業外費用 —— 4-5, 95, 277
営業キャッシュフロー —— 16-20, 119, 300, 324, 326-328, 331, 358
営業費用 —— 95, 309
営業利益 —— 2-5, 33, 62-63, 116, 120-121, 149, 229, 300-301, 304, 354
王子製紙 —— 7, 120, 227, 248
オペレーティング・マージン —— 360, 363
オリエンタルランド —— 3, 233-247

●か行

海運業界 —— 63, 119, 147, 150, 225, 253, 275, 301, 351, 359, 376-377
買掛金 —— 48-49, 175, 191, 209
会計指標選択 —— 347-359

会計指標分析 —— 20-27
化学業界 —— 32, 59, 63, 98, 119, 147, 150, 177, 203, 225, 253, 275, 301, 351, 376-377
ガス業界 —— 63, 119, 147, 150, 225, 253, 275, 301, 351, 376-377
株主還元性向 —— 361, 374
機械業界 —— 32, 59, 63, 98, 119, 147, 150, 177, 203, 225, 253, 275, 301, 351, 376-377
機械装置及び運搬具 —— 33, 228, 230, 240
疑似フロー化 —— 146
キャッシュ・コンバージョン・サイクル —— 173-199, 353, 360, 376-377, 357
キャッシュフロー —— 16-20, 116-117, 300-301, 324-325, 327
キャッシュフロー計算書 —— ii, 16-21, 300, 324-325, 327
キヤノン —— 17-19, 207-221
給与・賞与 —— 71
キリンホールディングス —— 139, 271, 282-298
金融収益 —— 149, 300-301, 310
空運業界 —— 63, 119, 147, 150, 225, 253, 272, 275-276, 301, 351, 376-377
繰延税金資産対純資産比率 —— 361, 370
経営安全率 —— 89, 360, 364
経営戦略 —— i-ii, 52, 67, 78, 109, 138, 168, 194, 217, 243, 264, 294, 318, 342
限界利益 —— 84, 86, 364
減価償却進捗率 —— 360, 367
減価償却費 —— 30-31, 33-34, 58, 66, 84, 88, 92, 116, 118-121, 176, 358
研究開発費 —— 32, 60, 66-67, 77
原材料 —— 30-34, 91, 176, 178, 202-203, 206, 208

原材料回転期間 ───── 202-203, 360
建設仮勘定 ──── 225, 228, 231-232, 236
建設業界 ────── 32, 59, 63, 119, 147, 150,
　　　　177-178, 203, 225, 253, 275, 301,
　　　　351, 376-377
減損会計 ─────────── 122, 232
鉱業 ─ 32, 59, 63, 119, 147, 150, 177, 203,
　　　205, 225, 253, 275, 301, 351, 376-377
工具器具備品 ────── 66, 228, 231
広告宣伝費 ──── 30, 58, 61, 66, 76, 92,
小売業界 ──── 32, 59, 61, 63, 119, 147,
　　　　150, 225, 253, 275, 301, 351, 376-377
顧客構成 ──────── 35, 46, 51
固定資産 ─── 9-10, 122, 151, 250-254,
　　　　256, 327-328
固定資産回転率 ──── 360, 366
固定長期適合率 ──── 249-272, 353, 357,
　　　　376-377
固定費 ────── 84-88, 92, 106, 277
固定比率 ─── 250-254, 361, 369
固定負債 ──── 9-10, 250-251, 254, 259
ゴム業界 ── 32, 59, 63, 98, 119, 147, 150,
　　　　177, 203, 225, 253, 275, 301, 351,
　　　　376-377

●さ行
サービス業界 ──── 63, 119, 147, 150, 225,
　　　　253, 275, 301, 351, 376-377
財務キャッシュフロー ──────── 16-17
債務償還年数 ─────── 361, 370
財務レバレッジ ──── 350-355, 361
仕入債務 ──────── 174-183, 190
仕入債務回転期間 ──── 174-178, 181
仕掛品 ──── 179, 202-204, 206, 210
仕掛品回転期間 ──────── 203, 360

時価純資産価値 ──── 117-118, 122
事業構成 ──────── 35-36, 49, 52
事業セグメント情報 ── 35, 50, 93, 127, 151,
　　　　155, 187, 212, 235, 307, 333
自己株式 ──────── 254, 281
自己資本 ──── 252, 274-275, 292, 348-349
自己資本配当率 ────── 361, 374
自己資本比率 ──── 274-275, 351-353, 361
資産効率性 ──── iii, 149-150, 350,
　　　　353, 356, 365
資生堂 ─────────── 3, 68-80
自動車業界 ──── 7, 32, 59, 63, 98, 119, 147,
　　　　150, 177, 179, 203, 225, 253, 275, 301,
　　　　351, 376-377
支払手形 ─────────── 175
支払利息 ── 5, 116, 276-278, 300-304, 316
資本金 ──────── 9-10, 254, 280
資本コスト ──────── 278-279, 343
資本剰余金 ────────── 254, 280
収益性 ──── iii, 149-150, 350, 353, 355,
　　　　358, 363
従業員数成長率 ────── 361, 372
従業員1人当たり売上高 ──── 361, 373
従業員1人当たり総資産 ──── 361, 373
従業員1人当たり利益 ──── 361, 373
純資産 ──── 9-10, 250-254, 262,
　　　　274-277, 280-281
純資産成長率 ─────── 361, 372
純資産対のれん比率 ──── 360, 367
商社業界 ──── 32, 59, 63, 119, 147, 150,
　　　　177, 203, 225, 253, 275, 301, 351,
　　　　376-377
少数株主持分 ──── 252, 254, 274, 281, 348
食品業界 ──── 32, 59, 63, 98, 119, 147, 150,
　　　　177, 203, 225, 253, 275, 301, 351,

| | 376-377 |
|---|---|
| 新日本製鐵 | 304-320 |
| 水産業界 | 32, 59, 63, 119, 147, 150, 177, 203, 225, 253, 275, 301, 351, 376-377 |
| 製造原価 | 30, 39, 63, 79, 205 |
| 製造原価明細書 | 30, 39, 176 |
| 税引前当期純利益 | 4-5 |
| 製品 | 202-203, 206, 213 |
| 製品回転期間 | 203, 213, 360 |
| 製品構成 | 34-35, 42, 51 |
| 精密機器業界 | 32, 59, 63, 98, 119, 147, 150, 177, 203, 225, 253, 275, 301, 351, 376-377 |
| 石油業界 | 32, 59, 61, 63, 98, 119, 147, 150, 177, 120, 203, 225, 253, 275, 301, 351, 376-377 |
| 設備装置産業 | 148, 150, 160, 167 |
| 設備投資 | 16, 116-117, 119-121, 229 |
| 設備投資額対減価償却費率 | 360, 368 |
| 繊維業界 | 32, 59, 63, 98, 119, 147, 150, 177, 203, 225, 253, 275, 301, 351, 376-377 |
| 増益率 | 361, 372 |
| 倉庫・運輸業界 | 63, 119, 147, 150, 225, 253, 275, 301, 351, 376-377 |
| 総資産 | 9-10, 146-148, 150-151, 154, 251, 350, 353 |
| 総資産回転率 | 145-172, 350-353, 356, 360, 376-377 |
| 増収率 | 361, 371 |
| 造船業界 | 32, 59, 63, 98, 119, 147, 150, 177-178, 203, 225, 253, 275, 301, 351, 376-377 |
| ソニー | 92-112 |
| その他有価証券評価差額金 | 254, 281 |
| ソフトバンク | 138-140, 144, 338-340 |
| 損益計算書 | ii, 2-6, 11 |
| 損益分岐点 | 87 |
| 損益分岐点売上高 | 84-86, 88-89, 111 |
| 損益分岐点比率 | 83-114, 353, 356, 360, 376-377 |

●た行

| | |
|---|---|
| 貸借対照表 | ii, 7-15 |
| 武田薬品工業 | 60, 139-140, 191-192 |
| 建物及び構築物 | 228, 230, 239, 357 |
| 棚卸資産 | 30, 174-176, 178-181, 190, 202, 204-207, 224 |
| 棚卸資産回転期間 | 174-179, 181, 201-222, 353, 357, 360, 376-377 |
| 棚卸資産回転率 | 202, 224 |
| 超過収益力 | 117-118, 122 |
| 通信業界 | 63, 119, 147, 150, 225, 253, 275, 301, 351, 376-377 |
| 鉄鋼業界 | 32, 59, 63, 98, 119, 147, 150, 177-178, 203, 225, 253, 275, 301, 351, 376-377 |
| 鉄道・バス業界 | 63, 119, 147, 150, 225, 253, 275, 301, 351, 376-377 |
| 手元流動性比率 | 177, 360, 366 |
| 電気機器業界 | 32, 59, 63, 98, 119, 147, 150, 177, 203, 225, 253, 275, 301, 351, 376-377 |
| 電力業界 | 63, 119, 147, 150, 225, 253, 275, 301, 351, 376-377 |
| 当期純利益 | 4-5, 348 |
| 当座比率 | 361, 369 |
| 投資キャッシュフロー | 16-18, 324, 326-328, 337 |

投資有価証券回転率 ─────── 360, 367
特別損失 ─────── 4-5, 95, 122, 138, 232
特別利益 ─────────────── 4-5
土地 ─────── 118, 151, 228, 231-232, 242

●な行
内部成長率 ──────────── 361, 373
内部留保 ─────── 11, 196, 351, 373
日本たばこ産業 ─────── 17, 123-143
任天堂 ─────── 7, 17-18, 36-54, 326
のれん ─── 116-119, 121-123, 138-139

●は行
配当性向 ──────────── 361, 373
薄利多売 ─── 2, 147, 150, 165-167, 226
バリューチェーン ─────────── 67, 78-80
パルプ・紙業界 ─── 7, 32, 59, 63, 98, 119, 120, 147, 150, 177, 203, 225, 227, 253, 275, 301, 351, 376-377
販管費 ─── 2-3, 30, 33, 58-63, 65-67, 91-92, 121
販売数量 ─────── 66, 88-91, 104
販売促進費 ───────────── 66
東日本旅客鉄道 ────── 152-171, 326
非鉄・金属業界 ─── 32, 59, 63, 98, 119, 147, 150, 177, 203, 225, 253, 275, 301, 351, 376-377
1株当たりFCF ────────── 361, 375
負債 ──────────────── 9-10
負債比率 ──────────── 361, 369
不動産業界 ─── 63, 119, 147, 150, 225, 253, 275, 301, 351, 376-377

フリー・キャッシュフロー ─── 324-328, 358
フリー・キャッシュフロー成長率 ─── 323-346, 361
変動費 ─────── 84-89, 91, 106, 356
法人税等負担率 ──────── 360, 365

●ま～わ行
メディパルホールディングス ─── 184-196, 226, 276
ヤフー ───────────── 329-344
有形固定資産 ────── 7-8, 224-232
有形固定資産営業利益率 ────── 229, 244
有形固定資産回転期間 ─── 224-225, 228
有形固定資産回転率 ─── 223-248, 353, 357, 360, 376-377
有利子負債 ─── 253-254, 274-280, 286, 301-303
有利子負債利子率 ───────── 361, 370
窯業 ─── 32, 59, 63, 98, 119, 147, 150, 177, 203, 225, 253, 275, 301, 351, 376-377
預借率 ──────────── 361, 369
利益剰余金 ─── 9-11, 139, 254, 281, 349
利益剰余金対払込資本比率 ─── 361, 368
陸運業界 ─── 63, 119, 147, 150, 225, 253, 275, 301, 321, 351, 376-377
流動資産 ─────── 9-10, 151, 251-252
流動資産回転日数 ──────── 360, 365
流動比率 ─── 251-252, 287-288, 361, 368
流動負債 ─────────── 9-10, 251
労働装備率 ──────────── 361, 373
労働分配率 ────────── 353, 360, 363
割引手形 ─────────────── 175

[著者]

## 大津広一（おおつ・こういち）

株式会社オオツ・インターナショナル代表
米国公認会計士
1989年、慶應義塾大学理工学部管理工学科卒業。米国ニューヨーク州ロチェスター大学経営学修士（MBA）。富士銀行にて国際資金為替部、バークレイズ・キャピタル証券にて株式アナリスト、およびベンチャーキャピタルにてベンチャー企業への投資・育成業務を経て現職。
企業戦略や会計・財務に関わるコンサルティングに従事。企業内研修での財務・会計分野の講師を多数務める。早稲田大学大学院商学研究科ビジネススクール（MBA）講師、グロービス・マネジメント・スクール講師。
著書に『企業価値を創造する会計指標入門』（ダイヤモンド社）、『ビジネススクールで身につける会計力と戦略思考力』（日経ビジネス人文庫）がある。

E-mail : ko@otsu-international.com

---

### 戦略思考で読み解く経営分析入門──12の重要指標をケーススタディで理解する

2009年9月10日　第1刷発行
2022年9月20日　第12刷発行

著　者────大津広一
発行所────ダイヤモンド社
　　　　　〒150-8409　東京都渋谷区神宮前6-12-17
　　　　　https://www.diamond.co.jp/
　　　　　電話／03・5778・7233（編集）　03・5778・7240（販売）
装丁─────河原田　智
図表作成───桜井　淳
製作進行───ダイヤモンド・グラフィック社
印刷─────新藤慶昌堂
製本─────ブックアート
編集担当───小川敦行

©2009 Koichi Otsu
ISBN 978-4-478-00367-1
落丁・乱丁本はお手数ですが小社営業局宛にお送りください。送料小社負担にてお取替えいたします。
但し、古書店で購入されたものについてはお取替えできません。
無断転載・複製を禁ず
Printed in Japan

◆ダイヤモンド社の好評既刊本◆

# 企業はなぜ会計指標を目標に掲げるのか

経営の視点からの会計を有名企業の事例で解説。各指標の読み方から経営目標に掲げる意義、分析のフレームワークまで、実務と経営分析に求められる知識を体系的に網羅した決定版。本書の掲載指標とケーススタディ企業は次の通り。ROE（武田薬品工業）、ROA（ウォルマート・ストアーズ）、ROIC（日産自動車）、売上高営業利益率（ソニー）、EBITDA マージン（NTT ドコモ）、フリー・キャッシュフロー（アマゾン・ドット・コム）、株主資本比率（東京急行電鉄）、売上高成長率（GE）、EPS 成長率（花王）、EVA（松下電器産業）。

## 企業価値を創造する会計指標入門

10の代表指標をケーススタディで読み解く

大津広一

●A5判上製●定価（本体3600円＋税）

http://www.diamond.co.jp